司法部全国法学教材与法学优秀科研成果奖

21世纪中国高校法学系列教材

刑法总论（第四版）

主　编　陈忠林

副主编　李　洁

撰稿人（以撰写章节先后为序）

陈忠林　吴大华　李永升　李洁　曾粤兴　冯亚东

林亚刚　朱建华　李昌林　王学沛　李邦友

中国人民大学出版社

·北京·

第四版编写说明

2011年2月25日第十一届全国人大常委会通过的《刑法修正案（八）》，已自5月1日起正式施行。此次刑法修改一共涉及50个条款、49个问题，不仅在规模上超过了前7次刑法修改的总和，在内容上也第一次涉及总则的一些基本问题。为了及时地反映这次修改的相关内容，我们组织了本教材的编撰者根据《刑法修正案（八）》相关规定对本教材的内容进行了修改。同时，也对本教材的相关问题作了订正。希望本教材的使用者能一如既往地对我们的工作提出批评和建议。

重庆大学法学院肖洪副教授在本版的编撰过程中做了大量的协调与文字校对工作，谨此致谢！

陈忠林

2011年5月

序　言

经过各位参编者的努力，21世纪高等院校法学系列基础教材中的《刑法》（总论）终于付印。按照本系列教材的编写要求，主编应该有一篇致使用者的“序言”，谈谈本教材的使用问题。本人没有当过什么主编，也没有正经八百地写过什么“序言”。苦思良久，委实不知从何着手。只好借这个机会，就本教材谈谈一些自己的感触。

“世界观即方法论”，关于刑法理论的基本立场可以说也就是学习刑法的基本方法。作为本教材的主编，首先得申明的恐怕是：以“通说”为标准，是本教材编写的原则，不论是理论体系的安排，还是基本观点的论述，都概莫能外。因此，本教材的内容不一定都是编撰者们，特别是我个人学术观点的反映。要说明本人刑法理论的基本立场，这里当然不是地方。但是，本人认为：即使仅就说明本教材的使用方法而言，也绝对有必要提醒本教材的使用者注意以下几个基本事实：

1. 刑法是以刑罚为主要调整手段的部门法，是否以刑罚为制裁措施是从形式上区别刑法与其他部门法的唯一标志，也是正确认识刑法的基本属性，建立科学的刑法理论体系的唯一可以进行实证考察的出发点。因此，正确地认识刑罚的内容及所代表的社会关系，是正确理解刑法所有基本范畴的前提。

即使仅仅从表面上考察一下，人们仍不难发现这样两点基本的事实：(1) 刑罚权是国家和平时期最具有强制性的权力，刑罚的运用是国家动员了和平时期所有强制性力量（包括立法、司法、行政权中最具有强制性的措施，甚至动用了作为军队的武装警察部队）的结果；(2) 刑罚以剥夺或限制作为公民的生命、自由、财产、政治权利等最基本的权益为主要内容。刑罚的这两个特点说明，刑罚这一刑法特有的制裁措施所体现的社会关系，是国家的刑罚权与公民的生命、自由等最基本权利的关系，是作为社会代表的国家的权力与作为社会成员的公民个人的最基本人权的关系。因此，国家在什么情况下可以限制或剥夺公民的包括生命在内的最基本权利的问题，是整个刑法制度和刑法理论的基础。不论是国家刑罚权的根据还是国家刑罚权的限度，也不论是刑法特有的调整范围还是认定犯罪的根本标准，都只能从对这个问题的回答中来寻求应有的答案。离开了这一点，不论是刑法总论中的刑法任务、功能、基本原则、犯罪的本质与犯罪成立条件、刑罚的根据与运用的方式，还是刑法分论中具体罪刑规范内容的确定，都不可能得到正确的理解。

2. 从国家权力限度的角度考察，用刑罚来剥夺或限制公民个人最基本的权利，对以维护和发展每一个社会成员的福祉为根本目的的国家来说，只能是一种“迫不得已”的选择。

从刑法和其他部门法的关系的角度来考察，国家运用刑罚这一措施意味着：(1) 刑法所调整的行为，必须是违反其他部门法的规范要求，但其他部门法的制裁措施已经不能有效地制止的行为。例如，刑罚所处罚的盗窃罪，就是违反民法中有关财产取得规范，但仅用民法中的恢复原状、赔偿损失等制裁手段不可能有效地制止该行为。(2) 对上述违反其他部门法规范的行为，如果不运用刑法特有的制裁手段——刑罚——进行调整，相应的法律制度就将从根本上受到威胁。我国刑法规定盗窃公私财产必须数额较大才构成犯罪，其根本原因在于：在我国目前的情况下，数额较小的小偷小摸行为，还不会对普通民众的财产所有权构成根本的威胁；但是，如果不将盗窃数额较大的行为作为犯罪来处罚，国家的所有权制度就将荡然无存。

犯罪是应受刑罚处罚的行为这一特点说明：保护从整体上代表全体社会成员福祉的国家法律制度，维护这种法律制度的有效运行，是国家被迫限制或剥夺公民包括生命在内的最基本权利的唯一根据。国家的法律制度及其维护的社会价值与公民的最基本人权之间的关系，是刑法特有的调整对象。对国家法律制度及其维护的社会价值的危害，是犯罪最根本的社会属性。保护国家法律制度及其维护的社会价值免受犯罪的侵害，既是刑法的根本任务，也是刑法的根本功能；既是国家刑罚权的唯一根据，也是刑罚最根本的目的。

3. 犯罪行为，同其他任何人类的行为一样，只能是行为人主观能动性的存在与表现形式，是行为人的意志和意识状态转化为客观现实的结果。所谓“犯罪的社会危害性”，或者说“犯罪行为对刑法保护利益的现实危险”，只能是行为人主观罪过中包含的敌视、蔑视、漠视国家法律制度及其维护的社会价值的态度转化为客观现实的现实可能性。从行为人的角度考察，这既是犯罪的本质，也是行为人承担刑事责任的唯一根据。

犯罪行为是行为人在主观罪过支配下实施的行为，犯罪行为的客观方面只能是主观罪过的内容在现实中的展开：是否是主观罪过中所包含的行为人的意志和意识状态在现实中的展开，是何种主观罪过中所包含的行为人的意志和意识状态在现实中的展开，以及行为人主观罪过中所包含的特定内容在现实中展开到何种程度，是认定一个行为是否构成犯罪、构成何种犯罪、构成犯罪的何种形态的唯一根据。“从前的一切唯物主义——包括费尔巴哈的唯物主义——的主要缺点是：对事物、现实、感性，只是从客体的或者直观的形式去理解，而不是把它们当作人的感性活动，当作实践去理解，不是从主观方面去理解。”① 马克思这段对旧唯物主义的评价，也可以说是对传统刑法理论根本缺陷的精辟剖析。

除上述几点为传统刑法理论所忽视的事实外，也许还有必要在这里重复一些老生常谈的问题。

刑法学是法学，刑法学与法学基本理论是特殊与一般的关系，刑法学的发展绝不能离开法学基本理论的指导，刑法学的成果当然也应该不断丰富和深化法学基本理论的内容。刑法学中与法学基本理论相悖的地方不少，当大家发现本教材的内容与法学基本理论不相吻合的时候，希望大家一定要动脑筋认真想一想：这些内容究竟是刑法学特殊性的体现和对法学基本理论的丰富发展，还是偏离了法学基础，需要根据法学基本理论来加以纠正。

刑法是其他部门法的“保障法”，刑法所调整的行为，在绝大多数情况下都首先是违反其他部门法的行为，因此，正确地理解刑法与其他部门法的关系，真正地把握作为刑法前提的其他部门法的具体内容，是真正掌握刑法理论，特别是刑法分则理论的前提和基础。没有这个基础的刑法理论，就成了无根之木、无源之水。如果运用于实践，肯定会出问题。

尽管可能存在不同的看法，但本人始终认为，学习刑法应该坚持“总论为体，分论为用”的方法。刑法总论是全部刑法理论的基础和核心，刑法分论则应是运用刑法总论的理论分析刑法分则规定的罪刑规范的结果。刑法总论当然需要分则中相应的规定来具体化，但是没有认真掌握好刑法总论的内容，可能犯“白马非马”的错误，将完全属于刑法规定的犯罪排除出犯罪的范畴，例如，刑法第 17 条第 2 款规定：已满 14 周岁、不满 16 周岁的人，犯故意杀人、故意伤害致人重伤或者死亡、强奸、抢劫、贩卖毒品、放火、爆炸、投毒罪的，应当负刑事责任。在 1997 年刑法刚实施时，人们普遍将其中的“故意杀人、故意伤害致人重伤或者死亡、强奸、抢劫、贩卖毒品、放火、爆炸、投毒罪”，机械地理解为刑法分则所规定的“故意杀人”等 8

① 《马克思恩格斯全集》，第 3 卷，3 页，北京，人民出版社，1960。

种罪名，而不是理解为具有“故意杀人、故意伤害致人重伤或者死亡……”这 8 种性质的行为，以致误导实践，造成打人一拳（致人重伤）要负刑事责任，而实施许多比故意杀人还要严重得多的行为（如绑架中杀人）反而不负刑事责任的极端不合理的情况。此外，还可能陷入“指鹿为马”的泥潭，将那些仅仅在形式上符合刑法分则规定的行为统统作为犯罪来处理。例如，刑法第 170 条并没有明文规定伪造货币罪的数额要求，但如果将该条规定理解为“所有伪造货币的行为，即使伪造 1 分钱也不例外，起码都应处 3 年以上有期徒刑”，显然就是一个错误。

最后，不能不谈一下本教材的特点。拿到本教材，大家可能都注意到了本教材每章正文前有【提要】和【重点问题】，正文后有【法律应用】和【课后复习】。这种体例的特点在于：在每章的正文学习之前，能够让使用者事先明确需要掌握的主要内容和重点问题；在每章正文之后的【法律应用】和【课后复习】又给了使用者一个复习掌握各章重点难点的机会。我衷心希望，这种体例能够更有助于初学者逐步进入刑法的殿堂。

本书撰稿人简介及分工如下：

陈忠林

重庆大学教授、法学博士、博士生导师。现为重庆大学法学院院长、第十一届全国人大代表、中国刑法学会、中国犯罪学会、中国青少年犯罪研究会副会长。有《刑法散得集》、《意大利刑法纲要》、《意大利刑法学原理》、《刑法学》等专著、译著十余部，在《中国社会科学》、International Journal of Offender Therapy and Comparative Criminology 等中外杂志上发表论文三十余篇。十余项科研教学成果获省部级一、二、三等奖。撰写本教材第一章、第八章，并担任全书的主编。

吴大华

教授，法学博士、博士生导师。现任贵州省社会科学院院长，中国法学会常务理事、教育部高等学校法学学科教学指导委员会委员、中国世界民族学会副会长、中国民族法学研究会常务副会长、中国犯罪学研究会常务理事、中国刑法学研究会理事，国务院特殊津贴专家、第三届全国十大杰出中青年法学家、教育部第四届“高校优秀青年教师奖”、“新世纪百千万人才工程”国家级人选。有《知易行难——法治演讲录》等 11 部、合著 20 部。已在《中国法学》等刊物上发表论文三百余篇。多项教学科研成果获省部级一、二、三等奖。撰写本教材第二章、第三章。

李永升

西南政法大学教授、博士研究生导师。现任西南政法大学刑法教研室主任，中国犯罪学研究会理事、重庆市法学会理事。霍英东教育基金会第六届全国高等院校青年教师奖获得者。主要著作有《刑法学的基本范畴研究》（专著）、《中国特别刑法通论》（主编）、《国家公务员犯罪及其防治》（副主编）等，在《中国法学》、《法学研究》等杂志发表学术论文百余篇。撰写本教材第四章、第五章。

李　洁

吉林大学法学院教授、法学博士、博士生导师。兼任中国刑法学会、中国犯罪学会、中国比较法学会副会长。主要著作有《犯罪结果论》、《犯罪既遂形态论》、《犯罪对象论》等个人专著、教材十余部，先后在《法学研究》、《中国法学》、《法学论丛》（日本）等中外学术杂志公开发表学术论文四十余篇。撰写本教材第六章、第七章，并担任全书的副主编。

曾粤兴

昆明理工大学法学院院长、教授，中国人民大学法学院刑法学专业博士生。现任《昆明理工大学学报》（法学版）主编。2002年获中国杰出青年法学家评选提名。先后主编或参编刑法学书籍十余部，在《现代法学》、《法律科学》、《法商研究》、《法学家》等杂志发表论文四十余篇。撰写本教材第九章。

冯亚东

西南财经大学法学院刑法学教授、博士生导师，兼任中国刑法学会理事、四川省刑法学会副会长、四川省人民检察院专家咨询委员会委员。主要著作有《理性主义与刑法模式》、《平等、自由与中西文明》等，先后在《中国社会科学》、《法学研究》、《法学评论》、《中华文化论坛》等刊物发表法学及文化研究论文数十篇。撰写本教材第十章、第十三章。

林亚刚

武汉大学法学院教授、法学博士、博士研究生导师，兼任中国刑法学研究会理事，中国犯罪学研究会常务理事。主要著作有《犯罪过失研究》、《危害公共安全罪新论》等专著、教材十余部，在国内核心刊物以及国外学术刊物上发表论文八十余篇。撰写本教材第十一章、第十二章。

朱建华

西南政法大学教授、博士生导师。有《侵犯公司企业制度犯罪研究》等个人专著、合作专著、教材十余部，公开发表《论犯罪的社会危害性的内在属性》、《论死刑核准规定的法律冲突》、《受贿罪“为他人谋取利益”要件取消论》等论文数十篇。撰写本教材第十四章。

李昌林

西南政法大学法学院副院长，教授，法学博士。兼任中国法学会刑事诉讼法学研究会理事，重庆市法学会检察学研究会副会长，重庆市沙坪坝区人民检察院副检察长（挂职）。在《现代法学》等刊物发表论文五十余篇，出版个人专著2部，参与撰写《刑法学》、《刑事诉讼法学》教材数部，参与翻译《各国法律制度概况》、《牛津美国联邦最高法院指南》等著作，主持、主研国家级、省部级课题十余项。撰写本教材第十五章、第十六章、第十七章。

王学沛

广东商学院教授、刑法学硕士，荷兰莱顿大学法学院访问学者。现任广东商学院法学院院长、广东省法学会刑法学研究会副总干事。主要著作有《自首制度论》、《中国刑法通论》；主要论文有《我国刑罚的作用初探》、《论自首的本质与构成条件》、《现代刑法观的重塑》、《关于犯罪对象若干观点的质疑》。撰写本教材第十八章、第十九章。

李邦友

西南政法大学兼职教授、法学博士，现任最高人民法院研究室研究员，中国刑法学研究会理事。已出版《结果加重犯研究》等学术专著4部，在《法学评论》、《现代法学》、《武汉大学学报》（哲学社会科学版）、《法学》、《法商研究》等刊物发表学术论文二十余篇。撰写本教材第二十章。

陈忠林

2003年8月

目　录

第一章 刑法规范概述

第一节 刑法与刑法规范

一、刑法的概念

二、刑法的性质

第二节 中国刑法的发展概况

一、中华人民共和国以前的中国刑法

二、中华人民共和国刑法的发展

第三节 刑法的根据

一、刑法的价值根据

二、刑法的宪法根据

三、刑法的实践根据

第四节 刑法的渊源

一、刑法渊源的含义

二、刑法渊源的类型

第五节 刑法的解释

一、刑法解释的含义

二、刑法解释的必要性与特殊性

三、刑法解释的基本立场

四、刑法解释的种类

□·提　　要·□

刑法是国家最基本的部门法之一。刑法规范以认定犯罪与适用刑罚的标准为主要内容，以公民个人与代表社会整体利益的国家法律秩序之间的关系为调整对象。通过“运用刑罚同犯罪作斗争”来“保护人民”的整体利益和公民的合法权利，既是刑法最基本的价值目标，也是规范刑法“惩罚犯罪”等功能的基本标准。我国刑法的形成和发展有悠久的历史，新中国刑法的发展经历了曲折的过程。“有关犯罪和刑罚”事项“必须制定法律”，是我国规范刑法直接渊源的基本原则。刑法规范内容的抽象性、表述文字的多义性、规范对象的多变性，都决定了刑法必须解释。而刑法制裁措施特有的严厉性又决定了刑法的解释必须有不同于其他法律解释的特殊要求。

重点问题

1. 刑法区别于其他部门法的特殊性
2. 刑法的价值根据
3. 刑法解释的必要性及特殊性

第一节　刑法与刑法规范

一、刑法的概念

刑法是人类社会最古老的部门法，是国家最基本的法律之一。“刑法”这一概念，不仅在不同的时代和不同的国家有不同的内容，即使对处于同一时代和同一国家的刑法学家来说，往往也有揭示“刑法”内涵和外延的不同方式。

1. 英美、大陆法系国家的刑法概念

在传统上一直称刑法为“犯罪法（criminal law）”的英美法系国家，一般都倾向于以刑法调整的行为即犯罪成立的条件及后果来说明刑法所包含的内容，认为刑法是处罚犯罪的公法规范。如《牛津法律大辞典》就将刑法定义为“规定何种行为在何种情况下，伴随何种主观或其他因素即被认定为犯罪，即规定应承担受到起诉或惩罚责任的行为及其应受何种惩罚的法律的总和”。

在19世纪后开始将“刑法”称为“刑罚法（straffreght）”的大陆法系国家，一般倾向于以刑法特有的制裁措施来划定刑法的范围，视刑法为规定刑罚的法律规范。例如，意大利当代著名刑法学家安东里惹就认为，刑法是“国家通过刑罚的威慑来禁止人们特定行为（作为与不作为）的法律规范的总和，即，规定违法者应受刑罚处罚的法律规范的总和”①。

2. 我国刑法理论中的刑法概念

我国刑法理论在界定刑法的内涵时，一般都比较注意将法的阶级属性与刑法特殊的内容相结合。在法的阶级属性方面，我国刑法学界一般都借用法理学中关于法的一般概念，将刑法归入“掌握国家政权的统治阶级为了维护本阶级的阶级利益和统治秩序，以国家的名义颁布的”法律规范的范畴。就刑法的特殊内容而言，基于对“刑法”这一概念中“刑”字的不同理解，我国刑法教科书中通常有以下三种界定“刑法”的方式。

第一种方式，将“刑法”中的“刑”理解为“刑罚”，认为“犯罪与刑罚构成刑法的主要内容”②，并据此将刑法界定为“规定犯罪与刑罚的法律规范的总和”。在很长时期内，这一定义曾是我国刑法学界的通说。

第二种方式，以“刑事责任”是介于犯罪与刑罚之间的一个独立的范畴为据，认为“刑

① F. Antolisei, Manuale di Diritto Penale, p. 4.

② 高铭暄主编：《中国刑法学》，1页，北京，中国人民大学出版社，1985。

法”中的“刑”应该包括“刑事责任”和“刑罚”两个方面的内容，所以，只有将刑法定义为“规定犯罪、刑事责任与刑罚的法律”①，才可能全面地揭示刑法应有的主要内容。

第三种方式，以“刑罚只是实现刑事责任的方式之一”、“刑罚不能与刑事责任并列”为基础，将“刑法”中的“刑”解读为“刑事责任”，所以，就其内容而言，刑法应该是“规定犯罪及其刑事责任的法律规范的总和”②。

严格地说，以上三种表述方式并没有实质差别，经过解释后，都可以从不同的角度说明刑法的主要内容。但是，如果考虑到（1）是否以刑罚为制裁措施是我国现行法律体系中区别刑法与其他部门法的唯一标志；（2）“用刑罚同一切犯罪行为作斗争”是我国刑法的主要任务（刑法第2条）；（3）“应当受刑罚处罚”是任何犯罪必须具备的特征（刑法第13条）；（4）无论对犯罪人宣告有罪并判处刑罚，还是对犯罪人宣告有罪并免除刑罚处罚，都是司法机关根据“犯罪的事实、犯罪的性质、情节和对于社会的危害程度”，依法运用刑罚的具体结果（刑法第61条），那么，“刑法是规定犯罪与刑罚的法律规范的总和”这一传统的表述方式，似乎能较好地揭示刑法的主要内容。

3. 刑法规范特有的内容

尽管经过解释后，我国刑法理论对刑法内涵的界定都能从不同角度说明刑法的主要内容，但是，显然无法用这些定义来划分刑法与其他刑事法律之间的界限，因为刑法之外的其他刑事法律（如刑事诉讼法、刑事执行法等）也可以说是规定“犯罪和刑罚（刑事责任）”的法律。换言之，目前我国刑法理论主流关于刑法的定义，实际上只是广义的刑事法的定义，而不是作为实体法的刑法的定义。

通过比较可以发现：在所有的刑事法律中，只有刑法规范以认定犯罪和适用刑罚的标准为主要内容，而其他的刑事法律，都不具有这个特点。③ 因此，本教材认为：刑法是规定认定犯罪和适用刑罚的标准的法律规范的总和。

二、刑法的性质

刑法的性质，包括刑法的政治属性和法律属性两个方面的内容。

（一）刑法的政治属性

除原苏联等社会主义国家外，国外的刑法理论一般是从刑法与国家职能、公共利益、社会秩序或道德伦理的关系角度来说明刑法的政治属性。我国刑法理论多从刑法产生的经济基础、刑法的阶级属性等角度，来说明这一问题。如前所述，认为刑法应在本质上定性为“掌握政权的统治阶级，为了维护本阶级的利益和统治秩序，以国家的名义颁布的”法律规范，是目前我国刑法学界的通说。

（二）刑法的法律属性

对于刑法的法律属性，可以从刑法与其他法律的外部联系和内在区别两方面进行考察。前者以刑法在整个法律体系中的地位或归属为主要内容，后者强调的则主要是刑法在调整对象、调整手段、调整方式等方面区别于其他部门法的特性。

1. 刑法在整个法律体系中的地位和归属

关于刑法在整个法律体系中的地位和归属，可以从不同的角度进行归纳，例如，就刑法在

① 赵秉志、吴振兴主编：《刑法学通论》，10页，北京，高等教育出版社，1993。

② 苏惠渔主编：《刑法学》，13页，北京，中国政法大学出版社，1994。

③ 如刑事诉讼法以规定查明犯罪和运用刑罚的程序为主要内容，监狱法以规定刑罚的执行为主要内容。

国家法制体系中的作用而言，刑法在任何国家都是必不可少的基本的部门法[①]；相对于国家的根本大法宪法来说，刑法是必须以宪法为依据，并不能同宪法相抵触的子法；相对于那些没有规定强制性制裁措施，主要靠公民自觉遵守的“应该遵守的法”而言，刑法是国家以最严厉的制裁手段与和平时期全部的强制力来保证实施的“必须遵守的法”；从刑法保护的利益、调整的关系、权利与义务产生的方式等角度考察，刑法属于公法[②]；相对于规定解决公民权利、义务冲突过程的规则的程序法而言，刑法属于规定公民在社会生活中的权利、义务的实体法；在实体法中，刑法还属于既有规范一般公民行为的作用，同时又确立司法机关定罪处刑标准的司法法。

由于人们普遍认为刑法不以特定的社会关系领域为自己的调整范围，区分刑法与其他部门法的标准是刑法特有的调整手段而不是刑法特有的调整对象，所以，就刑法规范与其他法律规范之间的关系而言，刑法规范只具有保证其他法律规范实现的作用，或者说只是确保其他法律规范得以实现的制裁措施（正是在这个意义上，刑法又被称为“保障法”）。正是在这个意义上，国外不少政治法律思想家和刑法学家，如启蒙思想家霍布斯、普芬洛夫、边沁、卢梭，德国刑法古典学派大师宾丁、意大利现代刑法学家Crispigni等都认为，刑法不是一个独立法律部门。这种观点，显然无法说明刑法自古以来就是一个独立的法律部门的事实。事实上，刑法之所以能成为一个独立的法律部门，绝不仅因为其有惩治犯罪这一特有的功能或刑罚这种特有的调整手段。正如在下面的说明中将提到的那样，刑法以特有的社会关系——公民个人的基本权利与国家的法律秩序之间的关系——为自己特有的调整对象，才是刑法能够与其他部门法一样成为独立的法律部门的根本原因。

2. 刑法作为独立法律部门的特殊性

从调整对象、调整方式、调整手段等角度考察，刑法有以下区别于其他部门法的特点。

（1）调整对象的特殊性

刑法作为独立法律部门的特殊性，首先体现为刑法调整对象范围的广泛性、内容的确定性和利益的整体性。

所谓“刑法调整对象范围的广泛性”，是指刑法调整的范围几乎涉及社会生活的全部领域，无论政治、经济、文化，公民与公民之间、公民与政府之间的社会关系，都可能纳入刑法调整的范围。而其他部门法，如宪法、民法、婚姻法、行政法，往往只是调整社会关系的某一方面。

所谓“刑法调整对象内容的确定性”，是指刑法所调整的对象是经其他法律调整后所形成的法律关系。这种社会关系在刑法调整以前，就具有内容确定的特点。而其他部门法调整的对象是处于自然状态的社会关系，在未经相应的部门法调整以前，其内容是不确定的。例如，婚姻关系是一种男女以性别差异为基础结合而形成的社会关系，既是刑法的调整对象，也是婚姻法的调整对象。但是，在婚姻法没有调整以前，婚姻关系的内容是不确定的。例如，单就男女结合的形式而言，现实中就可能有一夫一妻、一夫多妻、一妻多夫或者多夫多妻等多种男女结合的形式。所以，婚姻法在调整婚姻关系时，有根据国家的价值取向来选择、确定婚姻关系具体内容的任务。我国以婚姻自由、男女平等、一夫一妻为基本特征的婚姻关系，就是国家通过

① 我国刑法学界存在认为刑法不仅是部门法，而且还是综合法的观点。参见苏惠渔主编：《刑法学》，17页，北京，中国政法大学出版社，1994。

② 对“刑法属于公法”这一论断，是存在争议的。如法国著名的《拉鲁斯大百科全书》就将刑法与民法、商法与海商法、国际私法等部门法一起划入私法的范围（参见上海社会科学院法学研究所编：《法学总论》，30～31页，上海，知识出版社，1981）；诺贝尔奖获得者F. V. 哈耶克也“把刑法置于私法范畴之中”（［英］弗里德利希·冯·哈耶克：《法律、立法与自由》，第1卷，209页，北京，中国大百科全书出版社，2000）。

婚姻法的调整来确立的。而刑法在调整婚姻关系时，其任务是维护婚姻法所确立的婚姻关系，而不是选择或确立一种不同于婚姻法所确定的婚姻关系，所以，刑法所调整（维护）的婚姻关系，只能是在刑法介入之前已经由婚姻法所确立的婚姻法律关系。事实上，刑法所维护的国家安全和公共安全，社会主义市场经济秩序，公民的人身、民主权利，财产所有权等社会关系的具体内容，都具有在刑法介入之前为其他法律制度所确定的特点。

所谓“刑法调整对象利益的整体性”，是指刑法所调整的社会关系涉及国家与社会的整体利益。刑法只应该调整那些其他法律制度本身的制裁措施不可能有效地制止的行为。这一刑法的基本公理说明：不论刑法所禁止的行为侵害的是何种法律关系，如果不用刑法的调整手段来加以制裁，它们都会使相应的法律制度的存在受到根本的威胁①，从而严重地危害作为整体的国家的法律秩序。所以，刑法的调整对象不像民法或婚姻法的调整对象那样仅是平等主体之间的财产关系或人身关系，或者像行政法的调整对象那样仅是公民与国家的某种职能之间的关系，而是公民个人与代表社会整体利益的法律秩序之间的关系。刑法这种特有的调整对象，是从实质上划分刑法与其他部门法的标准，也是刑法能够成为独立的法律部门的根本理由。

（2）调整方式的特殊性

国家对社会关系的调整，是通过制定和实现法律规范的内容来完成的。所谓刑法调整方式的特殊性，是指刑法规范产生和实现的特殊性。刑法调整对象的特殊性决定了任何违反刑法规范的行为，都是对国家整体利益的侵犯，因此，刑法规范的制定和实现方式具有其他法律规范不可比拟的强制性。

刑法调整方式的特殊性，首先体现为刑法规范产生的强制性。其他部门法中以权利和义务为基本内容的法律规范，往往包含由当事人双方或一方自行决定的内容（如民法中的契约或行政法中的行政法规、行政规章）。而刑法规范中任何具体的权利义务关系，都是由国家立法机关直接规定的，都不以任何一方当事人的意志为转移。即使履行侦查、检察、司法等职能的国家机关，也没有制定任何刑法规范的权力。因此，刑法规范的产生具有其他法律规范无法相比的强制性。

刑法调整方式的特殊性，其次体现为刑法规范实现方式的强制性。由于其他部门法中的权利、义务包含由当事人双方或一方自行决定的内容，所以违反其他部门法规范的行为，是否被追究责任、以何种方式被追究责任，往往可能以当事人双方或一方的意志而转移。但是，在刑法中，除极少数的自诉案件以外，对于所有违反刑法规范的行为，原则上都必须按照法律的规定，通过代表国家的侦查机关、检察机关、司法机关追究犯罪人的刑事责任，并交专门的国家机关执行。追究、实现刑事责任的方式，都基本上不受当事人意志的影响。为了保证刑法规范的实现，国家可以说动员了在平时所有最具强制性的力量。因此，刑法规范的实现，具有任何其他法律规范不可比拟的强制性。

（3）调整手段的特殊性

刑法调整对象的特殊性，同样决定了刑法调整手段特有的严厉性和迫不得已性。

刑法调整手段的特殊性，首先体现为其制裁措施的严厉性。由于刑法所调整的社会关系是作为整体的法律秩序，涉及公民个人和国家最基本的价值与利益，所以刑法特有的制裁手段——刑罚剥夺公民的人身自由、财产、参与社会政治生活的资格等基本权利为主要的内容，对于那些罪行极其严重的人，甚至还可能剥夺其最根本的权利——作为一切权利的基础和前提

① 例如，不用刑法制裁盗窃，国家的所有权制度（注意：这里强调的是包含公私财产所有权在内的“国家的所有权制度”，而不仅是“公私财产所有权”）乃至整个民法制度就可能荡然无存；不用刑法制裁暴力抗拒执行公务的行为，所有的行政法律都可能形同虚设；不用刑法制裁故意杀人行为，国家的任何法律制度就可能彻底崩溃。

的生命权。因此，相对任何其他法律的调整手段而言，刑罚都具有不可比拟的严厉性。

公民的生命、人身自由、财产权利和基本政治权利是现代法治视为神圣不可侵犯的基本人权的核心，而刑法的制裁措施却是以剥夺公民的这些最基本的权利为主要的内容。刑法制裁措施这种无可比拟的严厉性，使得人们不能不以特别的标准来严格地限制这种措施的适用范围。“国家只能制定显然必要的法律”（法国《人权宣言》），只有在其他法律制裁措施不能有效发挥作用，并且不用刑法调整，有关的法律制度就会从根本上受到威胁，社会共同生活的基础就会受到严重危害的情况下，国家才能制定刑法规范。这不仅是启蒙思想家的呼唤，更是当代刑法赖以存在的基础和现代法治一项最基本的原则。只要不是出于保护公民的生命健康、人身自由、财产权利和政治权利免受更大侵害这种迫不得已的情况，国家就不能运用刑法的制裁措施来剥夺公民的生命、人身自由等最基本的权利。此即刑法制裁措施另一根本的特点——不得已性。“刑法不得已（必要性）原则”、“刑法第二性原则”或“分散性原则”等表述，都可以说是国家运用刑法制裁措施不得已性的理论概括。

第二节　中国刑法的发展概况

一、中华人民共和国以前的中国刑法

1. 中国传统刑法的形成与发展

刑法是“法律发展的最初的和最原始的层次”①，是人类历史上最古老、最基本的部门法。关于中国刑法最初的起源，有关古籍中记载了种种不同的传说。根据现有资料，可以基本肯定的是：中国刑法的滥觞至少可以溯源至原始社会末期的部落联盟时代。约公元前22世纪末，当中国第一个以国家形态存在的社会组织夏朝（约公元前2100年—前1700年）出现时，刑法已经有了比较完整的制度和体系。

以极其残酷的死刑为主要刑罚方法和以刑统罪的刑法体系，是从夏到西周（公元前1100年—前256年）这一漫长历史时期刑法的典型特征。在这一时期开始萌芽的注意区别故意与过失等刑法制度和“明德慎罚”等刑法观念，对中国后来传统刑法基本制度的形成和发展有着极其重要的影响。

自春秋（公元前770年—前475年）末年开始，在法家提出的“依法治国”为富国强兵基本方略的思想指导下，各诸侯国先后开始了以制定成文法、废除“别贵贱、序尊卑”传统礼制为主要内容的变法改革。公元前221年，变法最为彻底的秦国最终统一了全中国，“废封建、立郡县”的政治制度自此成为中国国家结构的基本形式，其治国法典《秦律》也随之成为了中国，乃至世界历史上第一部直接全面地规范全体臣民行为的统一的帝国刑法典，奠定了其后两千多年中国古代社会刑法的基础。在汉代（前206年—220年）以后，这种以刑罚严酷著称，以“诸法合体、民刑不分”为特色的刑法典，逐渐融入了儒家“德主刑辅”的治国体系之中。唐代（608年—907年）的《唐律》，将中国传统刑法发展到了几乎完善的程度。宋、元、明、清各个朝代的刑法，基本上都以《唐律》为蓝本。日本、朝鲜、越南等中华法系国家刑法的形成和发展，也受到《唐律》巨大的影响。

2. 中国近代的刑法改革

1840年鸦片战争失败后，中国被迫向世界打开国门，中国刑法也逐渐走上了以西方政治

① ［德］李斯特：《德国刑法教科书》，29页，北京，法律出版社，2000。

法律制度的模式为指导的改革进程。

1910年，濒临灭亡的清政府公布了中国历史上第一部具有现代意义的刑法典——《大清新刑律》。尽管这部刑法典带有浓厚的半封建、半殖民地特色（如有许多保护皇帝利益、歧视妇女、承认外国人享有不受大清法律制裁特权的规定等），但不论在体例还是内容上，该法典都是中国历史上首部以西方现代观念为指导，以西方现代刑法体例为蓝本的刑法典。就内容而言，这部刑法典终结了中国传统刑法“诸法不分，民刑合体”的历史；明文规定了罪刑法定原则等现代刑法制度；废除了作为封建刑罚最主要代表的肉刑，用罚金、拘役、有期徒刑、无期徒刑和死刑为内容的现代刑罚体系取代了传统意义的笞、杖、徒、流、死五种传统的刑罚；大大地缩小了死刑适用的范围，将刑法分则中可适用死刑的规定从两百多条减到了五十条左右；取消了斩首这种死刑执行的方式和凌迟等非法律规定的死刑执行方法。从体例角度看，该刑法典不但是中国历史上第一部以通俗易懂的语言表述刑法规范的刑事法律，同时也是第一部按西方现代刑法体例和分类方法来设计总则内容与分则体系的刑法典。1911年中华民国成立后，该刑法典一直沿用到1928年。其基本体例和内容对南京国民党政府1928年和1935年颁布的《中华民国刑法》，乃至我国今天的现行刑法都有着不可忽视的巨大影响。

二、中华人民共和国刑法的发展

1949年10月1日中华人民共和国成立后，中国刑法的发展经历了三个主要的发展阶段。

（一）1979年刑法颁布以前的历史阶段

新中国成立初期，由于人民对政府的高度信任，我国出现了历史上少有的社会稳定和人民政治热情高涨局面，加上批判资产阶级法律观而产生的法律虚无主义的影响，在那种时代背景下，当时的国家可以说既无建立健全国家法律体系的内在动力，也似乎很难感受到制定系统的刑法典的迫切需要。在废除了国民党政府的“六法全书”以后，当时的政府针对当时急需解决的重大社会问题制定了为数不多的单行刑事法规（如1951年的《妨害国家货币治罪条例》、《惩治反革命条例》，1952年的《惩治贪污条例》），除此之外，党和国家的刑事政策就成了这段时期中司法机关处理刑事案件最主要的刑法渊源。尽管早在新中国成立的第二年，有关方面就开始了起草刑法典的预备工作，并先后提出了几十个刑法草案；在20世纪50年代和60年代，制定刑法的工作也曾提上了全国人大的议事日程，但是，在1979年刑法颁布前，这些力图建立新中国刑法体系的努力，都因受到一次又一次政治运动的冲击而被迫夭折。

（二）1979年刑法施行阶段

1979年7月1日，全国人大通过了《中华人民共和国刑法》，新中国开始有了自己第一部系统的刑法典。该法典的颁布与实施，意味着在我国持续了整整30年没有以法律为表现形式的刑法体系——这一在世界各国近现代史上绝无仅有的“无法无天”的现象终于宣告结束。1979年颁布的刑法典共2编、13章、192条。不论在内容、体系还是立法技术等方面，该法典都较好地反映了我国法制建设的经验和世界刑法发展的方向。

1980年1月1日该法典开始施行后，我们国家进入了改革开放，建立社会主义市场经济秩序的新的历史时期。为了适应改革开放后社会情况急剧变化的需要，全国人大常委会又先后制定了《中华人民共和国惩治军人违反职责罪暂行条例》、《关于严惩严重破坏经济的罪犯的决定》、《关于严惩严重危害社会治安的犯罪分子的决定》、《关于惩治生产、销售伪劣商品犯罪的决定》、《关于惩治侵犯著作权的犯罪的决定》、《关于惩治违反公司法的犯罪的决定》、《关于禁毒的决定》、《关于惩治破坏金融秩序犯罪的决定》等23个单行刑事法律，并在《海关法》、《商标法》、《文物保护法》、《食品卫生法》、《森林法》等数十个行政法律中规定了可以追究刑事责任的条款。在这些对1979年刑法进行补充和修改的刑法规范中，增加了“加重处罚”的规定，扩大了死刑适用的范围，简化了部分死刑案件核准的程序；少数单行法律还修改了1979年刑法关于不利于犯罪人的规定不具有溯及力的原则，在时间效力问题上，对一些犯罪采取了重法可以溯及既往或有条件地溯及既往的措施。

（三）1997年刑法典

1982年党的十一届三中全会以后，随着我国改革开放的逐步深入，在计划经济观念指导下制定的1979年刑法的不足与缺陷开始显现出来。1988年七届全国人大常委会第三次会议将修改刑法纳入七届全国人大的立法规划。1993年八届全国人大常委会再次将修改刑法纳入了自己的五年立法规划之中。1997年3月14日，八届全国人大五次会议通过了修订的《中华人民共和国刑法》。根据该法第452条的规定和第83号中华人民共和国主席令，这部修订刑法典于1997年10月1日起开始施行。

1997年修订的《中华人民共和国刑法》共分总则、分则、附则三部分，计15章、452条。在总则方面，该法典明文规定了罪刑法定、刑法面前人人平等、罪刑相适应等刑法基本原则，扩大了我国刑法属人管辖的范围，增设了普遍管辖权，确立了单位犯罪主体的刑事责任；在分则方面则有将反革命罪修改为危害国家安全罪，将散见于各单行刑事法律的刑法规范统一纳入刑法典，并根据新的情况对原有刑法分则体系作了相应调整等举措。尽管由于治安形势严峻的社会背景，这部刑法典不可避免地带有刑事政策高扬的特点，但人们仍普遍认为该刑法典是我国历史上一部统一的、比较完备的刑法典。

在1997年刑法施行后，除了在1998年12月29日制定通过了《关于惩治骗购外汇、逃汇和非法买卖外汇犯罪的决定》外，全国人大常委会对全国人大制定的刑事法律进行的部分补充和修改，似乎抛弃了以前常用的离开刑法典的条文体系来制定单行刑事法律的做法，而采取了以“刑法修正案”的形式在现有刑法典条文体系内对现行刑法规范进行增删、修改的做法。截至2011年2月25日，全国人大常委会共颁布了8个刑法修正案，就1997年刑法中近四分之一的条文进行了修改和补充。值得注意的是：在这些刑法修正案中，全国人大常委会开始运用“第××条之一条”这种新的刑法条文排列格式，以便解决与原刑法条文规定的犯罪性质相近，但仅仅修改原刑法条文又无法纳入的新型犯罪的问题。

自2000年4月开始，全国人大常委会开始履行宪法赋予的解释刑事法律的职责。到2005年12月，已经颁布了9个刑法解释，对维护我国法制的统一起到了极其重要的作用。

第三节　刑法的根据

刑法的根据，是指决定刑法产生的基本条件。正确地理解刑法的根据，对于指导刑法规范的制定和适用具有根本的意义。

根据刑法第1条，我国刑法的根据包括三方面的内容，即：“为了惩罚犯罪，保护人民”，是制定刑法的价值根据；“宪法”是制定刑法的法律根据；“我国同犯罪作斗争的具体经验和实际情况”，是制定刑法的实践根据。

一、刑法的价值根据

1. 保护人民是我国刑法追求的价值目标

所谓“刑法的价值根据”，是指国家制定和适用刑法时统率所有刑法功能的最基本的价值目标，亦称“刑法的目的”或“刑法的宗旨”。人民是我们“国家的主人”（宪法前言），“中华人民共和国的一切权力属于人民”（宪法第 2 条），“保护人民”，或者说“保护人民的利益”，是我国刑法追求的最基本的价值目标。

我国“是工人阶级领导的、以工农联盟为基础的人民民主专政的社会主义国家”（宪法第 1 条），作为我国刑法保护对象的“人民”，首先当然是一个政治概念。这里的“保护人民”，首先是指保护“工人阶级领导的、以工农联盟为基础的”，由“全体社会主义劳动者、拥护社会主义的爱国者和拥护祖国统一的爱国者”（宪法前言）所组成的人民的整体利益或根本利益。与此同时，我国宪法又规定：“中华人民共和国公民在法律面前一律平等”（第 33 条第 2 款），国家“保护在中国境内的外国人的合法权利和利益”（第 32 条第 1 款），因此，作为我国刑法保护对象的“人民”，也是一个法律的概念，泛指任何受到我国法律保护的个人。我国刑法“保护人民”这一基本价值，同样表现为维护每个人的合法权利和利益，以及以这些权利和利益为基本内容的法律秩序。这样，我国刑法中的“保护人民”，既包括保护作为我国人民根本利益集中反映的国家利益和社会利益，也包括保护所有受到我国法律保护的个人利益；既包括保护中国公民的合法利益，也包括保护在我国境内的外国公民的利益；既包括保护一般人民群众免受犯罪侵害的利益和保护无罪的人免受刑事追究的利益，也包括保护犯罪的人不受法外追究的合法利益。关于我国刑法保护的人民利益的范围，我国刑法第 2 条、第 13 条和刑法分则分别作了概括性的和具体的规定。

2.“惩罚犯罪”是刑法的主要功能

刑法的功能，是指刑法在社会生活中的积极作用。刑法以刑罚为主要的制裁手段，以剥夺犯罪人的生命、自由、财产以及特定的参与社会公共生活的资格等基本权益为主要内容的刑罚，必然以“惩罚犯罪”为其最基本的功能。正确地运用刑法“惩罚犯罪”的功能，是发挥刑法其他功能的前提和保证。在我国刑法“惩罚犯罪”和“保护人民”这两种基本功能中，前者是刑法的客观属性，后者是我国刑法追求的价值目标，因此，“惩罚犯罪”必须服务于“保护人民”这一根本目的，必须以“保护人民”的范围和需要为限度。如果运用刑法“惩罚犯罪”这一功能时，不以包括保护犯罪人的合法权益在内的人民利益作为“惩罚犯罪”的方式、程度、范围的限度，我们的刑法就可能侵犯公民的生命、人身自由、财产、政治权利等最基本的权益，产生与“保护人民”这一刑法根本的价值目标相悖的效果。

除“惩罚犯罪”这一最基本的功能外，刑法的所有其他功能，如引导与辨别功能、威慑与教育改造功能，同样必须以“保护人民”这一刑法的基本价值为中心，服务于“保护人民”这一刑法的基本价值。不论制定刑法还是适用刑法，我们都必须以保护包括犯罪人的合法利益在内的，以每个公民的具体权利和义务为具体内容的人民的整体利益为目的，为限度，为标准。

二、刑法的宪法根据

我国刑法是“根据宪法”制定的。宪法是我国最高权力机关——全国人大通过特别程序制定的，规定“国家的根本制度和根本任务”的“国家的根本法”，在我国法律体系中“具有最高的法律效力”。“全国各族人民、一切国家机关和武装力量、各政党和各社会团体、各企业事业组织”都“必须以宪法为根本的活动准则”（宪法前言）。宪法这种作为规范一切“法律的法律”的性质，决定了任何刑法规范的制定和适用都必须以宪法为依据。同时，只有在刑法的制定和适用过程中坚持以宪法为依据，才可能“维护社会主义法制的尊严和统一”，保证“依法治国，建设社会主义法治国家”治国方略的实现。

刑法以宪法为根据，主要是指以宪法规定的国家的主要任务、公民的基本权利与义务、国家机关的职责等内容为根据。

宪法第 28 条规定："国家维护社会秩序，镇压叛国和其他危害国家安全的犯罪活动，制裁危害社会治安、破坏社会主义经济和其他犯罪的活动，惩办和改造犯罪分子。"我国宪法的这一规定说明：运用刑法同各种犯罪分子作斗争，是国家必须履行的职能之一。因此，这一规定不仅是国家必须制定刑法的宪法依据，也是国家规定刑法的基本任务、决定国家基本刑事政策的宪法依据。除此之外，宪法第二章关于公民基本权利和义务的规定，宪法第 1 条关于"禁止任何组织或者个人破坏社会主义制度"的规定，第 4 条关于"国家保障各少数民族的合法的权利和利益"的规定，第 12 条等关于国家"禁止任何组织或者个人用任何手段侵占或者破坏国家的和集体的财产"的规定，第 9 条关于"国家保障自然资源的合理利用，保护珍贵的动物和植物。禁止任何组织或者个人用任何手段侵占或者破坏自然资源"的规定，第 11 条关于国家"保护个体经济、私营经济等非公有制经济的合法的权利和利益"的规定，第 15 条关于"国家依法禁止任何组织或者个人扰乱社会经济秩序"的规定，第 22 条关于"国家保护名胜古迹、珍贵文物和其他重要历史文化遗产"的规定，第 26 条关于"国家保护和改善生活环境和生态环境，防治污染和其他公害"和国家"保护林木"的规定，第 27 条关于国家机关和国家工作人员"反对官僚主义"、"努力为人民服务"的规定，以及我国宪法第三章关于各级各类国家机构职责的规定等，都是我国刑法总则的基本原则和分则的具体规定制定的宪法依据。

三、刑法的实践根据

"我国同犯罪作斗争的具体经验及实际情况"，是我国制定刑法的实践依据。

刑法是国家为了维护自己最基本生存条件，而用法律同犯罪作斗争的最基本的手段。为了保证刑法能有效地发挥与犯罪作斗争的功能，任何国家在制定刑法时都不可能不立足本国实际，认真总结本国人民同犯罪作斗争的经验。

我国人民在长期与犯罪作斗争的实践中，取得了极其丰富的经验，无论是我国 1979 年制定的刑法，还是 1997 年修订的刑法，从整个体系到具体条文的内容，都可以说是对这些经验进行科学概括的结果。1979 年刑法施行以来，我国开始进入了在经济上发展社会主义市场经济，在政治上建设高度文明、高度民主的社会主义法治国家，在人权、法治等社会基本价值上逐步与国际主流社会接轨的崭新的历史时期。为了适应随着改革开放的逐步深入，以及政治、经济和社会生活条件的急剧变革而在与犯罪作斗争方面出现的新情况、新问题，更有效地运用刑法同日益复杂、严峻的犯罪现象进行斗争，在经过了十多年的酝酿之后，我国在 1997 年对 1979 年制定的刑法进行全面的修订，其中的每一个重大的修改，都可以说是立足我国现实，总结、概括 1979 年刑法施行以来我国人民同犯罪作斗争的经验，充分考虑到我国地域广大、民族众多、犯罪情势复杂以及我国在与犯罪作斗争时所面临的国际、国内形势的变化等实际情况的结果。

例如，在总则方面，考虑到类推制度实际上在我国并没有发挥打击极其危险的犯罪的作用，以及我国法治建设日益与国际主流价值接轨的实际情况，1997 年刑法取消了类推制度，明确规定了罪刑法定原则；考虑到在司法实践中还存在"权比法大"、以"官"抵"罚"等适用刑法不平等的现象，1997 年刑法明确规定了在刑法面前人人平等原则，"不允许任何人有超越法律的特权"；考虑到我国在改革开放以后，国家工作人员与军人在国外犯罪日益增多和我国参加的国际刑事公（条）约日益增多的实际情况，1997 年刑法扩大了刑法对我国公民，特别是国家工作人员和军人在国外犯罪的适用范围，增加了在我国承担的国际义务范围内对国际犯罪行使普遍管辖权的规定；考虑到 1979 年刑法施行后，不少地方对正当防卫掌握过严，不利于发挥正当防卫在保护公民正当权益、激发人民与犯罪作斗争的勇气的作用的实际情况，1997 年刑法不仅以"明显超过必要限度造成重大损害"为限，放宽了正当防卫的一般条件，还专门增设规定："对正在进行行凶、杀人、抢劫、强奸、绑架以及其他严重危及人身安全的暴力犯罪，采取防卫行为，造成不法侵害人伤亡的，不属于防卫过当，不负刑事责任"；为了更有利于发挥刑罚促进犯罪人悔过自新的功能和实现刑罚预防犯罪的目的，1997 年刑法明确规定，被采取强制措施的犯罪嫌疑人、被告人和正在服刑的犯罪人，供述司法机关尚未掌握的本人其他罪行的，"以自首论"，并将立功从自首制度中分离出来，规定为独立的从轻、减轻或者免除处罚的情节。

在分则方面，1997 年刑法根据我国人民同犯罪作斗争的具体经验，结合我国的实际情况，将自 1979 年以来制定的所有刑法规范充分吸收到刑法中，在体系上使我国刑法成为一部统一的、比较完备的刑法典。并且，在具体规定方面，也进行了许多重大的改革。例如，根据时代的需要，将反革命罪改为危害国家安全罪，并按现代刑法的通例重新界定了危害国家安全的范围；对 1979 年刑法中规定得比较笼统、适用过程中随意性较大的"投机倒把罪"、"流氓罪"、"玩忽职守罪"等"口袋罪"进行了分解，更便于司法实践中正确运用；根据在我国犯罪出现的新态势，增设了有关对黑社会性质的犯罪、恐怖活动组织犯罪、计算机犯罪、侵犯商业秘密犯罪等新犯罪形态定罪处刑的规定；鉴于有关走私、毒品等的犯罪日益严重的现实情况，相关的刑法规定加重了对它们的打击力度，等等。

第四节　刑法的渊源

一、刑法渊源的含义

在刑法理论中，"刑法的渊源（fontes，sources）"一词通常有三种含义。

第一种含义是指刑法的"产生渊源（fonte di produzione）"，即决定刑法存在或产生的力量。形式主义的刑法理论认为，这一意义的刑法渊源，就是有权颁布或制定刑法的主体，如封建社会中的君主，或现代国家中有权制定刑法的国家立法机关等。实质主义的刑法理论则认为，这一意义的刑法渊源，应该是指从根本上决定刑法产生、存在或决定刑法内容的终极力量，如神的旨意、人类理性、永恒正义、基本的道德观念、统治阶级的利益、人民的意志等。仅在这个意义上来理解刑法渊源的观点，在西方刑法中称为刑法渊源的实质主义。

第二种含义是指刑法的"历史渊源（fonte storica）"。这一意义的刑法渊源，从动态的角度考察，是指现行刑法规范发展、演变的历史过程；从静态的角度考察，则是指与现行刑法规定有着承继关系的历史上的刑法规范。例如，1979 年制定的刑法以及 1997 年刑法修订前全国人大常委会制定的《关于严惩严重危害社会治安的犯罪分子的决定》等单行刑事法律，就可以说是现行刑法的历史渊源。

第三种含义是指刑法的"认识渊源（fonte di congnizione）"，即刑法在现实中的存在与表现形式，如封建时代皇帝的命令、现代议会制定的法律、我国现行的刑法规定等。在这种意义上理解刑法渊源的观点，在西方刑法学中亦称刑法渊源的形式主义。

在刑法理论中，刑法的"认识渊源"是"刑法渊源"一词的最常义，本章在这个意义上运用"刑法渊源"的概念。

二、刑法渊源的类型

刑法的渊源，可以按不同的标准进行分类。例如，以司法机关是否可以直接援引为定罪处刑的依据为标准，刑法渊源一般可以分为刑法的"直接渊源"和"间接渊源"；以制定刑法的机关及刑法的适用范围为标准，刑法可以分为全国（联邦）性立法机关制定的效力及于全国的“全国性刑法”和地方立法机关（州、特别行政区）制定的“地方性刑法”；以规定刑法规范的法律的主要内容为标准，可以分为系统规定刑法规范的“普通刑法（刑法典）”、单独规定某类或某些类型犯罪的“特别刑法（单行法律）”，以及在非专门刑事法律中规定的附属性刑法规范，等等。在刑法学理论中，一般将刑法渊源分为刑法的直接渊源和间接渊源。

（一）刑法的直接渊源

刑法的直接渊源，是指司法机关在刑事案件的审判中可以直接援引为定罪判刑依据的法律规范，一般来说，包括正式的法律和具有法律效力的其他规范性文件等。所谓“正式的法律”，是指根据宪法规定有权行使立法权的国家机关颁布的正式的法律文件，包括宪法、宪法性法律和专门的刑事法律及其他法律中包含的有关认定犯罪与运用刑罚的标准的规范。所谓“有法律效力的其他规范性文件”，是指立法机关根据宪法授权国家元首、国家行政机关和军事当局在特定情况下制定颁布的以犯罪和刑罚为主要内容的法令、政令、命令等。在英美法系国家，作为刑法直接渊源的法律规范，除上述两种法律规范外，还包括以判例形式存在的“普通法”，即“源于习惯，并通过法官的判决和裁定得到了论证和发展”的行为规范。我国立法法规定，“有关犯罪和刑罚”的事项，“必须制定法律”，所以，在我国一般只有全国性的立法机关或得到全国性立法机关授权的地方立法机关制定的法律，才是刑法的直接渊源。

根据我国宪法和有关法律的规定，我国刑法的直接渊源可以按其制定机关及适用区域分为全国性法律和地方性法律[①]两种情况。

1. 全国性刑法规范

作为刑法渊源的全国性法律，是指由全国性的立法机关制定（或认可），除法律有特别规定的情况以外，应该适用于中华人民共和国全境的宪法和刑法规范。按其效力等级，全国性的刑法渊源分可以为：

（1）全国人大制定的宪法

我国宪法规定，宪法“是国家的根本法，具有最高的法律效力”，是全国各族人民、一切国家机关和武装力量、各政党和各社会团体、各企业事业组织“根本的活动准则”（宪法前言）。

坚持宪法在我国法律体系中这种至高无上的地位，不仅是我国人民根本利益的基本要求，也是我们国家“实行依法治国，建设社会主义法治国家”，“维护社会主义法制的统一和尊严”（宪法第 5 条）的基本保证。不论是立法机关还是司法机关，都负有维护宪法尊严、保证宪法实施的职责。

根据我国宪法及有关宪法性法律的规定，立法机关或司法机关在制定或适用刑法规范过程中有违反宪法的行为的，都“必须予以追究”[②]；包括全国人大及其常委会在内的各级立法机关制定的刑法规范，“都不得同宪法相抵触”[③]；如果全国人大常委会制定的刑法规范或者对刑法规范的解释与宪法相抵触，全国人大必须依法撤销[④]；如果各民族自治地方制定的刑法规范的变通条例与宪法相抵触，或者最高人民法院与最高人民检察院所作的刑法适用的解释与宪法

① 我国的刑法理论，一般按刑法规范的内容将我国刑法的渊源分为刑法典（普通刑法）、单行刑事法律（特别刑法）、其他法律中的刑法规范（附属刑法）（兵役法第 61 条、第 62 条与刑法第 435 条矛盾）三种情况。这种分类方法尽管能从一个侧面反映我国刑法直接渊源的概况，但很难全面、客观地反映这些刑法渊源之间的内在联系。

② 《中华人民共和国宪法》第 5 条第 4 款规定：“一切违反宪法和法律的行为，必须予以追究。”

③ 《中华人民共和国宪法》第 5 条第 3 款规定：“一切法律、行政法规和地方性法规都不得同宪法相抵触。”

④ 参见《中华人民共和国宪法》前言、第 5 条、第 62 条，《中华人民共和国立法法》第 88 条。

相抵触，全国人大常委会必须依法撤销[①]；如果香港、澳门特别行政区立法机关制定的刑法规范与宪法性法律（基本法）相抵触，全国人大常委会可用发回的方式使其失效。[②] 上述我国宪法及相关法律的规定充分说明，宪法在我国刑法规范体系中具有至高无上的地位，是具有最高法律效力的刑法渊源。

作为国家的根本大法和具有最高法律效力的刑法渊源，宪法不仅要求立法机关在制定刑法规范时必须以宪法为依据，同时要求司法机关在适用刑法过程中也“不得同宪法相抵触”，任何背离宪法的规定来理解、适用刑法规范的做法，都必须“受到追究”，以保证在刑法的适用过程中“任何组织或者个人都不得有超越宪法”的“特权”[③]。那种认为宪法只是一个没有任何强制力的宣言性规范，最多只与刑事立法有关，司法机关的刑事审判活动只需严格遵守刑法和刑事诉讼法的规定、不必考虑宪法规定对理解刑法的指导和限制的观念，显然是与宪法规定和建设现代法治国家的基本要求严重抵触的。

（2）全国人大制定的刑法典

刑法典是一国刑法渊源最基本、最系统的表现形式。在我国，全国人大 1979 年制定并于 1997 年进行了全面修订的《中华人民共和国刑法》，尽管没有冠以“刑法典”之名，但实际上发挥着刑法典的全部功能，人们也习惯称其为“刑法典”。

全国人大制定的“刑法典”，是包含我国刑法基本原则、基本制度、基本规则在内的比较系统、完整的刑法规范体系，是我国最基本的刑法渊源，在我国刑法渊源中占有核心地位。刑法典的这种作用，不仅表现为其总则部分的规定，除法律有特别的规定以外，应适用于一切有关犯罪和刑罚的法律（刑法第 101 条），也表现为即使全国人大常委会在补充和修订刑法典的有关规定时，也不能与刑法典规定的基本原则相抵触（宪法第 67 条）。

（3）全国人大制定的其他全国性基本法律中有关刑法适用范围和刑事责任的规定

除制定刑法典以外，全国人大还有两种制定刑法规范的形式：一是在其他全国性基本法律中制定有关各级立法机关制定和解释刑法规范权限的规定，如香港特别行政区基本法、澳门特别行政区基本法关于在香港、澳门特别行政区一般情况下不适用全国性刑法的规定；立法法关于犯罪与刑罚的事项必须制定法律的规定；民族区域自治法中关于民族自治地方立法机关可以制定全国性法律的变通条例的规定等。二是在其他刑事、民事、国家机构等基本法律中直接制定有关刑事责任的规定，如刑事诉讼法第 49 条第 2 款、第 161 条第 2 款、第 198 条第 4 款的规定等。

关于全国人大制定的刑法规范，有一点必须说明：包括全国人大主席团、全国人大常委会、国务院、中央军事委员会、最高人民法院、最高人民检察院、全国人大各专门委员会等国家立法、行政、司法机关等在内的法律提案人，对提交全国人大审议的刑法草案的说明，以及全国人大法律委员会向全国人大主席团提出的刑法草案审议结果报告和刑法草案修改稿的说明等，尽管对于正确理解全国人大制定的刑法规范有极其重要的指导作用，但它们本身都不是全国人大制定的必须强制性适用的刑法规范，因为它们没有经过全国人大制定法律必须经过的正式表决程序，不应该属于全国人大制定的刑法规范的范围。

（4）全国人大常委会制定的刑法规范

我国宪法规定，全国人大常委会是全国人大的常设机关，在全国人大闭会期间，享有对全

---

① 参见《中华人民共和国宪法》前言、第 5 条、第 67 条，《中华人民共和国立法法》第 88 条，《全国人民代表大会常务委员会关于加强法律解释工作的决议》（1981 年 6 月 10 日）第 2 条。

② 参见《中华人民共和国香港特别行政区基本法》第 17 条，《中华人民共和国澳门特别行政区基本法》第 17 条。

③ 《中华人民共和国宪法》第 5 条第 5 款规定：“任何组织或者个人都不得有超越宪法和法律的特权。”

国人大制定的刑事法律进行部分补充、修改的权力和解释刑事法律的职责。全国人大常委会制定的刑法规范，主要有单行刑事法律、刑法修正案、在其他法律中规定刑事责任和对刑法法条进行立法解释 4 种形式。

制定单行的刑事法律（即特别刑法），是 1997 年刑法施行以前全国人大常委会补充或修订刑法的最主要形式。[①] 在 1997 年刑法施行后，除了在 1998 年 12 月 29 日制定通过了《关于惩治骗购外汇、逃汇和非法买卖外汇犯罪的决定》外，全国人大常委会对刑法的修改和补充主要采取制定刑法修正案和在有关法律规定相关的刑事责任的形式。自 2000 年 4 月开始，全国人大常委会开始履行宪法赋予的解释刑事法律的职责，到 2005 年 12 月，已经颁布了 9 个刑法解释，对维护我国法制的统一起到了极其重要的作用。

关于全国人大常委会制定或颁布的刑法规范，有两点应该注意。

一是，根据我国宪法，制定基本的刑事法律只能是全国人大的职权，全国人大常委会无论用哪种形式制定或颁布刑法规范，从根本上说，都只具有部分修改或补充全国人大制定的刑法规范的性质。因此，全国人大常委会在制定和解释刑事法律规范时，不能违反宪法和全国人大制定的有关法律的基本原则。如果严格按此宪法规定来审查，全国人大常委会 1982 年颁布的《关于严惩严重破坏经济的罪犯的决定》中关于该法可以有条件地溯及既往的规定，1983 年颁布的《关于严惩严重危害社会治安的犯罪分子的决定》中关于该决定具有溯及既往效力的规定，都有超越宪法规定的权限之嫌。因为，处刑较重的刑法规范不得具有溯及既往的效力，现在已经被视为世界性的刑法基本原则之一。

二是，全国人大常委会对刑法的解释，应该是指全国人大常委会全体会议通过法定程序表决通过的刑法解释。全国人大常委会或相关机构负责人在“法律起草说明”中所作的解释，或者全国人大常委会下属机构对刑法条文的解释，尽管对我们理解相关刑法规范的内容具有巨大的指导意义，但只要它们不是按照我国立法法第 42 条～第 46 条规定的程序提出，并由全国人大常委会全体会议表决通过，就不能视为与法律具有同等效力的立法解释。[②]

（5）1979 年刑法生效以前的法令以及党和国家的刑事政策

由于完全废除了国民党政府的“六法全书”，自 1949 年中华人民共和国成立到 1979 年刑法生效施行以前，我国一直不存在系统的刑法典。在此期间，作为司法机关定罪处刑根据的刑法渊源，除少数是由享有立法权的中央人民政府制定的单行法规外，一般都是党和国家的刑事政策。所以，我国 1979 年刑法第 9 条规定：“中华人民共和国成立以后本法施行以前的行为，如果当时的法律、法令、政策不认为是犯罪的，适用当时的法律、法令、政策。如果当时的法律、法令、政策认为是犯罪的，依照本法总则第四章第八节的规定应当追诉的，按照当时的法律、法令、政策追究刑事责任。”1997 年刑法第 12 条有关刑法时间效力的规定中，已经不再包含“法令、政策”等字样。但是，如果考虑到根据该法第 87 条～第 89 条，包含可能对 1979 年以前的犯罪提起追诉的情况，我们很难否认：1979 年刑法生效以前的法令和政策，即使在今天也仍然是认定当时的行为是否构成犯罪的主要根据。

2. 地方性刑法规范

地方性刑法规范，是指根据宪法和全国性基本法律的规定，由全国性立法机关授权地方性

① 1979 年刑法施行后，为适应犯罪形态不断变化的社会形式，全国人大常委会先后制定《中华人民共和国惩治军人违反职责罪暂行条例》、《关于严惩严重破坏经济的罪犯的决定》、《关于严惩严重危害社会治安的犯罪分子的决定》、《关于禁毒的决定》、《关于惩治走私、制作、贩卖、传播淫秽物品的犯罪分子的决定》等二十多个单行刑事法律。根据 1997 年刑法第 452 条的规定，这些单行刑事法律或者因整体被纳入 1997 年刑法而被废止，或是因其中有关刑事责任的规定被纳入 1997 年刑法而不再适用。

② 相反观点参见苏惠渔主编：《刑法学》，42～43 页，北京，中国政法大学出版社，1994。

立法机关制定并仅在相关地方适用的刑法规范。在我国，地方性刑法规范主要包括三种情况：

（1）香港、澳门特别行政区立法机关制定的并不违背基本法规定的刑法规范，或原在特别行政区适用并与基本法的规定不抵触的刑法规范；

（2）根据我国宪法、民族区域自治法以及刑法有关规定，由少数民族自治地方制定的全国性刑法的变通条例；

（3）我国台湾地区行政当局制定的刑法规范。

（二）刑法的间接渊源

刑法的间接渊源，是指不能直接援引为定罪处刑的法律依据，但却为理解刑法规范的内容或决定刑法规范的适用范围所不可或缺的那些行政法规、国际条约、风俗习惯、法院判例等。在英美法系国家，法学权威的著作以及立法者和法官的社会信念，往往也被认为是理解刑法规范含义的重要渊源之一。

在我国刑法的渊源中，最高人民法院和最高人民检察院在适用法律过程中对刑法规范的解释，是一种很令人困惑的现象。

这种现象令人困惑的原因之一，是这类解释按其性质很难归类。从实践的角度看，这种解释对司法机关具有普遍的强制性的约束力，是司法机关定罪处刑时重要的法定依据之一，就其法定效力而言，似乎应归入刑法的直接渊源的范畴。但是，这种解释本身只是代表司法机关本身对刑法规范的理解，而不是定罪处刑的法律依据；它直接约束的对象是司法机关适用刑法规范的行为，而不是遵守刑法规范的一般公民的行为。因此，将其归入刑法的间接渊源似更有理由。

这类解释令人困惑的原因之二，是最高人民法院和最高人民检察院解释刑法规范的方式。最高人民法院和最高人民检察院在进行司法解释时，不仅在很多情况下使用了“规定”等表示制定独立的规范的用语，而且解释的对象往往不是刑法规范对犯罪构成要件的描述，而往往是脱离刑法的规定，自行规定新的构成要件。

当然，这类解释中最令人困惑的问题，还是最高人民法院和最高人民检察院是否有以制定强制性规范的方式解释刑法的权力。一国的最高审判机关或最高检察机关有权以制定规范的形式解释刑法规范，不仅从事实面看很可能是成文法国家中独一无二的例子，就是从法律面看，我国最高审判机关和最高检察机关的这种解释权也有违背我国宪法规定之嫌。根据我国宪法，解释法律是全国人大常委会的职权，宪法中没有全国人大常委会可以授权其他单位以制定强制性规范的形式进行法律解释的规定。2000 年全国人大通过的《中华人民共和国立法法》更是明确规定：“法律解释权属于全国人民代表大会常务委员会”；“法律的规定需要进一步明确具体含义的”，或者“法律制定后出现新的情况，需要明确适用法律依据的”，最高人民法院、最高人民检察院以及国务院、中央军事委员会和全国人大各专门委员会以及省、自治区、直辖市的人大常委会等机关，只是有权“向全国人民代表大会常务委员会提出法律解释要求”，而不是它们本身享有解释法律的权力。尽管最初规定最高人民法院司法解释权的《中华人民共和国人民法院组织法》① 也是全国人大制定的，但是该规定从来没有得到宪法的正式认可，特别是在 2000 年我国的立法法颁布后，即使根据新法优于旧法的原则，最高人民法院、最高人民检察院似乎也不应该有以制定强制性规范的方式来解释刑法的权限。

当然，最高人民法院和最高人民检察院没有以制定强制性规范的方式来解释刑法的权限，并不等于最高人民法院、最高人民检察院没有解释刑法的权力。相反，限于我国目前的立法和司法水平，最高人民法院、最高人民检察院完全可以，而且也应该通过以下两个途径来行使其

① 该法第 32 条规定：“最高人民法院对于在审判过程中如何具体应用法律、法令的问题，进行解释。”

对刑法的司法解释权，以统一全国的司法审判工作：（1）通过自己的审判或编撰具有指导性意义的判例；（2）制定关于刑法解释的强制性指导意见。后者是指最高人民法院和最高人民检察院可以按照现在的模式针对刑法的用语进行解释。这种解释在一般情况下可以具有强制性，即如果没有特殊理由，各级人民法院和各级人民检察院都应遵照执行。但是，这种解释也应该是指导性的，如果地方人民法院或人民检察院认为某一具体案件确实不宜适用该解释，可以说明理由，报请最高人民法院或最高人民检察院批复。

第五节　刑法的解释

一、刑法解释的含义

关于什么是刑法的“解释（interpretation，construction）”，国内外刑法学界有不同的理解。一般来说，国内刑法学者倾向于将“刑法的解释”理解为对刑法规范静态含义的客观说明（阐释、阐明），如将刑法的解释定义为“对刑法规范含义的说明”[①]，或者“对刑法规范的法律术语的含义及其在司法工作中的具体运用问题的阐释”。而国外刑法学界倾向于将“刑法的解释”视为司法者或法学工作者以自己的知识结构为基础来赋予刑法规范特定含义的思维或实践过程。[②]

二、刑法解释的必要性与特殊性

1. 启蒙思想家反对解释刑法的理由

国外法学理论中，“解释法律”意味着解释者理解法律的主观过程，具有解释者用自己“特殊的知识、信念、判断、了解或想象”“赋予”法律“特别的含义”的意思，所以，早期的资产阶级启蒙思想家，如法国的孟德斯鸠、卢梭，意大利的贝卡里亚等，都极力反对法官有解释刑法的权力。如孟德斯鸠在其名著《论法的精神》中主张，法官在执行法律的过程中只能是“法律的留声机”，不得对法律进行解释；贝卡里亚在其代表作《论犯罪与刑罚》中也明确地提出了法官不能对刑法规范进行解释的主张。启蒙思想家们反对法官解释刑法的主要理由有以下两点：

（1）根据“三权分立”的学说，只有立法者才有权立法，规定法律规范的含义。如果允许法官解释法律，就很难避免法官赋予刑法规范以与立法目的相悖的含义。如果允许法官解释法律，实际上就是同意法官也有立法权，“三权分立”的政治基础就会因之而受到破坏。

（2）刑法的机能主要是保护公民的自由，如果允许法官解释法律，法官就可能利用对法律的解释，得出不利于被告的结论。

2. 刑法解释的必要性

由于启蒙思想家们天真地设想过的那种“从伟大的哲学家到普通的民众都能一眼看明白”

---

① 高铭暄主编：《刑法学》，46页，北京，法律出版社，1982。

② 在什么是“刑法的解释”问题上，国外刑法学界一般不使用与汉语中“解释”最相近的“explanation”，而是采用比汉语中“解释”一词含义更广，更能体现解释者主观理解的“interpretation”或“construction”。根据Longman Modern English Dictionary的解释，英语中的“interpretation”有三种基本含义：一是相当于汉语中的“解释”，二是“赋予……以特定含义”，三是“将自己的理解付诸行动”。国外刑法学界一般认为，“刑法的解释”往往同时具有以上三种含义。国外刑法学界一般不将“刑法解释”理解为一种静态结果，而是视其为一个动态的过程。如意大利当代最著名的刑法学家F. Antolisei就将“刑法的解释”定义为“审查法律时，研究说明法律含义的思维过程”，《牛津法律大辞典》相关词条也将“法律的解释”定义为审查法律文件时“确定其原文含义的过程”。

的刑法规范在现实生活中根本不可能出现，所以，在当今各国刑法学界中，完全反对刑法解释的人可以说基本上不存在。人们认为刑法必须进行解释的理由，主要有以下几条：

（1）刑法是普遍性的法律规范，刑法规范的这一特性决定了其只能以抽象标准的形式出现。任何刑法规范，不论规定得多么具体，都不可避免地具有抽象性和概括性。要把任何抽象或概括的标准应用于现实中的具体事实，都必须准确把握该标准的真实含义。所以，适用任何刑法规范前，必须先对刑法进行解释（理解），明确该规范的真实含义，然后才可能将其作为定罪处刑的标准，准确地适用于具体的事实。例如，我国刑法对刑事责任年龄的规定，应该是我国刑法中最明确的规定之一，但是，即使这样的规定，也必须解释，例如，年满16周岁的计算基准究竟应该是农历还是公历，究竟是虚岁还是实岁，究竟应从16岁生日的当天起计算还是从16岁生日的第二天起计算；如果在生日当天过失致人重伤，被害人第二天在医院不治身亡，应如何处理，等等。如果不进行解释，遇到涉及上述问题的刑事案件时，有关刑事责任年龄的刑法规定就无法适用。

（2）刑法的表述形式是语言，当人们以语言作为刑法的表述形式时，就无法避免字面含义与实质含义的冲突。因为这是任何以语言为表述形式的事物都必然具有的局限。由于立法者的水平、立法过程中各种意见的冲突和妥协，以及刑法规定中不可能不采用一些含义本身就有很大争议的专业术语（如“犯罪”、“刑事责任”、“故意”、“过失”）等原因，刑法规范中必然会出现许多意思模糊的概念①、词义不清的表述②，以及一词多义③、多词一义④等情况。为了确定法律条文的真实含义，统一人们对多义词、同义词的理解，使一般人能理解法律中使用的专门术语，就必须对法律进行解释。

（3）从法律与现实的联系看，一定的刑法规范总是立法者受特定社会历史条件限制的产物。由于社会生活的复杂性和变动性，不论立法者多么睿智、多么富有预见，刑法规范多么富有原则性或灵活性，人们都不可能制定出完全涵盖现实生活中的全部内容、永远与社会发展相适应的刑法规范，在现实中总会出现立法者没有想到或立法者根本就不可能想到的情况。在立法机制日趋复杂的今天，根本就不可能针对新的犯罪随时制定新的法律。如果不根据社会的需要不断赋予刑法规范适应社会发展现实的含义，就会出现刑法规定永远落后于社会现实的情况，刑法就不可能完成“惩罚犯罪、保护人民”，“运用刑罚同一切犯罪作斗争”这一根本任务。所以，刑法的解释“对于刑法，就像营养对于生物，至少可以延长其生命，使其适用成为可能。亦可谓刑法系由解释而生长、而发展、而醇化”。

基于上述理由，可以说离开了刑法的解释，就不可能正确地适用刑法，甚至以解释刑法规范的含义为主要研究内容的刑法学也没有存在的必要。正是在这个意义上，国外有不少刑法学者干脆就称刑法学为刑法解释学。

3. 刑法解释的特殊性

由于刑法的内容直接涉及保护或剥夺公民的生命、人身自由、财产等最基本的权利，相对其他法律的解释而言，刑法的解释不能不具有一定的特殊性。

刑法解释的特殊性，主要表现为解释刑法比解释其他法律有更严格的限制。刑法应严格解

① 如刑法第294条中规定的“黑社会性质的组织”，第120条中提到的“恐怖活动组织”，第191条中提到的“黑社会性质的组织犯罪”、“恐怖活动犯罪”等。

② 如刑法第14条中关于“明知自己的行为会发生危害社会的结果”的规定，第23条中关于“已经着手实行犯罪”、“由于犯罪分子意志以外的原因而未得逞”的规定等。

③ 如刑法第6条中的“结果”一般仅指可以与犯罪行为相对分离的结果，而刑法第14条、第15条规定中的“结果”则既包括可以与犯罪行为相对分离的结果，也包括包含于犯罪行为中的结果。

④ 如刑法第14条、第15条中的“危害社会的结果”。

释，可以说是世界各国刑法学界的共识。但是，对于什么叫刑法的严格解释，或者说刑法的解释应该严格到什么程度，对刑法的解释应该作哪些限制，各国刑法理论并无统一的认识。有的学者认为应限制的只是类推解释；有的学者则认为还应该限制扩张解释和缩小解释；有的学者主张限制不利于被告的类推解释或扩张解释，有的学者则认为不论是有利于或不利于被告的扩张解释或限制解释，都应该属于必须限制的范畴；有的学者认为刑法的解释绝对不能脱离刑法规范的字面含义，有的学者则认为刑法的解释必须符合立法者的立法目的。但总的来说，认为刑法解释“系被条文文字所拘束之拘束的解释，而非自由法论，此系刑法解释之根本要求，亦系刑法解释之特殊性”的观点，目前是大陆法系国家刑法理论界的主流。

三、刑法解释的基本立场

不论是由于刑法规范的抽象性、刑法用语的多义性，还是由于刑法规定与社会发展需要的吻合性，总是在刑法规定可能产生多种理解的情况下，刑法的解释才可能存在。那么，在对同样一个刑法规范人们可能存在不同理解，或者说对同一规范可能作出多种解释的情况下，人们应该根据什么样的标准来选择最适合的答案呢？对于这个问题，刑法理论中有主观主义和客观主义两种不同回答。

1. 主观主义的刑法解释论

刑法解释的主观主义，是一种根据立法者原意来探求刑法内容的刑法解释论，为多数刑事古典学派学者所拥护。持这种观点的人认为：刑法的本质是主权者的命令，刑法规范纯粹是立法者立法时意志的产物，其内容完全取决于立法者立法时赋予它的含义。这种以传统的解释《圣经》的方法为基础发展起来的刑法解释论认为，刑法规范是一个完全独立于解释者的客观的认识对象，其含义不仅与解释者的价值观念、政治主张等解释者的知识结构无关，同时也不应随社会的变迁而有所不同，因此，刑法的解释是一种单纯的认识性活动，其主要目的只有一个，就是通过重现立法者的思维过程来阐明立法者赋予法律条文的原意。

刑法解释的主观主义是“三权分立”学说与国家专制主义相结合的产物，是强调实在法绝对权威的法律实证主义在刑法解释论中的体现。站在“三权分立”的立场上，刑法解释论中的主观主义者认为：法律的解释必须符合立法者的原意，否则，就有越权之嫌。从国家专制主义和法律实证主义的理论出发，主观主义的刑法解释论者强调法律是国家意志的体现，是主权者的命令；强调法律规范内容的确定性和刑法的保障机能，不管恶法、善法，法官都只有绝对服从的义务，而没有探讨刑法规范的合理性和对刑法规范的内容进行价值判断的权力。①

就解释方法而言，主观主义的刑法解释论强调根据法律起草过程中的文件、法律条文字词的含义、条文的历史演变过程，以及运用语法规则分析、形式逻辑推理等方法来说明具体刑法规定的内涵。

2. 客观主义的刑法解释论

刑法解释中的客观主义，是一种主张根据社会需要来理解刑法规范含义的刑法解释论。持这种观点的人认为，刑法是社会需要的产物，无论是刑法的制定还是刑法的解释，都应服从社会需要这一根本的目的。同其他任何规律规范一样，刑法规范只要一经颁布，其内容便应脱离立法者原有的意志，而以社会的需要为自己的内容，因此，人们在解释刑法规范时，不应局限于立法者的认识水平和认识能力，而必须根据社会的变化来不断地赋予刑法规范新的内容。为了使刑法的解释服从于社会需要这一根本目的，刑法的解释就不应该只是一种单纯的揭示立法

① 正是在这个意义上，贝卡里亚说：“刑事法官根本没有解释刑事法律的权力，因为他们不是立法者。”（［意］贝卡里亚：《论犯罪与刑罚》，12页，北京，中国大百科全书出版社，1993。）

者意志过程的认识活动，而应该是一种不断地促使刑法规范与社会同步发展的创造性活动。尽管这种解释活动不能创造新的法律，但却可能，而且也应该在将刑法规范适用于立法者未想到或根本不可能想到的情况时，创造性地补充或完善现行的法律规定。

客观主义的刑法解释论从社会需要和实际可能两个不同的角度对刑法解释论中的主观主义作了严格的批评。他们认为：从社会需要角度讲，为了适应现代社会无时无刻不在进行的无穷变化，维护社会秩序，促进社会发展，刑法规范的内容就必须具有弹性。如果依照主观主义刑法解释论的主张，把法律规定的内容局限于立法者立法时的认识水平，其结果就只能是把刑法条文变成僵化的教条，使国家在立法者没有想到，甚至根本就不可能想到的犯罪[①]面前束手无策。从实际可能性角度看，现代的立法过程并不是一个人的心血来潮，而是不同的组织和不同个人的协调活动。一个法律规定的出台，往往是一些相互冲突的意见彼此妥协的结果，因此，在现代国家中，立法者是一种抽象的存在而不是一个具体的个人，根本就不存在重现立法者思维过程的可能性。

四、刑法解释的种类

在刑法解释的分类问题上，国内外刑法学界可以说是仁者见仁、智者见智，著名的学者往往都有自己的一套分类方法。但总的说来，国外刑法学界多以刑法解释所依据的方法作为刑法解释分类的基础，国内学者则一般从刑法解释的效力和刑法解释的方法两个不同的角度对刑法的解释进行分类。

1. 刑法解释的效力分类

以刑法解释是否对司法机关适用刑法具有强制性约束力为标准，我国刑法理论将刑法解释分为法定解释和学理解释两大类。

（1）法定解释

法定解释，在我国刑法理论中又称“有权解释”、“正式解释”，是指特定国家机关根据宪法和法律的授权，对刑法规范作出的具有强制约束力的解释。根据我国宪法和立法法，全国人大常委会具有解释法律的职权；根据人民法院组织法和全国人大常委会《关于加强法律解释工作的决议》的规定，最高人民法院和最高人民检察院有权对于审判、检察工作中具体应用法律、法令的问题进行解释。

全国人大常委会是国家的立法机关，其对刑法的解释，又称“立法解释”，“同法律具有同等效力”。依照立法法，全国人大常委会制定法律解释，必须通过特定的程序。全国人大的负责人或全国人大的下属机关对刑法的理解，如果没有经过全国人大或全国人大常委会依法定程序表决通过，都不能视为“与法律具有同等效力”的立法解释。[②] 刑法条文中的解释性规定（如刑法第 93 条关于国家工作人员的规定），在逻辑上是通过立法程序表决制定的“法律”本身，不能将其等同于依相对简单的制定法律解释程序通过的“法律解释”[③]。坚持这一点，不仅可以防止全国人大常委会通过刑法解释的方式可能对全国人大制定的刑法的基本原则作出不合理的解释，同时也可以避免出现对“立法解释”的“立法解释”这种没有宪法根据的现象。[④]

最高人民法院和最高人民检察院对适用刑法过程中具体问题的解释，亦称“司法解释”。

---

① 如 1979 年刑法颁布以后出现的盗窃增值税发票、技术秘密、电话号码等。

② 相反观点参见苏惠渔主编：《刑法学》，42～43 页，北京，中国政法大学出版社，1994。

③ 如全国人大常委会 2000 年 4 月 29 日《关于〈中华人民共和国刑法〉第九十三条第二款的解释》。

④ 相反观点参见苏惠渔主编：《刑法学》，42～43 页，北京，中国政法大学出版社，1994。

在我国目前的情况下，这种司法解释对于维护我国法制的统一起着不可替代的作用。但是，这种解释没有宪法依据，并明显地与宪法关于“人民法院依照法律规定独立行使审判权”（宪法第126条），最高人民法院的工作是“监督地方各级人民法院和专门人民法院的审判工作”（宪法第127条）的规定，以及立法法中关于“法律解释权属于全国人民代表大会常务委员会”（第42条），最高人民法院、最高人民检察院等国家机关只是“可以向全国人民代表大会常务委员会提出法律解释要求”的规定相抵触。在我国目前的法制框架内，通过判例、制定司法指导意见等方式来发挥最高人民法院对全国各级人民法院的监督、指导职能，也许是解决法律适用过程中如何保证法制统一问题最可行的选择。

（2）学理解释

学理解释，亦称“非正式解释”，是指一般人，特别是法学工作者，对刑法规范内容的理解和阐明，如有关法制宣传材料、教科书、学术专著、论文、案例分析、对刑法条文的注释中对刑法的解释等。学理解释对司法机关没有法定的约束力。但是，这并不排除在与现行的法律和法定解释不相冲突的情况下，司法机关可以视这种解释为对法律的正确理解，并采用这种解释解决刑法规范的具体适用问题。

2. 刑法解释的方法分类

依解释的方法，人们一般将刑法的解释分为文理解释、历史（沿革）解释和目的论解释、逻辑（论理）解释四大类。一般来说，目的论的解释方法为客观主义解释论常用的解释方法，文理解释、逻辑解释多为主观主义解释论所采用。逻辑解释中包含的具体解释方法很多，它们在不同的情况下既可能是客观主义的解释方法，也可能是主观主义的解释方法。

（1）文理解释

文理解释，亦称“字面解释”、“文法解释”，即根据法律条文的字义、词义和语法规则来阐明法律规范本义的刑法解释方法。这种刑法解释方法的特点是，将刑法规范的内容严格限制在刑法条文自然词义的范围内，既不扩大也不缩小刑法条文字面含义所包含的内容。

刑法的解释是针对刑法规定的解释，在刑法规定以文字为表述形式时，刑法的解释首先就是针对刑法条文的解释，所以，在成文法国家，刑法“条文的词义是解释的要素”。人们一般认为，在采用文理解释来解释刑法条文时，应注意以下几个问题：

a. 刑法规定的字面含义，一般应是刑法条文用语最普通的词义。除专门的法律用语和技术性用语外，刑法条文一般应按最普通、日常的含义解释，并将有关规定的上下文视为一个整体来理解法条中所用词汇、短语的意思。对于专门的法律用语或技术术语，则首先应根据其在专门领域内最常用的含义来理解。

b. 在刑法规定的词义、文理均很清楚的情况下，只要适用该规定不会产生明显的违情悖理的结果，就没有必要再用其他的解释方法。

c. 在任何情况下都必须将刑法规范“可能的词义”视为刑法解释“最宽的界限”①，采用其他的法律解释方法时，一般来说也应受条文文理可能含义的限制。

d. “无论如何这样的认识还是错误的，即刑法中的解释纯粹应针对自然的词义来进行，因为即使紧扣条文来解释，也不保证法安全。”尽管文理解释是在成文法国家进行刑法解释的基本方法，而不是“系统解释方法的一种补充”②，但是，其毕竟只是人们理解、探求刑法含义的一种方法。把在一般情况下正确的刑法条文的字面含义运用于具体案件时，如果得出的结论

① ［德］汉斯·海因里希·耶赛克、托马斯·魏根特：《德国刑法教科书》，197页，北京，中国法制出版社，2001。

② 同上书，196页。

显失公平，明显违背社会公认的常识、常理、常情①，我们就得借助论理解释方法、目的论解释方法等来对刑法条文的自然含义进行必要的扩张或限制，甚至超越。② 在得到社会认可的情况下，超越字面含义的限制，能得出更符合立法目的或更适应社会需要的结论，不仅是英美法系的惯常性做法，就是在大陆法系国家也在不同程度上为司法实践所采用，得到刑法理论界的认可。③

(2) 沿革解释

“沿革解释”，亦称历史解释，是指“基于法成立的历史沿革，以阐明法真实的意义”。运用沿革解释来阐明刑法规范的含义，不仅要考虑先前的法律规定，也要考虑以前的惯例、解释、标准教科书等。在沿革解释中，法律制定过程中的各种预备性文件（如各种类型的法律草案以及对这些草案的说明等）有特别重要的作用。

(3) 目的论的解释

目的论的解释，是指为达到法律规定的目的或实现法律规范所维护的价值，在解释法律时将法律规定中所用的词语扩大到日常含义以外的解释方法。

“因为只有目的论的解释方法直接追求所有解释之本来目的”，“从根本上讲，其他解释方法只不过是人们接近法律意思的特色途径”，“在根据法律目的进行解释时，法官总是将宪法的价值判断放在首位，他虽然不得改变刑法规定的意思，但他必须尝试在法律规定的范围内与宪法规范保持一致，如果这样做不可能，他必须根据《宪法》第100条的规定终止诉讼，由联邦宪法法院裁决”④。

(4) 论理解释

论理解释，亦称“逻辑解释”，是指在法律条文的自然含义不太清楚，或者仅根据刑法条文的字面含义可能得出违情悖理的结论的情况下，运用形式逻辑中归纳、演绎、类推以及三段论的推论等形式，从刑法规范整体的内部结构以及某一具体规范与其他规范之间应有的逻辑联系等角度，探求刑法规定真实含义的刑法解释方法。这种解释方法的特点是，解释的结论不完全拘泥于刑法条文的自然含义。

论理解释可以从不同的角度进行分类，最常见的有以下几种：

a. 扩大解释，亦称扩张解释，是指以法律规定的目的或所维护的价值为依据，超越法条用语的日常含义或语法逻辑的限制来阐明法律规定的含义。例如，全国人大常委会2002年4月28日《关于〈中华人民共和国刑法〉第三百八十四条第一款的解释》中认为，“以个人名义将公款供其他单位使用”，以及“个人决定以单位名义将公款供其他单位使用，谋取个人利益”，这两种实际上是以个人名义或个人决定“将公款供其他单位使用”的情况，也属于刑法第384条第1款规定的国家工作人员利用职务上的便利，挪用公款“归个人使用”范围。这种

---

① 如在认定伪造货币罪时，仅因为刑法第170条在字面上对伪造货币罪的成立并没有规定数额要求，而对只伪造了1分人民币的人判处3年以上有期徒刑。

② “当然，法治也完全以形式合法性为前提”，但是“法治是这样一种原则，它关注法律应当是什么，亦即关注具体法律所应当拥有的一般属性”。“法治意味着政府除实施众所周知的规则以外不得对个人实施强制，所以它构成了对政府机构的一切权力的限制，这当然也包括对立法机构的权力的限制。”“在今天，人们时常把政府的一切行动只需具有形式合法性（legality）的要求误作为法治。”“但仅此并不能涵括法治的全部意义：如果一项法律赋予政府以按其意志行事的无限权力，那么在这个意义上讲，政府的所有行动在形式上就都是合法的，但是这一定不是法治原则下的合法。因此，法治的含义也不止于宪政，因为它还要求所有的法律符合一定的原则。”（[英] F. A. 哈耶克著，邓正来等译：《自由秩序原理》，电子版，第十四章。）

③ 如德国最高法院、日本最高法院、法国最高法院均有相关判案，在瑞士也“被广泛认可”（[德] 汉斯·海因里希·耶赛克、托马斯·魏根特：《德国刑法教科书》，197页，北京，中国法制出版社，2001）。

④ 同上书，193页。

解释方式，就是扩大解释的方法。

b. 缩小解释，亦称严格解释、限制解释，是指在按照法律条文所用词语的日常含义来理解刑法规范的含义，刑法条文的适用会失之宽泛的情况下，对法律条文的适用范围所作的小于其字面含义的解释。例如，最高人民法院 2000 年 4 月 20 日在《关于审理伪造货币等案件具体应用法律若干问题的解释》中认为，伪造货币的总面额必须“在二千元以上”或者“币量在二百张（枚）以上”的，才能依照刑法第 170 条的规定处罚。而刑法第 170 条关于处罚伪造货币行为的规定中本无数额的要求，故这种解释就是缩小解释。

c. 当然解释，亦称“勿论解释”，是指对于法律条文并未明确规定的情况，根据法律所用词语在逻辑上应有的含义来阐明法律规定的真实内容，或根据众所周知的道理来推论刑法规范也应适用于该法律没有明文规定的情况。[①] 例如，我国刑法第 125 条第 1 款和第 127 条第 1 款明文禁止的只是“非法制造、买卖、运输、邮寄、储存”或者“盗窃、抢夺”“枪支、弹药、爆炸物的”行为，但如果适用刑法第 125 条第 1 款或第 127 条第 1 款来处罚“非法制造、买卖、运输、邮寄、储存”或者“盗窃、抢夺”便携式导弹的行为，就是运用当然解释的例子。

d. 类推解释，是指根据类比原理将刑法适用于刑法条文没有明文规定，但与刑法条文规定的行为相类似的行为的情况。例如，最高人民法院、最高人民检察院曾在有关的司法解释中认为，“个体经营户的从业人员”也属于 1979 年刑法第 114 条规定的“工厂、矿山、林场、建筑企业或者其他企业、事业单位的职工”[②]，就有类推解释之嫌。

e. 反对解释，是指根据适用刑法规范的正面结果来推论与其相应的反面结果也能成立的解释方法。例如，根据刑法第 17 条第 2 款关于“已满十四周岁不满十六周岁的人”，只有“犯故意杀人、故意伤害致人重伤或者死亡、强奸、抢劫、贩卖毒品、放火、爆炸、投毒罪的”，才“应当负刑事责任”的规定，可以推出未满 14 周岁的人对任何犯罪都不负刑事责任的结论；根据刑法第 21 条第 3 款关于“避免本人危险的规定，不适用于职务上、业务上负有特定责任的人”的规定，可以推出所有法律上没承担特定义务的人“避免本人危险”的情况，都可以适用刑法有关紧急避险规定的结论等，都属于反对解释的范例。由于刑法分则规范中规定的犯罪与制裁的手段之间并不是一种非此即彼的关系，所以对刑法分则规定的罪刑关系不能适用反对解释。[③]

f. 补正解释，是指根据法律其他条文的规定来补全某一刑法规范应有内容的情况。例如，对杀人未遂的行为，就只有在用刑法总则有关犯罪未遂的规定来补正刑法分则中有关故意杀人罪的规定后，才可能正确地认定。

法律应用

刑法调整对象的特殊性说明，刑法只应该调整那些其他法律制度本身的制裁措施不可能有效地制止，并且如果不用刑法（罚）调整，就会对相应法律制度的存在产生根本威胁的行为。因此，任何能够运用其他法律手段进行有效控制的行为，任何不用刑罚处罚也不会从根本上威胁到国家某种法律制度存亡的危害行为，都不应是刑法调整的对象，都不应当作为犯罪来处

① 此即我国《唐律·名例篇》规定的“诸断罪而无正条者，其应出罪者，则举重以明轻、其应入罪者，则举轻以明重”的情况。

② 最高人民法院、最高人民检察院 1986 年 6 月 21 日《关于刑法第一百一十四条规定的犯罪主体的适用范围的联合通知》。

③ 例如，并不是只有刑法第 170 条规定的伪造货币罪，才处 3 年以上有期徒刑。

理。这是作为现代刑法基础的“刑法不得已（必要性）原则”的基本要求，既是刑事立法时决定某种行为是否应被规定为犯罪的根本标准，也是司法实践中决定是否应对某一具体行为适用刑法第13条但书规定的根本标准。

课后复习

1. 怎样理解“保护人民”这一刑法基本价值与“惩罚犯罪”等刑法功能的关系？
2. 怎样看待刑法解释论中“客观主义”与“主观主义”的关系？

第二章
刑法的基本原则

提　　要

刑法基本原则，是指刑法本身所具有的，贯穿于刑法始终，必须得到普遍遵循的，具有全局性、根本性的准则。它是刑法理论中一个重大的根本性的问题。在反对封建司法专横的斗争中，西方思想家中提出了罪刑法定、罪刑等价和刑罚人道 3 项刑法基本原则。我国 1979 年刑法颁行以后，刑法学界对刑法基本原则作了较为深入的探讨，但关于刑法基本原则具体包括哪些内容，理论界一直未能达成共识。1997 年刑法结合我国司法实践中同犯罪作斗争的具体经验，在刑法总则第 3 条、第 4 条和第 5 条分别规定了罪刑法定原则、刑法面前人人平等原则和罪刑相适应原则。以刑法典的形式确立刑法基本原则，是一大立法进步，也为理论界研究刑法基本原则提供了立法的根据。

重点问题

1. 罪刑法定原则的立法体现与司法适用
2. 刑法面前人人平等原则的立法体现与司法适用
3. 罪刑相适应原则的立法体现与司法适用

刑法基本原则，是指刑法本身所具有的，贯穿于刑法始终，必须得到普遍遵循的，具有全局性、根本性的准则。它是刑法理论中一个重大的根本性的问题。西方国家刑法理论中最早提出刑法三大原则——罪刑法定主义、罪刑等价主义和刑罚人道主义，尤其重视对罪刑法定主义的研究。

我国刑法学界早在20世纪50年代就对刑法的基本原则进行了研究，当时认为，我国刑法的基本原则就是中华人民共和国刑法中的犯罪、刑罚、犯罪与刑罚的关系等方面的概念、制度赖以确立的原则。1979年刑法颁行以后，刑法学界对刑法基本原则作了较为深入的探讨，认为刑法的基本原则，是指体现刑法的性质和任务，贯穿于刑法始终，指导刑事立法和刑事司法的基本准则。但关于刑法基本原则具体包括哪些内容，则莫衷一是、争议纷纭，理论界认同的刑法基本原则达十几条：国家主权原则、法律面前人人平等原则、民主原则、罪刑法定原则、罪刑相适应原则，刑罚轻重必须依法、适时的原则，罪及个人原则，社会主义、人道主义原则，惩罚与改造相结合的原则，主、客观相统一原则，区分两类不同性质犯罪的原则、刑罚公正原则、刑事法制的统一原则，等等。因为1979年刑法未明确规定刑法基本原则，理论界的争论一直持续下来，虽未能达成共识，但为立法明确刑法基本原则奠定了背景。1997年刑法鉴于理论界的争议，结合我国司法实践中同犯罪作斗争的具体经验，在刑法总则第3条、第4条和第5条分别规定了罪刑法定原则、刑法面前人人平等原则和罪刑相适应原则。以刑法典的形式确立刑法基本原则，是一大立法进步，也为理论界研究刑法基本原则提供了立法的根据。

第一节　罪刑法定原则

罪刑法定原则的经典表述是："法无明文规定不为罪"，"法无明文规定不处罚"。刑法第3条明文规定了罪刑法定原则："法律明文规定为犯罪行为的，依照法律定罪处刑；法律没有明文规定为犯罪行为的，不得定罪处刑。"根据罪刑法定的这一立法，下文将阐述罪刑法定原则的历史发展、基本蕴涵、立法体现和司法适用。

一、罪刑法定原则的历史发展

法无明文规定不为罪、法无明文规定不处罚，是关于罪刑法定的古老法谚。罪刑法定原则的思想可以追溯至古罗马时代，古罗马刑法就有"适用刑罚必须根据法律实体"的规定①，只不过当时未涉及犯罪构成要件问题，仅仅是严格意义上的罪刑法定原则。确切地说，罪刑法定原则是适应刑事司法实践的需要而产生的一项刑事立法和刑事司法原则，是资产阶级为反对封

① 参见陈兴良：《刑法适用总论》，上卷，1页，北京，法律出版社，1999。

建特权和司法擅断而提出的具有划时代意义的刑法原则。

罪刑法定的最早思想渊源实际上是程序法定的思想，进而又发展为实体法规范中罪与刑之法律明文规定。一般认为，1215 年英王约翰（John，1167—1216）签署的英王大宪章第 39 条的规定——“凡是自由民除经其同级贵族依法判决或遵照国内法律之规定外，不得加以扣留、监禁，没收其财产，剥夺其法律保护权，或加以放逐、伤害、搜索或逮捕”——是最早的罪刑法定的立法体现，其中的核心思想是“due process of law”即“正当的法定程序”。

罪刑法定思想得益于 17 世纪至 18 世纪资产阶级启蒙思想家的发展，当时产生的许多璀璨的思想中著名的由资产阶级思想家洛克等人提出的天赋人权学说、孟德斯鸠提出的三权分立论和费尔巴哈的心理强制说，分别从社会、政治、人性等方面为罪刑法定原则的诞生奠定了基础。受启蒙思想的影响，意大利刑法学家贝卡里亚在《论犯罪与刑罚》一书中率先较为明确地阐述了罪刑法定主义：“只有法律才能规定惩治犯罪的刑罚，只有代表根据社会契约而联合起来的整个社会的立法者才拥有这一权利。任何司法官员（他是社会的一部分）都不能自命公正地对该社会的另一成员科处刑罚。超越法律范围的刑罚是不公正的，因为它是法律没有规定的另一种刑罚。”[①] 但罪刑法定在当时仅仅表现为一种理论上的形态，没有发展为一项成熟的法律原则。罪刑法定由一种学说形态进化为一项法律原则得益于近代刑法学鼻祖费尔巴哈，其第一次在《刑法教科书》（1801 年）中使用“罪刑法定原则”这一概念，并极力倡导罪刑法定成为刑法的基本原则。

罪刑法定由学说到立法的演变得益于《法国刑法典》。1791 年法国在《人权宣言》指导下制定了一部刑法典，对各种犯罪规定了具体的犯罪构成和绝对确定的法定刑，即学说上通常所谓的绝对法定刑。司法实践中，绝对法定刑排斥法官的自由裁量权，不具有可操作性。之后，仍然是在法国，绝对罪刑法定被修正为相对罪刑法定，从而具有可操作性。1810 年《法国刑法典》开罪刑法定原则立法先例，于第 4 条明确规定“没有在犯罪行为时以明文规定刑罚的法律，对任何人不得处以违警罪、轻罪和重罪”。此后世界上大多数国家都把罪刑法定原则载入法律条文，只不过表述略有不同而已。1994 年生效的《法国刑法典》第 III—3 条规定：“构成要件未经法律明确规定之重罪或轻罪，不得以其处罚任何人；或者构成要件未经条例明确规定之违警罪，不得以其处罚任何人。”“如犯罪系重罪或轻罪，法律无规定之列，不得以其处罚任何人。”现代世界各国刑法基本上都明确规定罪刑法定原则，具体条文位置和语言表述有所差异，但反映的基本思想相同。这表明罪刑法定已经深入人心，进入刑法典是一个必然趋势。

罪刑法定原则在我国有一个发展过程，应当说是一个“舶来品”。最早见于刑律的罪刑法定原则，当为清末《大清新刑律》第 10 条：“法无正条者，不论何者行为不为罪。”所谓正条，即指明文规定。民国时期 1911 年《暂行新刑律》，1928 年、1935 年刑法中也有类似规定。新中国成立后，1979 年刑法虽然没有明确规定罪刑法定原则，而且规定了刑事类推制度，但是刑法学界大多数学者认为这部刑法典是实行以有限类推为补充的罪刑法定原则。[②] 1997 年刑法第 3 条开宗明义地规定：“法律明文规定为犯罪行为的，依照法律定罪处刑；法律没有明文规定为犯罪行为的，不得定罪处刑。”这一规定开我国以明文规定罪刑法定原则的先河，是刑事立法的一大进步，成为我国刑事立法发展史上的里程碑。

由此可观，罪刑法定原则的诞生与发展经历了一个漫长的过程：由程序法定思想至罪刑法定思想，由罪刑法定的思想学说至罪刑法定的法律原则，从形式上的罪刑法定到实质上的罪刑法定，从立法规范中的罪刑法定到司法实践中的罪刑法定，处于不断发展、完善之中。

---

① ［意］贝卡里亚：《论犯罪与刑罚》，11 页，北京，中国大百科全书出版社，1993。

② 参见杨春洗、杨敦先主编：《中国刑法论》，20 页，北京，北京大学出版社，1998。

二、罪刑法定原则的基本蕴涵

罪刑法定原则在我国刑法中的最终确立，得益于我国广大刑法学者、刑事立法与司法工作者的力倡。罪刑法定原则的基本含义是“法无明文规定不为罪，法无明文规定不处罚”。罪刑法定原则产生的思想渊源是“三权分立”学说与心理强制说，思想基础是民主主义与尊重人权主义。罪刑法定原则存在3条基本要求：一是法定性，即事先以成文的实体法规定犯罪及相应法律后果，实体法律必须由国家立法机关制定，必须是成文法，禁止不利于行为人的事后法（即溯及既往的法律），禁止不利于行为人的类推解释；二是合理性，犯罪圈的划定与刑罚的施与必须具有合理性，对轻微危害行为应作除罪化处理，刑罚量的供给必须适应现阶段一般人的价值观念；三是明确性，即对犯罪及相应法律后果（包括刑罚）的规定必须明确，犯罪构成的相关规定必须明确、不能含混不清，对犯罪的法律后果的规定必须明确，禁止绝对的不定期刑。

初期的罪刑法定原则派生了4项原则：排斥习惯法；否定不定期刑；禁止事后法（即刑法效力不溯及既往）；禁止类推和扩张解释。但随着理论的发展，罪刑法定原则的蕴涵也处于不断完善之中，刑法理论与实践对罪刑法定原则进行了必要的修正：由完全排除习惯法到部分吸收习惯法因素；由绝对禁止事后法到实行从旧兼从轻的追诉效力；由否定不定期刑到允许适用相对不定期刑；由禁止类推解释到允许实行有利于被告人的类推解释。

在我国，罪刑法定原则的确立与刑事类推的废除紧密联系在一起。围绕刑事类推制度的存废问题，1997年刑法修订前理论界产生了激烈争论，两种截然相反的观点就应否在刑法中明文规定罪刑法定原则竞相批驳：一种为“确立说”，另一种为“不必说”①。“确立说”认为，我国刑法总则应当规定罪刑法定原则，同时保留刑事类推的条款。主要理由是：(1) 罪刑法定原则的立法化，符合现代社会民主与法治的发展，它是资产阶级在刑法领域里反对封建罪刑擅断主义所取得的一项胜利成果，故具有时代的进步性和巨大的生命力。(2) 罪刑法定原则的立法化，符合我国的立法宗旨和社会主义刑法理论。因各种条件的限制，我国1979年刑法并未载明罪刑法定原则，但我国的刑事立法思想至少是倾向于罪刑法定主义的，我国的刑法理论也一直把罪刑法定视为刑法的基本原则。这就表明，在我国刑法总则中规定罪刑法定原则，有着深刻的立法渊源和广泛的理论基础。(3) 罪刑法定原则的立法化，有助于进一步完善我国的刑事立法，推动社会主义刑事法制向着更加科学、更加民主化的方向发展。(4) 罪刑法定原则的立法化，有助于取消类推制度，实现真正彻底的罪刑法定主义。“不必说”认为，我国刑法应当保留类推制度，没有必要，也不应当规定罪刑法定原则。主要理由是：(1) 我国幅员辽阔，人口众多，各地情况千差万别，故立法者难以做到面面俱全。(2) 人的认识有限，刑法永远也不可能穷尽一切可能发生的犯罪。因此，取消类推，即意味着违背了实事求是的认识路线。(3) 既然刑法不能包罗所有的犯罪，那么取消类推制度，就会造成对法无明文规定的犯罪不能依法追究刑事责任的后果，这显然不利于更好地保护国家利益和公民的合法权益。(4) 我国目前正处于政治、经济体制改革过程中，形势变化较大，在这种情况下，要求立法者通过对刑法的修改，制定出一部十分完备的法典，将一切已经出现或可能出现的犯罪行为囊括无遗地规定在其中，未免超越现实。(5) 我国1979年刑法规定的类推制度有着严格的法律限制，它与罪刑法定的基本原则在精神实质上是一致的，并反映了法制的要求。(6) 一味追求对每一种犯罪的定罪量刑都要由法律事先规定，其结果必然是罪名越来越多、法条越来越密。事实上，有些

---

① 赵秉志主编：《刑法修改研究综述》，103～106页，北京，中国人民公安大学出版社，1990。

极个别或少见的犯罪可通过类推加以解决，而无必要规定在刑法中。可见，保留类推制度，既可避免刑法条文过于冗长，又不会纵容犯罪。（7）适用类推制度，有利于为刑事立法提供修改、补充的素材。一旦废除类推，今后如何为新的犯罪积累立法经验呢？同时，保留类推制度，可以相对减少对刑法的修改、补充，故有利于刑法的稳定。刑事立法采取了“确立说”的观点，认为类推制度与罪刑法定原则价值上冲突、功能上相悖，最终在 1997 年刑法中明文规定罪刑法定原则并废除类推制度。

1997 年刑法第 3 条明文规定罪刑法定原则，要求犯罪以法有明文规定者为限，法无明文规定不为罪，法无明文规定不处刑。罪刑法定原则的立法化，废除了 1979 年刑法中规定的类推制度。罪刑法定原则的确立，一方面是对立法权本身的限制，法不溯及既往，否认国家有对公民的行为进行事后的刑事追溯的权力；另一方面，对司法权严加限制，防止司法机关滥用刑罚权，避免对法无明文规定行为的刑事追究。

三、罪刑法定原则的立法体现

我国刑法分为总则和分则两部分，罪刑法定原则作为刑法基本原则应当贯穿于我国刑法之中。在我国 1997 年刑法和其后的刑法修正案以及单行刑法中，罪刑法定原则具体体现为两个方面，即罪之法定和刑之法定。

（一）罪之法定

罪之法定是刑之法定的基本前提，是罪刑法定原则的根本要求之一。我国刑法中的罪之法定，具体体现为：一是对犯罪概念的规定。我国刑法第 13 条规定：“一切危害国家主权、领土完整和安全，分裂国家、颠覆人民民主专政的政权和推翻社会主义制度，破坏社会秩序和经济秩序，侵犯国有财产或者劳动群众集体所有的财产，侵犯公民私人所有的财产，侵犯公民的人身权利、民主权利和其他权利，以及其他危害社会的行为，依照法律应当受刑罚处罚的，都是犯罪。”这一概念从根本上回答了什么行为是犯罪以及犯罪行为的本质与基本特征等问题，为划分罪与非罪的界限提供了原则性的标准。这一定义强调，行为的社会危害性是犯罪的本质特征，刑事违法性与刑罚当罚性是犯罪的其他两大基本特征。由此，我们可以将犯罪行为的特征概括为：社会危害性、刑事违法性、刑罚当罚性。二是对犯罪构成要件的规定。犯罪概念是犯罪特征的高度概括，是区分罪与非罪的基本标准。犯罪构成是具体区分罪与非罪以及此罪与彼罪界限的法律规格。我国刑法对犯罪的构成要件作了明确规定：第 14 条规定了故意犯罪；第 15 条规定了过失犯罪；第 16 条是对无罪过的意外事件与不可抗力的规定，将其排除在犯罪之外；第 17 条是对刑事责任年龄的规定；第 18 条是对刑事责任能力的规定。这些规定是我国刑法中犯罪构成的一般要件，即犯罪必须满足犯罪客体要件、犯罪客观要件、犯罪主体要件和犯罪主观要件。它为认定犯罪提供了一般的标准，是刑法理论中犯罪构成要件理论在刑事立法中的体现。三是 1997 年刑法重申了 1979 年刑法第 9 条关于刑法在溯及力问题上从旧兼从轻的原则，并作了进一步明确、具体的规定。四是对具体犯罪的规定。我国刑法分则条文对各种犯罪都加以明文规定，从而为司法实践中的定罪活动提供了具体标准。例如我国刑法第 260 条规定：“虐待家庭成员，情节恶劣的，处二年以下有期徒刑、拘役或者管制。”根据这一规定，构成本罪主观上必须具有犯罪故意，客观上必须具有虐待行为而且情节恶劣。可以说，我国 1997 刑法、刑法修正案及以后通过的单行刑法构成了一张严密的刑事法网，为司法机关追究刑事犯罪提供了具体的规格和要求。

（二）刑之法定

刑之法定是罪刑法定原则的重要内容之一，是罪之法定的自然延伸。我国刑法中刑之法定，主要体现为：一是对刑罚种类的规定。根据我国刑法的规定，刑罚分为主刑和附加刑。主刑包括管制、拘役、有期徒刑、无期徒刑和死刑，附加刑包括罚金、剥夺政治权利、没收财产等。对于死刑，我国刑法第48条明确规定："死刑只适用于罪行极其严重的犯罪分子。"第49条规定："犯罪的时候不满十八周岁的人和审判的时候怀孕的妇女，不适用死刑。审判的时候已满七十五周岁的人，不适用死刑，但以特别残忍手段致人死亡的除外。"这两条规定为死刑适用界定了法定的范围——必须是罪刑极其严重的犯罪分子，而且将犯罪的时候不满18周岁的人和审判的时候怀孕的妇女、已满75周岁的一般情节犯罪人排除在外，主要是考虑到刑法人道主义的要求。我国刑法对各种刑罚种类及其适用对象、条件都作了明文规定，司法工作人员必须依法适用刑罚，选择法定的刑罚种类。二是对量刑原则的规定。我国刑法第61条规定："对于犯罪分子决定刑罚的时候，应当根据犯罪的事实、犯罪的性质、情节和对于社会的危害程度，依照本法的有关规定判处。"意即对犯罪人裁量、决定刑罚，必须以犯罪事实为根据、以刑事法律为准绳，不允许滥用刑罚。这是关于量刑一般原则的规定。除了对量刑一般原则的规定以外，刑法还对量刑的系列具体原则作了相应规定，例如，根据犯罪主体的刑事责任能力规定未成年人犯罪的量刑原则，根据犯罪行为实施的特别情形规定防卫过当、避险过当的量刑原则，根据犯罪行为的特殊形态规定犯罪预备、未遂与中止的量刑原则，根据共同犯罪中行为人的作用、分工的不同规定主犯、从犯、胁从犯与教唆犯的量刑原则，等等。三是刑法分则对具体个罪的法定刑的规定。对具体犯罪的法定刑设置存在三种情况：绝对确定的法定刑、绝对不确定的法定刑和相对确定的法定刑。相对确定的法定刑是现代世界各国刑事立法的通行做法，它体现了相对罪刑法定的精神，既可以使司法工作人员在法定刑幅度内根据案情适当地确定宣告刑，又避免了司法工作人员因无法可依而滥施刑罚。我国刑法采用相对确定的法定刑，能够保障司法人员在法定的范围内自由裁量。四是对个罪法定刑的具体设置。1997年刑法、刑法修正案以及单行刑法增强了法条的可操作性，对个罪的法定刑进行了科学、合理的设置。它吸收了以往一系列单行刑法的有益经验，在细密化、明确化程度上迈进了一步。

四、罪刑法定原则的司法适用

不仅仅在刑事立法中存在罪刑法定原则，在刑事司法实践中贯彻罪刑法定原则更富有重大意义。这种执法活动所贯穿的"有法必依、执法必严、违法必究"的法治原则，正是罪刑法定原则对司法活动的基本要求。从我国的司法实践来看，切实贯彻执行罪刑法定原则，必须注意以下几个问题：

1. 正确认定犯罪和判处刑罚

（1）正确认定犯罪。罪之法定是指法律事先规定了哪些行为是犯罪，对于具体案件定性的首要问题就是定罪。定罪，是司法机关依法认定被审理的行为是否构成犯罪以及构成何种犯罪的活动。定罪应当遵循依法定罪原则，同时要坚持以事实为根据、以法律为准绳，正确确定罪名。对于刑法明文规定的各种犯罪，司法机关必须以事实为根据、以法律为准绳，认真把握犯罪的本质特征和犯罪构成的具体要件，严格区分罪与非罪、此罪与彼罪的界限。

（2）合理量定刑罚。合理量刑是指量刑活动中应当根据犯罪行为的基本事实和各种量刑情节在法律规定的量刑幅度内对行为人裁量刑罚。因此，对各种犯罪的量刑，必须严格以法定刑及法定情节为依据。但是，当存在实定的刑法规范与刑法理论之间的矛盾时，应当从维护刑事法治的角度出发，优先考虑刑事立法规定的适用。例如，刑法第240条仅将"奸淫被拐卖的妇女"作为拐卖妇女、儿童罪的严重情节看待。司法实践中应当遵从刑事立法的规定，而不能突破刑事立法按照刑法理论执行。对于冲突之处，只能在刑法修正时加以弥补。对于司法实践中存在的疑案，根据罪刑法定原则的要求，要做到有罪、无罪相疑时从无，罪重、罪轻相疑时从轻，切不能搞“疑罪从轻”，只能采取“疑罪从无”。

2. 正确解释刑法，指导司法实践

尽管罪刑法定原则要求立法时要以明确为限，但是法律毕竟是从大量法律事实中抽象出来的，再适用于具体的案件时，需要一个还原的过程。正因为如此，需要对法律作出解释，它分为立法解释和司法解释。立法解释和司法解释都应当严格依据法律规定的内容，寻求立法者的本意，而不能随意进行扩张解释或限制解释。

这里显得最为重要的是最高司法机关对不够具体的刑法规定的解释，即司法解释，根据解释主体的不同划分为检察解释和审判解释。最高司法机关通过进行司法解释，指导具体的定罪量刑活动。这对于弥补立法的不足，统一规范和指导司法实务，具有重要的意义。但是，司法解释不能超越其应有的权限，无论是扩张解释还是限制解释，都不能违反法律规定的真实意图，更不能以司法解释代替刑事立法，否则，就会背离罪刑法定原则。

第二节　刑法面前人人平等原则

刑法面前人人平等原则，是法律面前人人平等原则在刑事法律领域的具体化。法律平等原则，往往被表述为法律面前人人平等（equality before the law），通常是指把法律作为同一尺度适用于全体公民，使全体公民平等地享有法律规定的权利，履行法定的义务，不因民族、种族、性别、职业、家庭出身、教育程度、宗教信仰等差别而有所不同。我国刑法第 4 条明确规定：“对任何人犯罪，在适用法律上一律平等。不允许任何人有超越法律的特权。”以下，对刑法面前人人平等原则的历史发展、基本蕴涵、立法体现和司法适用加以阐述。

一、刑法面前人人平等原则的历史发展

从奴隶制社会到封建制社会的发展历程中，无论是古代的神权统治还是中世纪的君权人治，法律都维护公开的社会不平等。平等观念是人们追求的美好理想，存在于人们的思想、观念之中。古希腊哲学家亚里士多德提出了法律的两种正义观，一是“平均主义”，一是“分配正义”；认为平等有两类，一类为其数量相等，另一类为比值相等。亚里士多德限于其历史局限性未明确提出法律面前人人平等原则，但基本表达了实现平等的两种方式。公元前 5 世纪，著名的希腊政治学家伯里克利在《阵亡将士国葬典礼的演说》中，提出“每个人在法律上都是平等的”思想，指出：我们面对的法律，将在私人生活的各个不同方面，为人们提供平等、公正的待遇。一个人，无论处于什么社会地位，个人能力如何，怎样的条件以及财产的多少，只要他为促进社会生活作出了贡献，他就会得到应有的荣誉。① 这种关于平等的思想萌芽为法律面前人人平等原则的形成奠定了基础，后世启蒙思想家正是继承此类思想财富才进一步将其发展为法律领域的人人平等原则的。

近代资产阶级思想启蒙先驱们，为反对封建制社会的等级森严，从政治上提出了“平等”口号，反映在法律适用上就是要求人人平等。它来自于启蒙学派主张的天赋人权说。英国自然法学家霍布斯从自然状态引申出人人具有平等的权利，认为人民的安全要求具有主权的个人或会议对所有各等级的人平等施法。洛克也主张权利平等和法律平等，主张自然状态是一种平等的状态，在这种状态中，一切权力和管辖权都是相互的，没有一个人享有多于别人的权力。启

① 参见公丕祥主编：《马克思法哲学思想述论》，234 页，郑州，河南人民出版社，1992。

蒙思想家为法律面前人人平等原则提供了理论基础。法律面前人人平等原则成为一项法律原则，最早是在1789年法国《人权宣言》中，其第6条规定："法律对于所有的人，无论是施行保护或处罚都是一样的。在法律面前，所有的公民都是平等的。"需要注意的是，西方国家的法律平等是建立在财产的不平等基础之上，这种所谓的法律面前人人平等只是形式上平等，实质上因财产分配的不公导致不平等。

平等思想在我国古代亦有萌芽，春秋战国时代的法家曾经宣扬法律上的平等思想。商鞅指出：所谓壹刑者，刑无等级，自卿相将军以至大夫庶人，有不从王令，犯国禁，乱上制者，罪死不赦。有功于前，有败于后，不为损刑。有善于前，有过于后，不为亏法。忠臣孝子有过，必有其数断。此外，韩非子也提出了法不阿贵的原则，指出：法不阿贵，绳不挠曲。法之所加，智者弗能辞，勇者弗敢争。刑过不避大臣，赏善不遗匹夫。中国古代法家的平等思想实质上是为了维护统治阶级的统治，这种平等是相对的，是形式上的平等，而且这种平等存在"八议"等多种例外。

我国1979年刑法没有规定刑法面前人人平等原则，但1997年刑法第4条对此作出了规定。这是宪法中法律面前人人平等原则在刑法领域的具体体现，具有很强的现实意义，即对于任何犯罪，在适用法律上一律平等，不允许任何人有超越法律的特权。刑法面前人人平等是现代刑法的精神。同宪法规定的法律面前人人平等原则相比较，刑法面前人人平等原则存在两个方面的差异：一是适用的领域不同。宪法确立的法律面前人人平等原则针对任何部门法适用，而刑法确立的适用刑法平等原则仅适用于刑事法律领域。二是适用的对象不同。法律面前人人平等原则适用的对象是中华人民共和国全体公民，而适用刑法平等原则是针对实施犯罪行为的人，可以包括根据国际条约或刑法属于我国管辖的外国犯罪人。

二、刑法面前人人平等原则的基本内涵

刑法面前人人平等原则的基本含义是：对任何人犯罪，不论犯罪人的家庭出身、社会地位、职业性质、财产状况、政治面貌、才能业绩如何，都应追究刑事责任，一律平等地适用刑法，依法定罪、量刑和行刑，不允许任何人有超越法律的特权。这一原则包括如下几个方面：

（一）定罪上的一律平等

定罪上的一律平等，是指任何人犯罪，无论其地位多高、功劳多大，都应当受到刑事追究而不得例外。定罪上的一律平等具有十分重要的意义。刑法第6条至第8条，明确规定了我国刑法适用的空间范围。这些规定表明，只要实施了我国刑法规定的犯罪行为，无论是在我国领域内还是在我国领域外，也不论是中国人还是外国人，除法律另有规定以外，适用我国刑法一律平等，不允许任何人存在超越法律的特权。

（二）量刑上的一律平等

量刑上的一律平等是指对于相同的罪行，除具有法定的从重、从轻或者减轻情节以外，应当处以相同之刑。量刑上的一律平等不同于不考虑犯罪情节的绝对的同罪同罚，也不同于因考虑身份、地位而导致的同罪异罚。刑法第61条规定："对于犯罪分子决定刑罚的时候，应当根据犯罪的事实、犯罪的性质、情节和对于社会的危害程度，依照本法的有关规定判处。"这要求量刑时应当考虑犯罪基本事实和相关量刑情节，除此之外，不应当因为行为人的身份、地位而影响量刑结果。司法实践中案件性质可能一样，罪名也可能相同，但不存在两起情节完全相同的犯罪案件，如何做到量刑上的一律平等？这需要发挥法官的主观能动性，正确理解和遵从法律，行使自由裁量权。

（三）行刑上的一律平等

行刑上的一律平等是指刑法面前人人平等原则不仅仅体现在定罪与量刑阶段，在刑罚执行

阶段，同样应当遵从该原则。任何人在刑罚执行阶段应受到相同的处遇，不因身份、地位而有所特殊。司法实践中，某些犯罪分子通过各种手段获得非法减刑、假释，严重破坏了这一原则和相关法律规定的严肃性。刑法第79条规定："对于犯罪分子的减刑，由执行机关向中级以上人民法院提出减刑建议书。人民法院应当组成合议庭进行审理，对确有悔改或者立功事实的，裁定予以减刑。非经法定程序不得减刑。"这表明，减刑在我国具有严格的实体和程序的适用条件。我国刑罚的目的不仅是处罚犯罪，还要教育和改造罪犯，刑罚执行过程中，存在着缓刑、减刑、假释等制度的运用。对于不符合法定条件的犯罪分子，不允许在刑罚执行过程中因受刑人的身份、地位不同而刑罚执行方式不同。定罪、量刑的平等是刑法面前人人平等原则的前提，行刑的平等是刑法面前人人平等原则的保证，因此，行刑上的一律平等也是刑法面前人人平等的重要一环。

三、刑法面前人人平等原则的立法体现

刑事立法中，刑法面前人人平等原则在刑法总则和刑法分则中均有具体体现：

（一）刑法总则中的体现

刑法总则中，刑法面前人人平等原则体现为两个方面：一是刑法关于适用范围的规定。我国刑法第6条至第11条对刑法适用范围作了规定，如对属地管辖规定："凡在中华人民共和国领域内犯罪的，除法律有特别规定的以外，都适用本法。"所谓"特别规定"，包括三种情况：(1) 享有外交特权和豁免权的外国人的刑事责任通过外交途径解决。(2) 民族自治地方不能全部适用刑法规定的，可以由自治区或者省的人大根据当地民族的政治、经济、文化的特点和刑法规定的基本原则，制定变通或者补充的规定，报请全国人大常委会批准施行。(3) 全国性刑法不适用于港、澳、台地区，但港、澳、台地区的居民在大陆犯罪的，适用全国性刑法。除例外规定之外的任何人，无论是中国人还是外国人，在我国领域内犯罪的，一律适用我国刑法。二是犯罪概念的规定。我国刑法第13条规定了犯罪的概念，这一概念从实质社会危害与形式违法两方面结合，对犯罪作了科学界定。根据这一犯罪概念，任何人只要实施危害社会的行为，违反刑事法律，都构成犯罪，其身份、地位的差别不影响是否定罪。

（二）刑法分则中的体现

我国刑法分则共分10章对具体个罪进行了规定，关于具体个罪的规定，同样体现了刑法面前人人平等原则。1997年刑法不分所有制地对私有制经济与公有制经济采取同样的保护。毋庸讳言，我国刑法过去重视对公有财产的法律保护，1979年刑法第125条规定的破坏集体生产罪仅指向集体生产。现代刑法观念讲求平等，私有制经济是社会主义经济的重要组成部分，要对公有制经济与私有制经济采取一视同仁的无歧视的保护。1997年刑法第276条将原来的破坏集体生产罪规定为破坏生产经营罪，将保护范围由全民和集体经济组织扩大到所有市场经济主体。这是立法的一大进步，是顺应现代刑法理论和刑法观念的产物。

四、刑法面前人人平等原则的司法适用

刑法面前人人平等原则的提出，最初是针对司法实践中有人超越法律大搞特权。这在我国具有深刻的现实意义。司法实践中，如何贯彻刑法面前人人平等原则？需要注意从正、反两个方面相结合来理解：正确理解刑法面前人人平等及其与刑罚个别化的关系；坚决反对司法特权。

（一）刑法面前人人平等与刑罚个别化

刑法面前人人平等原体现在司法适用上，是指依法裁量而使不同的人受到平等的待遇，包

括定罪阶段的平等、量刑阶段的平等和行刑阶段的平等。但这种平等并不意味着绝对的同罪同罚，司法活动中应当正确地协调平等与差别的关系。刑罚个别化是刑罚阶段的一项原则，要求根据行为人个人情况决定刑罚，包括量刑个别化与行刑个别化。应当注意到刑罚个别化同刑法面前人人平等的关系：二者是相互补充、互相联系的关系，必须在坚持刑法面前人人平等原则的前提下实行刑罚个别化。

（二）坚决反对司法特权

我国是一个历史悠久的国家，经历了近两千年的封建社会，各种封建传统根深蒂固，封建特权观念大有市场，在刑法领域表现为因行为人的身份、地位而同罪异罚、重罪轻罚。刑法面前人人平等与司法特权截然对立，在司法活动中贯彻刑法面前人人平等原则，就要坚决反对司法特权。如果任由身份、地位的不同或者权力介入司法领域导致司法判决的不公，将是对刑法面前人人平等原则的亵渎，是对刑法规定的公然违反。

第三节　罪刑相适应原则

罪刑相适应作为刑法基本原则是近代刑法确立的，但罪刑相适应的观念却具有源远流长的历史。罪刑相适应原则是指对犯罪分子判处的刑罚，应与其所犯罪行和承担的刑事责任大小相适应，是表明犯罪与刑罚之间相互关系的一项原则。国内论著中有的称之为罪刑均衡原则。①我国刑法第5条明确规定：“刑罚的轻重，应当与犯罪分子所犯罪行和承担的刑事责任相适应。”这是我国刑法对罪刑相适应原则的第一次立法，表明我国刑法理论与实践界对定罪与量刑的同等关注。

一、罪刑相适应原则的历史发展

罪刑相适应观念最早可以追溯到原始社会的同态复仇。在原始社会，同态复仇的习惯极为盛行。古希腊著名哲学家亚里士多德指出：“倘若是一个人打人、一个人被打，一个人杀人、一个人被杀，这样承受和行为之间就形成了不均等，于是就以惩罚使其均等，或者剥夺其利得。”② 古罗马哲学家西塞罗发展了这一思想，认为：“对于违反任何法律的惩罚应与犯法行为相符合。”③ 这种关于罪与刑相对应的思想不仅在古代西方存在，在古代中国同样产生过此类思想的萌芽，春秋战国时期的思想家墨翟主张“罚必当暴”；荀子坚持“刑当罪”，并指出“刑称罪则治，不称罪则乱”，并认为“凡爵列官职赏庆刑罚，皆报也，以类相从者也。一物失称，乱之端也。夫德不称位，能不称官，赏不称功。罚不当罪，不详莫大矣”。这些言论均只是罪刑相适应思想的萌芽。

罪刑相适应成为刑法的基本原则，是17、18世纪的启蒙思想家倡导的结果。法国思想家孟德斯鸠指出：“惩罚应有程度之分，按罪大小，定惩罚轻重。”④ 贝卡里亚进一步指出：“犯罪对公共利益的危害越大，促使人们犯罪的力量越强，制止人们犯罪的手段就应该越强有力。这就需要刑罚与犯罪相对称。”⑤ 这位天才的思想家为了实现罪刑相适应，还别出心裁地设计

---

① 参见陈兴良：《刑法适用总论》，上卷，北京，法律出版社，1999。

② ［古希腊］亚里士多德：《伦理学》，95、96页，北京，中国社会科学出版社，1990。

③ 《西方法律思想史资料选编》，83页，北京，北京大学出版社，1983。

④ ［法］孟德斯鸠：《波斯人信札》，141页，北京，商务印书馆，1962。

⑤ ［意］贝卡里亚：《论犯罪与刑罚》，65页，北京，中国大百科全书出版社，1993。

了一个罪刑阶梯——既然存在着我们联合起来的必要性，既然存在着作为私人利益相互斗争的必然产物的契约，人们就能找到一个由一系列越轨行为构成的阶梯，它的最高一级就是那些直接毁灭社会的行为，最低一级就是对于作为社会成员的个人所可能犯下的、轻微的非正义行为。在这两极之间，包括了所有侵害公共利益的、我们称之为犯罪的行为，这些行为都沿着这无形的阶梯，从高到低顺序排列。① 在贝卡里亚这里，罪刑相适应思想已经昭然若揭，只待刑事立法的确认。

启蒙思想家所倡导的罪刑相适应的思想在近代西方的刑事立法中得到充分体现。1789 年的法国《人权宣言》第 8 条明确规定："法律只应当制定严格的、明显地必需的刑罚。"1793 年的法国《人权宣言》第 15 条进一步规定："刑罚应与犯法行为相适应，并应有益于社会。"这一规定更明确地揭示了罪刑相适应原则的内涵。当代世界各国刑事立法，基本上都对罪刑相适应原则作出明确规定。我国 1979 年刑法没有明文规定罪刑相适应原则，但罪刑关系设置基本上以该原则为指导。1997 年刑法、刑法修正案和单行刑法在确立罪刑相适应原则后，全面、系统地贯彻了该原则。

二、罪刑相适应原则的基本蕴涵

罪刑相适应原则的含义是：犯多大的罪，就应承担多大的刑事责任，法院也应判处其相应轻重的刑罚，做到重罪重罚、轻罪轻罚，罪刑相称，罚当其罪；在分析罪重、罪轻和刑事责任大小时，既要看犯罪的客观社会危害性，又要结合考虑行为人的主观恶性和人身危险性，把握罪行（客观方面）和罪犯（主观方面）各方面因素综合体现的社会危害性程度，确定其刑事责任程度，适用相应轻重的刑罚。我国刑法主张主、客观相统一的定罪原则，即以犯罪的社会危害为基础，同时也适当考虑行为人的人身危险性，即主观恶性程度。犯罪人的人身危险性通常是再犯可能性。以社会危害性为基础，主要是指根据刑法按照行为的社会危害性大小和行为方式作出的规定定罪和量刑。判断行为人的人身危险性的各项因素，包括犯罪动机、犯罪手段、一贯表现以及犯罪人的基本情况、罪中情况和罪后态度等。

罪刑相适应的两大理论基础是报应主义与功利主义。刑法学说史上，西方刑事古典学派，主张以行为的危害为标准，主张刑罚与犯罪行为相适应；刑事人类学派与刑事社会学派强调刑罚与犯罪人的人身危险性相适应。现代刑法理论认为，刑罚的轻重不是单纯地与犯罪分子所犯罪行相适应，而且也与犯罪分子承担的刑事责任相适应，即以刑事责任为桥梁来协调犯罪与刑罚的关系。这里存在一个罪刑相适应原则与罪责刑相适应原则的问题。② 因"罪刑相适应原则"沿用已久，没有必要改为罪责刑相适应原则。在解释上可以将责任解释进去，并且我们认为，罪刑相适应原则包容刑罚个别化原则。

刑法学界普遍认为，罪刑相适应是我国刑法的一项基本原则，其具体内容包括：（1）重罪规定重刑重罚，轻罪规定轻刑轻罚；（2）重罪的刑罚不得低于轻罪的刑罚，轻罪的刑罚不得重于重罪的刑罚；（3）有罪必罚，无罪不罚；（4）一罪一罚，数罪并罚；（5）同罪同罚，罪罚适应；（6）刑罚的性质与犯罪的性质相适应。这些是罪刑相适应原则对我国刑事立法和刑事司法的基本要求。

三、罪刑相适应原则的立法体现

罪刑相适应要求刑罚不仅与犯罪的社会危害性相适应，而且与犯罪人的人身危险性相适

① 参见［意］贝卡里亚：《论犯罪与刑罚》，66 页，北京，中国大百科全书出版社，1993。

② 有观点认为，罪责刑相适应原则是从传统的罪刑相适应原则发展而来的。我们认同这一观点。

应。罪刑相适应，是适应人们朴素的公平意识的一种法律思想，是由罪与刑的基本关系决定的，是预防犯罪的需要。我国刑事立法中，罪刑相适应原则具体体现为：

（一）刑法总则中的立法体现

罪刑相适应原则在刑法总则中主要体现为三个方面：一是刑法总则规定了一个科学的刑罚体系。我国刑法规定的刑罚体系包括轻重不同的多个刑种，按照轻重次序加以排列，结构严密，主刑与附加刑并存，为实现罪刑相适应奠定了基础。这个刑罚体系中规定的刑种，既能根据已然的犯罪的社会危害性程度予以适用，又能根据未然的犯罪的可能性大小（人身危险性）加以适用。二是刑法总则规定了科学的处罚原则。我国刑法总则根据各种犯罪形态的社会危害性程度不同，规定了轻重有别的处罚原则，包括：对于防卫过当、避险过当，应当酌情减轻或者免除处罚（第 20、21 条）；对于预备犯，可以比照既遂犯从轻、减轻处罚或者免除处罚（第 22 条）；对于未遂犯，可以比照既遂犯从轻或者减轻处罚（第 23 条）；对于中止犯，根据是否造成实际损害分别应当减轻处罚或者免除处罚（第 24 条）；对于主犯，应当按照其所参与的或者组织、指挥的全部罪行处罚（第 26 条）；对于从犯，应当从轻、减轻处罚或者免除处罚（第 27 条）；对于胁从犯，应当减轻处罚或者免除处罚（第 28 条）；对于教唆犯，应当按照他在共同犯罪中所起的作用处罚（第 29 条）；数罪需实行并罚（第 69 条）；数罪并罚的具体规则，即根据后罪发生时间和发现时间分别规定先并后减与先减后并（第 70 条、第 71 条）。三是刑法总则规定了一系列科学的量刑制度和和行刑制度，包括：累犯制度（第 65、66 条）、自首制度（第 67 条）、立功制度（第 68 条）、缓刑制度（第 72～77 条）、减刑制度（第 78～80 条）、假释制度（第 81～86 条）。这些刑罚制度中，累犯因其再犯可能性大而应从重处罚；自首、立功者因其人身危险性小而可以从宽处罚；短期自由刑的缓刑之适用前提是根据罪犯的犯罪情节和悔罪表现，认为适用缓刑确实不致再危害社会；减刑是因为罪犯在刑罚执行期间确有悔改或立功表现；假释是因为罪犯在刑罚执行期间确有悔改表现，认为假释后不致再危害社会。可以说，这些刑罚制度是适应犯罪分子的人身危险性大小而设置的，可见，我国刑法总则关于刑罚制度的设置基本上是考虑到罪刑相适应原则的。

（二）刑法分则中的立法体现

我国刑法分则的规定同样考虑了罪刑相适应原则，可以说，罪刑相适应原则是建立刑法分则体系的根据之一。刑法分则中具体个罪的排列和各类罪名体系的建立，基本上是由犯罪的社会危害性的大小、罪行的轻重决定的。而且，我国刑法分则对各种犯罪规定了相对确定的法定刑，并且根据情节轻重，分别规定多个量刑幅度，便于司法工作人员根据犯罪分子的人身危险性大小正确裁量刑罚。

四、罪刑相适应原则的司法适用

罪刑相适应原则的具体要求是以犯罪的社会危害程度以及犯罪主体再次犯罪的危险程度作为刑罚的尺度，换言之，刑罚既要与犯罪性质相适应，又要与犯罪情节相适应，还要与犯罪人的人身危险性相适应。司法实践中罪刑相适应原则的贯彻是刑事立法中罪刑相适应原则的目的和归宿，需要注意两个方面：

（一）定罪准确

罪刑相适应原则首先要求对行为人的犯罪行为定性准确。定罪不准，不仅影响定罪，而且影响进一步量刑，正确的量刑建立在正确的定罪基础之上。定罪准确还要求适用罪名准确、统一，1997 年 12 月 9 日最高人民法院《关于执行〈中华人民共和国刑法〉确定罪名的决定》以及 2002 年 3 月 15 日最高人民法院、最高人民检察院《关于执行〈中华人民共和国刑法〉确定罪名的补充规定》等为此提供了依据。

（二）适当量刑

（1）纠正重定罪、轻量刑的错误倾向，把量刑与定罪置于同等重要的地位。我国审判机关在刑事审判活动中，一贯重视对案件的定性，甚至把定性是否准确作为检验刑事审判工作质量的重要标准，而且对于量刑工作的重要性，部分法官存在着错误认识。量刑与定罪具有同等重要的意义，量刑时一定要根据刑法第61条规定的量刑原则进行，不能偏轻、偏重。二审法院在审理上诉案件过程中不仅要注意定性准确问题，而且要纠正量刑失当的问题。刑法分则对每一种罪基本上根据其情节轻重不同设置了轻重不同的量刑幅度，司法机关在审理案件时完全可以根据行为人的罪行大小和主观恶性大小选择相应的刑罚。针对司法机关中重定罪、轻量刑的错误倾向，为了切实贯彻罪责刑相适应原则，必须提高审判机关和法官对量刑工作重要性的认识，把定性准确和量刑适当作为衡量刑事审判工作质量好坏的不可分割的统一标准。

（2）重刑主义传统在我国刑法中仍然存在，需要纠正。司法实践中，重刑主义的思想意识仍根深蒂固，表现为：一些法官崇尚重刑，迷信重刑的功能，认为刑罚愈重，愈能有效地遏制犯罪。在社会治安不好的时期，重刑主义观念表现得尤为突出。重刑主义是一种野蛮、落后的刑法思想，是与罪刑相适应原则直接对立的刑法观念。在重刑主义肆虐的国家，罪刑相适应原则往往难以贯彻，甚至被彻底破坏。因此，树立量刑公正的思想，切实做到罚当其罪是当前刑事司法实践需要特别注意的。

（3）纠正不同法院量刑轻重悬殊的现象，实现执法中的平衡和协调、统一。我国地域广阔，从实际情况来看，不同法院在对类似案件的处理上普遍存在轻重悬殊的现象。对于同一性质、犯罪情节基本相同的案件，判决的结果可能差别甚大，罪刑在不同地区甚至在同一地区同一法院都存在较大差别。这一现象的产生，既有刑事立法的疏漏，也与刑事司法无统一标准可循有关，法官个人业务素质和执法水平等也不可不考虑。要解决刑事司法中执法统一的问题，可考虑采取下列对策：1）适应社会发展，完善刑事立法；2）进一步加强司法解释工作，统一执行标准；3）加强刑事判例的编纂工作，重视判例对刑事审判工作的指导作用；4）改进量刑方法，逐步实现量刑的规范化、科学化和现代化。

法律应用

刑法基本原则在我国法院判例中的一些体现：

1. 江山市造纸厂、杨某销毁会计资料案［《最高人民法院公报》，2002（4）］

刑法第3条规定：“法律明文规定为犯罪行为的，依照法律定罪处刑；法律没有明文规定为犯罪行为的，不得定罪处刑。”综观该案件事实，在刑法第162条之一将销毁会计资料的行为明确规定为犯罪后，本案被告无视法律规定，多次销毁会计资料，因此，应当依照刑法规定对其定罪处刑。同时，尽管被告在1997年刑法生效以前也烧毁过会计资料，但1979年刑法并无相应规定，因此，根据罪刑法定和不溯及既往的原则，以往的这些行为并不构成犯罪，不能予以刑罚制裁。

2. 褚某等贪污、巨额财产来源不明案［《最高人民法院公报》，1999（2）］

刑法第4条规定：“对任何人犯罪，在适用法律上一律平等。不允许任何人有超越法律的特权。”综观该案件事实及有关情况，尽管被告褚时健等曾经为“玉烟”发展作出了很大贡献，但根据刑法面前人人平等原则，被告无论有多大的功劳，都不因此而享有超越法律的特权。因此，人民法院依据刑法有关规定对褚时健等被告予以定罪处刑，正是刑法面前人人平等原则的体现。

3. 李某故意伤害案［《最高人民法院公报》，2000（6）］

刑法第5条规定："刑罚的轻重，应当与犯罪分子所犯罪行和承担的刑事责任相适应。"综观该案件事实，首先，本案被害人在案件起因上有一定过错；其次，被告客观上的故意伤害手段和情节皆属一般，主观上对伤害结果所持的放任态度情节轻微，且犯罪后真诚悔罪。人民法院综合其犯罪的主观恶性和社会危害性，最终根据刑法第63条第2款的规定，在法定刑以下对其判刑并且适用缓刑，符合我国刑法罪刑相适应和刑罚个别化的原则。

课后复习

1. 怎样认识罪刑法定原则与刑法解释中的扩张解释、限制解释和类推解释的关系？
2. 怎样认识刑法面前人人平等原则与刑罚个别化的关系？
3. 怎样认识罪刑法定原则与罪刑相适应原则的关系？

第三章 刑法的效力范围

提 要

刑法的效力，是刑法规范公民的行为和司法机关追究刑事责任活动的强制力，即刑法规范强制性约束力。刑法的效力范围是指刑法在空间、时间上的适用范围，解决的是刑法在什么空间、时间范围内适用的问题。其中刑法的空间效力是指刑法在空间上对哪些人、哪些地域适用；刑法的时间效力是指刑法何时生效、失效以及对其生效前的行为是否有溯及力。属地原则是我国刑法空间效力的基础，属人原则、有限制的保护原则及普遍管辖原则是决定我国刑法空间效力的重要标准。在刑法溯及力问题上，我国刑法主要采取的是从旧兼从轻原则。

重点问题

1. 我国刑法空间效力的具体规定
2. 犯罪地与犯罪时间的确定
3. 刑法效力“从旧兼从轻原则”的理解与适用

刑法的适用范围，也称刑法的效力，是指刑法在空间、时间上的羁束力，解决的是刑法在什么空间、时间内具有适用效力的问题。其中，刑法的空间效力是指刑法在空间上对哪些人、哪些地域适用，刑法的时间效力是指刑法何时生效、失效以及对其生效前的行为是否有溯及力。

刑法效力问题是刑事法律和刑法理论中的一个重要问题，是事关维护国家主权，涉及罪与非罪、刑罚轻重的问题。一个国家的刑法在什么领域里适用，对哪些人适用，与维护国家主权有密切关系。比如说，旧中国的“治外法权”就是通过侵犯我国刑事管辖权来破坏我国国家主权。刑法的时间效力范围问题涉及刑法规定的犯罪和刑罚是否适用于此前的行为，某种行为是否构成犯罪及适用哪项法律规定的刑罚。这就涉及刑法的保障功能能否实现的问题。刑罚效力问题涉及国家主权、国际关系、对国家和公民利益的保护以及新旧法律如何适用等重大问题，各国刑法典都对刑法的效力范围作出明确规定。我国刑法第 6 条至第 12 条明文规定了我国刑法的效力范围，包括刑法在空间上的效力范围和在时间上的效力范围。

第一节　刑法的空间效力

一、刑法的空间效力的概念

刑法的空间效力是指刑法的效力所及的地域，亦即刑法在什么地域内对什么人适用。这就是国家的刑事管辖权问题。从各国刑法及国际条约的规定来看，一国刑法不仅能适用于本国领域内，而且在一定条件下也能适用于本国领域外，但刑法在域外的适用受到国际法的制约，制约刑法在空间上的适用范围的国际法原则，就是国家利益保护与国际协同。一般来说，犯罪行为与本国是否具有场所的、人的、物的关系，是否侵犯本国国家或其公民的利益，是刑法是否具有域外效力的根据。

二、刑法的空间效力的学说

关于刑法的空间效力，历来有各种不同的主张或学说：

（一）属地主义

也称领土原则，主张不问犯罪人和被害人的国籍如何，凡是在本国领域内犯罪的，都适用本国刑法；反之，在本国领域外犯罪的，都不适用本国刑法。领土原则的提出是为了维护国家的主权。但采单纯的属地主义对本国人在国外的犯罪以及外国人在本国领域外危害本国国家或公民利益的犯罪，不适用本国刑法，则不利于对国家主权的维护和对国家和公民利益的保护。

（二）属人主义

也称国籍原则，主张不问犯罪人的行为是在国内还是在国外，也不问被害人是本国公民或外国公民，只要是本国人犯罪，都适用本国刑法。关于国籍原则的根据，理论上有三种观点：(1) 国家忠诚说。该说认为本国公民在国外也受本国的保护，因而本国公民即使在国外也有忠诚于本国法律的义务。(2) 代理处罚说。该说认为本国公民在国外时应服从该外国法律，在国外犯罪应受该外国处罚，未被处罚而归国时，根据“本国国民不引渡原则”不能引渡犯罪人，由本国代替外国处罚。(3) 社会秩序维持说。该说认为本国公民在国外犯罪，如果置而不顾，也会影响本国国内的社会秩序。① 国家忠诚说在理论上更具说服力且有利于维护本国的社会秩

① 参见高铭暄、马克昌主编：《刑法学》，上，47 页，北京，中国法制出版社，1999。

序，故现代国际法理论多采此说。但采单纯的属人主义会使外国人犯罪受不到处罚，不利于维护国家主权和保护国家及公民的利益。

（三）保护主义

也称自卫原则，主张不问犯罪地是在国内还是在国外，也不问犯罪人的国籍如何，凡是侵害本国国家或公民利益的犯罪，都适用本国刑法。保护主义的提出是为了更好地保护本国国家和公民的利益。学说上分为两种：立于保护国家本身的原则的法制，叫国家保护主义；立于保护国民利益的原则的法制，叫国民保护主义。但采单纯的保护主义，必然涉及国与国的关系，并因为刑事司法的不能而导致原则实现的落空。

（四）世界主义

也称普遍原则，是指针对国际罪行，不论犯罪地、犯罪人国籍或受害人国籍如何，只要能实现实际控制，各国有权根据国内公法对犯罪人加以管辖。这一原则的适用，需要对国际罪行、实际控制和国内公法加以界定。① 普遍原则的根据是犯罪世界性说，该说认为不论犯罪人是哪国人，也不论在何国犯罪，对社会总是一种危害，因而任何国家都有权管辖而予以惩处。1968 年的意大利刑法典第 10 条和土耳其刑法典第 6 条第 2 款都是关于普遍原则的规定。这种原为欧亚地中海国家所采用的原则后来得到许多国家的采用。随着国际犯罪的泛滥，这种原则有扩大趋势。我国全国人大常委会 1987 年 6 月 23 日通过决定，对于我国缔结或参加的国际条约所规定的罪行，我国在承担条约义务的范围内行使刑事管辖权。对于普遍管辖权的行使，一般认为应以不因此而导致犯罪人受两次或两次以上刑罚处罚为限，一旦有管辖权的国家对犯罪人进行了刑事追究，其他国家不得再以享有普遍管辖权为由对其进行刑事追究。

（五）折中主义

也称折中原则，主张以属地原则为基础，有限制地兼采属人原则、保护原则和普遍原则。当前大多数国家采用此原则。

三、我国刑法的属地管辖权

我国刑法第 6 条第 1 款规定：“凡在中华人民共和国领域内犯罪的，除法律有特别规定的以外，都适用本法。”这是我国刑法关于刑法空间效力的基本原则。根据该条规定，不论犯罪人是我国公民或外国人，也不论被侵害的是我国利益或外国利益，只要是在我国领域内犯罪的，都适用我国刑法。

（一）“中华人民共和国领域内”的理解

领域是国家行使主权的空间，包括领陆、领水和领空。中华人民共和国领域内，是指我国国家主权所及的空间区域，亦即我国国境以内的空间区域，具体包括：

（1）领陆，即我国国境线以内的陆地领土及其地下层，它是领域的主要和基本部分。

（2）领水，指在陆地疆界内或与陆地疆界相邻接的水域。领水又分内水和领海。内水包括内湖、内河、内海以及界水的一部分。领海指国家领有的沿海岸一定宽度的水域。关于领海的宽度，各国规定不一。根据 1958 年 9 月 4 日我国政府关于领海的声明，我国领海宽度为 12 海里（浬）。

（3）领空，指领陆和领水的上部空间。实践中，人们通常将国家领土上空的范围分为空气空间和外层空间两部分，空气空间内受国家主权管辖，外层空间内则不受国家主权管辖。但对于一个国家的领空的高度，国际法理论与实践尚有争议。

---

① 参见黄京平、石磊、蒋熙辉：《论普遍管辖原则及其实践》，载《政法论坛》，2001（2）。

我国刑法第6条第2款规定："凡在中华人民共和国船舶或者航空器内犯罪的，也适用本法。"理论上，称为旗国主义，是领土原则的一项补充。刑法解释上认为，中华人民共和国的船舶或航空器，指具有我国国籍的船舶或航空器，既指军舰、军用航空器，也指商船、商用航空器；既指航行途中，也指停泊状态；地点既指在公海或公海上空，也指在其他国家领水或领空。不论何种情形，只要是在我国船舶或航空器内犯罪的，都适用我国刑法。如甲国公民A乘坐中国民航飞机，在飞机进入日本领空后与乙国公民B发生冲突，并将B的一只眼睛打瞎。由于A的行为发生在我国的航空器内，按照属地管辖原则，我国享有管辖权。另外，根据《维也纳外交关系公约》，各国驻外大使馆、领事馆不受驻在国的司法管辖而受本国的司法管辖。我国驻外使领馆亦视同我国领域，凡在我国驻外大使馆、领事馆内犯罪的，都适用我国刑法。

如何确定"在我国领域内犯罪"？犯罪构成要件的事实都发生在我国，是在我国领域内犯罪不会发生疑问。但如果犯罪行为实施在本国，犯罪结果发生在外国，或者是犯罪行为实施在国外，犯罪结果发生在国内，应当如何确定犯罪地？包括三种情况：(1) 犯罪行为与犯罪结果均发生在我国境内，这是较常见的情况；(2) 犯罪行为在我国领域内实施，但犯罪结果发生于国外，比如在我国境内开枪，打死境外人员；(3) 犯罪行为实施于国外，但犯罪结果发生于我国境内，比如在国外邮寄炸药，在我国境内发生爆炸。对此，刑法理论上主要有三种不同观点：一是行为地说。该说认为犯罪就是实施了符合法定的犯罪构成要件的行为，所以行为之地，就是犯罪地。二是结果地说。该说认为刑法之所以规定某种行为是犯罪，并非着眼于行为本身，而是因为这种行为常常导致发生危害社会的结果，所以结果发生之地，才是犯罪地。三是行为与结果择一说。该说认为犯罪的行为和结果具有紧密的联系，它们都是犯罪构成的要件，不能把它们割裂开来，不论是实施行为之地或者结果发生之地，都应认为是犯罪地。针对隔地犯这种特殊状况，我国刑法进一步确立了属地管辖的具体标准，采用行为与结果择一说，于第6条第3款规定："犯罪的行为或者结果有一项发生在中华人民共和国领域内的，就认为是在中华人民共和国领域内犯罪。"

(二)"法律有特别规定"的理解

"法律有特别规定"包括哪些特别规定？本法，应是《中华人民共和国刑法》即刑法典本身。"法律有特别规定"应指如下四种情况：

1. 对享有外交特权和豁免权的外国人的刑事责任问题的特别规定

我国刑法第11条规定："享有外交特权和豁免权的外国人的刑事责任，通过外交途径解决。"这是根据国际惯例和国家之间的平等原则作出的。所谓外交特权和豁免权，是指根据国际法，在国家间互惠的基础上，为使外国的外交代表在驻在国能够有效执行职务，由驻在国给予的特别权利和优遇，也称外交特权。它通常包括如下几类特权：代表的人身、宿舍和公文档案的不可侵犯；代表的司法豁免，使节的通信自由，使节免除一切捐税；其他特权和优遇。根据1961年的《维也纳外交关系公约》(1975年我国加入该公约) 和1986年9月5日全国人大常委会通过的《中华人民共和国外交特权与豁免条例》的规定，在我国享有外交特权和豁免权的外国人包括：(1) 外交代表及其家属。外交代表，指使馆馆长即大使、公使、代办，或者使馆外交人员即使馆参赞与一等、二等、三等秘书和随员以及陆、海、空军武官等；外交代表的家属，指与外交代表共同生活的配偶及未成年子女，非中国公民的。(2) 使馆行政技术人员和与其共同生活的配偶及未成年子女，非中国公民并且不是在中国永久居留的。(3) 来中国访问的外国国家元首、政府首脑、外交部长及其他具有同等身份的官员。(4) 享有在中国过境或者逗留期内所必需的豁免的下列人员：途经中国的外国驻第三国的外交代表和与其共同生活的配偶及未成年子女；持有中国外交签证或者持有外交护照（仅限互免签证的国家）来中国的外国官员；经中国政府同意给予外交特权和豁免权的其他来中国访问的外国人士。

根据1963年的《维也纳领事关系公约》（1979年我国加入该公约）和1990年10月30日全国人大常委会通过的《中华人民共和国领事特权与豁免条例》的规定，此类人员包括：（1）领事官员即总领事、副总领事、领事、副领事、领事随员或者领事代理人，其不受逮捕或者拘留，但有严重犯罪情形、依照法定程序予以逮捕或者拘留的不在此限。（2）领事官员和领事行政技术人员，其执行职务的行为享有司法和行政管辖豁免。（3）在中国过境或者逗留期内享有必需的豁免的下列人员：途经中国的外国驻第三国的领事官员和与其共同生活的配偶及未成年子女；持有中国外交签证或者持有中国互免签证国家外交护照的外国领事官员。根据1986年9月5日通过的《中华人民共和国外交特权与豁免条例》的规定，外交特权与豁免权的具体内容，涉及刑事、民事、行政等诸方面。与刑事有关的规定主要包括：使馆馆舍不受侵犯，外交代表、外交信使人身不受侵犯，不受逮捕或者拘留，外交代表享有刑事管辖豁免权。非中国公民的外交代表的配偶及未成年子女，非中国公民且非在中国永久居留的外国国家元首、政府首脑、外交部长及其他具有同等身份的官员等，也享有和外交代表相同的特权与豁免权，这些人都不受我国刑法管辖。我国法律对外交人员的刑事责任问题也不是不闻不问，而是通过外交途径解决：要求派遣国将其召回，或者宣布其为不受欢迎的人，或者让其限期离境等。

2. 我国香港特别行政区和澳门特别行政区基本法中的特别规定

《中华人民共和国香港特别行政区基本法》第2条规定：“全国人民代表大会授权香港特别行政区依照本法的规定实行高度自治，享有行政管理权、立法权、独立的司法权和终审权。”这样，香港实行本地区的刑法，全国性的刑法在香港地区没有效力。澳门特别行政区的情况与香港特别行政区相同，即澳门实行本地区的刑法，全国性刑法在澳门地区没有效力。台湾地区将来与大陆和平统一后，根据“一国两制”的原则，其刑事立法与司法也是独立的，全国性刑法在该地区同样没有效力。因此，统一后的中国将采取的是“一国两制四法域”，全国性刑法不适用于台、港、澳地区。

3. 民族自治地方所制定的变通或者补充的规定

我国刑法第90条规定：“民族自治地方不能全部适用本法规定的，可以由自治区或者省的人民代表大会根据当地民族的政治、经济、文化的特点和本法规定的基本原则，制定变通或者补充的规定，报请全国人民代表大会常务委员会批准施行。”我国是一个多民族的统一国家，各民族在政治、经济和文化等各方面的发展很不平衡，历史传统、风俗习惯和宗教信仰也很不一致。法律规定，国家保障少数民族的风俗习惯和民族传统，因而刑法授权民族自治地方制定符合当地情况的变通或者补充的规定，但变通或者补充规定必须遵循刑法的基本原则，且需报全国人大常委会批准施行。

4. 特别刑法规定

“特别法优于普通法”是法律适用的一般原则。1997年刑法施行后，根据客观形势需要，制定新的特别刑法补充和完善刑法典是刑事立法的必然要求。对于特别刑法规定的犯罪，不适用1997年刑法，而适用特别刑法。例如1998年由全国人大常委会颁行的《关于惩治骗购外汇、逃汇和非法买卖外汇犯罪的决定》应优先于刑法典适用。

四、我国刑法的属人管辖权

我国刑法第7条第1款规定：“中华人民共和国公民在中华人民共和国领域外犯本法规定之罪的，适用本法，但是按本法规定的最高刑为三年以下有期徒刑的，可以不予追究。”根据该款规定，我国公民在我国领域外犯罪的，不论当地的法律是否认为是犯罪，或者所犯是何种罪行以及罪行轻重，也不论所犯罪行侵犯的是何国利益或何国公民的利益，原则上都适用我国刑法。所谓法定最高刑，不是笼统地指刑法分则某个条文的最高刑，而是指某一条文中与罪行轻重相应的法定刑幅度的最高刑；某一条文如果只有一个法定刑幅度，该法定刑的最高刑自然也就是某个条文的最高刑。规定“可以不予追究”，是因为最高刑为3年以下有期徒刑的犯罪，是比较轻的犯罪，不需要都予以追究。所谓“可以不予追究”，不是绝对不追究，而是保留追究的可能性。换言之，将其理解为“可以予以追究”，也是成立的。立法本意并非绝对不予追究，而是掌握刑事追究的主动权。

我国刑法第7条第2款规定：“中华人民共和国国家工作人员和军人在中华人民共和国领域外犯本法规定之罪的，适用本法。”国家工作人员和军人为特殊主体，他们对国家和人民负有特殊职责与使命，因而国家对他们的要求严于普通公民，他们在我国领域外所犯之罪即使是法定最高刑为3年以下有期徒刑的，也要追究其刑事责任。

我国刑法第10条规定：“凡在中华人民共和国领域外犯罪，依照本法应当负刑事责任的，虽然经过外国审判，仍然可以依照本法追究，但是在外国已经受过刑罚处罚的，可以免除或者减轻处罚。”根据该条规定，我国作为一个独立自主的主权国家，享有司法主权，我国法律具有独立性，外国的审理与判决对我国没有约束力。但为使被告人避免遭受过重双重处罚，又规定对在外国已经受过刑罚处罚的犯罪人，可以免除或者减轻处罚。这充分体现了我国刑法的人道主义。

五、我国刑法的保护管辖权

刑法第8条规定：“外国人在中华人民共和国领域外对中华人民共和国国家或者公民犯罪，而按本法规定的最低刑为三年以上有期徒刑的，可以适用本法，但是按照犯罪地的法律不受处罚的除外。”

外国人在我国领域外犯罪的，符合条件才可以适用我国刑法：一是侵犯了我国的国家利益或公民利益，依照我国刑法已构成犯罪。二是按照我国刑法的规定，这种犯罪法定最低刑为3年以上有期徒刑。所谓法定刑，指刑法分则某个条文中与罪行轻重相应的法定刑幅度的最低刑。三是按照犯罪地的法律，这种犯罪也应受处罚，否则，如果按照犯罪地的法律不受处罚，则不适用我国刑法。所谓“可以适用本法”，即既可以适用，也可以不适用我国刑法。司法实践中，要实际行使这方面的管辖权会有困难，因为犯罪人是外国人，犯罪地点又是在国外，如果该犯罪人没有被引渡过来，或者没有在我国领域内被抓获，我国就无法对其进行刑事追究。之所以如此规定，有利于保护我国国家利益与驻外工作人员、留学生、侨民等出国人员的利益。

六、我国刑法的普遍管辖权

我国刑法第9条规定：“对于中华人民共和国缔结或者参加的国际条约所规定的罪行，中华人民共和国在所承担条约义务的范围内行使刑事管辖权的，适用本法。”这一原则的基本含义是：凡是我国缔结或者参加的国际公约中规定的罪行，不论犯罪分子是中国人还是外国人，不论其罪行发生在我国领域内还是我国领域外，也不论其具体侵犯的是哪一个国家或公民的利益，只要犯罪分子在我国境内被发现，我国就有权在所承担条约义务的范围内行使刑事管辖权。1987年6月23日全国人大常委会审议通过的《关于对中华人民共和国缔结或者参加的国际条约所规定的罪行行使刑事管辖权的决定》第一次明确规定了我国刑法效力的普遍原则，这是我国刑法第9条规定的渊源。适用我国刑法中的普遍管辖原则，必须具备以下条件：一是追诉的犯罪是我国缔结或者参加的国际条约所规定的国际犯罪。自新中国成立以来，我国先后加入一系列惩治国际犯罪的条约，如1978年的《东京条约》（即1963年9月在东京签订的《关于在航空器内的犯罪及某些其他行为的公约》）等，对于这些国际条约所规定的国际犯罪，我国有权适用我国刑法。二是追诉的犯罪在我国承担条约义务的范围之内。需要追诉的犯罪在我国承担条约义务的范围之内，对条约义务附有保留时，不适用我国刑法。因为，我国在加入国际条约时情况不一，有的没有保留，有的附有保留条款。三是追诉的犯罪系发生在我国领域之外。如果犯罪行为发生在我国领域之内，则直接依据领土原则适用我国刑法，不需要依据普遍管辖原则。四是对于追诉的犯罪，我国刑法有明文规定，犯罪人是在我国领域内居住或者进入我国领域。因为只有这样，我国才能对犯罪人采取实际控制，行使刑事管辖权。普遍管辖原则是刑法属地管辖、属人管辖和保护管辖等原则的补充和例外，其实际适用只有在排除属地管辖、属人管辖和保护管辖等原则之适用的情况下才能发生。

第二节　刑法的时间效力

刑法的时间效力，是指刑法从何时发生效力，在何时失去效力，以及对生效以前实施的犯罪是否适用，亦即刑法是否具有追溯既往的效力。简而言之，即刑法的生效时间、失效时间以及刑法的溯及力问题。

一、刑法的生效时间

刑法的生效即刑法发生效力。关于刑法的生效时间，通常有两种规定方式：

一是自公布之日生效。如1998年12月29日由全国人大常委会颁行的《关于惩治骗购外汇、逃汇和非法买卖外汇犯罪的决定》第9条规定："本决定自公布之日起施行。"

二是规定公布后经过一定时间的某一日期生效。这主要是考虑到人们对新法比较生疏，通过一段时间的宣传、教育，便于广大人民群众及司法工作人员做好实施新法的心理、组织及业务准备。如我国1979年刑法于1979年7月1日通过，自1980年1月1日起生效；1997年刑法于1997年3月14日修订通过，自1997年10月1日起施行。

二、刑法的失效时间

刑法的失效即刑法失去效力。概括我国以往刑事立法的情况，刑法的失效基本包括两种方式：

一是立法机关明令废止。法律明定废止之日失去效力，如1997年刑法第452条第2款规定："列于本法附件一的全国人民代表大会常务委员会制定的条例、补充规定和决定，已纳入本法或者已不适用，自本法施行之日起，予以废止。"列入附件一的计有《中华人民共和国惩治军人违反职责罪暂行条例》等15部单行刑法，均自1997年10月1日起予以废止。

二是自行失效。新法施行后代替了同类内容的旧法，或者由于原来特殊的立法条件已经消失，旧法自行废止。1997年3月14日通过并公布的修订的刑法修改了1979年刑法，修订的刑法生效之日即1997年10月1日起，1979年刑法即行失效。

三、刑法的溯及力

刑法的溯及力，是指刑法生效后，对于其生效以前未经审判或者判决尚未确定的行为是否适用的问题。

（一）刑法溯及力学说

关于刑法溯及力，刑法理论上有不同的主张：（1）从旧原则。新法不具有追溯既往的效力，追究犯罪人的刑事责任，一律适用行为时的法律。（2）从新原则。新法具有溯及既往的效力，对新法生效前的行为，凡未经审判或者判决未确定的，都适用新法。（3）从轻原则，即视新法与旧法哪个规定的处罚较轻（当然包括不认为是犯罪的行为），择轻适用。如果新法规定的处罚较轻，则新法具有溯及既往的效力。（4）从旧兼从轻原则。新法原则上不具有追溯既往的效力，但新法规定处刑较轻时，适用新法。（5）从新兼从轻原则。新法原则上具有追溯既往的效力，但旧法规定处刑较轻时，适用旧法。（4）、（5）与从轻原则并无实质性区别，主要区别在于新、旧刑法虽处刑上无变化，但其他方面如犯罪构成条件、累犯条件等有所变化。现代世界各国刑法多采从旧兼从轻原则，因为这一原则既符合罪刑法定原则的要求，又适应实际需要。

（二）我国刑法的从旧兼从轻原则

刑法第12条第1款规定："中华人民共和国成立以后本法施行以前的行为，如果当时的法律不认为是犯罪的，适用当时的法律；如果当时的法律认为是犯罪的，依照本法总则第四章第八节的规定应当追诉的，按照当时的法律追究刑事责任，但是如果本法不认为是犯罪或者处刑较轻的，适用本法。"第12条第2款规定："本法施行以前，依照当时的法律已经作出的生效判决，继续有效。"

1. 从旧兼从轻的基本原则

根据这一规定，最高人民检察院和最高人民法院均作出了相关解释。[①] 按照刑法规定和司法解释的要求，解决刑法溯及力问题应遵照如下基本原则：

第一，行为时的法律不认为是犯罪的，如果1997年刑法认为是犯罪，不能根据1997年刑法追究行为人的刑事责任。

第二，行为时的法律认为是犯罪，1997年刑法也认为是犯罪的，并且在追诉时效之内，适用行为时的法律，但如果1997年刑法对这一行为规定的法定刑比当时法律规定的法定刑较轻，则适用1997年刑法。

第三，行为时的法律认为是犯罪，而1997年刑法不认为是犯罪的，适用1997年刑法，不能认定为犯罪，不追究行为人的刑事责任。

第四，如果已经作出生效判决，则继续有效。即使按新刑法典的规定，其行为不构成犯罪或处刑较当时的法律规定要轻，也不例外。这主要是出于维护人民法院生效判决的严肃性和稳定性的需要。

2. 从旧兼从轻的具体规则

贯彻从旧兼从轻原则时，涉及如何对跨越新旧刑法的继续、连续行为适用法律的问题。具体规则为：

第一，对于行为人1997年9月30日以前实施的犯罪行为，在司法机关立案后，行为人逃避侦查或者审判，超过追诉期限；或者被害人在追诉期限内提出控告，司法机关应当立案而不立案，超过追诉期限的，是否追究行为人的刑事责任，适用1979年刑法第77条的规定。

第二，犯罪人1997年9月30日以前犯罪，不具有法定减轻处罚情节，但是根据案件具体

① 1997年9月25日最高人民法院《关于适用刑法时间效力规定若干问题的解释》，1997年10月6日最高人民检察院《关于检察工作中具体适用修订刑法第十二条若干问题的通知》，1998年12月2日《关于对跨越修订刑法施行日期的继续犯罪、连续犯罪以及其他同种类数罪应如何具体适用刑法问题的批复》，1997年12月23日最高人民法院《关于适用刑法第十二条几个问题的解释》。

情况需要在法定刑以下判处刑罚的，适用1979年刑法第59条第2款。

第三，前罪判处的刑罚已经执行完毕或者赦免，在1997年9月30日以前又应当判处有期徒刑以上之刑，是否构成累犯，适用1979年刑法第61条的规定；1997年10月1日以后又犯应当判处有期徒刑以上刑罚之罪的，是否构成累犯，适用1997年刑法第65条的规定。

第四，1997年9月30日以前被采取强制措施的人，或者1997年9月30日以前犯罪，1997年10月1日以后仍在服刑的罪犯，如实供述司法机关未掌握的本人其他罪行的，适用1997年刑法第67条的规定。

第五，1997年9月30日以前犯罪的人，有揭发他人犯罪行为，或者提供重要线索，从而得以侦破其他案件等立功表现的，适用1997年刑法第68条的规定。

第六，1997年9月30日以前犯罪被宣告缓刑的人，在1997年10月1日以后的考验期内又犯新罪、被发现漏罪或者违反法律、行政法规或者国务院公安部门有关缓刑的监督、管理规定，情节严重的，适用1997年刑法第77条的规定。

第七，1997年9月30日以前犯罪、1997年10月1日以后仍在服刑的累犯，以及因杀人、爆炸、抢劫等暴力性犯罪被判处10年以上有期徒刑、无期徒刑的犯罪人，适用1979年刑法第73条的规定，可以假释。

第八，1997年9月30日以前被假释的犯罪人，在1997年10月1日以后的考验期内，又犯新罪、被发现漏罪或者违反法律、行政法规或者国务院公安部门有关假释的监督、管理规定的，适用1997年刑法第86条的规定，撤销假释。

第九，对于开始于1997年9月30日以前，继续到1997年10月1日以后终了的继续犯罪，应当适用1997年刑法一并进行追诉。

第十，对于开始于1997年9月30日以前，连续到1997年10月1日以后的连续犯罪，或者在1997年10月1日前后分别实施同种类数罪，其中罪名、构成要件、情节以及法定刑均没有变化的，应当适用1997年刑法，一并进行追诉；罪名、构成要件、情节以及法定刑已经变化的，也应当适用1997年刑法，一并进行追诉，但是1997年刑法比1979年刑法所规定的构成要件和情节较为严格或者法定刑较重的，在提起公诉时应当提出酌情从轻处理意见。

3. 法定刑轻重的比较规则

比较法定刑轻重的具体规则为："处刑较轻"，是指刑法对某种犯罪规定的刑罚即法定刑比修订前刑法规定的轻。法定刑较轻是指法定最高刑较轻；如果法定最高刑相同，则指法定最低刑较轻。如果刑法规定的某一犯罪只有一个法定刑幅度，法定最高刑或者最低刑是指该法定刑幅度的最高刑或者最低刑；如果刑法规定的某一犯罪有两个以上的法定刑幅度，法定最高刑或者最低刑是指具体犯罪行为应当适用的法定刑幅度的最高刑或者最低刑。

法律应用

1. 陈某聚众扰乱社会秩序案［《刑事审判参考》，2000（3）］

这是一个我国公民在我国领域外犯罪并被适用我国法律追究刑事责任的案例。综合该案情看，被告的积极参与行为显然构成聚众扰乱社会秩序罪，不过此案的特殊性在于：被告在国外所犯罪行对应的最高刑为3年以下有期徒刑（刑法第290条第1款）。这就涉及一个如何运用刑法第7条第1款规定的问题。该款对此类情形的规定是"可以不予追究"，换言之，也就是"可以予以追究"。这样，鉴于被告行为造成的严重社会后果和恶劣的国际影响，人民法院追究其刑事责任是于法有据的。

2. 郭某生产、销售伪劣产品案［《最高人民法院公报》，1999（3）］

综合该案情看，在郭某的犯罪事实清楚，证据确实、充分情况下，人民法院实际上面临一个法律的适用问题。郭某的犯罪行为发生在1997年10月1日新刑法施行之前，于是除1997年刑法之外，还有一个全国人大常委会在1993年7月2日颁行的《关于惩治生产、销售伪劣商品犯罪的决定》可以规制其行为，那么究竟适用哪一个法律，就需要考虑刑法在溯及力上的从旧兼从轻原则。从条文内容的对应比较看，该决定第1条要比刑法第140条处罚轻，因此，根据刑法第12条的规定，人民法院适用该决定是正确的。

课后复习

1. 试比较国际法与刑法理论中有关国家领域范围及船舶、航空器和使领馆法律地位论述的异同。

2. 试比较1979年刑法与1997年刑法关于我国公民在我国境外犯罪规定的异同。

3. 为什么我国只在我国所承担国际条约义务范围内行使刑事管辖权?

4. 在新中国成立前夕我国宣布“废除”国民党政府“六法全书”，与刑法第452条规定的“列于本法附件一的全国人民代表大会常务委员会制定的条例、补充规定和决定”“自本法施行之日起，予以废止”中的“废止”有何区别?

5. 如何运用从旧兼从轻原则处理连续状态跨越了数个刑法效力时间段的犯罪行为?

第四章 犯罪概念

提　要

犯罪概念是对犯罪这一特殊的社会现象本身所具有的特殊本质的揭示，也是刑法学区别于其他法律学科的重要表征，因此，犯罪概念是刑法学中一个最重要的基本范畴。犯罪概念作为整个刑法学基本范畴的核心内容，是刑法学理论体系建立的重要基础，如果离开了犯罪的概念，那么，刑法学就失去了其赖以生存的土壤。由此不难看出，犯罪概念在刑法学体系中是何等地重要。犯罪概念不仅在刑法学体系中占有十分重要的基础地位，同时也是判断某种行为是否构成犯罪的总体标准。一个人的行为是否构成犯罪，首先要考察其行为是否符合犯罪概念的基本特征，尤其是要看其行为有无严重程度的社会危害性。只有在对这些问题得出肯定结论的情况下，我们才能认定该行为是犯罪的行为，如若不然，就不能认定该行为已经构成了犯罪。因此，犯罪概念是划分罪与非罪的总标准，判断任何一种具体的行为是否构成犯罪，都必须首先经过这第一道工序的检验。

重点问题

1. 马克思主义关于犯罪本质的论述

2. 犯罪的形式定义和实质定义
3. 我国刑法中犯罪的一般特征
4. 我国刑法对犯罪的分类

第一节　犯罪的本质

一、西方学者关于犯罪本质的观点述评

犯罪是一种客观存在的社会现象，同时也是一种法律现象。在罪刑法定主义成为刑法基本原则的近代社会，没有法律的规定，也就没有犯罪的立足之地，已经成为法学界的共识。那么，刑法是基于什么原因将某种行为规定为犯罪的呢？这就是犯罪的本质所要解决的问题。

在近代刑法学中，较早提出犯罪本质观点的，是被奉为近代刑法学之祖的费尔巴哈。他主张权利侵害说，而对康德（Immanuel Kant）提出的自由本质说持反对态度。他认为犯罪在实质上不是侵害自由，而是侵害法所赋予的权利，也就是说，犯罪的本质是对权利的侵害。费氏的这一主张是以启蒙主义的人权思想为背景而提出来的，它将犯罪概念从中世纪的宗教观念中解放出来，试图对从来暧昧的被扩张的犯罪概念加以合理的限制，从而为犯罪设定了行为的客观界限，因而具有重要的意义。然而，权利侵害说毕竟没有涵盖犯罪所及的全部内容，继此说之后毕伦鲍姆（Birnbaum）提出了法益侵害说的理论。毕氏认为犯罪的本质是对由法所保护的财产乃至利益的侵害或威胁，简而言之，犯罪的本质是对法益的侵害。在毕氏的眼中，任何犯罪都是侵害了一定的法益的，没有对法益的侵害，也就没有犯罪的存在。这一见解在进入20世纪以后，得到更多学者的支持，以至于在德国处于通说的地位。然而对法益的侵害也有轻重之分，并非任何侵害法益的行为都可能构成犯罪，对于那些不重要的法益侵害，例如民法中的损害赔偿，委之于其他法律制裁就已足够，而不必动用刑事制裁，所以将法益侵害作为犯罪的本质来把握，仍然让有些学者感到不尽如人意，于是在德国又提出文化规范违反说。此说是在德国著名刑法学家宾丁（Karl Binding）的“规范论”提出之后出现的。宾氏主张应严格区别刑罚法规与规范，因为刑罚法规是规定何种行为是犯罪、对犯罪处以何种刑罚的法律条文，而规范是关于行为的命令或禁令，犯罪不是违反了刑罚法规，而是违反了刑法规范。在宾丁“规范论”的基础上，迈耶（Mayer）提出了文化规范论，他将规范分为文化规范与法规范，并认为只有文化规范与法规范一致时才有法律上的约束力。文化规范违反说主张犯罪的本质在于，违反以支配人们日常生活的宗教、道德、风俗等为内容的文化规范。文化规范论存在着诸多理论缺陷，因此受到很多学者的抨击，也没有得到广泛的支持。在德国纳粹时期，刑法学者夏弗斯塔茵（Friedrich Schaffstein）又提出义务违反说，主张犯罪的本质与其说是对法益的侵害，不如说是对义务的违反，其中法益侵害强调的是对结果的否定性评价，义务违反强调的是对行为的否定性评价。但夏氏的理论在其尚没有完全构成阶段由于纳粹统治的崩溃而同时被人们抛弃。二战以后，在日本还有学者有条件地赞同这种观点。他们对法益侵害说与义务违反说采取了兼收并蓄的态度，主张：犯罪的本质，一方面基本上是对各类法益的侵害，另一方面在一定范围，一定义务的违反也可以作为本质。例如在非纯正身份犯中，有身份者的行为比无身份者的行为处罚更重，离开有身份者的义务违反这一点，就难于解释清楚。此外，目前在日本另有学者主张兼采法益侵害说与社会伦理规范违反说，认为从维持社会秩序的观点来看，没有必要将所有的法益侵害行为都认为是犯罪，犯罪的本质应当理解为违反社会伦理规范的法益侵害行为。

以上简要阐述了西方学者关于犯罪本质的观点。我们认为，他们提出了犯罪的本质的论

题，从不同的角度对它进行了论证，将刑法学关于犯罪的研究引向深入。在这一方面是应当予以肯定的，但是由于阶级的和历史的局限性，他们没有，也不可能真正揭示犯罪的本质。权利侵害说、法益侵害说，没有揭示犯罪究竟侵犯了什么人的权利或者什么人的法益；文化规范违反说、社会伦理规范违反说，在一定程度上揭示了犯罪的社会性质，但没有揭示这种文化规范、社会伦理规范在阶级社会中的阶级性质；义务违反说，只能说明具有特定义务者的犯罪，对没有特定义务者的犯罪则不能作出解释，更谈不上揭示犯罪的本质。至于各种折中说，虽然兼取两种观点，但也没有克服各种观点所存在的缺陷。概而言之，前述诸说都是用“权利”、“法益”、“文化规范”、“义务”、“社会伦理规范”等抽象的概念，将犯罪问题视为超阶级的社会现象，从而将犯罪的阶级本质加以掩盖。

二、马克思主义关于犯罪本质的论述

虽然马克思主义经典作家没有专门就犯罪的概念作过明确而规范的解释，也没有对犯罪的本质属性作过全面而系统的论述，然而，从他们所写的诸多名篇华章中，我们在很多地方能够领略到他们对犯罪问题的真知灼见。尤其是马克思、恩格斯在《德意志意识形态》一书中的精辟论断，深刻地揭示了犯罪的本质。他们指出：“犯罪——孤立的个人反对统治关系的斗争，和法一样，也不是随心所欲地产生的。相反地，犯罪和现行的统治都产生于相同的条件。同样也就是那些把法和法律看作是某种独立自在的一般意志的统治的幻想家才会把犯罪看成单纯是对法和法律的破坏。”① 马克思、恩格斯关于犯罪本质的这一论断，至少从以下四个方面揭示了犯罪的政治内容：

第一，犯罪是反对统治关系的斗争。这一层面的含义揭示了犯罪最本质的内容在于其侵犯了统治阶级的统治关系。在这里，所谓统治关系，是指在政治上居于统治地位的阶级利用手中掌握的国家权力建立起来的有利于统治阶级的社会关系。它表现为统治阶级控制、压迫被统治阶级的关系，同时也包括协调社会各阶级以及统治阶级内部之间的关系。反对统治关系的斗争，一般来说，主要来自不甘心服从这种统治关系的被统治者；此外，统治阶级内部也有人出于个人或者小团体利益的考虑，起而反对现行的统治关系。掌握政权的统治阶级为了维护自己的统治，就宣布反对其统治关系的行为是犯罪，并给予相应的刑罚制裁。可见，某种行为之所以被认为是犯罪，从根本上讲，就在于它破坏了现行的统治关系。

第二，犯罪是孤立的个人反对统治关系的斗争。这里所说的“孤立的个人”并非就代表某个阶级、国家或者民族的分散的个人而言的，而是相对于阶级、国家或者民族而言的。这里的“个人”也不能理解为犯罪只能由单独的个人构成，而不能以共同的方式出现。这是因为在某些共同犯罪中，尽管从其表现形式上看，它们不是由一个单独的个人所组成，然而在实质上，行为人参与共同犯罪活动仍然是以个人的身份参加的。至于孤立的个人反对统治关系，则是指某一行为人反抗现行关系的不自觉的原始表现形式，即某一行为人出于经济上、生活上或精神上某种原因，以自己的行为侵犯了社会、他人乃至国家的根本利益。

第三，犯罪和现行的统治都产生于相同的条件。这一论断从社会经济发展的角度说明了犯罪与现行统治关系的产生所共同具备的物质生活条件。它一方面说明了犯罪的产生来源于现实社会自身的内在因素，另一方面也说明了犯罪与现行的统治关系所产生的物质条件是相同的，也就是说任何一个时代的犯罪的产生、发展与消亡和其现行统治关系的滋生、发展与变化都是建立在同一物质基础之上的，它们既相互对立，又相互统一：其对立性表现为犯罪是对现行统

① 《马克思恩格斯全集》，第 3 卷，379 页，北京，人民出版社，1960。

治关系的破坏行为，它从根本上侵犯了统治阶级的利益和统治秩序；而其统一性则表明，犯罪的产生与发展和现行统治关系的产生与发展是同步的，即社会发展到哪一步，犯罪与现行统治关系也会发展到哪一步，而且这一发展规律是不以人们的主观意志为转移的。因此，无论是在有阶级对抗的社会，还是在无阶级对抗的社会，犯罪的产生永远不会脱离固有的物质生活条件而孤立地存在，它总是伴随着一个时代的物质生活条件的发展而不断地发展。

第四，犯罪不单纯是对法和法律的破坏。法与法律并非独立、自在的一般意志，也不是任意产生的，一个国家为何要制定或认可一部法律，归根结底，是基于一定的物质生活方式，出于维护现行统治的需要。正如恩格斯指出："政治统治到处都是以执行某种社会职能为基础，而且政治统治只有在它执行了它的这种社会职能时才能持续下去。"①正是由于法律的这种特性，把犯罪单纯地看作是对法和法律的破坏，过于肤浅和表面化，没有从本质上去揭示隐藏在其背后的阶级本质。马克思、恩格斯对这种思维方式给予了严厉的批判。

综上我们不难看出，犯罪的本质不在于其对所制定的法和法律的破坏，而在于其侵犯了统治阶级的统治利益和统治秩序，也就是统治阶级的国家意志性。

第二节 犯罪的一般特征

一、犯罪的定义

（一）犯罪定义的类型

犯罪的定义是对犯罪的内涵和外延的确切、简要的说明。在刑法学上，对犯罪所下定义，归纳起来有以下三种类型：

1. 犯罪的形式定义。所谓犯罪的形式定义，就是指只从犯罪的法律表现形式给犯罪所下的定义。其共同特点就是把犯罪概括为违反刑事法律并且应当受刑罚处罚的行为，在具体表述上又可分为以下几种：其一，犯罪是违反刑事法律的行为。例如，贝林格认为："犯罪是法律类型化了的行为。"美国联邦法院的判例解释"犯罪是一种违反公法上所禁止的作为或不作为"。其二，犯罪是依法应当受到刑罚处罚的行为。例如，德国刑法学家宾丁认为："犯罪乃是违犯刑罚制裁的法律行为。"意大利刑法典第 39 条规定："根据本法典为有关罪行分别规定的刑罚种类，犯罪区分为重罪和违警罪。"其三，犯罪是违反刑法、应受刑罚处罚的行为。例如，法国的刑法学家盖洛认为："犯罪乃是依事先制定的法律规定由刑罚相威胁或禁止的行为。"美国纽约州刑法典规定："依法所禁止的，经过宣判应受惩罚的行为是犯罪。"

2. 犯罪的实质定义。所谓犯罪的实质定义，就是指从犯罪的社会属性或者社会属性和法律属性相结合的角度给犯罪所下的定义。实质意义上的犯罪定义，在所有的资产阶级国家刑事立法中都未曾出现过，只是某些资产阶级学者就此提出过某些主张，例如，英国法学家史蒂芬认为："凡是从行为的有害倾向性观点被认为是反对整个社会性的违法行为就是犯罪行为。"意大利法学家加罗法洛认为："犯罪是违反社会的怜悯和诚实二道德情感的行为。"刑事社会学派的代表人物菲利则认为："犯罪乃具有一定决意之权利侵害性的反社会行为。"英国分析法学派代表边沁认为："犯罪就是给社会造成痛苦大于快乐的邪恶行为。"

3. 犯罪的混合定义。所谓犯罪的混合定义，就是指从犯罪的形式定义和犯罪的实质定义

① 《马克思恩格斯全集》，第 20 卷，195 页，北京，人民出版社，1971。

相结合的角度给犯罪所下的定义。这一定义不仅揭示了犯罪的本质特征，同时表明了犯罪的法律特征。例如，1960年苏俄刑法典第7条第1款规定："凡本法典分则所规定的侵害苏维埃的社会制度和国家制度，侵害社会主义经济体系和社会主义所有制，侵害公民的人身权、政治权、劳动权、财产权以及其他权利的危害社会行为（作为或不作为），以及本法典分则所规定的其他各种侵害社会主义法律秩序的危害社会行为，都认为是犯罪。"苏俄刑法典对犯罪所下的定义，既公开申明了犯罪的阶级性，又揭示了犯罪的法律特征，同时避免了两个定义并行无涉的缺陷，成为后来的社会主义类型的国家对犯罪进行定义的范例。

（二）我国刑法中的犯罪定义

我国刑事立法中所下的犯罪定义，既是马克思主义犯罪观与刑法观的产物，也是我国各族人民长期以来同形形色色的犯罪现象作斗争的实践经验的结晶。我国刑法第13条规定："一切危害国家主权、领土完整和安全，分裂国家、颠覆人民民主专政的政权和推翻社会主义制度，破坏社会秩序和经济秩序，侵犯国有财产或者劳动群众集体所有的财产，侵犯公民私人所有的财产，侵犯公民的人身权利、民主权利和其他权利，以及其他危害社会的行为，依照法律应当受刑罚处罚的，都是犯罪；但是情节显著轻微危害不大的，不认为是犯罪。"上述定义所规定的内容，不仅揭示了犯罪的阶级本质，同时也表明了犯罪的法律属性，是犯罪的实质定义与犯罪的形式定义的高度整合，是对我国现实社会中各种犯罪所作的科学概括。因此，这一定义不仅是我们理解刑法中所有规定的出发点，也是指导司法实践严格区分罪与非罪的总标准。

二、犯罪的基本特征

关于犯罪究竟有几个基本特征，我国刑法学界认识不一：有的学者主张"二特征说"，认为犯罪具有社会危害性和依法应受惩罚性，或者应当追究刑事责任程度的社会危害性（或称严重社会危害性）和刑事违法性两个基本特征。有些学者主张"三特征说"，即犯罪具有一定的社会危害性（或称严重的社会危害性、相当的社会危害性）、刑事违法性、应受刑罚处罚性三个基本特征。这是我国刑法理论界之通说，为大多数刑法教科书所主张。此外，也有个别学者主张"四特征说"，认为犯罪是对社会有危害性的行为，是触犯刑事法律的行为，是人的故意或者出于严重过失的行为，应当承担法律责任中最严重的责任即刑事责任。我们认为，在学术研究上提出不同见解，见仁见智，有利于刑法理论的发展；至于教材，还是根据刑法的规定，采取通说为宜。按照通说，犯罪的基本特征如下：

（一）犯罪是严重危害社会的行为，即具有严重的社会危害性

社会危害性是犯罪的首要特征，也是犯罪的本质特征。某种行为之所以被国家认定为犯罪，从本质上讲，就是因为这种行为在一定的历史时期内，严重地危及统治阶级的阶级利益和统治秩序，如若不然，一切犯罪便无从谈起。

一般而言，所谓社会危害性即某种行为所具有的危害社会的特性，也就是指行为人的行为对社会秩序和社会关系所造成的各种损害的事实特征。在这里，危害是一种事实，特性是指社会对这种事实的特殊属性的概括和评价。社会危害性是犯罪与一般违法行为和不道德行为共同的特性，因此，我们在研究犯罪行为的社会危害性时，有必要在社会危害性之前冠以"犯罪的"字样，以表示对其研究范围与对象的限制。那么，什么是犯罪的社会危害性呢？关于这个问题，目前在刑法学界尚存争议。有的学者认为，所谓社会危害性，就是对国家和人民造成或可能造成一定的危害。① 有的学者认为，所谓社会危害性，是指对我国刑法所保护

① 参见高铭暄主编：《中国刑法学》，67页，北京，中国人民大学出版社，1992。

的利益的危害。[1] 有的学者认为，所谓行为的社会危害性，是指行为对我国的社会主义社会关系实际造成的损害或者可能造成的损害。[2] 我们认为，对犯罪的社会危害性可以从以下两个角度来进行界定：一是从犯罪的阶级本质属性来看，犯罪的社会危害性就是某种行为在一定历史时期内对统治阶级的利益和统治秩序造成的损害。这一层面上的社会危害性反映的是犯罪的社会政治本质，它从根本上说明了刑法之所以将某种行为规定为犯罪行为的深层原因。二是从犯罪的法律表现形式上看，犯罪的社会危害性就是指某种行为对刑法所保护的社会关系造成的这样或者那样的损害。这一层面上的社会危害性反映的是犯罪的法律属性，它所揭示的是刑法之所以将某种行为规定为犯罪行为的表层原因。

弄清了犯罪的社会危害性的含义之后，我们需要掌握的就是犯罪的社会危害性的内容和范围。在司法实践中，犯罪行为的表现形式可谓是纷繁复杂、千姿百态，但是如果从总体上来讲，不管是哪一方面的犯罪行为，都从不同的角度侵犯了我国社会主义的改革和建设事业。犯罪的社会危害性虽有其本身所固有的含义，但它也并不是笼统、抽象或漫无边际的，而是以我国现行刑法的规定为依据，在危害的内容及范围上均有相对的确定性。从我国刑法第 13 条的规定来看，犯罪的社会危害性的表现形式可以根据其具体内容概括为以下四个方面：一是危害国家和社会的政治基础，也就是对国家的主权独立和领土完整、人民民主专政的国家政权和社会主义制度构成了危害。这一方面的内容从我国刑法分则的规定来看，主要贯穿在危害国家安全罪、危害国防利益罪、渎职罪等章之中。二是危害国家和社会的经济基础，也就是对我国社会主义市场经济制度和社会主义公私财产所有关系的破坏与侵犯。这一方面的内容从我国刑法分则的规定来看，主要贯穿于破坏社会主义市场经济秩序罪、侵犯财产罪和贪污贿赂罪等章之中。三是危害公民的各项合法权益，也就是对公民的人身权利、民主权利、婚姻家庭权利以及公民私人财产所有关系的侵犯。这一方面的内容从我国刑法分则的规定来看，主要贯穿于侵犯公民的人身权利、民主权利罪和侵犯财产罪等章之中。四是危害社会的公共安宁和秩序，也就是对我国社会的公共安全和社会管理秩序的危害与妨碍，具体来讲，就是危害了不特定多数人的生命、健康与重大公私财产的安全，以及我国社会主义的社会秩序、生产秩序、工作秩序、教学科研秩序和人民群众的生活秩序。这一方面的内容从我国刑法分则的规定来看，主要贯穿于危害公共安全罪和妨害社会管理秩序罪等章之中。行为人的行为对以上四个方面之中任何一个方面的内容的危害，都是对我国社会主义社会关系的侵犯，最终都危及国家与人民的根本利益。

犯罪的社会危害性作为犯罪行为对刑法所保护的社会主义社会关系的损害，其表现形式也并不是单一的，而是多种多样的。首先，从其侵害的后果来考察，我们可以将犯罪的社会危害性分为现实性危害与可能性危害两种。所谓现实性危害是指犯罪行为的发生对国家和人民的利益已经造成的实际损害。所谓可能性危害则是指犯罪行为虽未给国家和人民的利益造成实际损害，但是已经给国家和人民的利益构成了重大的威胁。在司法实践中，我们不仅要注意前一种情况给社会所带来的社会危害性，而且要注意后一种情况给社会所带来的社会危害性。其次，从其表现形态来考察，我们可以将犯罪的社会危害性分为物质性危害与非物质性危害两种。所谓物质性危害，又称有形损害，是指行为人的行为改变了其侵害对象的原状、性能和关系所造成的损害，诸如伤害健康、毁坏财物、侵犯所有权、破坏经济秩序等。物质性危害是有形的损害，它是可以具体确定和度量的有形损害。所谓非物质性危害，又称无形损害或者精神损害，是指行为人的行为给国家机关、社会组织、家庭与个人的正常活动、威信和名誉、人格和心理

① 参见何秉松主编：《刑法教科书》，67 页，北京，中国法制出版社，1993。

② 参见马克昌主编：《犯罪通论》，18 页，武汉，武汉大学出版社，1991。

造成的损害，诸如侮辱、诽谤和诬告陷害等行为对公民的人格、名誉的损害。由于非物质性危害是不能具体确定和度量的无形损害，比较隐蔽，所以往往为人们所忽视。因此，我们在考察犯罪行为的社会危害性时，既要注意有形的损害，也要同时注意无形的损害。这是因为，虽然无形的损害看不见，也摸不着，但也是一种实实在在的损害。

在弄清了犯罪的社会危害性的含义、内容与范围以及类型之后，我们在研究社会危害性时，还必须高度注意的问题是，任何犯罪都具有自身质与量的规定性，是危害社会的质与量的统一。这就是说，犯罪是具有社会危害性的行为，但是并不意味着任何具有社会危害性的行为都是犯罪。这是因为，只有当某种行为的社会危害性达到一定的严重程度时，才有可能认定为犯罪。假如某种行为虽有社会危害性，但是情节轻微危害不大，因其未达到应负刑事责任的程度，就不能认定为犯罪。因此，在这里，行为人所实施的行为的社会危害性程度，也就是其社会危害性的轻重大小，就成为划分罪与非罪的一个重要的标准。如前所述，犯罪行为与一般违法行为、不道德行为的界限，就是以是否具有达到应负刑事责任程度的社会危害性为标准来衡量的。如果我们在认定某种行为时脱离质与量的统一这一标准，那么在司法实践中就会导致错案的发生。

（二）犯罪是违反刑事法律规范的行为，即具有刑事违法性

刑事违法性是犯罪的法律特征，也是评价某种行为能否构成犯罪的法律标准。虽然社会危害性对于某种行为能否成立犯罪具有举足轻重的地位，但是如果离开了刑事违法性，社会危害性也就失去了其存在的法律基础。可见，在犯罪的社会危害性之外，刑事违法性是犯罪不可缺少的又一重要的基本特征。

一般来讲，所谓刑事违法性，即某种行为违反刑事法律所具有的特性；具体而言，是指行为人违背刑法规范的要求，实施了为刑法所禁止的行为，或者拒不实施刑法命令实施的行为而严重违反了刑事法律义务所具有的特性。刑事违法性作为犯罪的形式特征，指的是对所有的刑事法律规范的违反，它不仅包括对刑法总则规范的违反，而且包括对刑法分则规范的违反，除此之外，还包括对所有的特别刑法与附属刑法规范的违反。在这里，值得注意的是，对附属刑法规范（即非刑事法律中的刑事条款）的违反，虽然有时候因法律的名称不在刑事法律之列，可能被误认为不具有刑事违法性。对这一方面的刑事违法性，就不能仅从形式上来看，而应当从本质上来认识。尽管附属刑法规范的名称不叫刑法，但是有关刑事处罚的规定，仍在刑法规范之列，因而在这些附属刑法规范中所规定的犯罪，同样具有刑事违法性，只不过，这些附属刑法规范中的犯罪的刑事违法性，一般都是建立在行政违法性或者经济违法性的基础之上的。如果某种行为本身不具有行政违法性或者经济违法性，那么也就谈不上刑事违法性；或者某种行为本身仅在行政违法与经济违法之列，也不能将其上升为刑事违法。

刑事违法性作为犯罪的形式特征，与犯罪的社会危害性之间有着非常紧密的联系，且这种联系对于认定任何犯罪是不可缺少的。一般来讲，当行为人的行为危害社会，触犯了法律规定时，国家就依法根据其社会危害性程度的不同，认定该行为是一般违法行为还是犯罪行为。至于行为人所实施的行为的社会危害性是否达到了犯罪的程度，以及达到了犯罪的何种程度，就要由刑法规范来评价并予以认定。因此，某种有害于社会的行为是否应负刑事责任就其表现形式来讲最终都必须取决于刑法规范的评价。由此可见，犯罪的社会危害性与刑事违法性互为表里，社会危害性是刑事违法性的基础，而刑事违法性则是犯罪的社会危害性在法律上的表现。它们两者之间既相区别，又相联系，共同构成了认定具体的行为是否成立犯罪的统一体。

刑事违法性作为犯罪的法律特征，不仅与犯罪的社会危害性之间具有密切的联系，还与某一具体的犯罪构成之间存在着千丝万缕的联系。这是因为，刑法规定的具体犯罪构成，是行为的社会危害性是否达到应负刑事责任程度的衡量标准，是行为是否成立犯罪的法定模式。因此，刑事违法性不是抽象、空洞的概念，而是行为人的行为符合刑法分则所规定的某一具体犯罪构成。例如，对于伤害这种行为是否具有刑事违法性进行考察时，就要注意这种行为是否符合刑法分则当中所规定的具体犯罪构成的要求。如果行为人实施的这种伤害行为是出于故意且已达到轻伤以上的程度，那么，由于其符合刑法第234条规定的具体犯罪构成，因此应以故意伤害罪论处。如果行为人实施的这种伤害行为是基于过失且已达到重伤以上的程度，那么，由于其符合刑法第235条规定的具体犯罪构成，因此应以过失重伤罪论处。但如果行为人实施的这种伤害行为是出于正当防卫，那么，由于这种行为是对社会有益的行为，不符合刑法第234条和第235条所规定的具体犯罪构成，因此不能以之为犯罪行为来追究行为人的刑事责任。另外，如果行为人实施的伤害行为造成了某种损害结果，但这种损害结果不是出于故意或过失，而是由行为人不能预见或者不能抗拒的原因引起的，则属于意外事件，而意外事件不符合刑法第234条和第235条所规定的具体的犯罪构成，因此亦不能以之为犯罪来追究行为人的刑事责任。由此可见，离开法定的犯罪构成模式，就失去了对社会危害性的评价标准，同时也就没有认定犯罪的法律依据，从而缺乏追究行为人刑事责任的基础。所以，法定的犯罪构成模式既是揭示某种行为是否具有社会危害性及达到何种程度的法律标准，又是确认刑事违法性的唯一依据。除了行为符合法定的犯罪构成模式之外，再没有别的标准据以来认定刑事违法性。因此，我们在考察犯罪的刑事违法性的时候，千万不要忽视它与犯罪构成之间的有机联系。

从刑事违法性与犯罪的社会危害性之间的关系来看，尽管刑事违法性相对于犯罪的社会危害性而言只是一种表现形式，但是这并不影响刑事违法性的独立地位。这是由于刑事违法性虽然决定于犯罪的社会危害性，但它对犯罪的社会危害性又有一定的制约作用。刑法规定某一行为成立某种犯罪必须具备的条件，是对该行为具有严重的社会危害性的科学概括。如果某种行为不符合刑法规定的某一犯罪构成条件，该行为就不是严重的危害社会的行为，因而也不具有刑事违法性。这就是说，什么行为是严重的危害社会的行为，不能由任何单位和个人来决定，而只能由国家立法机关通过法律程序来加以规定。国家立法机关对严重的危害社会的行为常常是通过制定刑法的形式来加以确认的，而刑法对某种严重的危害社会的行为的确认，最终又是通过各种具体的犯罪构成来定型的。离开刑法规定的具体的犯罪构成标准，就容易导致对我国社会主义法制的破坏，从而违背我国刑法所确立的罪刑法定原则。由此可见，刑事违法性作为犯罪的法律表现形式，既依赖于犯罪的社会危害性，同时又反过来对犯罪的社会危害性产生一定的制约作用。因此，它们二者之间既相互联系，又相互独立，共同构成认定犯罪的两大基本特征。

（三）犯罪是应受刑罚处罚的行为，即具有应受刑罚处罚性

众所周知，任何违法行为都必须承担相应的法律后果，违反刑法规范的行为当然不能例外。因此，应受刑罚处罚性不仅是犯罪行为应当承担的法律后果，同时也是犯罪的又一个不可缺少的重要特征。

马克思曾经说过，如果犯罪的概念要有惩罚，那么实际的罪行就要有一定的惩罚尺度。这一重要的论断告诉我们，有犯罪就有惩罚，犯罪与刑罚是形影相随、密切联系在一起的。一般来讲，犯罪是适用刑罚的前提和基础，刑罚则是犯罪行为所应承担的法律后果。国家决定动用刑罚的方法来惩罚某种危害社会的行为，说明该行为的社会危害性已经达到了相当严重的程度。因此，犯罪除了社会危害性和刑事违法性这两个基本特征之外，还具有应受刑罚处罚性这一基本特征，而正是后者，将犯罪与一般违法、乱纪行为以及某些不道德行为区别开来。

犯罪的应受刑罚处罚性是对行为的社会危害性的评价，某种行为之所以应受刑罚处罚，就是因为该行为的社会危害性达到了相当严重的程度；同时，也只有某种危害社会的行为应受刑罚处罚时，立法机关才将其规定为犯罪，从而赋予该行为以刑事违法性的特征。可见，应受刑

罚处罚性是将社会危害性与刑事违法性联系起来的中间环节。一般来讲，应受刑罚处罚的只能是犯罪的行为，相反地，也只有犯罪行为才应受到刑罚处罚。如果某种行为不应受刑罚处罚，也就意味着该行为根本就不是犯罪行为。

谈到犯罪的应受刑罚处罚性，我们还必须注意的问题是，在刑法理论上和司法实践中，应不应受刑罚处罚和需不需要给予刑罚处罚是两个不同的概念，切忌将二者混为一谈。这是因为：应不应受刑罚处罚关系到行为人的行为是否构成犯罪的问题，应受刑罚处罚说明该行为已经构成犯罪，不应受刑罚处罚则说明该行为根本不是犯罪，当然也就不存在应受惩罚的问题。而需不需要给予刑罚处罚则说明该行为已经构成犯罪，只是考虑到某一案件的具体情况，是给予刑事处罚还是不给予刑事处罚。免予刑事处罚本身说明，行为人的行为还是属于犯罪行为，只是考虑到某种情况不给予刑罚处罚而已。它与不应受刑罚处罚在性质上是完全不同的。这两者关系到罪与非罪的界限，因此在处理此类问题时，我们应注意加以甄别。

我国刑法对犯罪所规定的以上三个方面的基本特征是紧密相连、彼此依存、互为表里、不可分割的：行为具有严重的社会危害性是犯罪的最本质特征，是刑事违法性和应受刑罚处罚性的前提与基础；刑事违法性是社会危害性的法律表现，是联系犯罪的社会危害性与应受刑罚处罚性的桥梁和纽带；应受刑罚处罚性是犯罪的社会危害性和刑事违法性发展的必然结果。以上三个特征都是某种行为构成犯罪的必要特征，它们结合在一起，共同说明犯罪的本质，从而形成我国刑法中完整、科学的犯罪概念。

最后需要指出的是，我国刑法第13条在对犯罪的定义进行表述时，除了对那些应当作为犯罪处理的行为作了明确规定外，还以“但书”的形式对那些不构成犯罪的行为作了概括性的规定。从立法规定的精神看，“但书”部分的规定不是可有可无的，它是对我国刑法中所规定的犯罪定义的重要补充，因而成为犯罪定义中不可分割的重要组成部分。

刑法第13条所规定的“但书”部分的内容是：“情节显著轻微危害不大的，不认为是犯罪。”对“但书”所规定的内容，我们应作如下理解：（1）这里所规定的“不认为是犯罪”的行为，必须同时具备“情节显著轻微”和“危害不大”这两个条件。对于这类问题，应综合考虑主、客观情况，按照刑法的具体规定加以判断和认定。（2）这里所规定的“不认为是犯罪”，是指刑法从根本上就不认为此类行为是犯罪，而不能理解为某种行为已经构成犯罪，而不作为犯罪来论处。（3）要把“但书”所规定的内容与刑法第37条规定的免予刑事处罚区别开来。刑法第37条规定，“对于犯罪情节轻微不需要判处刑罚的，可以免予刑事处罚”。这里所说的“情节轻微”不仅与“但书”中规定的“情节显著轻微危害不大”在程度上有很大的差异，而且二者在性质上也完全不同。“但书”规定的是完全不构成犯罪的情况，而第39条规定的是已构成犯罪，但情节轻微，不需要判处刑罚而可以免予刑事处罚的情况。因此，“但书”的内容虽少，但意义重大，切不可等闲视之。

第三节　犯罪的分类

犯罪的分类，是指根据犯罪所具有的某些特殊属性，将犯罪划分为若干相互对应的类别。一般来讲，不同种类的犯罪具有各自不同的特点，其社会危害性的程度也往往存在着差别。对犯罪进行分类，不仅可以帮助我们进一步加深对犯罪概念的理解，为刑事立法提供有益的参考，而且可以为刑事司法提供有针对性的预防措施，为监管部门提供将罪犯分类关押的依据。

据史料所载，迄今为止，最早的犯罪分类来源于罗马法，它以犯罪侵犯的法益为标准，将犯罪分为公罪与私罪两大类。而1810年颁布的法国刑法典则将犯罪分为重罪、轻罪和违警罪三种。这种分类方式为近代很多国家所效仿，然而却为社会主义国家刑法典所不采。我国刑法中虽然没有明确规定犯罪的分类，但实际上却能够看出其中存在若干不同种类的犯罪区分。此外，在刑法理论上也有一些犯罪的分类。本节拟根据刑法理论和刑事立法的规定对犯罪的分类问题作若干介绍。

一、犯罪的理论分类

在刑法理论上，根据不同的标准可以对犯罪进行不同的分类。这种分类方式常见的有以下几种：

（一）自然犯与法定犯

自然犯（又称刑事犯），是指违反公共善良风俗和人类伦理，由刑法典或者单行刑事法律所规定的传统性犯罪。如杀人、抢劫、强奸、放火、盗窃等犯罪，其行为本身就自然蕴涵着犯罪性，人们根据一般的伦理观念即可对其作出有罪评价。

法定犯（又称行政犯），是指违反行政法规中的禁止性规范，并由行政法规中的刑事罚则（附属刑法规范的一种）所规定的犯罪。由行政法规、经济法规的刑事罚则所规定的职务犯罪、经济犯罪即属于此类。

一般认为，从犯罪人的主观恶性程度来看，自然犯较之法定犯要严重得多。但在对违法性的认定上，由于行政法规错综复杂，所以，对法定犯的判定又比自然犯要困难得多。同时，行政法规会因为国家管理目的改变而经常发生变化，因此，法定犯又经常处于变动之中，缺乏像自然犯那样的稳定性。正因为这两类犯罪各有其特殊性，所以，在认定、处罚及预防方面，均应采取各不相同的对策。

（二）身份犯与非身份犯

身份犯（其中一部分又称白领犯罪），是指以国家公职人员、企业管理人员、科学技术人员等一定身份作为犯罪主体条件的犯罪，诸如贪污罪、受贿罪、玩忽职守罪等。

非身份犯（其中一部分又称蓝领犯罪），是指身份犯以外的，刑法对其犯罪主体条件未作特别限定的犯罪，诸如杀人罪、伤害罪、抢劫罪、盗窃罪、赌博罪等。

身份犯与非身份犯的划分以刑法规定的职业等特殊条件为标准，因此，依法认定行为人是否具备某种特殊的身份条件，便成为认定行为能否构成某种犯罪的关键。在法律有特别规定的情况下，身份条件甚至还会直接影响到对犯罪人处罚的轻重程度。

（三）行为犯与结果犯

行为犯，是指以侵害行为之实施完毕为成立犯罪既遂条件的犯罪，如煽动分裂国家罪、煽动颠覆国家政权罪、诬告陷害罪、伪证罪、偷越国（边）境罪等。

结果犯，是指以侵害行为产生相应的法定结果为构成要件的犯罪，或者以侵害结果的出现为成立犯罪既遂条件的犯罪。前者如交通肇事罪、过失致人死亡罪、玩忽职守罪等所有的过失犯罪，后者如故意杀人罪、盗窃罪、贪污罪、敲诈勒索罪等。

行为犯与结果犯的区分，对于准确认定某一犯罪的客观构成要件，进而区分罪与非罪，具有重要的意义。同时，行为犯与结果犯的区分，也有助于准确把握犯罪既遂与未遂的原则界限。

（四）实害犯与危险犯

实害犯，是指以出现法定的危害结果为构成要件的犯罪，如刑法第 119 条第 2 款所规定的过失损毁交通工具罪等。

危险犯，是指以实施危害行为并出现某种法定危险状态为构成要件的犯罪，如刑法第 116

条规定的破坏交通工具罪，第125条规定的非法制造、买卖、运输、邮寄、储存枪支、弹药、爆炸物罪（前者为具体危险犯，后者为抽象危险犯）等。

实害犯与危险犯的区分，不仅有助于对犯罪构成要件的具体把握，而且对于正确量刑常常具有积极的意义。一般来讲，刑法对实害犯规定了重于危险犯的法定刑。

除此之外，刑法理论还对犯罪进行了其他一些分类，比如以犯罪次数或其他法定条件为标准，可以分为初犯、再犯、累犯；以犯罪终了后不法行为或不法状态的情形为标准，可以分为即成犯、继续（持续）犯、状态犯；以犯罪时空条件为标准，可以分为同时犯、同地犯与隔时犯、隔地犯；以犯罪人的犯罪特性为标准，可以分为常业犯、习惯犯、普通犯，等等。

二、犯罪的立法分类

犯罪的立法分类是依刑法所规定的内容对犯罪进行的分类。对犯罪进行立法上的分类，是建立科学的刑法典分则体系的需要，也是指导刑事司法，突出惩治重点，便于广大公民学习、掌握立法原则的需要。根据我国刑法的规定，从立法上可以从以下几个方面对犯罪进行分类：

（一）国事犯罪与普通犯罪

我国刑法分则规定了10类犯罪，其中，第一章所规定的危害国家安全罪属于国事犯罪，这类犯罪危害的是国家的政权、社会制度与安全。第二章至第十章所规定的犯罪，相对于国事犯罪而言，属于普通犯罪，但其中第十章所规定的军人违反职责罪又属于普通犯罪中的一类特殊犯罪。故亦可以说刑法将犯罪分为国事犯罪、军事犯罪与普通犯罪三大类。从刑法理论上说，国事犯罪与普通犯罪相结合的犯罪，为混合犯罪。

（二）故意犯罪与过失犯罪

根据我国刑法规定，故意犯罪，是指行为人明知自己的行为会发生危害社会的结果，并且希望或者放任这种结果发生，因而构成的犯罪。过失犯罪，是指行为人应当预见自己的行为可能发生危害社会的结果，因为疏忽大意没有预见，或者已经预见而轻信能够避免，以致发生这种结果的犯罪。故意犯罪与过失犯罪作为我国刑法所规定的两大犯罪类型，其主观恶性不同，因此，刑法以处罚故意犯罪为原则，以处罚过失犯罪为例外。

（三）亲告罪与非亲告罪

亲告罪是告诉才处理的犯罪。根据刑法第98条的规定，告诉才处理，是指被害人告诉才处理，如果被害人因受强制、威吓无法告诉的，人民检察院和被害人的近亲属也可以告诉。告诉才处理的犯罪，必须有刑法的明文规定。刑法没有明文规定告诉才处理的犯罪，均属于非亲告罪，即不问被害人是否告诉、是否同意起诉，人民检察院均应提起公诉的犯罪。刑法将部分犯罪规定为亲告罪，主要是综合考虑了以下三个因素：首先，这种犯罪比较轻微，不属于严重犯罪。其次，这种犯罪往往发生在亲属、邻居、同事之间，被害人与行为人之间一般存在较为密切的关系。最后，这种犯罪涉及被害人的名誉，任意提起诉讼有可能损害被害人的名誉。

（四）基本犯、加重犯与减轻犯

基本犯是指刑法分则条文规定的不具有法定加重或者减轻情节的犯罪。加重犯是指刑法分则条文以基本犯为基础规定了加重情节与较重法定刑的犯罪，其中又可以分为结果加重犯与情节加重犯。因实施基本犯罪发生严重结果，刑法加重了法定刑的犯罪，称为结果加重犯；因实施基本犯罪具有其他严重情节，刑法加重了法定刑的犯罪，称为情节加重犯（其中还可以分为数额加重犯、手段加重犯等）。事实上，还存在一种特别加重犯的情况，即就加重情节规定了加重犯之后，又在加重犯的基础上规定了特别加重情节与更重的法定刑（刑法第295条）。减轻犯是指刑法分则条文以基本犯为基础规定了减轻情节与较轻法定刑的犯罪。这种分类实际上主要是对同一具体犯罪的不同情况的分类。

法律应用

案例 1：被告人刘某，男，35 岁，某市变压器厂工人。1998 年 1 月 15 日，某市酒精厂失火，刘某路经此处，参加了救火。当时围观的群众很多，现场秩序很乱。这时，某炮兵学校、某测绘学院的解放军和附近几个单位的同志闻讯也都赶来救火。刘某当时看到人多手杂，救火效率反而不高。为了能使救火顺利进行，刘某高声叫喊："同志们，我是省公安厅一处的，大家现在听我指挥。"刘某站在大草垛上，指挥着把酒精厂东、西两端的路口卡住，只准救火车和运酒料的军车通过；又指挥排除了一些交通故障，大大提高了救火的速度。刘某连续两天两夜在现场救火，他的行动当时受到救火指挥部的沈副市长和军区首长的表扬，他们送给他一封表扬信；酒精厂领导也多次向他表示感谢。

救火以后，沈副市长曾给省公安厅打电话询问此人。后来，刘某也主动拿着感谢信去省公安厅一处作检讨，承认了自己冒充省公安厅一处工作人员的错误。当时公安厅领导同志听他讲完事情的经过后，也肯定他当时的举动是应该的。但事隔 5 天，刘某与邻居上街买酒时，被酒精厂保卫科的人抓住，送到公安分局。公安分局认为，刘某冒充公安人员招摇撞骗，扰乱了社会秩序，故以招摇撞骗罪向检察院提请批捕。

案例解析：在本案中，对被告人刘某的行为不能以招摇撞骗罪追究其刑事责任。因为，刘某冒充公安人员的行为在主观上是想利用这一身份指挥救火，根本不存在以公安人员的身份为掩护进行招摇撞骗的故意。因此从犯罪的社会危害性特征来分析，刘某的行为不仅不属于危害社会的行为，相反地，却是有利于社会的行为，因此，对刘某的行为不仅不应当追究刑事责任，相反地，应当嘉奖。

案例 2：甲系某县机械厂职工，与女工乙在同一车间上班。甲经常关心、照顾乙，使乙深受感动。渐渐地，两人有了感情并多次发生不正当性关系。但两人都已结婚，也不想解除各自现有的婚姻关系。两人的奸情后来被乙的丈夫发现，乙向该县人民法院告发。该县人民法院经审理，以通奸罪判处甲有期徒刑 1 年。甲不服，提起上诉。二审法院经审理，撤销了一审判决，并宣告甲无罪。

案例解析：在本案中，二审法院宣告甲无罪的判决是完全正确的。因为，我国刑法第 3 条规定："法律明文规定为犯罪行为的，依照法律定罪处刑；法律没有明文规定为犯罪行为的，不得定罪处刑。"根据罪刑法定原则的这一要求，构成犯罪的行为必须具有刑事违法性。而本案中甲与女工乙通奸的行为，没有被刑法规定为通奸罪，所以一审法院以通奸罪判处甲 1 年有期徒刑于法无据，二审法院对其宣告无罪是完全正确的。只是值得一提的是，虽然甲的行为不构成犯罪，但是在道德上是应当加以严厉谴责的。

案例 3：被告人徐某，男，16 岁，某中学学生。一天，在上学的路上，徐某遇见同校女生周某（但两人并不认识）。被告问周某："小女孩，停一下，身上带钱了没有?"周某答："只有 10 元钱，我爸给我买钢笔的。"被告便威胁说："把 10 元钱给我，不然我就要打你!"周某不给，被告即强行抢走周某衣服口袋内仅有的 10 元钱。本案在审理中，有三种不同的意见：有的人认为构成抢劫罪，但应当免予刑事处罚；有的人认为构成抢劫罪，但可以减轻处罚；有的人认为不构成犯罪。

案例解析：在本案中，我们同意第三种意见，即徐某的行为不构成犯罪。这是因为，我们在研究社会危害性时，必须高度注意的问题是，任何犯罪都具有自身质与量的规定性，是危害社会的质与量的统一。这就是说，犯罪是具有社会危害性的行为，但是并不意味着任何具有社会危害性的行为都是犯罪。有鉴于此，我们认为，某种行为只有当其社会危害性达到一定的严重程度时，才有可能被认定为犯罪。假如某种行为虽有社会危害性，但是情节显著轻微、危害不大的，因其未达到应负刑事责任的程度，就不能被认定为犯罪。本案中徐某虽然实施了威胁的行为并抢走了小女孩的10元钱，但综合本案的整体情况来考察，徐某的行为属于情节显著轻微、危害不大的情形，符合刑法第13条“但书”的规定，因此，应当不作为犯罪处理。

课后复习

1. 如何理解马克思主义关于犯罪本质的论述？
2. 什么是犯罪的定义？我国刑法规定的犯罪定义是什么？
3. 我国犯罪的基本特征有哪些？如何理解它们之间的关系？
4. 什么是犯罪的分类？我国刑法对犯罪是如何分类的？

第五章 犯罪构成

第一节 犯罪构成概说

一、犯罪构成的历史渊源
二、犯罪构成的概念和特征
三、犯罪构成与犯罪概念的关系
四、犯罪构成的意义

第二节 犯罪构成要件概说

一、犯罪构成要件的概念
二、犯罪构成要件的分类
三、犯罪构成要件的内容
四、犯罪构成要件的排列

提　要

犯罪构成是刑法所规定的，为某种行为成立犯罪所必须具备的一系列主、客观要件的有机整体。犯罪构成作为认定某种行为是否成立犯罪的规格和标准，在整个刑法学理论大厦中占据着非常重要的地位。可以毫不夸张地说，在刑法学理论当中，如果离开了犯罪构成，那么一切就无从谈起。这是因为，犯罪构成不仅是认定某种行为是否有罪以及构成何种犯罪的重要法律依据，而且是行为人对自己的行为是否承担刑事责任的重要依据。因此，要掌握刑法理论的体系和框架，正确定罪量刑，就必须从根本上把握犯罪构成的全部知识。

重点问题

1. 犯罪构成的概念和特征
2. 犯罪构成的共同要件

第一节 犯罪构成概说

一、犯罪构成的历史渊源

犯罪构成一词，如果从词源上加以考察，可追溯到13世纪意大利宗教裁判所的纠问程序中所使用的Constare de Delicti（犯罪的确证）一词，这种纠问程序可分为一般纠问和特殊纠问，一般纠问是指关于犯罪是否存在的确证，而特殊纠问则是指对特定的嫌疑者进行纠问。只有首先弄清犯罪是否存在之后，才能继而对特定的犯罪嫌疑人进行有目的的纠问。1581年，意大利的刑法学家法里西斯最先将这种犯罪事实命名为Corpus Delicti，以其表示按照刑事诉讼程序被证明的犯罪事实。作为诉讼法上的概念，这里的Corpus Delicti强调的是如果不能按照严格的证据法则对客观的犯罪事实的存在进行确证，就不能进行特别纠问。1676年，Corpus Delicti这一概念传到德国，德国的刑法学家克莱因首次将其译为Tatbestand。但在当时，这一概念仍然是在诉讼法的意义上使用的。Tatbestand一词一直到19世纪初被德国的刑法学家费尔巴哈、施就别尔所用，才由刑事程序法意义上的概念变为刑事实体法意义上的概念。费尔巴哈从罪刑法定原则出发把刑法分则上关于犯罪成立的要件称为犯罪构成。他指出："犯罪构成就是违法行为所包含的各个行为的或事实的诸要件的总和。"他认为，构成要件特别地具有阻止或限制统治者任意定罪的作用。但是，在整个19世纪，犯罪构成理论的发展非常缓慢，还没有形成一个系统、完整的理论体系，更没有在整个刑法理论中占据重要的地位。直到20世纪以后，资产阶级的刑法学者经过几十年的努力，才使得资产阶级的犯罪构成理论有了长足的发展，并形成了若干各具特色的犯罪构成理论体系。

现代意义上的犯罪构成理论，形成于20世纪初。这一理论的创建应归功于德国的刑法学家贝林格，他于1905年和1906年分别出版了《刑法纲要》和《犯罪理论》两书，在这两本书中他首先提出了他的犯罪构成理论。贝林格认为，19世纪的刑法总论从行为、因果关系、违法性等一些抽象的概念出发来论述犯罪成立的条件，几乎完全忽视了刑法分则及犯罪构成要件。他强调必须以刑法分则条文规定的犯罪构成要件概念为中心来建立犯罪的概念。贝林格把犯罪概念规定为："犯罪是符合构成要件的、违法的、有责任的并对此有适合的处罚规定和满足处罚条件的行为。"他认为，"构成要件，从狭义上说，是表明犯罪类型轮廓的全部要素（特别构成要件）"。但是他又认为，这只是"犯罪类型的外部轮廓"，只是行为的纯客观的、外部的表现，并不包括任何主观的、规范的因素在内。所以贝林格的构成要件是纯客观的、记述性的，不包含任何价值判断的东西。贝林格认为，构成要件的符合性（该当性）、违法性和有责性这三者之间是彼此独立、互不相干的，行为符合构成要件，但并不一定是违法，也不一定有责任，因此，对三者要单独考察。贝林格对犯罪构成理论的最大贡献，就是把刑法分则的特殊构成要件系统化、理论化，并将其提升为刑法总则的犯罪概念的中心，使它与违法性、有责性等问题联系起来，共同组成犯罪概念，并通过构成要件概念，使刑法总则与刑法分则有机地结合起来，建立起一个统一的犯罪论体系。

到了20世纪20年代，以梅兹格为代表的刑法学者在批判贝林格的构成要件理论的基础上，对犯罪构成的理论又有了进一步的发展。梅兹格与贝林格一样，也是从罪刑法定主义的要求出发，也认为故意与过失不属于构成要件，而是属于责任的范畴。因此，梅兹格认为，构成要件只包括行为及其造成的侵害法益的结果、行为与结果之间的因果关系等客观的违法要素。但是他不同意贝林格把构成要件理解为纯客观的、不包含任何主观因素的东西，他认为：某些作为违法性评价对象的主观因素，也属于构成要件的内容，是构成要件的主观违法因素，例如，法律要求必须具有某些特定目的或者某种主观倾向的犯罪，以及法律要求行为者的外部行为必须是其自身的意愿表现的犯罪等，这些特定的目的、主观倾向或确信就属于构成要件的主观违法要素。因此，梅兹格反对贝林格把构成要件与违法性对立起来，他认为，构成要件与违法性是结合在一起的：构成要件是违法性的基础，符合构成要件的行为，只要不存在违法阻却的事由，就是违法犯罪。只要违法行为不是由于特殊的违法事由而被合法化，那么，构成要件就是违法性存在的根据。按梅兹格的理论，构成要件的符合性与违法性不是两个独立的犯罪成立的要件，而是紧密地结合在一起，称为“构成要件的违法”。这是梅兹格的构成要件论与贝林格的构成要件论一个重要的区别之所在。

迨至20世纪30年代，特别是到了五六十年代，德国的刑法学者韦采尔、韦伯等人提出并建立了以目的行为论为中心的犯罪构成理论。他们认为，行为就是意志、身体动静和结果三者的结合，而19世纪以来的因果行为论把意志的内容完全排除在行为之外，这是完全错误的。由于它们强调目的是行为的本质的要求，所以被称为目的行为论。以目的行为论为基础建立的目的行为论体系，就是目的行为论的构成要件论。用目的行为论来解释故意犯罪，逻辑上不存在任何矛盾，但是在解释过失犯罪时，仍有疑问，因为过失犯罪并无犯罪的目的性。目的行为论者为了克服这个严重的障碍，提出了各种各样的解释，这些不同和解释，决定了据以建立的犯罪论体系的多样化，但有一点是相同的，即它们都不是将故意和过失列入责任的范畴，而是将它们作为行为的主观要素包括在构成要件之内。他们认为，故意（或过失）是行为的本质要素，也是构成要件的主观要素，而构成要件是违法类型，所以，故意（或过失）也是主观的违法要素；违法性是对侵害法益行为的否定评价，行为者实施行为的目的是什么、他应当具有什么义务，以及行为的方式方法等决定了行为的违法性。以上这些内容就是目的行为论对犯罪构成理论的新的发展。

从资产阶级犯罪构成理论的历史发展过程看，尽管关于构成要件的概念和内容一直在争论，但总的趋势是逐步扩大构成要件的内容，把更多的主观因素和规范因素列入构成要件之内；并且强调构成要件的主、客观因素的联系和统一，强调构成要件的整体性和统一性。

在当今世界社会主义国家的犯罪构成理论发展的过程中，原苏联的犯罪构成理论无疑起到了非常重要的作用。原苏联的犯罪构成理论坚持以马克思主义为指导，在批判资产阶级犯罪构成理论的基础上，形成了自己的两大基本特色：一是认为犯罪构成能够说明行为的社会危害性，二是认为犯罪构成是犯罪客体、犯罪客观方面、犯罪主体、犯罪主观方面的统一体，因而犯罪构成包含了成立犯罪的所有要件。

我国的犯罪构成理论是20世纪50年代直接从原苏联引进的，从犯罪构成的体系到结构，都深受原苏联刑法理论的影响。时至今日，原苏联模式仍是我国犯罪构成理论的重要基础。近些年来，随着我国广大刑法理论工作者的不断探索，具有中国特色的社会主义犯罪构成理论已初露端倪。我们相信，只要广大刑法理论工作者锐意改革、不懈拼搏，一个符合中国实际的新的犯罪构成理论体系，一定会逐步建立起来。

二、犯罪构成的概念和特征

根据我国现行刑法理论之通说，所谓犯罪构成就是指我国刑法所规定的，决定某种行为构成犯罪所必须具备的主观要件与客观要件的有机整体。作为认定犯罪的规格和标准，犯罪构成无论在刑法理论上还是在司法实践中都占有非常重要的地位。从犯罪构成概念所反映的内容来看，它具有以下几个方面的重要特征：

（一）犯罪构成的整体性

所谓犯罪构成的整体性是指犯罪构成是由一系列主观要件和客观要件紧密结合的有机整体。犯罪构成的这一特征，不仅反映了犯罪构成要件的多样性，同时也反映了这些构成要件之间的有机联系性。根据我国刑事立法的规定，任何一种犯罪的构成都是由诸多方面的要件组成的，这些要件一旦结合在一起，形成了一个有机的整体，就具备了某种犯罪的构成。我国刑法分则中所规定的各种犯罪，例如杀人罪、强奸妇女罪、抢劫罪、盗窃罪、贪污罪、受贿罪等，都是由构成该罪所必需的各个要件组成的有机整体。例如，故意杀人罪的法定构成要件就必须是具备下列因素的各主、客观要素的有机整体：（1）行为人侵犯的是他人的生命权利；（2）客观上实施了非法剥夺他人生命的行为；（3）行为主体必须是年满14周岁且精神正常的人；（4）主观上必须出于故意。上述各个要件对于构成故意杀人罪来讲必须同时具备，如果缺少了其中任何一个要素，或者该要素不属于本罪的构成要件，那么该行为都不能作为故意杀人罪来加以认定。也就是说，犯罪构成的各个要件既不能离开整体，又不能彼此分割，如果割裂了各个构成要件之间以及它们与整体的联系，那么，任何一个要件就会丧失它在犯罪整体结构中的性质和作用，就不再是该罪的构成要件。同样，犯罪的整体结构也离不开各个要件的存在，各个要件的质和量以及它们的结合方式直接制约着犯罪构成的性质，任何一个构成要件的丧失或改变，都会使该罪不能成立。由此可见，犯罪构成的整体性，就是将某种犯罪所需的各个主、客观要件紧密地结合在一起，使之形成一个有机的整体，且这些主、客观要件相互之间呈现出一种胶着状态，既不可随意对其进行组合，亦不可对其随便加以分割。

（二）犯罪构成的抽象性

所谓犯罪构成的抽象性是指犯罪构成的诸共同要件是从决定某种行为构成犯罪所必需的众多事实中抽象出来的，而不是所有与该犯罪有关的事实的组合。在司法实践中，每一个具体的犯罪都包含着许许多多的事实特征，并非每一个事实特征都是犯罪构成的要件，只有那些从形形色色的犯罪事实中提炼、概括出来的，对于行为的社会危害性及犯罪的性质具有决定意义的事实特征，才是犯罪构成的要件，而且也只有这些要件的有机组合才能决定某种犯罪的犯罪构成。因此，某种犯罪的事实特征，能否成为某种犯罪的构成要件，关键就是要看其是否符合从众多的事实特征中抽象出来的某一犯罪构成的要求，如果这一事实特征符合被抽象出来的某一犯罪的构成，那么就可以认定为本罪，反之就不能认定为本罪。同理，只有符合被抽象的该罪的犯罪构成的事实特征，才是决定该罪成立的事实特征。凡是不符合这一要求的，就不是该罪成立的事实特征。

（三）犯罪构成的法定性

所谓犯罪构成的法定性是指犯罪构成所必须具备的各个要件是由我国的刑事立法加以规定的，并非任何个人主观臆造的产物。犯罪构成的法定性，既是我国社会主义法制原则的基本要求，也是我国刑法规定的罪刑法定原则的具体体现。一般来讲，尽管某人的行为具有严重的社会危害性，但如果刑法没有将这种行为明文规定为犯罪，是不能将其作为犯罪来加以惩罚的。我国刑法对犯罪构成的规定，是通过总则性规范和分则性规范共同实现的，其中，总则性规范规定的是一切犯罪构成所必须具备的共同要件，分则性规范规定的是各别犯罪构成所必须具备的具体要件。只有当某种行为具备了我国刑法总则和分则规定的构成某一犯罪的必要条件时，才能作为犯罪来加以认定，并据此来追究行为人的刑事责任。例如甲和乙共同实施了盗窃行为，那么甲和乙的行为是否构成了犯罪呢？如果构成了盗窃罪，他们又是否构成了共同犯罪呢？关于这个问题，首先就必须弄清刑法分则关于盗窃犯罪的构成要件，在此基础上还必须弄清刑法总则关于共同犯罪的法律规定，才能作出正确的判定。如果脱离了刑法所规定的一般要求与特殊要求，就无法得出正确的结论。因此，坚持犯罪构成的法定性，不仅是某种行为是否构成犯罪的刑事违法性的内在要求，同时也是正确地进行定罪与量刑的外在需要。

三、犯罪构成与犯罪概念的关系

犯罪构成与犯罪概念是两个既有密切联系又有显著区别的刑法范畴。弄清两者之间的关系，不仅有助于加深我们对犯罪构成与犯罪概念的理解，同时也有助于我们全面把握犯罪构成与犯罪概念的作用和功能。

犯罪概念与犯罪构成之间的联系主要表现在：犯罪概念是制定犯罪构成的基础，犯罪构成是犯罪本质属性的具体体现。倘若犯罪构成脱离了犯罪概念，它就缺乏制定的依据，丧失了凝聚力，各个构成要件就会变成一盘散沙；假如犯罪概念脱离了犯罪构成，其基本特征就会失去自己的表现形式，它就变成了一个空洞的概念。犯罪概念决定犯罪构成，犯罪概念表现犯罪构成，它们两者之间的关系是内容与形式、抽象与具体的关系。

犯罪构成与犯罪概念之间的区别主要有以下几个方面：(1) 两者所揭示的内容不同。犯罪概念所揭示的是一切犯罪的共同本质，是从整体上回答“什么是犯罪”的问题，它可以使人们了解和掌握犯罪的基本特征，从而深刻地认识到犯罪的社会政治意义；而犯罪构成所揭示的是各种具体犯罪的特殊本质，是从具体的角度回答构成犯罪“必须具备哪些条件”的问题，使人们了解和认识具体犯罪是怎样形成的，从而明确它的内容结构，获得衡量各种具体犯罪的规格和标准。(2) 两者所具备的属性不同。犯罪概念具有一般性，它适用于不同性质的犯罪。这就是说，每个具体犯罪都必须具备犯罪的三个基本特征，否则就不能认为是犯罪，因此，犯罪概念体现了犯罪的共性。而犯罪构成具有特殊性，刑法分则规定了多少罪名就有多少性质不同的犯罪构成模式，某种特定的犯罪构成只能适用于性质相同的犯罪，而不能适用于那些性质不同的犯罪，因此，犯罪构成体现了犯罪的个性。(3) 两者所发挥的作用不同。犯罪概念是划分罪与非罪的总标准，它能够帮助人们从整体的角度去划清犯罪行为与一般违法行为以及不道德行为之间的界限；而犯罪构成是划分罪与非罪、此罪与彼罪的具体标准，它能够帮助人们从具体的角度去划清此种行为是否构成犯罪以及此种犯罪与彼种犯罪之间的区别何在，从而在司法实践中能够直接用来作为认定某种具体犯罪是否成立的标准。

总而言之，犯罪构成与犯罪概念是两个既相联系又有区别的相辅相成的非常重要的刑法概念。我们欲要全面、深入地理解刑法的基本知识和基本原理，正确地适用刑法，就必须彻底弄清这两个概念的内涵及相互关系。

四、犯罪构成的意义

犯罪构成是行为人承担刑事责任的法律根据，是认定某种犯罪能否最终成立的规格和标准，因此，它无论在刑事立法、刑事司法还是刑法理论中都具有非常重要的地位。概括来讲，犯罪构成具有以下几个方面的重要意义：

(一) 犯罪构成是划分罪与非罪的标准

关于罪与非罪的界限划分问题，既可以从犯罪概念上把握，也可以从犯罪构成的角度来把握。但是，犯罪概念只是为罪与非罪的划分提供了一个总体标准，不能直接作用于具体犯罪的认定。而犯罪构成则是从犯罪的具体条件上为区分罪与非罪提供了明确而具体的法律标准，这些标准有的规定在刑法总则部分，更多的是规定在刑法分则具体犯罪的条文中，这就为追究犯罪人的刑事责任提供了合法的根据，也为无罪的人不受非法追究提供了法律保障。

(二) 犯罪构成是区别此罪与彼罪的标尺

一切犯罪都必须具备犯罪构成四个方面的要件，这是一切犯罪的共性。但是，各种犯罪构成的具体要件的内容又各不相同，这就是各种犯罪的个性，正是这种个性的差异决定了各种犯罪的性质、特征和危害程度不同，才使得各种不同的具体犯罪相互区别开来。

（三）犯罪构成是行为人负刑事责任的根据

犯罪构成是现实生活中各种犯罪现象的理论化和法律化，是衡量某种行为能否成立犯罪的具体标准和规格，也是追究行为人刑事责任的根据。一般来讲，任何一种行为都必须符合法律规定的某种犯罪的规格和标准，才能作为犯罪行为被追究刑事责任。如果某种行为不符合法定的犯罪构成，就不是犯罪行为，行为人就不能被追究刑事责任。因此，犯罪构成不仅是区分罪与非罪、此罪与彼罪的标准和尺度，也是追究行为人刑事责任的根据。

（四）犯罪构成是刑法科学发展的基础

犯罪构成理论是刑法学的核心理论。犯罪构成与刑法中诸多重要问题均有密切的联系，因此，犯罪构成理论不仅成为刑法理论体系建立的基础，而且也正在成为刑法科学进一步发展过程中一个十分重要的研究课题。研究并完善现有的犯罪构成理论体系，以犯罪构成理论为指导，对于我国整个刑法科学理论的健康发展和刑事立法及司法的科学化，都有不可忽视的意义。

第二节　犯罪构成要件概说

一、犯罪构成要件的概念

所谓犯罪构成要件，是指犯罪构成中所包含的各种构成要素。作为犯罪构成的基本单元，犯罪构成要件是犯罪构成整体各个有机的组成部分。假若离开了犯罪构成的要件，那么一切犯罪就无从谈起。例如刑法第 229 条第 1 款规定的提供虚假证明文件罪，条文中规定的“承担资产评估、验资、验证、会计、审计、法律服务等职责的中介组织的人员”是犯罪主体，“故意”是主观罪过形式，“提供虚假证明文件”是客观行为，“情节严重”是犯罪情节，这些构成要素有机统一的整体，就是提供虚假证明文件罪的犯罪构成，其中各个构成要素，就是犯罪构成的要件。犯罪构成要件一般具备以下两个方面的特征：

（一）犯罪构成要件是说明行为的社会危害性程度达到犯罪所必须具备的条件

犯罪构成要件作为说明行为的社会危害性程度达到犯罪所必须具备的条件，对于任何犯罪来讲都是不可缺少的条件，如果缺少这些条件，或者根本不构成犯罪，例如缺少罪过（故意和过失），或者不可能达到犯罪的完成形态，例如缺少犯罪结果。在这里，需要注意的问题是，犯罪构成要件与量刑情节（如累犯、自首等）是有所区别的，不能混为一谈。量刑情节不是某种犯罪成立的条件，它对于行为人的行为是否构成犯罪或者构成何种犯罪不发生影响，只是影响犯罪行为的社会危害性程度和行为人的人身危险性程度，从而影响处刑的轻重。需要指出，同样的事项在甲犯罪构成中可能是犯罪构成要件，在乙犯罪构成中则可能是量刑情节，例如国家工作人员在报复陷害罪的构成中，是犯罪构成要件；而在诬告陷害罪的构成中，则是从重情节。区分二者的关键，主要在于刑法分则条文如何规定。

（二）犯罪构成要件是由法律明文规定的

所谓法律明文规定包括刑法总则的规定、刑法分则的规定，在空白的犯罪构成中还包括其他有关法律的规定。同为一种犯罪，由于刑法分则条文对犯罪构成要件的规定不同，犯罪成立的条件也就有所不同。例如敲诈勒索罪，按照我国刑法第 274 条的规定，取得公私财物并数额较大，是构成敲诈勒索罪的要件之一，所以仅实行了敲诈勒索行为而未取得财物的，只可能是本罪的未完成形态；而按照1976年苏俄刑法典第148条的规定，取得财产或财产权不是构成勒索罪的要件，因而只要实行了勒索行为，即使未取得财产或财产权，也成立本罪即构成本罪的完成形态。所以在认定某种犯罪构成时，必须弄清法律明文规定了哪些要件。

二、犯罪构成要件的分类

对于犯罪构成要件，可以根据不同的标准作不同的分类。一般来讲，将犯罪构成要件分为以下几类是比较合适的：

（一）客观的要件与主观的要件

这是以犯罪构成的要件属于外部的客观的还是内部的主观的为标准所作的分类。

所谓客观的要件，指形成犯罪构成内容并表现于外界，离开行为者的意识而独立，能够认识到其在外部存在的要件。例如，犯罪客体、犯罪对象、犯罪行为、犯罪结果，犯罪的时间、地点和方法，等等，都是客观的要件。

所谓主观的要件，指形成犯罪构成内容的，说明实施犯罪的行为人和存在于行为人内部的心理的要件。例如，犯罪主体资格所要求的刑事责任年龄、刑事责任能力、特定的身份、犯罪故意、犯罪过失、犯罪目的等，都是主观的要件。

客观的要件与主观的要件虽然是相互区别的，但又是紧密联系的：(1) 客观的要件是主观的要件的外在表现，换言之，犯罪行为是行为人的犯罪意思的外化，所以行为人的犯罪意思，可以通过行为人实施的危害行为以及与该行为有关的客观事实表现出来。因此，客观的要件即行为人的危害行为和有关事实，是认定主观要件即行为人的罪过形式（故意或过失）的科学根据。(2) 主观的要件是客观的要件的内部动因，换言之，行为人的犯罪意思是支配、决定其实施犯罪行为的原因或动力，行为人有什么样的犯罪意思，就会实施什么样的犯罪行为，所以只有了解主观的要件即行为人的主观意思，才可能对客观的要件即行为人行为的性质作出正确的判断。例如，甲用刀砍乙的后背，致乙重伤。要判断甲的行为是构成故意杀人罪（未遂）或者构成故意伤害罪，只有认定了甲的故意内容是意在杀害乙还是意在伤害乙，甲的行为性质才能确定。由此可见，犯罪的客观的要件与主观的要件具有密不可分的关系。

（二）记述的要件与规范的要件

这是以确定犯罪构成的要件是否经过价值判断为标准所作的区分。

所谓记述的要件，指关于该犯罪构成的要件存在与否的认定，只要根据对事实的认识就能确定的要件。换言之，对于这种要件，不需要经过一定的价值判断就能确定。例如，对于杀人罪中作为犯罪对象的“人”，破坏交通工具罪中作为犯罪对象的火车、汽车、电车、船只、航空器等，不需要经过一定的价值判断，根据对事实的认识就可能确定，所以是记述的要件。不过，记述的要件不需要经过一定的价值判断也不是绝对的、一样的，通常它可能一见自明，但有时也可能需要加以解释。例如杀人罪中的“人”，可以说是一见自明的概念，但是关于人的生命开始，就有一部露出说、全部露出说、独立呼吸说等各种解释；关于人的生命终结，也有心脏停止跳动说、呼吸停止说、脑死亡说等不同学说，用以划清人与胎儿、人与尸体的界限。尽管如此，记述的要件经过一定的解释，意义已相对确定，只要根据有关解释，不需要再经过价值判断，就能加以认定。

所谓规范的要件，指关于该犯罪构成的要件存在与否的认定，需要由法官根据特定社会的文化和法律进行评价以后才能确定的要件。换言之，对于这种要件，仅仅根据对事实的认识还不能确定，需要由法官进行价值判断以后才能确定。需要根据文化进行评价的要件，例如刑法第237条第3款规定的猥亵儿童罪的“猥亵”、第363条第2款规定的为他人提供书号出版淫秽书刊罪中的“淫秽书刊”，等等。需要根据法律进行评价的要件，例如刑法第258条规定的重婚罪中的“配偶”、第384条规定的挪用公款罪中的“国家工作人员”，等等。上述要件，仅仅根据对事实的认识而没有明确的解释很难确定，即使文化单位或立法机关、司法机关作出解释，也需要经过法官的评价活动才能最后确定。例如前述的“淫秽书刊”，虽然国家新闻出版署1988年12月发布的《关于认定淫秽及色情出版物的暂行规定》第2条对淫秽出版物作了界定，但对于具体书刊，并非根据上述解释即能加以认定，往往需要经过法官的评价，甚至需要经过专家的鉴定才能最后确定。

记述的要件与规范的要件相比较，前者是明确的、易于认定的，后者是不够明确的、难于认定的。根据罪刑法定原则中的明确性原则，在刑事立法上应尽可能多用记述的要件、少用规范的要件。因为记述的要件经过对事实的认识即可确定，规范的要件需要经过价值判断活动才能确定，而价值判断是判断者的主观心理活动，随意性较大，进而导致差异性较大，不利于法制的统一，并有损法律的权威。之所以说尽可能多用或少用，因为刑事立法是复杂的，它要反映社会上形形色色的事物，记述的要件和规范的要件都是社会生活现象的反映，在社会生活中既然存在规范的要件所反映的现象，那么规范的要件在刑事立法上就是完全无法避免的，更何况在立法技术上有时确也需要。所以我们只能说规范的要件尽可能少用、记述的要件尽可能多用，而不能说不用规范的要件，全用记述的要件，否则就脱离社会生活实际与刑事立法实际。

（三）共同的要件与选择的要件

这是以犯罪构成的要件是否为每一犯罪构成所必需为标准所作的划分。

所谓共同的要件或称基本的要件，指每一个犯罪构成必须具有的、不可缺少的要件。在犯罪构成的要件中，犯罪客体、犯罪行为、刑事责任年龄、刑事责任能力、犯罪的故意或过失等，是每一犯罪构成所绝对必需的，缺少其中任何一个要件，也就不存在犯罪构成。有的论者对其中的某些要件是否是犯罪构成的要件持不同意见。这是学术上的争议，有其可取之处，但前述看法仍然属于通说。

所谓选择的要件或称随意的要件，指不是每一犯罪构成必须具有的，而只是一部分犯罪构成必须具有的要件。需要说明：选择的要件虽然不是每一犯罪构成所必需的，但对于一部分特定的犯罪构成来说，却是绝对不可缺少的。在犯罪构成的要件中，犯罪对象、犯罪结果，犯罪的时间、地点、方法，特定身份、犯罪目的等都是选择的要件。例如，犯罪对象在脱逃罪中就不是犯罪构成的要件，但在某些特定犯罪中，特定的犯罪对象就是不可缺少的，如刑法第127条第1款规定的盗窃、抢夺枪支、弹药、爆炸物罪，犯罪对象只能是枪支、弹药、爆炸物，否则，可能构成盗窃罪、抢夺罪，而不能构成盗窃、抢夺枪支、弹药、爆炸物罪。又如，犯罪结果在诬告陷害罪中就不是犯罪构成的要件，但在不少犯罪中特定的犯罪结果是犯罪构成的要件。如刑法第232、233条规定的故意杀人罪、故意伤害罪分别以出现死亡、伤害等结果为犯罪既遂成立的要件，否则，虽然实施了杀人行为、伤害行为，但没有出现预定的犯罪结果的，只能构成犯罪未遂。有的学者对犯罪对象或犯罪结果是选择的要件持有不同的看法，认为它们是共同的要件，为每一个犯罪构成所必需。这也是学术上的争论，但多数学者仍然认为，它们在犯罪构成中不是共同的要件，而是选择的要件。

（四）具体的要件与一般的要件

这是以犯罪构成的要件是某一具体犯罪构成的要件还是一些犯罪构成共同存在的要件为标准所作的区分。

所谓具体的要件，指某一具体的犯罪构成所必须具备的要件。例如刑法第385条规定的受贿罪，其犯罪构成的要件是：(1) 国家工作人员；(2) 利用职务上的便利；(3) 索取或非法收受；(4) 他人财物；(5) 为他人谋利益。再加上总则规定的刑事责任年龄、刑事责任能力、故意等，就是受贿罪的犯罪构成的要件。社会上的犯罪是多种多样的，刑法上规定的犯罪构成也是多种多样的。罪与非罪的划分、此罪与彼罪的界限，是根据各个具体的犯罪构成的不同要件来确定的。具体的要件主要是由刑法分则的条文规定的，但也有些要件是在总则中规定的，研究具体的要件，主要是刑法各论的任务。

所谓一般的要件，指在一些犯罪构成中共同存在的要件。它是从具体要件中抽象出来的，是与具体的要件相对而言的。我国刑法理论通说认为，犯罪构成的一般要件包括以下四个方面的要件，即：(1) 犯罪客体；(2) 犯罪客观方面；(3) 犯罪主体；(4) 犯罪主观方面。一般的要件与共同的要件不同，它包括共同的要件与选择的要件。研究一般的要件，是刑法总论的任务。

一般的要件与具体的要件，是一般与特殊、共性与个性的关系。一般的要件存在于具体的要件之中，是具体的要件的高度概括，反映了各种具体的要件的共性。具体的要件多有自己的特点，是一般的要件的具体表现，比一般的要件更丰富多彩、复杂多变，所以具体的要件不等同于一般的要件。例如，危害行为是一般的要件，杀人行为、伤害行为、盗窃行为、抢夺行为等是具体的要件，作为具体的要件，它们是各不相同的，但它们都具有危害行为的共性。而作为一般的要件的危害行为，正是通过各种各样的诸如杀人行为、盗窃行为等具体的要件表现出来，但不能说杀人行为、盗窃行为就是一般的要件。但这也不是绝对的，少数要件如犯罪主体——达到法定刑事责任年龄、具有刑事责任能力的自然人，分则条文未作规定，如故意杀人罪、盗窃罪等就是如此。在这种情况下，总则中规定的一般的要件，也就成为该犯罪构成的具体要件。在总则中深入研究一般的要件，有助于分析分则中具体的犯罪构成的要件。

三、犯罪构成要件的内容

关于犯罪构成要件的内容究竟应当包括哪些方面，目前在刑法学界尚未达成共识。从我国刑法理论界研究的现状来看，主要有“四要件说”、“五要件说”、“三要件说”和“二要件说”等几个方面的观点。其中，“四要件说”认为，犯罪构成包括犯罪客体、犯罪客观方面、犯罪主体和犯罪主观方面四个要件。“五要件说”认为，犯罪构成应包括犯罪行为、犯罪客体、犯罪客观方面、犯罪主体和犯罪主观方面五个要件。“三要件说”认为犯罪构成应包括三个要件，其中有三种不同的主张：有人认为，犯罪构成要件应包括主体、危害社会的行为、客体三个要件。有人认为，犯罪客体不是犯罪构成的要件，犯罪构成要件包括犯罪主体、犯罪客观方面和犯罪主观方面三个要件。有人认为，犯罪主体不是犯罪构成的要件，犯罪构成要件包括犯罪客体、犯罪客观方面和犯罪主观方面三个要件。“二要件说”则认为犯罪构成只包括两个要件，其中有两种不同的主张：一种主张分行为要件和行为主体要件，另一种主张分主观要件和客观要件。在上述犯罪构成要件不同的观点中，“四要件说”是我国刑法理论界之通说，其他几种观点虽然从不同的角度对“四要件说”提出了批评和修正，但总体上没有实质性的突破，有些仅仅是对“四要件”的重新排列、组合而已，没有对其地位形成根本性动摇。这表明，犯罪构成“四要件说”与我国刑事法律的规定及司法实践是基本符合的，四要件体系的科学性，就总体而言，也是应当予以肯定的。因此，在本教材中我们仍然坚持刑法理论界的通说，即认为犯罪构成的要件包括犯罪客体要件、犯罪客观要件、犯罪主体要件和犯罪主观要件四个方面的内容。

(一) 犯罪客体要件

犯罪客体要件是用以说明某种犯罪危害了什么利益的要件，也是说明某种行为的社会危害性之有无的要件，它是犯罪的本质特征在犯罪构成要件体系中的最集中反映。某种行为是否构成犯罪，关键就是要考察其有无侵犯一定的客体，即有无侵犯一定的社会关系。如果某种行为侵犯了刑法所保护的社会关系，就可能构成一定的犯罪；倘若没有侵犯刑法所保护的社会关系，则不能作为犯罪来处理。在刑法理论上，犯罪的客体根据其侵犯的社会关系范围的大小，可以分为犯罪的一般客体、同类客体和直接客体三个不同的层次。其中，犯罪的一般客体是指一切犯罪行为所共同指向的社会关系，即犯罪行为所侵犯的社会经济关系整体。犯罪的同类客体是指某一类犯罪行为所侵犯的社会关系，即犯罪所侵犯的社会关系的某一领域。例如，走私罪侵犯的同类客体即为国家对外贸易管理制度，破坏环境资源保护罪侵犯的同类客体即为国家对环境资源的保护制度。犯罪的直接客体是指某种具体的犯罪行为所侵犯的某种具体的社会关系，即某种犯罪行为直接指向的社会关系，例如，故意杀人罪侵犯的直接客体是他人的生命权利，故意伤害罪侵犯的直接客体是他人的健康权利等。一般而言，任何犯罪都必然侵犯一定的客体，不侵犯任何客体的行为，就不能构成犯罪。与此同时，由于社会关系的复杂性，不同的犯罪侵犯的客体不同，其所反映的社会危害程度亦有所差异。然而，尽管各种不同的犯罪所侵犯的客体的具体性质和特点迥然有别，但从本质上都危害了我国刑法所保护的社会关系。

（二）犯罪客观要件

犯罪客观要件反映的是行为人的外在表现形式，它是用以说明我国刑法所保护的社会关系是通过行为人什么样的行为受到侵犯，在怎样的情况下受到侵犯，以及受到了何种程度的侵犯的要件。作为犯罪构成的基本要件之一，犯罪客观要件是刑法规定的、决定某种犯罪行为客观方面的性质及表现形式的事实特征的总和。一般来讲，犯罪的客观事实特征包括危害行为、危害结果、危害行为与危害结果之间的因果关系以及犯罪的时间、地点、方法等方面的内容。在以上客观事实特征中，犯罪行为是一切犯罪构成所必须具备的共同要件，而危害结果和犯罪的时间、地点、方法等只是某些犯罪构成所必须具备的要件。根据它们在犯罪构成中所处的地位和作用不同，危害行为可称为犯罪构成客观方面的必要要件，危害结果和犯罪的时间、地点、方法等可称为犯罪构成客观方面的选择要件。至于刑法中的因果关系在犯罪构成的客观要件中的地位问题，尚待进一步研究。

（三）犯罪主体要件

犯罪主体要件是用以说明某种对社会有严重危害性的犯罪行为是由何人实施的要件。作为犯罪行为的实施者和刑事责任的承担者，犯罪的主体也是犯罪构成的重要因素，若离开了它，任何犯罪都会失去其存在的基础，刑事责任也就无从谈起。根据我国刑法的规定，犯罪的主体包括自然人犯罪主体和单位犯罪主体两种情况。在这两种犯罪主体中，根据某种犯罪的行为人或者单位有无特定的身份或者要求，可以将它们分为一般主体与特殊主体两个方面。其中，自然人犯罪的一般主体是指达到法定的刑事责任年龄、具有刑事责任能力的人；自然人犯罪的特殊主体是指除了具备自然人犯罪一般主体的条件外，还必须具有一定的身份或者职务的人。单位犯罪的一般主体是指实施了刑法所禁止的行为、具有刑事责任能力的单位（包括法人组织与非法人组织）；而单位犯罪的特殊主体则是指除了具备单位犯罪一般主体的条件外，在单位的自身性质或所负的义务等方面还具有其他特殊要求的单位。从刑事立法对某一特定犯罪主体的要求来看，某一特定的行为若要构成犯罪，必须它的主体达到法定要求，否则，其将不构成犯罪。

（四）犯罪主观要件

犯罪主观要件反映的是行为人内在的心理活动，它是用以说明犯罪的行为人是在怎样的心理状态支配下实施某种犯罪行为的要件。作为支配或影响犯罪主体实施犯罪行为的心理状态，它以行为人实施某种行为时对自己的行为的认识状态和控制状态为主要内容。根据我国刑事立法的规定，其主要内容包括犯罪的故意、过失和特定的犯罪目的等方面的因素。在这些因素中，犯罪的故意或过失在刑法理论上统称为罪过，是一切犯罪构成在主观方面必须具备的共同要件。至于特定的犯罪目的，只是某些犯罪构成所必须具备的要件，因此，它在犯罪构成中，属于主观方面的选择要件。认定某一行为是否构成犯罪，除了必须具备前述三个方面的要件外，还必须具备主观上的罪过，如果某一行为的主体不具有这一方面的罪过形式，也不能将该行为作为犯罪进行处理。因此，犯罪主观方面的要件是犯罪构成又一不可缺少的基本要素。

尽管在刑法理论上可以将犯罪构成要件的内容划分为上述四个方面，然而在现实生活中，犯罪构成却是有机联系、不可分割的整体，每一个构成要件与其他要件之间天然地存在着一种既相互联系又相互制约的内在关系。所谓犯罪构成要件之间的相互联系，是指任何一个犯罪构成要件都不能离开其他要件而单独存在，任何一个构成要件都要以其他构成要件的存在作为自己成立的前提。所谓犯罪构成要件之间的相互制约，是指任何一个犯罪构成要件的存在范围都不能超越其他构成要件的存在范围。了解犯罪构成要件之间的内在关系，不仅有助于我们掌握各构成要件的实质，也有助于我们划清犯罪构成要件和与其相似的其他事实特征之间的界限。

四、犯罪构成要件的排列

关于犯罪构成要件，依据传统的犯罪构成理论，是按照犯罪客体、犯罪客观要件、犯罪主体、犯罪主观要件的逻辑顺序来进行排列的。但也有人提出新的主张，认为，“犯罪构成共同要件应当按照如下顺序排列：犯罪主体、犯罪主观方面、犯罪客观方面、犯罪客体。因为犯罪构成要件在实际犯罪中发生作用而决定犯罪成立的逻辑顺序是这样的：符合犯罪主体条件的人，在其犯罪心理态度的支配下，实施一定的犯罪行为，危害一定的客体即社会主义的某种社会关系”①。有些主张“三要件说”的人也认为，“如果把犯罪的形成当作一个过程来论述它的构成要件，那么，其构成的逻辑顺序应是，首先，要有达到法定刑事责任年龄、具有刑事责任能力的人作为行为主体；其次，这个行为人在主观上要有危害社会的思想意识；再次，在客观上，这个人要有危害社会的现实表现；最后，上述三个要件要能有机地结合起来”②。我们认为：犯罪构成要件的排列不只是一个形式与逻辑顺序问题，而是一个关系到人权保障、刑法学研究方向与犯罪构成理论深化的问题，传统的排列顺序具有妥当性。如果采取“三要件说”，也应当按客观要件、主体要件与主观要件的顺序排列。以犯罪主体开始的新的排列顺序值得商榷。

第一，坚持从客观到主观这一认定犯罪的顺序是保障公民权利免受侵害的要求。自从“犯罪是行为”这一命题产生后，刑法理论便极力主张由客观到主观认定犯罪，国外通行的构成要件符合性—违法性—有责性的体系，也是为了由客观到主观认定犯罪。因为“客观”指人的活动及结果，“主观”指人的主观心理；前者容易认定，后者不易认定；没有前者就不应“认定”后者，这便可以杜绝“先抓人，后找事实”的做法。正因为如此，由客观到主观的排列顺序有利于保障公民的自由、权利，由主观到客观的排列顺序则不利于保障公民的自由、权利，因为这种观点认为“犯罪构成其他三方面要件都是以犯罪主体要件为基础的”③，而社会上绝大多数人都具备犯罪主体“要件”；在“客观”之前查“主观”也是没有根据的，这便隐含着侵犯公民的自由、权利的危险。

第二，犯罪客体、犯罪客观要件、犯罪主体、犯罪主观要件的传统顺序是按照司法机关认定犯罪的顺序、途径排列的，即首先是合法权益受到侵犯；然后查什么行为侵犯了合法权益，

① 赵秉志、吴振兴主编：《刑法学通论》，84页，北京，高等教育出版社，1993。

② 胡正谒：《对犯罪概念与犯罪构成的探索》，载《法学研究》，1986（2）。

③ 赵秉志、吴振兴主编：《刑法学通论》，91页，北京，高等教育出版社，1993。

造成了何种具体结果；再查什么人实施了行为；最后查行为人在什么心理支配下实施了行为。犯罪主体、犯罪主观要件、犯罪客观要件、犯罪客体的顺序则是按犯罪发生的过程排列的。但是，刑法学不是犯罪学与犯罪心理学，不应具体研究犯罪发生的过程。刑法学要为司法机关认定犯罪提供理论指导，而司法机关不可能按犯罪发生的过程认定犯罪，因此，由主观到客观的排列顺序有使刑法学偏离研究方向的危险。

第三，如果采取“四要件说”，将客体放在前面，就有利于其他构成要件的确定，有利于犯罪构成理论的深化。刑法规定任何犯罪构成都是为了保护合法权益，首先明确刑法规定某犯罪构成的具体目的，然后才能确定犯罪构成的具体内容。对此具体目的的理解不同，所确定的犯罪构成的具体内容便不同。换言之，对客体的内容理解不同，对其他构成要件的解释就有异。例如，如果认为刑法规定非法侵入住宅罪是为了保护住宅权（客体），则凡是违反住宅权人的意志而进入的均属侵入住宅；如果认为刑法规定本罪是为了保护住宅人的安宁（客体），则只有以危险方式或怀有恶意而进入的才是侵入住宅。正因为客体的内容左右其他构成要件的内容，国外刑法理论总是在犯罪概念之后讨论保护法益是什么，然后探讨构成要件。既然我们采取“四要件说”，就理应先确定犯罪客体，再据此确定其他要件，这也有利于犯罪构成理论深化。

总之，如果采取“四要件说”，犯罪构成共同要件的顺序与表述就应当是：犯罪客体要件、犯罪客观要件、犯罪主体要件、犯罪主观要件。

法律应用

案例1：被告人方某是一个瘦削脸庞、高挑鼻梁的男青年，年方22周岁，精神正常。在一个细雨绵绵、阴风怒号的夜晚，方某隐藏在一个行人稀少的小巷里，当他发现一位风姿绰约、手提白色皮包的女青年王某从不远处匆匆走来的时候，就悄悄地迎了上去，趁王某毫无防备之机，一拳将王某打翻在地，然后抓起她的皮包撒腿就跑，背影转瞬消逝在茫茫的雨夜之中。请从犯罪构成的抽象性角度分析本案中有哪些事实特征属于犯罪构成的事实特征。

案例解析：在本案中，能够表明犯罪的事实特征较多，例如被告人是一位男青年，瘦削的脸庞、高挑的鼻梁，犯罪时间是一个雨夜，犯罪的地点是在一个小巷里，被害人是一位女青年，被抢走的东西是一个皮包，皮包的颜色是白色的，等等。在上述事实特征中，对于成立抢劫罪而言，并非每一个事实特征都具有意义。就本案来讲，对于成立抢劫罪可以抽象出来的具有决定性意义的事实特征主要有以下几个方面：(1) 被告人年方22周岁，已达到法定刑事责任年龄；(2) 被告人精神正常，说明他有认识与支配自己行为的能力；(3) 被告人事先潜伏、早有预谋，说明他在主观上是故意的；(4) 被告人使用暴力抢走了他人所有的财物，说明他在客观上实施了犯罪行为。以上事实特征的有机整合就构成了抢劫罪的全部法定要件。至于其他方面的事实特征，诸如犯罪分子的相貌、犯罪发生的时间与地点、被害人的性别特征、被抢走的皮包的颜色，等等，虽然对于侦查和审理该案具有重要的诉讼意义，但却不是犯罪构成的决定性因素。因此，某种犯罪的事实特征能否成为某种犯罪的构成要件，关键就是要看其是否符合从众多的事实特征中抽象出来的某一犯罪构成的要求。如果这一事实特征符合被抽象出来的某一犯罪构成的要求，那么就可以认定为本罪，反之就不能认定为本罪。

案例2：被告人李某，因家中老鼠太多，便在院中各个墙角放上涂有剧毒农药的面包，然后，锁上门下地干活。时过不久，有几个小学生在寻找飞进院子里的足球时，发现该面包，便拾起分而食之，其中一小学生因吃得多些，引起中毒死亡。请问在本案中根据犯罪构成整体性的要求被告人李某的行为是否构成犯罪。

案例解析：在本案中，虽然被告人李某实施了投放毒物的行为，并且造成了小学生中毒身亡的严重后果，但是，其主观上既无犯罪故意，也不存在犯罪的过失，造成小学生中毒身亡完全是由于不能预见的原因造成的。所以，根据犯罪构成主、客观相一致的要求，李某的行为属于意外事件，不构成犯罪，不应追究其刑事责任。

课后复习

1. 犯罪构成的概念和特征是什么？
2. 犯罪构成的意义有哪些？
3. 什么是犯罪构成的要件？犯罪构成的一般要件有哪些？
4. 犯罪构成要件应当如何排列更为科学？

第六章
犯罪客体

提　要

犯罪客体是我国刑法所保护的、为犯罪行为所侵害的社会关系，是决定犯罪行为社会危害性的性质及程度的首要条件。一个行为之所以构成犯罪，首先在于其侵害了一定的客体。侵害的客体越重要，其对社会的危害性就越大。研究犯罪客体，有助于认识犯罪的本质特征；有助于准确定罪，分清此罪与彼罪的界限；有助于正确量刑。刑法理论将犯罪客体划分为三个层次：一般客体、同类客体和直接客体。依不同标准，直接客体可分为简单客体与复杂客体，主要客体、次要客体与随机客体，物质性犯罪客体与非物质性犯罪客体。与犯罪客体密切联系的是犯罪对象。犯罪对象，是指刑法分则规定的犯罪行为所作用的具体的人或物。犯罪对象和犯罪客体既有联系又有区别。

重点问题

1. 研究犯罪客体的意义
2. 犯罪直接客体的分类

3. 犯罪对象的概念

第一节　犯罪客体概述

一、犯罪客体的概念

所谓犯罪客体，是指我国刑法所保护，为犯罪行为所侵害的社会关系。在哲学上，“客体是指作为主体认识或实践对象的客观事物”①。在刑法学上犯罪客体是指主体的犯罪行为所侵害的社会关系。任何一种行为，如果不侵害或不可能侵害刑法所保护的客体，就不可能构成犯罪。其构成犯罪的理由，就在于其侵害或者威胁了刑法所保护的社会关系而已。某种具体的犯罪客体在总体的犯罪客体中的地位越重要，侵害其的行为的社会危害性就越严重，因此可以认为犯罪客体是决定犯罪行为之社会危害性程度的首要条件。

关于犯罪客体的内容，除作为通论的社会关系说之外，尚有与之不同的其他观点，如法益说、社会利益说、权益说、社会关系与利益说、社会关系与生产力说、犯罪对象说等。其中，法益说具有相当的影响，为一些学者所倡导。关于犯罪客体内容的不同观点之研究，丰富与深化了犯罪客体的研究内容，就其研究本身具有重大意义。本书仍坚持通论，以社会关系说作为本书关于犯罪客体问题的观点。

依据通论对犯罪客体概念的界定，犯罪客体具有以下特征：

（一）犯罪客体是社会关系

依据犯罪客体的概念，其首先是一种社会关系。所谓社会关系，是人们在共同活动的过程中结成的以生产关系为基础的相互关系的总称。物质资料的生产是人类社会存在与发展的基础，人们在社会生产中所发生的相互关系即生产关系，是不以人的意志为转移的物质关系，是社会的经济基础。在这种关系基础上所发生的政治、法律、道德、艺术、宗教等关系是社会的上层建筑。在有阶级的社会中，许多社会关系表现为阶级关系。② 无论是社会的经济基础还是上层建筑，均属于一个国家的利益，对其进行侵害就可能被作为犯罪。当然，社会关系作为犯罪客体的前提，是被赋予法律关系的性质，即用法律的形式将其设定为权利义务关系，否则，不能进入刑法的调整领域。

需要指出，这里没再强调犯罪客体之社会关系的社会主义性质，主要是因为根据我国宪法和社会主义市场经济体制的要求，我国对不具有社会主义性质的社会关系也给予保护，如私营经济等，在这种情况下，非社会主义的社会关系也可以成为我国刑法中的犯罪客体。

（二）犯罪客体是我国刑法所保护的社会关系

社会关系是具体的，具体的社会关系的内存是丰富的。它范围广泛，内容多样，存在于社会的各个方面。而无论属于上层建筑的社会关系还是属于经济基础的社会关系，其具体内容就其在整个社会关系体系中的地位来说具有不同的位置，对于统治阶级来说具有不同的意义，因而并非所有的社会关系均可成为犯罪客体的内容。对社会关系的保护与调整不仅是刑法的任务，也是其他的法律乃至法律之外的手段如道德的任务，因而社会关系之调整是一个社会的全部社会规则的任务。只有当其他的非法律手段无法调整，刑法之外的其他法律手段的调整也无效时，社会关系才进入刑法的调整范围内，因而只有侵害社会关系体系中最重要的部分、值得

① 《辞海》（缩印本），1353页，上海，上海辞书出版社，1989。

② 参见上书，1781页。

用刑罚惩罚予以调整的社会关系，才可以进入刑法的调整领域，成为刑法的保护对象，具有犯罪客体的性质。这是由刑法的调整方法，即用刑罚惩罚犯罪的方法调整的特点决定的。

（三）犯罪客体是犯罪行为所侵犯的社会关系

刑法所保护的社会关系并非在任何时候都具有犯罪客体的性质。犯罪客体是犯罪行为所指向的社会关系，只有在受到犯罪行为的侵害或者威胁的时候，该种社会关系才具有犯罪客体的性质。在未被犯罪行为侵害或威胁之前，某种社会关系并不能一概说是犯罪客体。犯罪客体是犯罪行为的指向，与行为具有必然的联系，有行为的存在才有客体存在的可能性，无行为即无客体是必然的。

二、犯罪客体的地位

犯罪客体的地位是指犯罪客体在犯罪构成中的地位。由于犯罪客体是刑法所保护而为犯罪行为所侵害的社会关系，因而犯罪客体是犯罪构成的必要要件，没有犯罪客体就没有犯罪。任何犯罪，没有为行为所侵害而为刑法所保护的内容是不可思议的。但在这个问题上，理论研究方面有不同的观点，近些年有学者在改造或者重构我国犯罪构成体系的过程中，提出各犯罪构成中应消除犯罪客体，不将其作为犯罪构成的要件之一。[①] 这种关于犯罪构成研究的新思路与新观点，对犯罪构成理论的深入化具有重要意义，但并未得到广泛认可。本书仍将犯罪客体作为犯罪构成的必要要件之一。

三、犯罪客体的立法方式

作为犯罪构成的要件，犯罪客体的内容一般应该是法定的。刑法学界的通论观点对犯罪构成的界定也可以说明这个问题：一般认为，犯罪构成是刑法规定的，决定某一行为的社会危害性及其程度，为该行为成立犯罪所必须具备的一切客观要件和主观要件的总和。作为犯罪构成要件之一的犯罪客体也应该如此。但犯罪客体本身的特点决定了其属于刑法设定某种犯罪所保护的内容，其立法规定的形式与其他犯罪构成要件的规定方式相比，有自己的特点，即未必均为法律的明示性规定，而是有多种多样的规定方式，具体说来主要有以下几种：

（一）法条明确规定犯罪客体

这种规定方式的特点是在法条中明确指出犯罪客体的内容。如刑法第 102 条规定的背叛国家罪，在条文中直接指出犯罪客体是“中华人民共和国的主权、领土完整和安全”；刑法第 371 条规定的聚众冲击军事禁区罪，也在条文中直接指出其犯罪客体是“军事禁区秩序”。这种情况下刑法条文中直接指出犯罪客体的具体内容，因而其具有法律明定的性质，在客体内容上一般不会出现争议，是犯罪客体规定得最明确的一种。

（二）以刑法条文明确规定犯罪客体的具体物质表现来说明犯罪客体

这种规定方式的特点是刑法条文并不直接指出犯罪客体的内容，但指出了犯罪客体的物质表现，由其物质表现可以直接推出犯罪客体。如刑法第 227 条第 2 款规定的倒卖车票、船票罪，明确规定了该罪的犯罪客体的物质表现是车票和船票，依据其物质表现分析其犯罪客体当然是车、船票的管理秩序。该种情况下虽未直接指出犯罪客体，但是由于作为犯罪客体的社会关系一般是需要通过一定的形式表现其存在的，因而直接规定犯罪客体的物质表现形式，就可以直接发现犯罪客体的内容，从而可以作为明示犯罪客体的一种形式。

---

① 参见肖中华：《犯罪构成及其关系论》，168 页，北京，中国人民大学出版社，2000。

（三）通过规定犯罪行为表明犯罪客体

这种规定方式的特点是刑法中不直接指出犯罪客体的内容，但指出了具体的行为，其行为之中已经包含了犯罪客体的内容。例如，故意杀人罪就是在其法定的行为——故意杀人中直接指出了犯罪客体的内容，因为在我国“杀人”之语的内涵，直接说明了行为是剥夺他人的生命权，即表明了犯罪客体。在我国刑法中，这种以行为说明犯罪客体的犯罪占有一定的比例，如侵犯人身权的一些犯罪、侵犯财产权的一些犯罪等。

（四）通过规定犯罪被害者说明犯罪客体

这种规定方式的特点是通过对犯罪被害者的规定，说明刑法所保护、犯罪行为所侵害的社会关系的性质。例如，刑法第 386 条规定的阻碍军人执行职责罪，条文指出犯罪的被害者是依法执行职务的军人，从而表明其犯罪客体是军人依法执行职务的活动。这种规定方式来源于作为犯罪客体的社会关系是作为社会关系之主体的人之间的关系，而作为被害者的人一般属于一定权利的承担者，对其进行侵害也就侵害了其所承担的社会关系。

（五）通过规定违反的法规揭示犯罪客体

犯罪行为一定会违反某种法规，但法规不是犯罪客体，只有法规所调整的社会关系才是犯罪客体。但也正是因为法规与法规所调整的社会关系具有密切的联系，有些情况下就可以通过法条规定的对法规的违反揭示犯罪客体的内容。例如，刑法第 340 条规定的违法捕捞水产品罪，条文中就是规定了以“违反保护水产资源法规”作为要件。通过对所违反的法规的规定，说明本罪的客体属于国家水产资源的保护秩序。

（六）通过同类客体确定直接客体

在我国的刑法典中，具体犯罪分类是依据犯罪的同类客体进行的，依据同类客体将犯罪划分为 10 章；在章下分节的情况下，其节也是依据一章之下的小的同类客体划分的。因此，具体犯罪之犯罪客体的确定，往往需要依据同类客体来进行。例如，刑法分则第三章第三节规定了妨害对公司、企业的管理秩序罪，说明法律明确规定了本节之罪均是侵害公司、企业管理秩序的犯罪。其具体罪的划分一方面是依据公司、企业管理秩序中更具体的某个方面的秩序，另一方面是依据具体的行为方式。因而刑法分则规定的各章节所明定的同类客体，也是确定具体犯罪之犯罪客体的重要依据。

以上列举了一些刑法对犯罪客体的规定方式。需要指出，并非每一个罪名均由法条明确指出犯罪客体，因而多数犯罪客体的规定具有间接性质，即通过法条规定的行为、对象、违反的法规、被害人等，间接地表明犯罪客体的内容。而且犯罪客体的确定依据，在不同的条文中也有不同的内容，有些依据其中的一项就可以确定犯罪的客体，如以上所列举的犯罪；也有一些不是通过其中的一项，而是两项或数项的综合才可以确定犯罪客体的内容，例如，盗窃罪的犯罪客体，即是依据其具体的行为与对象共同确定犯罪客体为财产所有权的。

综上可以认为，我国刑法的大部分条文虽然没有明确、直接规定犯罪客体，但不是未规定犯罪客体，更不是没有犯罪客体，只是犯罪客体的规定方式与其他犯罪构成要件不同，多数不采取直接的明定方式，而是采取间接的规定方式，需要通过整体的构成要件来分析犯罪客体的内容，这是在确定犯罪客体时需要注意的。

四、犯罪客体的意义

研究犯罪客体，具有重要的意义：

（一）有助于认识犯罪的本质特征，提高人们与犯罪作斗争的积极性

犯罪给人们造成这样、那样的损害，使社会主义制度下的社会关系受到危害，进而威胁

到社会主义社会本身，因此，从本质上看，犯罪是对整个社会的危害。为了防止和消除这种危害，社会的每个成员都有义务同犯罪作斗争。通过对犯罪客体的研究，可以揭示犯罪的这一本质，增强人们的社会责任感，使之自觉地与犯罪行为作斗争，以维护社会的安全与稳定。

（二）有助于划分犯罪类别，建立刑法分则的科学体系

作为犯罪客体的社会关系是复杂的、具有不同层次的，往往某一社会关系之下还可以分出若干具体的社会关系。我国刑法分则正是根据某一类犯罪共同侵犯的社会关系划分章节的，将全部犯罪划分为10类，将内容庞杂的经济犯罪与妨害社会管理秩序罪划分为若干节，并主要根据各类社会关系的重要程度进行排列，建立起了我国现在的刑法分则的科学体系。

（三）有助于确定犯罪的性质，分清此罪与彼罪的界限

各种犯罪所危害的社会关系的种类不同，决定了其性质的不同，从而使此罪与彼罪得以区分。当然，区分此罪与彼罪的界限，也可以从其他的方面进行，但首先是从犯罪客体上进行区别。除了依相同的犯罪客体以不同的行为方式区分不同犯罪的情况外，罪与罪之间的区分首先是因为犯罪客体的不同。司法实践中在相近犯罪发生混淆的时候也往往借助犯罪客体进行辨别，通过深入研究犯罪所侵害的社会关系的种类来确定犯罪的性质。

（四）有助于客观地评估犯罪的社会危害性程度，正确裁量刑罚

由于同种性质的犯罪社会危害性程度不同，对其裁量的刑罚轻重不同。而分析和评估某一具体犯罪的社会危害性程度，其中的一个重要方面，研究、了解具体社会关系受侵害的情况。犯罪的社会危害性程度与社会关系受侵害情况成正比例关系。通过对犯罪的社会危害性程度的评估，为量刑提供科学的依据，使量刑的质量得到保证。

第二节　犯罪客体的种类

犯罪客体可以从不同的角度、依据不同的标准划分为不同的种类，这种划分对于理论上分类把握犯罪客体，使相应研究走向深入有着重要意义；对于司法实践中准确认定犯罪的性质，区分此罪与被罪的界限，正确裁量刑罚，也具有重要意义。

一、犯罪客体的一般分类

刑法理论按照犯罪行为所侵害的社会关系的范围，对犯罪客体作不同层次的概括，从而把犯罪客体划分为三类或三个层次：犯罪的一般客体、犯罪的同类客体、犯罪的直接客体。对犯罪客体的分类具有重要的意义：首先，通过分类，可以进一步揭示不同种类犯罪客体的属性，正确认识犯罪客体在刑事司法中的作用，解决刑事司法中诸如定罪量刑时的各种难题。其次，通过分类，可以揭示犯罪的共性与个性特征，在更深的层次上认识犯罪，总结其规律性，制定正确的刑事政策。

犯罪的上述三类客体是三个不同的层次，它们之间是一般与特殊、共性与个性的关系。同类客体是在直接客体基础上的抽象和概括，而一般客体又是对一切犯罪客体的抽象与概括。三者之间构成两个层次的一般和个别的关系，它们虽然具有许多共性，但又不能互相取代，在刑法理论上与实践中都具有重要的作用。

（一）犯罪的一般客体

犯罪的一般客体是指我国刑法所保护的社会主义制度下社会关系的整体。我国刑法第2

条、第13条对刑法所保护的各类社会关系的规定，是犯罪一般客体的内容。研究犯罪的一般客体，就是把刑法保护的社会关系作为一个整体来研究，揭示一切犯罪的共同属性，了解我国同犯罪作斗争的社会政治意义。犯罪的一般客体是刑法所保护的客体的最高层次，反映了一切犯罪客体的共性，因此是研究犯罪客体的根据，也是研究其他层次犯罪客体的基础。

（二）犯罪的同类客体

犯罪的同类客体，是指某一类犯罪行为所共同侵害的我国刑法所保护的社会关系的某一部分或某一方面。犯罪同类客体的划分，是根据犯罪行为所侵害的刑法所保护的社会关系的不同方向进行的。作为同类客体的社会关系，往往具有相同或相近的性质。例如生命权、健康权、妇女的性权利、人格权、名誉权等，都与人身具有不可分割的直接联系，属于人身权的范畴，当这些权利受到杀人、伤害、强奸、侮辱、诽谤等犯罪行为的侵害时，人身权利就成了这些犯罪所危害的同类客体。我国刑法分则根据这一同类客体，将犯罪分为10类，这10类犯罪分别侵害了不同类别的客体。

依据我国刑法的规定，犯罪的同类客体共有10类。但作为理论的类型，犯罪的同类客体未必不可以有其他的分类。即使是法定的类型，也会随着社会的发展、立法的不断完善而增加或减少，犯罪同类客体的分类情况也相应地发生变化。

（三）犯罪的直接客体

犯罪的直接客体，是指某种犯罪行为所直接侵害的我国刑法所保护的社会关系，即我国刑法所保护的、为犯罪行为侵害的某种具体的社会关系。例如故意杀人罪所直接侵害的是他人的生命权，故意伤害罪所侵害的是他人的健康权，这些为故意杀人行为、故意伤害行为所直接侵害的社会关系就是这两种犯罪的直接客体。犯罪的直接客体揭示了具体犯罪所侵害的社会关系的性质以及该犯罪的社会危害性程度。研究犯罪的直接客体，对于区分各种具体犯罪的界限，量刑中决定刑罚的轻重，都具有重要意义。这是因为具体犯罪的性质首先是由直接客体的性质决定的，直接客体的受侵害程度同时反映了该犯罪的社会危害性程度。

二、犯罪的直接客体的种类

犯罪的直接客体是研究犯罪客体的重点，也是司法实践中借以区分罪与非罪、此罪与彼罪的关键。为研究和适用方便，理论上对犯罪的直接客体进一步进行分类，这种分类是从不同的角度、不同的层次和依据不同的标准进行的。

（一）简单客体与复杂客体

根据具体犯罪行为侵害具体社会关系的数量多少，直接客体划分为简单客体与复杂客体。具体的犯罪是错综复杂的：有的犯罪只侵害某一种具体的社会关系，有的同时侵害两种或两种以上的社会关系。理论上称前者为简单客体，称后者为复杂客体。简单客体又称单一客体，例如盗窃罪直接侵害了他人的财产所有权，杀人罪直接危害了他人的生命权利，他人的财产所有权和生命权就分别成为这两种犯罪的客体，这两种犯罪的客体都是简单客体。复杂客体又称为多重客体，是指某种犯罪侵害的两种或两种以上的社会关系。例如，刑法设定抢劫罪，就是预想了该种犯罪的出现会侵害财产权，同时会侵害人身权，因而规定该种犯罪为复杂客体的犯罪。预定这样的犯罪客体之犯罪，就是复杂客体的犯罪。

（二）主要客体、次要客体与随机客体

当某一具体犯罪行为侵害了两种或者两种以上的社会关系（复杂客体）时，就会产生对该犯罪应依哪一种具体客体确定犯罪类别的问题，于是就有了对犯罪的复杂客体再进行分析的要求。根据直接客体在犯罪中受侵害的程度、机遇以及受刑法保护的状况，可以将复杂客体中不同的社会关系分为主要客体、次要客体与随机客体。

主要客体，是指某一具体犯罪行为所侵害的复杂客体中程度较为严重、刑法予以重点保护的社会关系，例如抢劫罪的公私财产所有权。主要客体决定该具体犯罪的性质，从而也决定该具体犯罪在刑法分则体系中的地位。抢劫罪侵害的主要客体是公私财产的所有权，因此其属于侵犯财产罪的罪名之一。在司法实践中如果遇到侵害多种犯罪客体而又难于确定犯罪性质的犯罪，就应当从犯罪的主要客体入手，犯罪的主要客体一经明确，犯罪的性质也就确定了。在这个问题上，犯罪的同类客体具有重要意义。

次要客体，是指某一具体犯罪所侵害的复杂客体中程度较轻的，刑法予以保护的社会关系。例如抢劫罪中他人的人身权利。次要客体虽然不决定犯罪的性质，但也对某些犯罪的性质和主要特征产生重要影响。次要客体往往是确定此罪与彼罪的重要依据。因为有的主要客体与同类客体相同，要在同类犯罪中区别此罪与彼罪，次要客体往往起决定性作用。例如，抢劫罪与抢夺罪的区别，从犯罪客体方面看，就在于抢劫罪既侵害他人的财产权，也侵害他人的人身权；而抢夺罪不侵害他人的人身权，只侵害他人的财产权。

在具体犯罪的犯罪客体中，还存在着一种情况，即侵害了构成要件客体之外的犯罪客体。例如，寻衅滋事导致他人身体伤害，或者非法拘禁导致被害人身体伤害。在此情况下，身体健康是以寻衅滋事或者非法拘禁作为犯罪构成客体要件的犯罪客体。此种客体可以称为随机客体。随机客体也可以称为随意客体、选择客体，是指在某一具体犯罪侵害的犯罪客体中可能由于某种机遇而出现的客体。一般情况下。随机客体往往是与刑罚裁量相关的，在有些法条中，其被规定为加重处罚的事由。例如，刑法第238条规定的非法拘禁罪，它是简单客体的犯罪，即犯罪客体是公民的人身自由权利。如果非法拘禁致人重伤、死亡的，也并不构成其他独立的犯罪，仍然属于非法拘禁罪，只是规定了加重的法定刑。这种情况下人的健康与生命，就是本罪的随机客体。随机客体的出现，一般属于法定的加重处罚的事由或者裁量的从重处罚的事由。这种随机客体，在我国刑法的规定中有一定的比例，在司法裁量中也是时而发生的。

也可以认为随机客体属于复杂客体的一种，但与主要客体、次要客体不同的是，主要客体与次要客体是某些具体犯罪的必要要件，而随机客体只是某些犯罪的选择要件，在具体案件中可能出现，也可能不出现，即使出现，也只影响量刑而非影响定罪。

（三）物质性犯罪客体与非物质性犯罪客体

以具体犯罪所侵害的社会关系是否具有物质性作为标准，可将直接客体分为物质性的犯罪客体与非物质性的犯罪客体。可能成为物质性犯罪客体的社会关系有财产关系与人的生命、健康等，这些社会关系受到侵害的标志是产生物质性的损害或威胁。可能成为非物质性犯罪客体的社会关系有政治制度、社会秩序、人的人格或名誉等，对这些社会关系的侵害并不具有直接的物质损害的形式。

第三节　犯罪对象

一、犯罪对象的概念

犯罪对象，是指犯罪行为所作用的客观存在的现象范畴，也称标的。每一种具体的犯罪行为，都直接或者间接地作用于一定的标的，使之发生损毁、灭失或者毁损后发生位置、状态、行为方式的改变，使刑法所保护的社会关系受到侵害，进而阻碍、影响社会的正常运行，对社会造成危害。人们对于某种行为是否构成犯罪的认识过程首先开始于对犯罪对象的感知，通过对其受犯罪行为作用情况的检验分析，认识到其所代表的、受刑法保护的社会关系受侵害的情况，从而确定该种行为是否构成犯罪和构成犯罪的性质。

犯罪对象具有客观实在性和可知性的特征。犯罪对象的客观实在性，首先表现为它一经犯罪行为作用，就成为客观的存在，不以人们的意志为转移。对于客观存在的犯罪现象，无论是法学研究者还是司法工作者，只有尊重它，研究、认识它，进而作出符合事物本来面目的判断，而不能主观地臆断或加以歪曲，否则就会在理论上走弯路，给办案工作造成困难。其次表现为它是犯罪行为的真实记录。任何犯罪行为作用于犯罪对象时，必然或多或少地在犯罪对象方面留下其作用的痕迹与影响，从而真实、准确地反映了犯罪对象受作用时的实际情况。这一特点，使犯罪对象在刑事诉讼中具有提供证据和检验证据的双重功能。

犯罪对象的可知性表现尽管纷繁复杂，但还是可以为人们所认识。犯罪对象作为一种客观存在，独立于人们的意志之外。由于理论研究和司法实践的需求，人们需要对其进行全面、准确的认识。其认识过程和方式是：首先，人们对于犯罪对象的认识，要在司法和科研实践中进行检验。这种认识如果是真实、正确的，就会被实践接受和承认；如果是虚假或错误的，就会被事实否定或修正。其次，人们对于犯罪对象的认识，还要借助于人们在实践中所创造出来的各种认识手段，使人们认识犯罪对象的能力得到延伸。再次，人们对于犯罪对象的认识，还要以司法实践中积累、总结得来的认识经验和认识理论为指导，从而使人们少走弯路。

一般认为，犯罪对象具有物质性特征，即具有形态、空间、位置等物理特征，其受犯罪行为作用的程度往往是可以度量和估价的。物质形态的犯罪对象包括人体和物体两个方面。人体即人的身体，受犯罪行为作用主要表现在人的生命、健康、安宁受到损毁和威胁，如杀人、伤害、强奸、虐待、遗弃等。物体是指物品、货币或者一切具有价值、归属关系的东西，按其归属可以分为国家所有物、集体所有物、个人所有物，按其存在形态可以分为货币、实物等，包括生产资料、生活资料，动产、不动产等。物体受犯罪行为作用，主要表现在其位置、归属关系的存在状态的改变，不一定表现为其本身受到损坏。例如破坏通讯设备、破坏交通工具等犯罪，其犯罪对象要受到不同程度的实际损坏，但像贪污、盗窃、诈骗等犯罪，其犯罪对象多数只是发生所有权的转移，并不一定受到实际的毁损。

二、犯罪对象与犯罪客体

在哲学领域，从一定意义上讲，对象与客体具有一致性，对象就是客体，客体就是对象。① 但在刑法学领域，犯罪对象与犯罪客体并非同一，犯罪对象与犯罪客体所表明的事物的性质不同，导致犯罪客体与犯罪对象是既有联系又有区别的概念。

（一）犯罪对象与犯罪客体的联系

犯罪客体是构成犯罪的必要要件，其性质决定了犯罪行为的性质。然而，犯罪客体作为一种社会关系，不可能受到犯罪行为直接的作用。犯罪客体受侵害的情况，只能通过各种外化了的现象即犯罪对象表现出来。在犯罪行为与犯罪客体的联系中，犯罪对象具有桥梁与纽带的作用。犯罪行为作用于犯罪对象，犯罪对象以自己受作用时产生的毁损、灭失以及位置、归属关系、存在状态等变化记录犯罪行为。通过对犯罪对象的上述了解，可以认识到其上社会关系受侵害的情况，从而确定犯罪行为的性质。犯罪对象属于物质现象的范畴，现象是纷繁复杂的，有时难免有假象掺杂其间。通过犯罪对象认识犯罪客体，并不是一种自然的过渡，而是人为

① 参见高清海：《马克思主义哲学基础》，207页，北京，人民出版社，1985。

的、能动的认识活动。这种认识活动，只有正确运用辩证唯物主义的认识方法，遵循认识规律，才能达到预期的目的。

犯罪客体是否存在一般要通过犯罪对象揭示出来，犯罪客体又反过来揭示作用于该对象的犯罪行为的性质。犯罪对象与犯罪客体的这一关系，要求人们不能脱离犯罪对象去凭空地认识犯罪客体，也要求人们不能让自己的认识停留在犯罪对象方面，而应通过犯罪对象的种种现象来把握犯罪客体，揭示犯罪行为的性质。人们对犯罪的认识，是由犯罪行为到犯罪客体，由犯罪客体再回到犯罪行为本身。这种认识也是一个不断完善、不断深化的过程。

（二）犯罪客体与犯罪对象的区别

如果将犯罪对象界定为物质性的，犯罪对象与犯罪客体至少有以下区别：

（1）犯罪客体决定犯罪对象，而犯罪对象则未必。分析某一案件，单从犯罪对象去看，未必确定犯罪性质，只有通过犯罪对象所体现的犯罪客体即社会关系，才能确定行为构成什么犯罪。例如，同样是盗窃电线，盗窃库房中的电线与盗窃输电线路的电线就构成不同的犯罪，前者构成盗窃罪，后者构成破坏电力设备罪，两者的区别就在于犯罪对象所体现的社会关系不同：前者侵害了公私财产所有权，后者侵害了公共安全。

（2）犯罪客体是任何犯罪构成的必要要件，而犯罪对象则不是，它只是部分犯罪之犯罪构成的必要要件。如脱逃罪、偷越国（边）境罪等就是法律没有描述犯罪对象的犯罪，这样的犯罪的构成就不具有犯罪对象的内容，但这些犯罪无疑侵害了一定的社会关系，即有犯罪客体。

（3）任何犯罪都会使犯罪客体受到侵害，而犯罪对象则未必。如盗窃、诈骗、抢夺等侵犯财产型犯罪，其财物的位移导致财产脱离所有人或保管人的控制，使财产所有权关系这种犯罪客体受到了侵害，但财产本身一般不会受到侵害，行为人为了得到利益，只会是尽可能保护好该财物。

（4）犯罪客体是犯罪分类的基础，犯罪对象则不是。犯罪客体是每一犯罪的构成要件，它的性质与范围是确定的，所以它可以成为犯罪分类的基础。我国刑法分则规定的10章犯罪，就是主要以犯罪同类客体作为标准进行划分的。而犯罪对象则不具有这样的功能。由于刑法所要保护的是国家、社会、公民的权益，而不是人与物的具体位置、状态，因而犯罪对象的变化并不能说明行为的社会危害性质与社会危害性的程度，因而犯罪对象不能成为犯罪分类的基础。

除以上区别外，如果从认识论的角度进行分析，犯罪客体与犯罪对象还具有以下区别：（1）犯罪对象所体现的，是犯罪行为的外部联系和表面特征；而犯罪客体所表现的，则是犯罪行为内在的联系和本质特征。（2）犯罪对象只能表现具体犯罪行为的个性，而同一性质的犯罪行为，由于发生的时间、地点、条件的不同而有不同的外在表现；犯罪客体在表现犯罪个性的同时，也表现了同一类犯罪行为以及一切犯罪行为的共性。（3）犯罪对象容易受到环境、人为因素的影响而不能被真正表现，它的存在与真实性还受到时间的限制；而犯罪客体是相对稳定的，它所反映的犯罪行为的本质不受上述因素的影响。（4）犯罪对象的受侵害状况，可以为人们的感官所感知；而犯罪客体要通过人们的认识过程和理论思维才能被把握。

法律应用

犯罪行为对犯罪客体的侵害是通过改变犯罪对象特定的特征或存在的特定状态表现出来的，因此在司法实践中只能通过犯罪行为所指向的犯罪对象的特定特征（如数量的增减、质量的毁损、法定的归属、特定存在状态、正在发挥的特定的功能等）来认定犯罪客体的内容。在这一认定犯罪客体内容的过程中应该注意以下问题[①]：

1. 通过犯罪行为所指向的犯罪对象的特定特征来揭示犯罪行为所侵害的社会关系，并不是一个简单的推定过程。因为任何犯罪对象都处于复杂的社会关系之中，作为犯罪对象的抽象的人是"各种社会关系的总和"，作为犯罪对象的物则是多种品性的总和，他们都可以分别和不同事物相联系，分别代表不同的社会关系。与他们联系的事物不同，他们所代表的社会关系也不同。因此，要通过犯罪对象来揭示犯罪对象所代表的社会关系，必须对犯罪对象的具体联系进行具体的分析。

2. 通过犯罪对象的特定特征来认定犯罪行为所侵害的社会关系，一般应首先考察、分析犯罪对象和其他代表某种社会关系的事物的联系。例如，当犯罪对象是储存于仓库中的电话线时，与这种电话线相联系的就是储存于仓库中的其他货物。这时的电话线具有作为仓库中货物之一部分的特征，因而它就和储存于仓库中的其他货物一样成为财产所有权的体现，偷窃这种电话线侵犯的客体就是公私财产所有权，其行为就构成盗窃罪。但如果行为人盗窃的是用于正在使用的通讯设施中的电话线，这种电话线就因为是正在使用的通讯设施的一部分，而具有正在使用的通讯设备的特征，这时它代表的社会关系就具有正在使用的通讯设备所代表的公共安全的性质，而不能仅仅视为公私财产所有权的内容。盗窃这种电话线，在一般情况下应该构成破坏通信设施罪，而不是盗窃罪。

3. 要揭示犯罪对象所代表的社会关系，除了分析犯罪对象和其他代表某种社会关系的事物之间的联系外，更重要的是要分析犯罪对象和犯罪行为中所包含的其他因素的内在联系。因为"同一"对象所处的具体环境可能使它"同时"处于多种社会联系中，从而"同时"代表多种社会关系。如在本质上作为"各种社会关系总和"的人，就可以"同时"被视为有生命的人、有一定健康状况的人、正在执行公务的国家工作人员等身份（特权），从而分别代表公民的生命权利、健康权利、国家机关的正常活动等社会关系。但是，"对象必然是存在于某一个规定里面，而不是自在和自为地存在着"[②]，犯罪行为一般也只可能以犯罪对象特定的规定性（特征）为自己改变或影响的对象，所以，当犯罪对象同时具有多种可以代表不同社会关系的特征时，通过犯罪对象的特征来认定犯罪客体，就必须分析犯罪行为是以犯罪对象的哪种规定性为对象，即分析犯罪行为所指向、所影响或可能影响的究竟是犯罪对象的哪一部分特征。如果犯罪分子只是把犯罪对象视为有生命的人而杀害，即犯罪行为所要改变的只是犯罪对象是有生命的人这一特征，那么这时，犯罪对象所代表的社会关系就是公民的生命权利，就是杀人罪的犯罪客体的体现；如果犯罪分子是想砍被害人的一只手，犯罪行为所要改变的只是被害人具有特定生理组织及机能完整性这一特征，那么这时作为犯罪对象的被害人代表的就是公民的健康权，就是伤害罪的犯罪客体的体现，等等。

4. 在刑法规定要求以特定的时间、地点为构成要件时，要揭示犯罪对象所代表的社会关系，就必须考察犯罪对象所处的具体时间和地点。如在非法捕捞水产品罪中，由于国家规定一定时期、一定区域内的水产品不准捕捞，处于这一期间、区域中的水产品就成为国家经济管理的特别对象，从而体现了国家对水产资源特别管理这一社会关系。

5. 通过犯罪对象的特征揭示犯罪行为所侵害的社会关系的过程，实际上是我们分析犯罪对象与其他事物或人之间的具体联系的过程。通过犯罪对象的特定特征之所以能够认定犯罪客体，是因为犯罪对象与其他事物或人的具体联系本身就是作为犯罪客体内容的社会关系。所

---

① 以下内容全部转自陈忠林：《论犯罪构成各要件的实质及辩证关系》，载陈兴良主编：《刑事法评论》，第6卷，344～346页，北京，中国政法大学出版社，2000。

② 列宁：《哲学笔记》，302页，北京，人民出版社，1974。

以，因犯罪行为的指向而改变或可能改变的犯罪对象的特征不同，犯罪行为所侵害的社会关系也就不同。只要我们把握了犯罪行为指向的犯罪对象的特征，我们就把握了揭示、辨别犯罪行为所侵害的社会关系的客观标准。如果不分析犯罪对象与其他事物或人之间的具体联系，把犯罪对象当作孤立的“自在和自为”的对象来进行形而上学的考察，就可能得出“单从犯罪对象去看分不清犯罪性质”① 的结论。

课后复习

1. 为什么要研究犯罪客体？
2. 如何理解犯罪客体的三个不同层次？
3. 犯罪客体与犯罪对象的联系和区别是什么？

① 高铭暄：《刑法学》，114页，北京，北京法律出版社，1982。

第七章 犯罪客观要件

提 要

犯罪客观要件，也称犯罪的客观方面，是指刑法规定的构成犯罪的客观外在表现，是犯罪客观方面必须具备的特征，具有客观性、具体性、法定性的特点。犯罪客观要件是区分罪与非罪的重要依据，是区分此罪与彼罪的客观标准，是正确认定犯罪主观要件的客观基础，是影响正确定罪量刑的重要因素。

危害行为、危害结果和特定犯罪成立必需的时间、地点等，是犯罪客观要件的主要内容，其中危害行为是任何犯罪成立都必须具备的条件。危害行为与危害结果之间的因果关系是认定犯罪客观要件时必须解决的问题。

重点问题

1. 犯罪客观要件的概念与基本特征
2. 危害行为的基本形态
3. 危害结果的基本形态
4. 刑法中因果关系的认定

第一节　犯罪客观要件概述

一、犯罪客观要件的概念与特征

犯罪客观要件，也称犯罪客观方面、犯罪客观因素，是指刑法规定构成犯罪行为客观方面必须具备的特征。人的犯罪活动可以分为主观和客观两个方面：一是主观方面有意识、有意志的思维活动，亦可称为形成犯意的活动；二是将主观犯罪心理活动外化，即将形成的犯意付诸实施，这就是人的行为等客观事实特征。前者属于犯罪的主观方面，后者则属于犯罪的客观方面。

犯罪客观要件具有以下特征：

（一）客观性

犯罪客观要件是犯罪的外在表现，或称将犯意表现于外的现象。由于“禁止处罚思想”已经成了世界性的共识，因而客观方面的内容是成立犯罪不可缺少的内容。犯罪客观要件是与主观要件相对立的内容，因而其特点是可以为人的感官所感知的，不能为人的感官感知的东西不能成为犯罪客观要件的内容。但需要指出，与犯罪的主观要件相对应的客观要件，不但包括犯罪的行为、结果等，而且包括行为所侵害的犯罪客体，但由于我国已经将犯罪客体作为犯罪成立的独立要件，因而这里的犯罪客观要件仅指犯罪客体之外的其他客观事实内容。

（二）多样性

犯罪客观要件的内容及所包含的要件具有复杂、多样性的特点。在犯罪构成的四个方面的要件中，犯罪客观要件的内容最为复杂、多样。任何一个犯罪都有其特定的外在表现形式，但其行为方式各有不同，危害结果的表现形式不同，且行为与结果之间的连接形式以及犯罪所发生的时间、地点等也会有不同，导致对犯罪所产生的作用也有所不同。可以说，我国刑法分则规定的四百余个具体犯罪在客观方面均有其特殊性，如故意杀人罪与过失致人死亡罪的罪间界限主要表现为主观方面的故意与客观方面的表现有所不同。如作为犯罪成立的客观要件，故意杀人并不要求他人死亡的结果存在，但过失致人死亡要求这样的结果，否则不成立犯罪。了解犯罪客观要件的多样性，对于全面把握各种犯罪的特殊性具有重要意义。

（三）法定性

犯罪客观要件作为犯罪的构成要件，是犯罪成立所必需的内容，因而，依据罪刑法定的刑法基本原则，犯罪的客观要件必须具有法定性：就具体的犯罪来说，其犯罪构成的客观方面应该具有哪些内容，是由法律规定的。因于犯罪的性质不同，法定的犯罪客观方面的内容也不同。例如，刑法第232条规定的故意杀人罪的成立应该有杀人的行为与被害人死亡的结果，没有杀人的行为和他人死亡的结果就不构成杀人罪。对于杀人罪来说，犯罪的时间、地点、方法不是本罪成立的必要条件，无论在什么时间、地点，使用何种手段或方法，均不影响本罪的构成。而对于刑法第340条规定的非法捕捞水产品罪来说，如果不是在法定的时间、地点，使用法律禁止使用的方法捕捞水产品，就不成立犯罪。也就是说，并不是犯罪所表现出来的任何客观、外在的事实，均能成为犯罪客观要件的内容，只有能够表现犯罪行为的社会危害性及其程度，并为法律规定的客观事实，才是构成犯罪所必须具备的客观要件的内容。

二、犯罪客观要件的分类

犯罪客观要件的内容多种多样，根据各罪法条的规定，犯罪客观要件的内容主要是危害行为、危害结果、行为与结果之间的因果关系，以及犯罪的时间、地点、方法等。在具体的犯罪中，虽然有些要件是所有犯罪成立不可缺少的，但未必均以上述全部的客观要件作为犯罪成立的必要要素，即不同犯罪对客观方面的法定要求不同。因此，区分犯罪客观要件中的必要要件与非必要要件对于准确认定具体犯罪的犯罪构成是有意义的。

在刑法理论中，以犯罪客观要件中的各种事实情况是否为构成任何犯罪所必需为标准，将其划分为必要要件与选择要件。

（一）必要要件

将构成任何犯罪都必须具备的犯罪客观要件的事实情况称为必要要件。关于哪些事实情况可以成为必要要件，在理论上存在着分歧，但是对于危害行为作为必要要件，犯罪的时间、地点、方法作为选择要件，学者们则认识一致，分歧的关键是危害结果与因果关系是否为犯罪构成客观要件中的必要要件。肯定说以我国刑法第14、15条规定的“明知自己的行为会发生危害社会的结果”或“应当预见自己的行为可能发生危害社会的结果”为依据，认为无论故意犯罪还是过失犯罪，均以危害结果作为客观方面的必要条件。由于行为与结果均为必要要件，因而其间的因果关系也必然是必要要件。否定说认为危害结果与因果关系均为选择要件。我们认为，刑法第14、15条是对认识的要求，即要求将对危害社会结果之预见作为故意的构成因素，将对危害结果的应当预见即预见义务作为过失的构成因素，而不是对结果的要求，因而刑法第14、15条的规定不能成为将危害结果作为犯罪客观要件之必要要件的法定依据。同时，由于在我国刑法分则规定的各种犯罪中，不要求以危害结果为必要要件的犯罪并不罕见，因而危害结果与因果关系不是必要要件，只是选择要件；只有危害行为是一切犯罪构成不可缺少的要件。

（二）选择要件

将构成部分犯罪要求具备的客观方面的事实情况称为选择要件。选择要件的特点在于只有部分犯罪将其选作成立犯罪的构成要件，而其他犯罪的成立不以其为构成要件。至于哪种事实被哪些犯罪选为构成要件，要依据法律的规定，如危害结果被盗窃罪、伤害罪等选为构成要件，而犯罪的时间、地点、方法被非法捕捞水产品罪等犯罪选为构成要件。只要作为构成要件的内容，其是否存在影响定罪。相反，只要未将其作为构成要件，其是否存在对于定罪没有影响。同时应当注意，对于某些属于非构成要件的内容，其是否存在只是不影响定罪，对刑罚裁量还是有一定的甚至很重要的影响。

三、犯罪客观要件的意义

犯罪构成诸要件中，犯罪客观要件处于中心地位，它既是连接犯罪主体与犯罪客体的纽带，又是认定犯罪主观要件的客观依据。因此，犯罪客观要件具有重大意义，具体表现为以下方面：

（一）犯罪客观要件是区分罪与非罪的重要根据

依据我国刑法规定，成立任何犯罪都必须存在危害社会的行为，无危害行为就无犯罪、无刑事责任；对于某些犯罪来说，犯罪结果乃至犯罪的时间、地点、方法是犯罪客观要件中的必要要件，没有这些法定的条件，就没有犯罪的成立。因此，确定法定犯罪客观要件是否存在，就可以区分罪与非罪。这种依据客观要件是否具备而对罪与非罪的区分是定罪的重要因素。

（二）犯罪客观要件是区分此罪与彼罪的重要标准

不同犯罪之犯罪构成是不同的，其不同可以是全部的构成要件不同，也可以是部分的构成要件不同，其中，因犯罪客观要件的不同而区分不同犯罪的情况是较多的。例如，在危害公共安全的公共危险犯罪（包括放火、爆炸、投毒等以危险方法实施的犯罪）中，行为方式的不同是区分不同犯罪的关键；在侵犯财产的犯罪中，不同犯罪的区分也主要是依犯罪客观要件的表现进行的。因而，犯罪客观要件对于区分罪间界限的意义是重大的。

（三）犯罪客观要件是认定主观要件的客观依据

考察犯罪的客观要件，可以为正确地判定犯罪主观要件中的罪过、目的等内容，提供可靠的客观依据。犯罪主观要件的内容具有内在性、隐蔽性，犯罪的客观要件则具有外在性、直观性。犯罪的主观要件支配犯罪的客观要件，犯罪的客观要件是犯罪的主观要件的外化，犯罪意图只有通过犯罪行为才能实现。因此，对犯罪主观要件的认识，也只有通过外化的形式即对犯罪客观要件的内容的观察才能够确定。没有行为等客观外在表现，也就难于认定行为人的主观意图。即使行为人自己承认犯罪意图，若无客观事实的佐证，也是难于确认的。

（四）犯罪客观要件是影响刑罚的重要因素

犯罪的客观要件不但具有上述定罪方面的意义，而且对于制刑与量刑也具有重大意义。就立法的层面来说，由于犯罪客观要件的表现不同会影响行为的社会危害性程度，因而立法对其规定了不同的法定刑，如抢劫罪与抢夺罪、故意杀人罪与故意伤害罪、强奸罪与强制猥亵性犯罪等就是如此；同时，在同一的犯罪中某种结果是否出现往往被作为是否适用加重法定刑的依据。在司法层面，犯罪客观要件的内容也是量刑的重要依据，如同是故意杀人罪，其杀人的手段与作案的时间、地点均可以作为裁量刑罚的重要依据。

第二节　危害行为

一、危害行为的概念与特征

马克思在抨击以追究人的意图为内容的普鲁士法时指出：“只是由于我表现自己，只是由于我踏入现实的领域，我才进入受立法者支配的范围。对于法律来说，除了我的行为之外，我是根本不存在的，我根本不是法律的对象。”① “无行为则无犯罪，也无刑罚”，已经成为现代通行的法律谚语。由此看来，行为确实是现代刑法的基础。

我国刑法中的危害行为，是指犯罪构成客观要件的行为，是受意识、意志支配的违反刑法

① 《马克思恩格斯全集》，2版，第1卷·上，121页，北京，人民出版社，1995。

规定的危害社会的身体动作。

危害行为的基本特征是：

（1）主体的特定性。刑法中危害行为的实施者只能是人，包括自然人和法人。不具有人的特征的其他情况，包括动物的活动、自然界的变动，即使造成了有害于社会的结果，也不具有行为的性质，不能成为危害行为。这是由刑法的目的决定的。因此，作为犯罪客观要件之一的危害行为，只能是自然人或法人的行为。

（2）有体性。意即危害行为是人的身体活动。人的活动既可以是积极的动作，也可以是相对的静止；既包括四肢的活动，包括其他器官的活动。没有身体的动作，就不存在行为。

（3）有意性。意指危害行为受人的意识、意志的支配。在人的意识、意志与人的身体活动之间，存在因果关系：前者为因，后者为果。只有当这种因果关系存在时，才能将人们身体动作当作危害行为来研究。如果只有主体的意识、意志，而没有人的行为或者人的身体动作不受意识、意志支配，其身体活动也不具有刑法意义上的行为的性质。

（4）有害性。就行为与社会的关系来说，只有对社会有害的行为，才可以成为刑法意义上的行为。因而，要成为刑法意义上的行为，不但要具有行为性，还要具有对社会的有害性。如果行为对社会无害，就不应进入刑法对危害行为之研究的领域。行为的有害性是仅指从客观的角度观察行为有害于社会的性质，还是同时包含行为人对其行为有害于社会的性质的认识，在刑法理论中存在争议。我们认为，对行为有害性的认识，属于主观要件的内容，作为客观要件之行为的有害性，是指行为本身的客观性质。

（5）违反刑法规范性。就行为与刑法规范的关系来说，危害行为必须具有违反刑法规范的性质，这是危害行为的法律特征。在人的意识、意志支配下的危害社会的行为，只有在具有违反刑法规范的性质的时候，才能是作为犯罪客观要件的危害行为。所谓违反刑法规范，既包括违反禁止规范，如禁止杀人、禁止盗窃等，也包括违反命令规范，如应当依法纳税，应当扶养父母、子女。只有人有意实施的危害行为违反了刑法规范时，才属于刑法意义上的危害行为。

根据危害行为的上述特征，下列行为不属于作为犯罪客观要件的危害行为：

（1）缺少有意性的人的行为。该类行为主要有以下几类：

其一，反射动作。这是指人在受到外界刺激时，瞬间作出的身体本能反应。例如，正在驾驶汽车的司机，由于突然受到强光刺激而合上双眼，致使汽车撞伤行人。这种情况下，尽管司机有身体动作且造成了危害结果，但由于缺乏意识、意志因素，仍然不属于刑法意义上的危害行为。

其二，睡梦中的动作。人在睡眠中，生理上出现意识丧失状态，其丧失的程度随睡眠的深度而有异。但睡眠者并不完全丧失知觉或运动能力，例如仍然可以说梦话、梦游。梦游，精神医学上称为“解离型歇斯底里精神官能症”，为睡眠障碍的一种：梦游者在睡眠时起身，可以实施多种行为，如扫地、挑水、驾车、爬树等，然后继续其睡眠。睡醒后，本人并不记得梦游之事。有的梦游者会实施令人惊异的具有严重社会危害性的行为，如杀人、伤人等，但由于它是一种无意识的身体活动，因而不是刑法意义的危害行为。

其三，精神病人的行为。精神病有多种，如外因性精神病（器质性精神病、中毒性精神病、癫痫等属于此类）、内因性情神病（精神分裂症、忧郁症等属于此类）等。由于精神病人缺少意识或意志能力，其行为不属于刑法意义上的危害行为。

其四，身体受暴力强制情况下的行为。客观上，行为人对身体受强制状态无法排除；主观上，行为违背行为者的主观愿望，因此，这种情况下的行为不能被视为刑法意义上的危害行为。例如，被强行在伪造的文书上按了手印，身体受犯罪行为人挤压弄坏贵重物品等。这种情况的特点是其身体活动本身已经不受行为人大脑支配，由于缺少意识或意志，其不同于刑法意义上的危害行为。需要指出，这里所说的受到暴力强制，仅限于身体上的强制，而不包含精神上的强制。如果行为人因为受到精神上的强制而实施了违反刑法规范的危害行为，不属于这里所说的受强制的行为。其行为是否属于刑法意义上的危害行为，应当根据情况具体分析：如果这种强制导致行为人的行为符合紧急避险的成立条件，构成紧急避险；如果不符合紧急避险的成立条件，行为人有一定的意思自由，则可以属于刑法意义上的危害行为。但是，关于行为人的刑事责任的承担，应当考察行为人的行为是否属于紧急避险或属于共同犯罪中的胁从犯而作相应的处理。

（2）缺少有害性的行为。这是指形式上具有危害行为的外部特征，而实质上不具有有害性的行为。刑法规定的正当防卫、紧急避险属于该种情况。还有刑法上虽无规定，但实质上不具有危害性，因此实务中不作为犯罪行为的情况。如履行职务的行为、正当的业务行为、执行命令的行为、经权利人同意的行为等，形式上也属于具有危害行为，但不属于刑法意义上的危害行为。

（3）缺少刑事违法性的行为。适应我国刑法谦抑性的要求，有些行为虽然具有一定社会危害性，但其程度轻微，如刑法第13条“但书”规定的“情节显著轻微危害不大”的情况，或者刑法未将其规定为犯罪行为。这种行为虽然具有社会危害行为，但由于不违反刑法，因而也不属于刑法意义上的危害行为。

二、危害行为的基本形态

刑法规定的危害社会的行为，其表现形式多种多样。理论界依不同标准，对危害行为作不同的分类。例如，依其与危害结果的关系，分为广义的行为与狭义的行为、实害行为与危险行为；依行为人的多寡，分为单独行为与共同行为；依支配行为的罪过形式，分为故意行为与过失行为；依身体活动的动静，分为作为与不作为，等等。现代刑法理论的通说认为，如果从区分罪与非罪、此罪与彼罪界限的角度出发，危害行为划分为作为与不作为比较合适。

（一）作为

1. 作为的概念。所谓作为是指行为人用积极的身体活动实施刑法禁止的危害社会的行为，即“不当为而为之”。作为形式在犯罪中较多见，并且许多犯罪只能表现为作为形式，例如，抢劫罪、抢夺罪、强奸罪、脱逃罪等。作为是危害行为的一种基本形态，除具备危害行为的上述基本特征之外，其特殊性在于：其一，作为的外在表现是人身体的积极动作。用棍棒打击他人、对妇女实施强奸等，都表现为人身体的积极动作。其二，作为不是仅指单个的举动，通常由一系列积极的举动构成，如入室盗窃行为就是由进入室内、挪动物品、取得财物等一系列举动构成的，这一系列举动只构成一个行为。其三，作为违反刑法禁止规范。这是作为之方式的行为在违反规范方面的特点。禁止规范，是指法律规定的以禁止实施某种行为作为内容的规范。刑法中的规范以禁止规范居多，因而刑法中的危害行为也以作为为主要的行为形式。

2. 作为的类型。作为的实施方式主要包括两类：第一，利用行为人自身条件的作为。这又包括三种情况：一是利用自身身体条件，如四肢、口、头部等动作实施作为。二是利用自己的自然身份实施的作为，如我国刑法规定的强奸罪就只有男性才可以构成本罪的单独实行犯。三是利用自己的法定身份实施的作为，如我国刑法规定的贪污罪就只有具有国家工作人员身份的人才可以单独构成本罪。第二，利用外力条件的作为。利用外力条件也可以说是利用工具，即把所利用的条件当作自己的工具来实现行为。这包括以下几种情况：一是利用物质工具的作为，如利用刀、枪、棍棒、毒药、电、放射线等杀人、伤人，利用印章、证件、信件进行诈骗、招摇撞骗等。随着现代科技的发展，利用高科技进行犯罪，已经成为重要的犯罪手段。二是利用他人的作为。行为人利用无责任的人（包括无责任能力的精神病人、未成年人和无罪过的人）实施行为。如甲欲毒死病重的妻子乙，让不知情的保姆将有毒的饭菜喂给乙吃。该情况下，不知情的保姆只是甲的犯罪工具，其责任应由甲承担。三是利用动物的作为。将动物作为犯罪工具，以实现自己的犯罪意图，如唆使训练有素的猎犬咬伤或咬死他人。

（二）不作为

关于不作为的行为性问题，即不作为是否是行为，刑法学界曾存在争论。否定者以不作为不具有身体活动、“无中不能生有”为由，否定不作为是行为。肯定者以不作为也受意思支配为主要理由，肯定不作为的行为性。现在，肯定不作为的行为性已经成为现代刑法理论的通说。人们关于不作为的行为性问题几乎不存在争论，认为不作为与作为一样，具备危害行为的基本特征，只不过在有体性的表现形式与违反刑法规范的种类上有所不同而已。

1. 不作为的概念与特征。不作为，是指行为人负有实施某种积极行为的义务，并且能够履行而不履行该种义务的行为，即应为而不为。构成刑法中的不作为，必须具备以下条件：

第一，行为人具有实施某种积极行为的义务。这是成立不作为的前提。行为人负有的实施某种积极行为的义务，必须是特定的义务，而不只是普通的道德义务。如果不存在这种特定义务，就根本不可能构成刑法意义上的不作为，如普通的见危不救的情况，即发现他人落水，有能力救助而不救助，结果落水者被淹死。因为我国法律并未赋予公民见危救助的法定义务，所以这种不救助的行为不能成为刑法意义上的不作为。一般认为，特定义务的来源有三个：一是法律明确规定的义务。例如，税法规定的公民与法人向国家纳税的义务，婚姻家庭法规定的父母子女之间以及夫妻之间相互扶养的义务，保密法规定公民保守国家秘密的义务。当然，并非任何法律的义务均可以成为刑法意义上不作为的根据，其他法律、法规的义务只有为刑法所承认，才是不作为的法律义务的根据。二是职务或业务上要求履行的义务。这一特定义务以行为人具有某种职务身份或从事某种业务并且正在执行为前提，否则，不发生履行该类义务的问题，例如，医生有救治病人的义务，银行出纳员有保护现金的义务，等等。同时，只有行为人正在执行其职责时，这种义务才现实存在。如果医生在下班之后，路遇需要救助的病人，即使其不予救助，也不存在刑法意义上的不作为。三是行为人的先行行为产生的义务。行为人实施的先前行为使某种合法利益处在遭受严重损害的危险状态，遂产生行为人采取积极行为阻止损害结果发生的义务。这就是由先行行为引起的义务。这类义务包括两种情况：一是行为人的先行法律行为产生的作为义务，如基于签订合同所产生的法律义务，基于行为人的自愿行为而产生的义务。二是行为人作出的造成产生某种危害结果危险的先行行为所产生的义务。例如，成年人带未成年人去深山打猎，该成年人就具有保护未成年人生命与健康的义务，若不履行这种义务，就可能构成犯罪的不作为。

第二，行为人有履行特定义务的可能性。法律不能强人所难，因而虽然行为人具有实施某种积极行为的义务，但由于某种客观原因而不具备履行该项义务的实际可能性时，也不构成犯罪的不作为。例如，仓库保管员被他人捆绑，以致公共财产被抢走时，不能认为该仓库保管员构成不作为犯罪。同理，某人由于患病而丧失劳动能力，不能赡养父母，亦不属于刑法上的不作为。这一条件表明了我国刑法上不作为犯罪构成的合理性。

第三，行为人未履行特定义务。在不作为的犯罪中，虽然行为人有时也实施某些积极的动作，但其基本特点是未履行特定的义务。这是区别作为与不作为的外在的根本标志。例如，某医生负有救治他人的义务而未予救治，他这时也可能在从事其他活动。行为人虽然有所为，但未为当为之事，仍然是未履行义务。

2. 不作为的分类。各国刑法学者基于不同的标准，对刑法中的不作为进行不同的分类。大陆法系学者通常按照不作为是否为构成要件的内容，将其分为纯正（真正）不作为与不纯正不作为两类。所谓纯正不作为，是指刑法规范将不作为规定为构成要件的内容的犯罪，如不解散罪、不退出罪等。关于不纯正不作为的概念如何表述，学者们意见不一，通常认为：是指以不作为方式实施刑法规范以作为方式为要件内容的犯罪。例如，母亲不给婴儿喂奶，致婴儿死亡，构成不作为杀人。

我国学者关于不作为的分类有多种见解，但一般认为，从犯罪构成的角度，可以将不作为分成两类：一类是只由不作为构成的犯罪，如遗弃罪、遗弃伤病军人罪等。这大致相当于纯正的不作为。另一类是既可以由作为构成，也可以由不作为构成的犯罪，如故意杀人罪、放火罪等。这大致相当于不纯正的不作为。

需要说明的是，关于作为犯罪与不作为犯罪的社会危害性程度是否存在差异的问题，理论界有不同的观点：有学者认为，不作为犯罪之社会危害性一般比作为犯罪的社会危害性要小。也有学者认为这样的认识有失偏颇，提出：不作为犯罪的危害在某些犯罪、某些场合可能相对小些，但并非一切场合均如此。在有些情况下，如在颠覆列车的案件中，采用不扳道岔的方式与采取破坏路基的方式相比，很难说有什么实质的差别。

（三）关于持有问题

在刑法学界，关于危害行为的基本形态，除前述的作为与不作为之外，还有一种独立的行为形态，即持有。所谓持有，是指对某种物品的实际控制状态。它通常始于作为，如取得、收受等，以不作为维持其存在状态，具有作为与不作为的交融性。持有由于没有身体的积极动作，故不同于作为；又不以实施某种积极行为的特定义务作为成立的条件，故不同于不作为。我国刑法已经规定了以下持有型的犯罪：第 128 条规定的非法持有枪支、弹药罪，第 172 条规定的持有假币罪，第 282 条第 2 款规定的非法持有国家绝密、机密文件、资料、物品罪，第 348 条规定的非法持有毒品罪等。关于持有是否是独立的行为形态，我国学界还在讨论之中，这样的讨论对于深化我国对行为的研究是有意义的。

第三节　危害结果

一、危害结果的概念和特征

（一）危害结果的概念

刑法中的危害结果即犯罪结果是犯罪客观要件的重要内容。关于如何理解危害结果，刑法理论界存在着不同的观点。有的学者认为危害结果是犯罪行为对犯罪客体的侵害；有的学者认为危害结果是对犯罪对象的侵害；还有的学者认为危害结果是犯罪行为引起的具有社会危害性的法定现象事实。

我国的犯罪构成是集事实特征与法律评价于一体的犯罪成立条件的有机整体，而在犯罪构成的各要件中，并无事实特征要件与法律评价要件之分，每个犯罪构成要件既属事实特征，又是法律评价。由我国犯罪构成的这一特点所决定，危害结果不应该只与犯罪对象相联系，它必然与刑法所要保护的社会关系即犯罪客体紧密相连。由此可将危害结果定义如下：危害结果是指危害行为对犯罪客体造成的法定现实侵害及具体危险的事实。

（二）危害结果的特征

危害结果具有如下几个基本特征：

1. 客观性。从结果的哲学意义来说，它是相对于原因而言的。原因和结果是反映运动过程中前后相继的事物之间的相互依存、相互制约关系的一对哲学范畴。当我们把前后相继的两个事物从世界的普遍联系中分离出来，孤立地研究它们之间的相互制约和相互依存的关系时，把产生或引起某一事物的现象称为原因，把在制约关系中被产生或引起的另一些事物称为结果。这表明，作为哲学范畴的结果只能是一种事实，具有客观性。刑法上的危害结果相对于哲学范畴的结果属于特殊结果，它必然具有结果的一切特征，因而危害结果也只能是一种事实、一种客观存在的东西，虽然危害结果不可能是一般的事实，而是具体的、由犯罪的各种因素加以限定的事实。它首先是一种事实，具有不以人的意志为转移的客观性。这是由哲学范畴的结果必然导出的结论。

2. 特定性。危害结果的客观性，要求危害结果在内容上只能是一种事实，但并非一切客观存在的事实都可以成为危害结果。从其成因来看，危害结果的事实必须是由危害行为造成的，若结果的成因不具有刑法意义上的危害行为的性质，该结果无论如何都不可能成为刑法意义上的危害结果。危害结果作为"果"的内容应该与作为"因"的内容具有同一性，这种同一性不但表现在作为一种事实发展的过程中，"因"与"果"必须具有同一性才可以互相转化，"因"才可以发展为"果"，而且表现在其性质上的同一性，即危害结果既然具有危害性，那么这种危害性在原因中就应存在，原因中不存在的性质在结果中不会存在，或者说结果中存在的性质必然会在原因中找出其潜在的形式，只有这样原因才能发展为结果。危害结果作为这种因果关系中的"果"的事实既然包含着统治阶级对其一定的政治的和法律的评价因素，那么作为其成因的行为也必须具有危害性，因此，危害结果的性质已经说明了成因上的特定性的特征。

3. 法定性。危害结果是客观存在的，但一定的事实要成为刑法意义上的危害结果，必须出于刑法规定。所谓刑法规定，是指危害结果是统治阶级立法者根据本阶级的意志选定并在刑事立法中体现出来的。某种客观存在的事实之所以能够具有危害结果的意义，并不是自然过程的必然结果，而是立法者选择的结果。首先，危害结果是侵害或威胁犯罪客体形成的事实，这说明危害结果的内容决定于犯罪客体的内容，而犯罪客体的确定是统治阶级选择的结果，统治阶级立法者对犯罪客体的选择也就直接规定了危害结果内容的根本方向。其次，危害结果是危害行为形成的事实，说明在成因上对危害结果的规定。若非危害行为形成的事实，该结果即使具有严重的危害社会的性质，也不能成为危害结果。如未满 14 周岁的人杀死他人的行为，虽然也破坏了一定的法律关系，有害于社会，但该行为不具有危害行为的性质，其结果虽有客观性，却不具有刑法意义上危害结果的资格。可以说，立法者对犯罪客体和危害行为的选定，已经限定了危害结果的应有内容，而立法者对客体与行为的选定就是通过立法程序在法律上体现出来。从这个意义上说，即使某刑法分则条文没有具体描述结果的内容，也认为危害结果是法定的，具有法定性的特征。

4. 多样性。危害结果作为一种事实，已经决定了其表现形式的多样性。无论其表现形式为何种具体形式，只要是事实，而且是危害行为侵害犯罪客体形成的，就可以成为危害结果。

二、危害结果的种类

危害结果的概念与特征反映了危害结果的基本规定性，但这还是对危害结果高度抽象、概括的理解。在现实中，危害结果必然以千差万别的具体形式存在着。为深入理解危害结果，有必要研究危害结果的种类，从不同角度对其分类把握。

（一）构成结果与非构成结果

构成结果与非构成结果，是以危害结果是否为具体犯罪构成要件要素为标准而进行的划分。

危害结果是侵害犯罪客体形成的事实，具体危害结果在某犯罪构成中是不是构成要件要素，与该结果所侵害客体的种类有密切关系。犯罪的直接客体依在具体犯罪构成中的地位分为主要客体、次要客体和随机客体，其中主要客体、次要客体是构成要件客体，而随机客体则不是具体犯罪之构成要件客体的内容。与此相适应，可以将构成结果与非构成结果定义如下：

构成结果是指危害行为对主要客体（简单客体时）或主要客体与次要客体（复杂客体时）造成的法定现实侵害或具有危险的事实。与构成要件客体相联系，是构成结果的独有特征。非构成结果，是指危害行为侵害随机客体而形成的事实。

构成结果与非构成结果是犯罪结果的两种类型，两者相互区别，不可混淆。同为危害结果，两者之间不可能毫无联系，两者的联系主要表现在：都是危害行为侵害犯罪客体形成的事实，但侵害客体的性质不同；均反映危害行为的社会危害性，但程度不同；均影响定罪，但方式不同；均影响量刑，但作用大小不同。

构成结果与非构成结果各有自己的表现形式。构成结果主要有普通结果与加重结果两种：普通结果是成立某种犯罪既遂所必需的起码限度的结果；加重结果是法律明文规定构成某种犯罪加重类型所必须具备的结果，结果加重犯所要求的加重结果、数额加重犯所要求的加重数额，均属加重结果。非构成结果主要有以下几种：(1) 存在于未遂犯与中止犯中的中间结果。这是专指可以成立未遂和中止的犯罪中，行为人着手实施实行行为后，虽未产生构成结果，却可能产生构成结果之外的物质性结果。如故意杀人未遂，致人重伤，这种重伤结果就是中间结果。(2) 存在于某些结果加重犯、情节加重犯中的基本犯的构成结果。这类非构成结果的特点是，它不能成为加重构成的构成结果，其出现与否，对加重构成之犯罪形态的成立没有直接影响。(3) 可以存在于任何性质、任何形态中之犯罪的随机结果。这是指危害行为侵害随机客体时形成的，不属于前两类结果的非构成结果。

（二）物质性结果与非物质性结果

物质性结果与非物质性结果，是依据危害结果的现象形态所作的划分。

物质性结果是指危害结果的现象形态表现为物质性变化的危害结果，对于人来说，如打死、打伤；对于物来说，如毁坏、改变其位置等。物质性结果的特点有二：一是以对物质性犯罪对象的作用记录犯罪，二是认定方法上的数学测量可能性。

非物质性结果，是指危害结果的现象形态表现为非物质变化的危害结果，对于个人来说主要是犯罪行为对个人的心理造成影响、留下痕迹，如对人格、名誉的损害；对于社会组织来说，则是使其正常的状态、名誉、信用受到影响。非物质性结果有如下特点：一是以对非物质性犯罪对象的作用记录犯罪，二是认定方法的复杂性：非物质性结果不能用数学方法测量其有无及大小，不能将其数量化，但也并非不可测量。依据案件具体情况、依统治阶级的价值标准进行评判，是可以判断出量的大小的，只是认定方法复杂些。

物质性结果和非物质性结果，是犯罪结果存在的两种客观形式。研究这种划分，有助于全面认识危害结果，也有助于对非物质性结果的深入研究。

（三）直接结果与间接结果

直接结果与间接结果，是依据危害结果距离危害行为的远近或危害结果与危害行为的联系形式而对危害结果进行的划分。与危害行为有直接联系的为直接结果，与危害行为有间接联系的是间接结果。所谓直接联系和间接联系，是指在危害行为与危害结果之间是否具有独立的第三者作为联系的中介：若不存在这样的中介，行为与结果之间是直接联系；若存在中介，则为间接联系。由此可以认为，所谓直接结果，是指具有产生危害结果的根据和充分条件的危害行为直接引起的危害结果。如甲开枪打死乙，乙之死就是甲开枪行为的直接结果。所谓间接结果，是指危害行为经由第三者为中介产生的危害结果。如甲将乙打昏后弃于公路，乙被开来的汽车轧死，乙之死就是甲之行为的间接结果。当然，间接结果也必须具备危害结果的全部条件，不但行为人的行为要与该结果有间接联系，而且行为人对该结果要有故意或过失，否则，不能成为作为危害结果种类之一的间接结果。

直接结果在符合构成结果条件时可以成为构成结果，间接结果在某些情况下也可以成为构成结果。例如，甲强奸乙后，乙愤而自杀，乙之死是甲强奸行为的间接结果，但可以成为甲强奸罪结果加重犯的构成结果。

（四）实害结果与危险结果

以危害行为对犯罪客体的侵害程度为标准，可以将危害结果划分为实害结果与危险结果。实害结果，是指危害行为对犯罪客体造成的现实侵害的事实。实害结果是明显的，它除具有危害结果的基本特征外，还使犯罪客体发生了现实性的改变。现实的侵害是实害结果独有的特征。危险结果，是指危害行为对犯罪客体造成的现实危险的事实。危险结果作为危害结果的种类之一，其典型特征是：现实的危险性。与实害结果不同，危险结果虽然也是现实的，但对于特定犯罪客体来说，它不是表现为已经发生现实性的变化，而只是存在着变化的现实危险。这种危险状态是犯罪客体从正常状态向被改变状态发展过程中的环节，说明犯罪客体已经受到了现实的威胁。这种危险性是由危害行为所造成的某种事实表现出来的，因而不同于行为本身的危险性。

实害结果与危险结果是危害后果的基本形态，它们既可以是构成结果，也可以是非构成结果。危险结果作为构成结果必须具备两个条件：（1）危险结果必须是对构成要件客体的危险；（2）以法律明确规定为条件，不能任意解释。我国刑法分则第二章规定的一些危险犯，就是以危险结果为构成结果的。

三、我国刑法对危害结果的规定

危害结果是我国刑法中一个重要的概念，关于其作用，刑法总则和分则分不同情况进行了规定，概括起来，主要有以下几种情况：

（一）在故意犯罪和过失犯罪的概念中明确规定危害结果

刑法第 14 条第 1 款规定：“明知自己的行为会发生危害社会的结果，并且希望或者放任这种结果发生，因而构成犯罪的，是故意犯罪。”第 15 条第 1 款规定：“应当预见自己的行为可能发生危害社会的结果，因为疏忽大意而没有预见，或者已经预见而轻信能够避免，以致发生这种结果的，是过失犯罪。”上述规定表明，无论故意犯罪还是过失犯罪，都存在危害结果，只不过后者以结果的实际发生作为犯罪的成立条件，而前者无这种必然要求。是否以危害结果的实现作为犯罪成立的必要条件，以刑法分则各罪的规定为准。

（二）将发生有形的、物质性的危害结果，作为某些故意犯罪的既遂标准

犯罪的既遂一般说来应该是犯罪的完成，一般情况下，犯罪的完成是以危害结果的发生为标准的。而我国刑法所规定之犯罪，多数是以物质性的危害结果的出现作为既遂标准的，故意犯罪也是如此。例如，杀人罪、伤害罪，要求以被害人伤亡的结果作为既遂的标准，而盗窃罪、诈骗罪，则要求以数额较大的公私财产的损失作为既遂的标准。

（三）将发生某种现实的危险结果作为构成某些故意犯罪的既遂标准

在一些公共危险性的犯罪中，刑法并不要求以对犯罪客体造成现实的侵害作为既遂的标准，为了使公共安全这样的重大利益得到周全的保护，刑法以造成某种危险状态作为犯罪的既遂标准。如我国刑法分则第二章“危害公共安全罪”中的一些公共危险犯罪，如放火罪、爆炸罪、投放危险物质罪、破坏交通工具罪等，就属于该种情况。

（四）将造成某种严重危害结果作为构成过失犯罪的标准

我国刑法对将过失行为作为犯罪处理的情况，持慎重态度。在我国刑法所规定的过失犯罪

中，绝大多数规定以某种严重危害结果的出现作为犯罪的成立条件，否则，不成立犯罪。如我国刑法将过失重伤规定为犯罪，而过失造成轻伤结果的，不构成犯罪。

（五）将发生某种特定的危害结果作为划分此罪与彼罪的标准

一般情况下，行为的性质是以结果的性质反映出来的，但也存在一种行为从不同的角度予以观察具有不同性质的情况。例如，以殴打的形式虐待他人时，其行为既有虐待的性质，也有伤害的性质。在这种情况下，我国刑法往往采取依危害结果的性质来认定犯罪的方法。例如，我国刑法第 248 条规定："监狱、拘留所、看守所等监管机构的监管人员对被监管人进行殴打或者体罚虐待，情节严重的，处三年以下有期徒刑或者拘役；情节特别严重的，处三年以上十年以下有期徒刑。致人伤残、死亡的，依照本法第二百三十四条、第二百三十二条的规定定罪从重处罚。"该规定说明，如果行为人在殴打或者体罚虐待被监管人时未造成伤残或死亡结果的，构成虐待被监管人员罪；而同样的行为造成伤残或死亡结果的，就构成故意杀人罪或故意伤害罪，即以法定的严重结果的发生，作为法定的区分此罪与彼罪的界限的标准。

（六）将造成某种严重的结果作为提高法定刑或从重处罚的根据

在我国刑法分则规定的各种犯罪中，多数犯罪规定了两个或者两个以上法定刑的幅度，在基本法定刑的基础上升到加重法定刑的情况中有相当部分是以造成严重结果作为依据的。在我国刑法规定的犯罪中，无论故意犯罪或过失犯罪，均有这种情况。如刑法第 234 条规定的故意伤害罪、第 238 条规定的非法拘禁罪属于故意犯罪的情形，而第 131 条规定的重大飞行事故罪、第 137 条规定的工程重大安全事故罪属于过失犯罪的情形。

四、危害结果的地位和作用

（一）危害结果在犯罪构成中的地位

危害结果在犯罪构成中的地位，主要解决两个问题：一是危害结果在犯罪客观要件中属于共同要素还是非共同要素，二是危害结果是哪些犯罪构成的客观要件要素。

我们认为，危害结果并非犯罪构成的共同要素。例如，未遂形态犯罪的犯罪构成中，就没有结果。既然有不以危害结果为构成要素的犯罪构成，危害结果就只能是犯罪构成客观要件中的非共同要素，那么，危害结果存在于哪些犯罪构成中？未遂、中止、预备三种未完成形态犯罪的犯罪构成中不要求结果要素，关于这一点，无论是立法界还是刑法理论界，均有基本一致的观点。此外，在完成形态犯罪中，结果犯以危害结果为构成要素没有疑义，行为犯不以危害结果为构成要素为多数学者赞同。当然，这里应该正确理解行为犯与结果犯的划分，不应扩大行为犯的范围，应将以非物质性结果为构成结果的犯罪与行为犯区别外来。例如，强奸罪就是以非物质性结果为构成结果的结果犯而不是行为犯。那么，危险犯是否以危害结果为构成要素呢？我们认为，危险犯以危险状态为既遂构成的必要要素，实质就是以危害结果为必要要素，因为危险状态这种事实特征正是危害结果。什么是危险状态？危险犯所要求的危险状态，是指由危害行为造成的威胁犯罪客体存在的现实状态。分析其内容可知，这种状态是客观的事实特征，应该属于犯罪客观要件的内容；它是危险行为产生的事实状态，因而不属于行为本身的内容；它是行为产生的事实，从而说明了对犯罪客体的威胁。危险状态的这些内涵，完全符合危害结果的基本特征，是危害结果的种类之一。因此，危险犯的既遂构成与结果犯相比，不是有无危害结果的要求不同，而是危害结果的种类有异。

根据以上分析，对危害结果在犯罪构成中的地位可作如下概括：一切结果犯、危险犯的既遂构成均以危害结果为构成要件要素；而未完成形态犯罪及行为犯的犯罪构成中不要求危害结果，因此，危害结果是犯罪构成的非共同要件。

（二）危害结果的作用

危害结果是说明犯罪的社会危害性的重要表现，因而对定罪、量刑有重要作用。

1. 危害结果影响定罪。危害结果影响定罪，其表现可以概括如下：（1）危害结果是判断罪与非罪的重要标准。例如，以后果严重或数额较大作为构成要件的犯罪，就是以危害结果作为区分罪与非罪的具体标准。（2）危害结果是区分犯罪的基本形态与加重/减轻形态的重要界限。结果加重犯、数额加重犯是以危害结果作为区别加重形态和基本形态标准的实例，而情节加重犯、情节减轻犯与基本犯的区别中，危害结果作为情节的内容起重要作用。（3）危害结果是区分犯罪的完成形态与未完成形态的重要标准。如结果犯和危险犯的既遂与未遂的区分，就是以危害结果的有无为标准的。

2. 危害结果影响量刑。危害结果能够影响定罪，已经决定了它影响量刑的最基本的方向。不能直接影响定罪的非构成结果还可以影响量刑。对于危害结果影响量刑的形式，可以概括为以下几个方面：（1）在立法上，以危害结果的大小作为设定法定罪刑单位及量刑情节的根据之一。在我国刑法中，多数犯罪都规定两个或更多的罪刑单位，并行从重、从轻、减轻和免除各种法定量刑情节。在其立法依据中，危害结果的有无和大小是重要内容。（2）在司法上，以危害结果作为量刑轻重的标准之一。我国刑法规定的每个罪刑单位都有幅度，在从法定刑到宣告刑过渡的整个过程中，危害结果因素起重要作用。

第四节　刑法中的因果关系

一、刑法因果关系的概念和特征

刑法因果关系，是犯罪构成客观要件中所要研究的问题，是指危害行为与危害结果之间的因果关系。查明因果关系，对于解决行为人的刑事责任有重要意义。研究刑法因果关系，应把握以下几个基本点：

（一）刑法因果关系与哲学因果关系的统一性

原因和结果，是一对哲学范畴。因果关系是指在运动过程中前后相继的事物之间相互制约、相生依存的关系。哲学因果关系是对客观世界存在的因果联系的最高抽象和概括，刑法因果关系作为危害行为与危害结果之间的关系，与哲学因果关系必然具有统一性，它们是具体与抽象、特殊和一般的关系。因此，刑法因果关系作为与哲学因果关系具有统一性的特殊因果关系，必须具备因果关系的一些基本特征，其中包括以下内容：

1. 客观性。因果关系是客观事物自身所具有的相互依存、相互制约的联系，它是客观的，不以人的主观意志为转移。关于因果关系有无的判断，也只能依据客观、实际的联系来进行。例如，甲、乙两青年在公共汽车上辱骂一位批评他们不遵守秩序的老人，致使老人心脏病突发，当场死亡。这里，老人犯病死亡的结果是由两青年的侮辱行为引起的，即两者之间有因果关系。至于两青年是否应为老人的死亡承担刑事责任，则不是因果关系所要解决的问题，而是主观罪过有无的问题，即使两青年对老人的死亡不负责任，也不能说老人的死亡与两青年的行为无因果关系，即不能以罪过这种主观内容的有无作为判断因果关系这种客观因素有无的依据。

2. 相对性。如果将某一事物放在事物发展的过程中进行考察，它是原因还是结果具有不确定性。就与引起该事实的其他因素来说，该事实是结果；而该事实在继续的发展中导致其他事实产生时，该事实又是原因。可见，任何一个事实，在世界的普遍联系中，都既是原因又是结果。因此，为了了解单个的现象，我们就必须把它们从普遍的联系中抽出来，孤立地考察它们，而且在这里不断更替的运动就显现出来，一个为原因，另一个为结果。[①] 可见，因果关系有相对性的特点，不具有绝对性。指出因果关系相对性的目的，在于说明各种事物现象在彼此制约、普遍联系的因果链中都具有双重身份，它既是由其他事物引起的结果，又是产生另外事物的原因。因此，原因和结果的区别只是相对的，只有将客观世界无限因果链中的一对现象孤立出来，才能显现出原因和结果的确定性。

3. 顺序性。在因果联系中，原因和结果是具有对立、统一性质的一对范畴：原因是对结果有创造力的主动性的方面，具有始发性；而结果则是被引发出来的被动性的方面，具有后继性。因果联系就是这两个对立方面的本质联系，这种联系就是因果的顺序性：原因一定在前，结果一定在后，不能倒置。

4. 复杂性。世界上的每一个事物都是在普遍联系中存在的，因而其存在和发展，必然受多种因素的制约和影响。这样，在因果世界中，一因多果和一果多因的复杂情况是不可避免的。在复杂的因果关系中，既要看到因果联系的复杂化，避免片面性的偏向，也要注意把握主要的、起决定作用的原因，避免表面性的偏向。刑法中因果关系的形式，可以概括地归纳为以下几种：其一，一因一果。这是最简单的因果关系形式，是指一个危害行为直接或间接地引起一个危害结果。司法实践中，这种因果关系形式较易认定。其二，一因多果。它是指一个危害行为可以同时引起多种结果的情形。例如，甲侮辱乙，不但损害了乙的人格与名誉，还导致乙自杀身亡。在一因引起的多种结果中，要分析主要结果与次要结果、直接结果与间接结果，这对定罪、量刑是有意义的。其三，多因一果。这是指一个危害结果是由多种危害行为造成的。它最明显的表现有两种情况：一是责任事故。责任事故的发生往往涉及许多人的过失，而且往往是主、客观原因交织在一起，情况非常复杂。确定这类案件的因果关系，就必须澄清主要原因与次要原因等情况，这样才能正确解决刑事责任问题。二是共同犯罪。共同犯罪中各个共同犯罪人的危害行为之总和作为造成危害结果的总原因，与危害结果之间存在因果关系。但是，根据我国刑法的规定，共同犯罪人的刑事责任的解决，是在分析各个共同犯罪人的行为在共同犯罪中所起的作用的基础上，确定犯罪人的种类和刑事责任，因而多因一果之因果关系的研究在这种情况下有现实意义。其四，多因多果。这是指多个危害行为同时或先后引起多个危害结果。其典型表现形式存在于集团性共同犯罪中。多人组成一个盗窃犯罪集团，先后实施多个盗窃行为就属于该种情况。

（二）刑法因果关系的独有特征

刑法因果关系作为因果关系的一种，必须具有以上特点，但这些特点只是说明刑法因果关系与哲学因果关系相统一的一面。刑法因果关系作为特殊的因果关系，还必须有其特殊性，以其自身的规定性与哲学因果关系区别开来。刑法因果关系的特征主要表现在如下两个方面：

1. 内容的特定性。在研究对象方面，刑法因果关系只研究危害行为与危害结果之间的关系，其他均不在刑法上因果关系研究之列。因果关系的复杂性决定，“因”往往不只是一“果”之因，“果”大多也不只由一“因”引起。危害结果与危害行为之间的关系也是一样：一个危害结果，其形成的原因总是多方面的，直接原因和间接原因，主要的、决定性的原因和次要的、非决定性的原因，内部原因和外部原因，必然原因和偶然原因，等等，在这诸多原因中，只有危害行为这个原因，不管其属于直接原因还是间接原因、主要原因还是次要原因，才是刑法调整的对象。例如，甲与乙恋爱，乙之父丙坚决反对，对乙多次辱骂、殴打，并对乙严加看管，不许乙与甲见面，致乙自杀。乙死亡这一危害结果的原因就有丙的暴力干涉婚姻自由行为

① 参见《马克思恩格斯全集》，第20卷，575页，北京，人民出版社，1971。

和乙的自杀行为，但刑法关注的、能够成为刑法因果关系之因的只是丙的行为。同样，一个危害行为，所引起的结果也可能是多方面的。例如，甲潜入乙家盗窃，盗走现金，损坏室内陈设，留下指印、足迹等，这些都是危害行为造成的后果，但刑法所关注的、能够成为刑法因果关系之果的，只能是侵害他人财产权的结果。可见，研究对象的特定性，是刑法因果关系内容的特点。

2. 刑法因果关系的法定性。刑法因果关系研究的内容是刑法规定的，刑法规定危害行为与危害结果，同时也就规定了因果关系。若不是刑法规定的危害行为与危害结果的关系，就不具有刑法因果关系的性质。立法者之所以规定刑法因果关系的内容为危害行为与危害结果之间的关系，决定于刑法因果关系的研究目的。刑法因果关系的研究，不仅在于证明某两个事物之间是否具有因果关系，更重要的是这种证明应该能够对定罪、量刑有作用。这样，危害行为与危害结果之外的因果关系虽然也客观存在，但它对定罪、量刑无益，自然不能成为刑法因果关系的内容。

二、刑法因果关系的具体形式

刑法因果关系，从不同的角度划分可以有不同的具体形式，在刑法理论中研究较多的是必然因果关系与偶然因果关系、直接因果关系与间接因果关系这四种形式。在这里，我们也只简要介绍这几种形式的因果关系。

必然因果关系与偶然因果关系，是以危害行为是否包含着产生危害结果的内在根据为标准而划分的因果关系形式：危害行为中包含着危害结果产生的根据，合乎规律地产生危害结果时，危害行为与危害结果之间就是必然因果关系；当危害行为本身并不包含着产生某种危害结果的根据，但在其发展过程中，偶然介入其他因素并由介入因素合乎规律地引起危害结果时，危害行为与危害结果之间就是偶然因果关系。

直接因果关系与间接因果关系，是以危害行为与危害结果之间联系的远近为标准而划分的因果关系的形式。直接因果关系是危害行为不通过中间环节而直接产生危害结果的因果关系；间接因果关系是行为与结果之间有第三者作为中间环节相联系的因果关系形式，中间环节可以是人的行为，也可以是自然力。

必然因果关系与偶然因果关系、直接因果关系与间接因果关系，是从不同的角度，依据不同的标准对因果关系形式的划分，不能将两者混为一谈或互相代替，必然因果关系未必都是直接因果关系，偶然因果关系也不能与间接因果关系画等号。例如，甲恼于挂在窗外的两只鸡被盗，又将两只放了毒药的鸡挂在窗外。乙偷两只鸡后卖给丙，丙食鸡后中毒身亡。此例中，若从联系的远近看，丙之死与甲的下毒行为只有间接联系，仅下毒行为中包含着致人死亡的条件，只要被他人食用，就会有死亡结果发生，因而从行为中是否包含结果的内容来看，甲的下毒行为与丙的死亡之间是必然联系，因为必然联系是事物之间内部的联系。必然性决定了事物发展的能力，存在着发展的可能性。但必然性不是宿命论，存在必然性并不意味着必然性可以不依任何条件地自我实现，也不规定实现的具体情况，对于结果来说，它只规定着特定类别结果产生的可能性。因此存在必然性的事物在发展过程中，有其他因素介入而产生结果、形成间接因果关系的情况是存在的。

因果关系的形式不同对刑事责任有不同的影响，因为因果关系的形式说明了危害行为对危害结果发生的原因力的大小，必然会影响刑事责任的程度。

三、刑法因果关系的地位和作用

刑法因果关系的地位，主要是指它是否是犯罪构成要件要素问题。对这个问题，我国刑法理论界有两种不同的观点：一种观点认为刑法因果关系是犯罪构成客观要件要素，其存在范围与危害结果的存在范围相同；另一种观点认为刑法因果关系不是犯罪构成要件要素。我们同意后一种观点。

刑法因果关系对认定犯罪具有重要作用，这种作用不是表现为它作为犯罪构成的一个独立要件要素，而是表现为它对犯罪客观要件中危害行为和危害结果的决定作用：认定某一行为和结果是否为刑法上的危害行为和危害结果的时候，因果关系的认定是必备步骤。刑法要求定罪以结果为成立条件时，行为和结果是否是该罪要求的危害行为和危害结果，就要看两者之间是否具有因果关系：有因果关系，说明危害行为与危害结果成立，刑法因果关系存在，否则，即使具有危害行为与危害结果，也不具备刑法因果关系。这样，用因果关系判明危害行为与危害结果成立之后，刑法因果关系已经失去了独立意义，不再对犯罪成立与否起独立作用。因此可以说，刑法因果关系的作用是重要的，没有刑法因果关系，就没有刑法的危害行为和危害结果，就不能认定犯罪。但对犯罪构成来说，认定了危害行为和危害结果，因果关系已经蕴涵其中，没必要以其作为独立的构成要素。这正如犯意和行为之间具有因果关系，但我们只将犯意和行为作为构成要件要素，而没再将两者的因果联系作为独立的构成要件要素的道理。

第五节　犯罪的其他客观要件

一、犯罪其他客观要件的概念和种类

对于某些犯罪，犯罪成立的客观要件中不只要求危害行为、危害结果，还要求其他一些客观要件，否则，不成立特定的犯罪。这些条件也属于犯罪客观要件的内容，主要是指犯罪的时间、地点和方法。犯罪时间，是指犯罪实施的时间条件。犯罪地点，是指犯罪实施的空间条件。犯罪方法，是指犯罪实施的方式、手段、步骤和途径等。应该说，任何犯罪的实施都必然具有一定的时空形式、采用一定的方法，没有时间、地点和方法，也就没有犯罪。但并非所有的犯罪都以时间、地点和方法的特定性作为犯罪客观要件的内容，而只有某部分犯罪才对此有特定要求，在这样的犯罪中，犯罪的时间、地点和方法才是犯罪客观要件要素，影响犯罪的成立。在其他犯罪中，犯罪的时间、地点和方法只对量刑有一定影响。

二、犯罪其他客观要件的法律规定

犯罪的时间、地点和方法作为犯罪客观要件的范围，是由刑法规定的。

在以特定时间为犯罪构成要件的犯罪中，我国刑法对犯罪时间的规定主要有两种方式：一为明定式，作为构成要件的犯罪时间由刑法明文规定。非法狩猎罪中规定的“禁猎期”即属此类。二为隐含式，法条虽未明定犯罪时间，但根据刑法条文规定可以推断出对犯罪时间的特定要求。如妨碍公务罪的行为必须发生在国家工作人员依法执行职务期间，若不是在法条隐含的特定时间内实施，就不能构成该罪。

在以特定地点为犯罪构成要件的犯罪中，我国刑法对犯罪地点的规定一般采用明文规定的形式。我国刑法中规定的犯罪地点很多，主要有海关口岸，边、海防线；内海、领海海域；禁渔区；禁猎区；羁押、监管人犯的场所；战场、军事行动区、犯罪的当场，等等。

在以特定方法为犯罪构成要件的犯罪中，我国刑法对犯罪方法也只采用明定式，其规定的具体方法有很多，如利用职务便利的方法，利用封建迷信的方法，强制使用禁止使用的工具和方法等。若非使用法定的犯罪方法，即不构成该罪。

三、犯罪的时间、地点、方法对定罪、量刑的意义

刑法把特定的时间、地点、方法明文规定为某些犯罪的构成要件之内容的时候，该时间、地点、方法就具有构成要件的意义，成为犯罪成立必不可少的条件，其存在与否，只有区分罪与非罪的价值。例如，我国刑法第340、341条规定的非法捕捞水产品罪和非法狩猎罪，立法将“禁渔期”、“禁猎期”、“禁渔区”、“禁猎区”、“禁用的工具、方法”等规定为构成这些犯罪的必备条件，因而实施的行为是否具备这些因素，便成为区分罪与非罪的关键。

当然，对于大多数犯罪来说，犯罪的时间、地点、方法对犯罪是否成立没有直接影响。但需要指出，以情节严重或情节恶劣作为犯罪构成条件时，犯罪的时间、地点和方法可能会成为情节内容之一而对定罪、量刑发生影响。例如，在故意杀人罪中，犯罪时间、地点、方法并不影响犯罪是否成立，但在社会治安状况严峻时期的杀人行为所造成的社会影响会与其他时期的有不同，在公共场所与其他场所的杀人其危害程度不同；以残酷手段杀人与以一般手段杀人有不同，这样的不同由于在一定程度上会影响行为的社会危害性程度，因而也就有可能影响量刑。

法律应用

1. 危害行为是刑法分则各罪规定的核心内容，其主要是对行为样态的描述。但由于危害行为是具有社会意义的行为，因而单纯依据行为样态的描述还难以把握危害行为的内涵，只有结合犯罪构成的其他要件的内容才能最终确定危害行为的全部内涵。

2. 危害结果与犯罪客体有密切关系，但由于危害结果具有区分法定的结果犯、危险犯与行为犯的功能，因而在结果犯与危险犯中，危害结果是犯罪既遂必须具备的要件；在行为犯中，其既遂不需要危害结果的发生，因此，危害结果并非犯罪构成的必要要件。

3. 因果关系是危害行为与危害结果之间的关系，因而只有在结果犯中，才需要确认因果关系是否存在，而且必须确认其存在。如果不能认定危害结果是由行为人的行为引起，就不能认定犯罪。同时，因果关系是行为与结果之间的客观联系，因果关系的存在只说明具备了犯罪成立的客观要件，是否成立犯罪，还需要对犯罪其他要件是否满足的确认。

4. 犯罪的时间、地点、方法作为某些犯罪构成的必要要件，其前提是法律有明确规定，在有法律规定的情况下，无法定的时间、地点或方法的存在，就不存在相应的犯罪；在无法律规定的情况下，犯罪的时间、地点、方法不是犯罪构成的必要要件，但仍然可以作为酌定情节对定罪与量刑存在一定影响。

课后复习

1. 为什么要研究犯罪客观方面？
2. 危害行为的概念和特征是什么？
3. 如何理解危害结果的基本形态？
4. 我国刑法对危害结果有哪些不同的规定方式？
5. 研究刑法因果关系应注意哪些基本观点与基本问题？
6. 如何理解犯罪客观方面的其他要件？

第八章

犯罪主体要件

第一节　犯罪主体要件概述

一、犯罪主体与犯罪主体要件

二、研究犯罪主体要件的意义

第二节　自然人犯罪一般主体要件

一、刑事责任能力

二、刑事责任年龄

三、精神病及醉酒对刑事责任能力的影响

四、又聋又哑的人和盲人的刑事责任能力问题

第三节　自然人犯罪特殊主体要件

一、自然人犯罪的特殊主体与特殊主体要件

二、自然人犯罪特殊主体要件的分类

第四节　单位犯罪主体要件

一、单位犯罪的概念

二、单位犯罪主体要件

□・提　要・□

犯罪主体是犯罪行为的实施者。我国刑法中的犯罪主体包括自然人犯罪主体和单位犯罪主体两种情况。犯罪主体要件，是指刑法规定的犯罪主体必须具备的条件，是决定犯罪成立及犯罪性质的重要因素。行为人是否具备犯罪主体要件，不仅是行为人承担刑事责任的前提和基础，也是决定行为人承担刑事责任的内容和大小的重要根据。根据刑法对犯罪主体必须具备的条件有无特定的要求，犯罪主体要件可以分为一般主体要件与特殊主体要件。其中，达到法定的刑事责任年龄、具有刑事责任能力，为所有自然人成为犯罪主体的必备条件；特定的身份为某些自然人犯罪主体的必备条件。单位作为犯罪主体，以刑法明文规定的犯罪范围为限。

重点问题

1. 犯罪主体的实质及意义
2. 决定自然人刑事责任能力的条件
3. 单位犯罪及单位犯罪主体的认定

第一节　犯罪主体要件概述

一、犯罪主体与犯罪主体要件

（一）犯罪主体

我国刑法理论中的犯罪主体，即实施犯罪行为的人，是一个与我国刑法规定中的“犯罪分子”大致相近的概念。

犯罪主体是法律意义的人。法律意义的“人”，包括自然人和法律拟制的“人”两种情况。前者是指作为个体存在的有生命的人，是自然意义的人；后者，即“法人”，是由自然人组成的社会实体，因法律承认其有以自己的行为实现权利和承担义务而在法律上具有独立的人格。在我国刑法中，犯罪主体也包括两种情况：自然人和刑法拟制的“人”。后者即作为单位犯罪主体的“单位”。尽管中外刑法史中均有将动物、植物或自然现象作为刑法处罚对象的记载，但是，由于只有人才具有在理解刑法规范意义的前提下，按照刑法要求控制自己行为的能力，所以，只有自然人或由自然人组成的“单位”，才有可能成为我国刑法调整的对象，成为犯罪行为的主体。

犯罪主体是实施了刑法所禁止行为的人。犯罪是刑法所禁止的危害社会的行为，因此，只有实施刑法所禁止的危害行为的人或单位，才有可能成为犯罪主体。我国刑法不承认先天犯罪人、原罪论、血统论，不承认仅根据行为人的危险性来认定犯罪，不搞株连。没有实施刑法所禁止的危害行为的人，不可能成为犯罪主体。

犯罪主体是依法应对犯罪负刑事责任的人。根据刑法第17条、第17条之一、第18条以及刑法分则相关条文的规定，只有具备一定条件的人（如达到一定年龄、具有辨认和控制自己行为的能力），才对刑法所禁止的危害行为负刑事责任。不具备刑法规定条件的人的实施的刑法所禁止的危害行为，因行为人不负刑事责任而不可能构成犯罪，行为人也因之不可能成为犯罪主体。因此，只有具备刑法所要求的犯罪主体必须具备的条件的人，才可能成为犯罪主体。

（二）犯罪主体要件

1. 犯罪主体要件与主体承担刑事责任的条件

我国刑法理论中的“犯罪主体要件”，是刑法要求自然人或单位犯罪主体必须具备的条件。根据犯罪主体的不同表现形式和刑法对犯罪主体的不同要求，犯罪主体要件可以分为自然人犯罪主体要件和单位犯罪主体要件、犯罪主体一般要件和犯罪主体特殊要件。

关于自然人或单位成为犯罪主体必须具备什么样的条件，我国刑法并没有直接作正面的规定。但是，犯罪是“依照法律应当受刑罚处罚的”（刑法第13条）行为，亦即行为人应对之负刑事责任的行为，这说明，行为人负刑事责任的条件与犯罪成立条件之间存在着内在的必然联系。因此，尽管我国刑法没有明文规定犯罪主体必须具备的条件，但是正如我们可以根据法律是否为某种行为规定了刑罚来判断该行为是否是刑法规定的犯罪一样，我们可以根据刑法规定的行为人对犯罪行为应负刑事责任的条件来揭示犯罪主体要件的内容。换言之，犯罪是由应负刑事责任的人实施的刑法所禁止的危害行为，所谓“自然人或单位成为犯罪主体必须具备的条件”，就是刑法要求对自己实施的犯罪行为应负刑事责任的自然人或单位必须具备的条件。

2. 自然人犯罪主体要件

自然人犯罪主体要件，是指刑法规定的自然人作为犯罪主体必须具备的条件。

我国刑法第17条、第18条规定，只有达到一定年龄，具备辨认和控制自己行为的人，才对相应的犯罪负刑事责任。这里的“达到对相应犯罪负刑事责任的年龄”和“具备对自己行为的辨认和控制能力”，是自然人成为任何的犯罪主体都必须具备的条件，即自然人犯罪主体的一般要件。其中“达到对相应犯罪负刑事责任的年龄”在刑法理论上被称为“刑事责任年龄”，“具备对自己行为的辨认和控制能力”在刑法理论上被称为“刑事责任能力”。

除刑法第17条、第18条的规定外，我国刑法分则还规定某些犯罪只能由具有一定身份的人实施，行为人不具备相应刑法分则条文所要求的特定身份的，相应的犯罪就不能成立。这些犯罪主体所必须具备的特定身份，就是自然人犯罪主体的特殊要件。

3. 单位犯罪主体要件

单位犯罪主体要件，是单位犯罪主体必须具备的条件。由于只要是刑法意义上的单位，就可能成为单位犯罪的主体，所以，单位犯罪的主体要件，也就是一个单位成为刑法意义上的单位必须具备的条件。

刑法第30条、第31条规定，单位犯罪是“公司、企业、事业单位、机关、团体实施的”，原则上单位也“应当负刑事责任”的行为。国家在刑法中规定刑事责任的根本目的，在于通过刑罚的教育和威慑作用来指导、调整人们的行为，防止人们实施刑法所禁止的犯罪行为。由于刑法只能调整对刑法所禁止的犯罪行为具有辨认能力和控制能力的人的行为，不可能要求不具有刑事责任能力的单位承担刑事责任，所以，具备相对独立的刑事责任能力，也是一切单位成为犯罪主体必须具备的条件。

在我国刑法分则规定的单位犯罪中，有少数要求作为犯罪主体的“单位”必须具有特定性质或符合特定条件。这些单位犯罪主体必须具有的特定性质或条件，被称为“单位犯罪主体特殊要件”。

4. 刑事责任能力是犯罪主体要件的核心

“刑事责任能力”是主体对犯罪行为的辨认能力和控制能力，具备相应的刑事责任能力是主体承担相应的刑法义务的根据。不论是自然人犯罪主体的刑事责任年龄或特定身份，还是特殊单位犯罪主体必须具有的性质或条件，都是表明犯罪主体具有相应刑事责任能力的标志，所以，犯罪主体的刑事责任能力是犯罪主体要件的核心。①

二、研究犯罪主体要件的意义

犯罪行为是犯罪主体实施的行为，是犯罪主体的存在形式。从某种意义上说，有什么样的犯罪主体，就会有什么样的犯罪行为。犯罪主体要件，是犯罪成立必不可少的条件。因此，研究犯罪主体要件，具有说明犯罪行为主体与其他行为主体、某一犯罪特有的主体与其他犯罪主体的作用。

---

① 参见陈忠林：《论犯罪构成各要件的实质及辩证关系》，载陈兴良主编：《刑事法评论》，第6卷，337页，北京，中国政法大学出版社，2000。

（一）犯罪主体要件是区分罪与非罪的标准之一

犯罪是行为人应负刑事责任的行为，犯罪主体必须具备的条件也是行为人对犯罪行为负刑事责任必须具备的条件。行为的主体是否具备刑法规定的犯罪主体必须具备的条件，是行为是否构成犯罪的前提和基础。任何不具备犯罪主体要件的自然人或单位实施的行为，都不可能成为主体应负刑事责任的犯罪行为。例如，根据刑法第 17 条的规定，未满 14 周岁的人实施的任何危害社会的行为，都会因主体不负刑事责任而不可能构成犯罪。所以，行为人是否具备刑法所规定的犯罪主体要件，是区别罪与非罪的标准之一。

（二）犯罪主体要件是区分一罪与他罪的标准之一

当刑法为某一种犯罪的主体规定了具体的条件时，行为主体是否符合该种犯罪特殊主体要件，就可能成为区别该罪与其他犯罪的标准。例如，同是“隐匿、毁弃或者非法开拆他人信件”的行为，如果行为主体为一般公民，则只能构成刑法第 252 条规定的侵犯公民通信自由罪；如果行为主体是邮政工作人员，则可能构成刑法第 253 条第 1 款规定的私自开拆、隐匿、毁弃邮件、电报罪。又如，同是利用职务上的便利，收取他人财物的行为，如果行为人是企业、公司的工作人员，其行为构成的是刑法第 163 条规定的非国家工作人员受贿罪；如果行为人是国家工作人员，其行为则应构成刑法第 385 条规定的受贿罪。

（三）犯罪主体要件是影响刑罚轻重的法定情节之一

犯罪主体要件的内容，既是行为人犯罪能力的标志，也是行为人承担刑事责任的重要根据，行为人符合犯罪主体要件的程度，同样会影响行为人刑事责任的大小和刑罚的轻重。例如，刑法第 17 条第 3 款关于“已满十四周岁不满十八周岁的人犯罪，应当从轻或者减轻处罚”的规定，第 18 条第 3 款关于“尚未完全丧失辨认或者控制自己行为能力的精神病人犯罪”“可以从轻或者减轻处罚”的规定，第 19 条关于“又聋又哑的人或者盲人犯罪，可以从轻、减轻或者免除处罚”的规定，都说明行为人符合犯罪主体要件的程度是可以决定刑罚轻重的法定标准。

第二节　自然人犯罪一般主体要件

自然人犯罪一般主体要件，是指自然人作为所有犯罪主体都必须具备的条件。自然人犯罪一般主体要件，包含刑事责任年龄和刑事责任能力两方面的内容，其中，刑事责任年龄，是刑法要求相应犯罪的主体必须达到的年龄；刑事责任能力，是刑法要求犯罪主体必须具备的对自己实施的犯罪行为的辨认能力和控制能力。

作为犯罪主体一般要件的刑事责任能力，以行为人对犯罪行为的辨认能力和控制能力为主要内容，是从犯罪主体角度确定行为人刑事责任的根据；刑事责任年龄是刑法规定的从年龄角度推定行为人刑事责任能力及程度的标准。所以，确定主体刑事责任能力的有无及程度，是研究自然人犯罪一般主体要件的根本目的和核心内容。除刑事责任能力和刑事责任年龄外，影响主体刑事责任能力及其程度的精神病人、又聋又哑的人和盲人的刑事责任问题，也是自然人犯罪一般主体要件要研究的内容。

一、刑事责任能力

刑事责任能力，即行为人对于自己实施的犯罪行为的辨认能力和控制能力，是一切犯罪主体都必须具备的条件。

我国刑法中的刑事责任能力，既是行为人可能对犯罪行为负刑事责任必须具备的条件，也是行为人成为犯罪主体必须具备的条件。[①] 尽管我国刑法并没有直接规定刑事责任能力的内容，我们也完全可以从刑法规定的应对犯罪行为负刑事责任的主体条件中，推出犯罪主体必须具备的刑事责任能力这一要件的具体内容。

刑法第 18 条规定，“精神病人在不能辨认或者不能控制自己行为的时候造成危害结果”“不负刑事责任”，“间歇性的精神病人在精神正常的时候犯罪，应当负刑事责任”；“尚未完全丧失辨认或者控制自己行为能力的精神病人犯罪的，应当负刑事责任”。从上述规定[②]中可以推知，刑事责任能力即行为人对自己行为的辨认能力和控制能力。上述规定中作为行为人辨认和控制对象的“行为”，在逻辑上都是指行为人在精神正常的情况下应当负刑事责任的犯罪行为。准确地说，作为犯罪主体一般要件的刑事责任能力，应该是指行为人对犯罪行为的辨认能力和控制能力。

行为人对犯罪行为的辨认能力，是指行为人认识犯罪行为的性质及危害的能力；行为人对犯罪行为的控制能力，是指行为人能在认识到犯罪行为危害性质的基础上，控制自己不去实施犯罪行为的能力。因此，具备刑事责任能力的人，是能够按照刑法的要求不实施犯罪行为的人，因而也是应当承担刑法所规定的禁止性义务的人。具备刑事责任能力的人犯罪，就主体与刑法规定的关系而言，是行为人违反刑法禁止性义务的意志和意识状态的表现形式；从主体与行为的关系而言，是行为人没有按照刑法的要求正确地运用自己的辨认能力和控制能力去认识行为的危害性质，去控制自己不去实施犯罪的结果。这是具备刑事责任能力的人犯罪应当承担刑事责任的根本原因，也是刑事责任能力是一切犯罪主体必备条件的根本原因。

二、刑事责任年龄

（一）刑事责任年龄的概念

刑事责任年龄，是指刑法规定的主体为自己实施的刑法所禁止的危害行为负刑事责任必须达到的年龄。达到刑法规定的刑事责任年龄，是推定自然人具备刑事责任能力的重要根据，因此也是任何自然人犯罪主体都必须具备的条件。

应对刑法所禁止的危害行为负刑事责任，是主体的行为构成犯罪的必要条件，所以，刑事责任年龄既是主体承担刑事法律后果必须达到的“责任年龄”，也是决定行为人的行为能否构成犯罪的“犯罪年龄”。

一个人的年龄与一个人的刑事责任能力（对犯罪行为的辨认能力和控制能力）之间具有内在的规律性联系。没有达到一定的年龄，一般就不可能具有对犯罪行为的辨认能力和控制能力。因此，只有达到法定的刑事责任年龄的人，刑法才要求其对刑法所禁止的危害行为负刑事责任。刑法明文规定主体应为自己行为负刑事责任的年龄，实际上是用法律规定的形式推定：没有达到法定刑事责任年龄的人，一律不具有对犯罪行为的辨认能力和控制能力。尽管在实践中存在个别人的年龄和刑事责任能力不相称的情况，但是，如果法律要求对每一个行为人都必

① 即使在德、日等国通行的刑法理论中，行为人的责任能力（即行为人承担国家非难评价的可能性的条件）就是行为人承担刑事责任（即承担国家对犯罪行为的非难或谴责）的能力，行为人承担刑事责任的能力就是行为人的犯罪能力（资格），这样一种逻辑将“责任”作为犯罪成立的条件之一。相反观点参见张明楷：《刑法学》（上），172 页，北京，法律出版社，1997。

② 除第 18 条外，刑法第 14 条、第 15 条、第 16 条等，也是推定刑事责任能力内容的法律依据。如刑法第 14 条要求，犯罪故意必须以“行为人明知自己的行为会发生危害社会的结果”为内容，这里的“明知”显然必须以行为人有“明知”的能力为前提。

须进行刑事责任能力的鉴定，就会极大地增加司法成本，并在司法实践中造成严重混乱。

（二）刑事责任年龄阶段的划分

关于刑事责任年龄阶段的划分，各国刑法有不同的规定。根据依刑法修正案（八）新修改的刑法第 17 条的规定，我国刑法将刑事责任年龄划分为以下几个阶段。

1. 对一般犯罪都应负刑事责任年龄阶段

刑法第 17 条第 1 款规定："已满十六周岁的人犯罪，应当负刑事责任。"该规定意味着：已满 16 周岁的人实施的刑法所禁止的任何危害行为，原则上都应当认定为犯罪，行为人都应该承担相应的刑事责任。这一刑事责任年龄阶段，即刑法理论中的"完全负刑事责任年龄阶段"。

我国刑法如此规定的原因在于：已满 16 周岁的人，无论从身心发育还是从社会经历的角度考虑，都应该已经具有认识一般犯罪行为的危害性质和控制自己不去实施这些犯罪行为的能力。在能够认识犯罪行为的危害和控制自己不实施犯罪的情况下，一个人实施了刑法所禁止的危害行为，当然应该为这种犯罪行为承担相应的刑事责任。

2. 只对少数严重犯罪负刑事责任年龄阶段

刑法第 17 条第 2 款规定："已满十四周岁不满十六周岁的人，犯故意杀人、故意伤害致人重伤或者死亡、强奸、抢劫、贩卖毒品、放火、爆炸、投毒罪的，应当负刑事责任。"该规定说明，除社会危害性极其明显的"故意杀人、故意伤害致人重伤或者死亡、强奸、抢劫、贩卖毒品、放火、爆炸、投毒罪①"外，已满 14 周岁、未满 16 周岁的人实施其他刑法所禁止的危害行为，不应当承担刑事责任。由于处于这一年龄阶段的人只对少数严重的犯罪负刑事责任，所以这一年龄阶段又称"相对负刑事责任年龄阶段"或者"相对不负刑事责任年龄阶段"。由于故意杀人、故意伤害致人重伤或者死亡、强奸、抢劫、贩卖毒品、放火、爆炸、投放危险物质罪的社会危害性极其明显，已满 14 周岁的人已经具有对这类犯罪行为的辨认能力和控制能力，所以实施了其中行为之一的，应该承担相应的刑事责任。

对于前述 8 种犯罪，刑法理论界曾有罪名和行为两种不同理解，现一般根据 2002 年 7 月 24 日《全国人大常委会法工委关于已满十四周岁不满十六周岁的人承担刑法责任范围问题的答复》，理解为"具体犯罪行为而不是具体罪名"②，即"对于刑法第十七条中规定的'犯故意杀人、故意伤害致人重伤或者死亡'，是指只要故意实施了杀人、伤害行为并且造成了致人重伤、死亡后果的，都应负刑事责任，而不是指只有犯故意杀人罪、故意伤害罪的，才负刑事责任，绑架撕票的，不负刑事责任。对于司法实践中出现的已满十四周岁不满十六周岁的人绑架人质后杀害被绑架人，拐卖妇女、儿童而故意造成被拐卖妇女、儿童重伤或者死亡的行为，依照刑法是应当追究其刑事责任的"③。

3. 应当从轻或减轻刑事责任的年龄阶段

在我国刑法中，这一年龄阶段是指"已满十四周岁不满十八周岁"的年龄阶段和"已满七十五周岁"的年龄阶段。刑法第 17 条第 3 款规定："已满十四周岁不满十八周岁的人犯罪，应当从轻或者减轻处罚。"根据这一规定，所有达到刑事责任年龄但未满 18 周岁的人犯罪，不论是已满 14 周岁、未满 16 周岁的人犯故意杀人、故意伤害致人重伤或者死亡、强奸、抢劫、贩

---

① 最高人民法院、最高人民检察院根据《中华人民共和国刑法修正案（三）》将原来的投毒罪的罪名修改为投放危险物质罪。

② 相反意见参见陈兴良：《社会危害性理论》，载《法学研究》，2000（1）。

③ 有必要说明的是：根据《宪法》和《立法法》的规定，只有全国人大常委会才能经过法定的程序代表最高立法机关解释法律，全国人大常委会法工委上述答复并不是立法解释。

卖毒品、放火、爆炸、投放危险物质罪，还是已满16周岁、未满18周岁的人犯罪，都应当从轻或者减轻处罚。

刑法这样规定，一方面是因为未满18周岁的人还是未成年人，对犯罪行为的辨认能力和控制能力相对较弱，故应承担比成年人相对较轻的刑事责任；另一方面也是因为未成年人无论生理或心理的发育都尚未十分成熟，可塑性大，对他们适用较轻的刑罚，更有利于对他们的教育、改造和健康成长。根据刑法修正案（八）修订的刑法第17条之一条规定："已满七十五周岁的人故意犯罪的，可以从轻或者减轻处罚；过失犯罪的，应当从轻或者减轻处罚。"

刑法这样规定，一方面是考虑到中国尊老爱幼的传统文化，对已满75周岁的老年人适用较轻的刑罚比较符合对老年人的尊重；另一方面也考虑到一般老年人的生理情况，一般来说，75周岁以上老年人的认识能力会随着年龄的增长迅速下降，辨认能力和控制能力可能会减弱，对他们适用较轻的刑罚，也符合刑事责任能力的要求。

4. 完全不承担刑事责任年龄阶段

此年龄阶段亦称"绝对不负刑事责任年龄阶段"，是指行为人实施刑法所禁止的任何危害行为，都不承担刑事责任的年龄阶段。我国刑法并未明文规定处于什么年龄阶段的人实施刑法所禁止的危害行为，不承担刑事责任。但是，根据刑法第17条第2款关于已满14周岁、不满16周岁的人，只对"故意杀人、故意伤害致人重伤或者死亡、强奸、抢劫、贩卖毒品、放火、爆炸、投毒罪"8种犯罪负刑事责任的规定，完全可以得出未满14周岁的人实施刑法所禁止的任何危害行为都不应当承担刑事的结论。

在我国具体的情况下，未满14周岁的人还处于幼年时期，因受自己生理发育和社会经历的限制，尚不具有对犯罪行为的辨认能力和控制能力，还无法按刑法的要求履行刑法所规定的禁止性义务。这是我国刑法规定他们实施刑法所禁止的危害行为不承担刑事责任的根本原因。

5. 对因不满16周岁而不予刑事处罚的处理

根据刑法第17条第1款、第2款的规定，未满16周岁的一般都不承担刑事责任，未满14周岁的人在任何情况下都不承担刑事责任。但是，这并不意味着刑法对未达到法定刑事责任年龄的人姑息放纵，允许他们任意实施刑法所禁止的危害行为。为了加强对他们的教育和看管，刑法第17条第4款特别规定：对"因不满十六周岁不予刑事处罚的"，一般应"责令他的家长或者监护人加以管教"，"在必要的时候，也可以由政府收容教养"。

（三）刑事责任年龄的认定

1. 刑事责任年龄的计算

刑法第17条规定，我国刑法中的刑事责任年龄都是按周岁计算。根据有关司法解释，这里的"周岁"，是按公历计算的实足年龄。① 刑法第17条中规定的"已满十四周岁"，是指按公历的年、月、日计算，一个人已经整整生活了14年；"已满十六周岁"，则是指已经整整生活了16年。具体计算方法是：一个人从出生之日起，每过一个生日，从第二天起就增加一周岁。例如，一个1981年12月1日出生的人，只有从1995年12月2日起才能认为是"已满十四周岁"，在1995年12月2日以前都只能算是"未满十四周岁"。刑法第17条中的"已满十六周岁"、"未满十八周岁"等规定，均以此类推进行计算。

2. 跨越年龄阶段行为中的刑事责任年龄问题

犯罪主体是实施犯罪行为的人，只有正在实施犯罪行为的人的刑事责任年龄，才能作为犯罪主体要件的构成因素。因此，就主体与行为的关系而言，认定行为主体是否达到了刑法规定

① 参见1985年8月21日最高人民法院《关于人民法院审判严重刑事犯罪案件中具体应用法律的若干问题的答复（三）》。

的刑事责任年龄，是认定正在实施刑法所禁止的危害行为的行为人是否已经达到了刑法规定的应当为犯罪承担刑事责任的年龄。而刑法所禁止的危害行为的开始和结束往往在时间上有一个持续的完成过程，因此，就可能出现一个刑法所禁止的危害行为在时间上跨越行为人不同刑事责任年龄阶段的情况。这时，就出现了认定行为人处于哪一个刑事责任年龄阶段的问题。能否正确解决这个问题，将对行为人所实施的刑法所禁止的危害行为是否构成犯罪，行为人是否应当为此承担刑事责任或者应当怎样为此承担刑事责任产生直接的影响，所以，有必要作具体的说明。从实践的角度看，跨刑事责任年龄阶段的行为通常表现为“危害行为的实施和危害结果的出现分别发生在不同的刑事责任年龄阶段”、“危害行为的开始和结束分别发生在不同刑事责任年龄阶段”两种情况。

我国刑法学界占主导性的观点认为，当“危害行为的实施和危害结果的出现分别发生在不同的刑事责任年龄阶段”时，行为人是否达到刑事责任年龄的问题，应该以实施危害行为时行为人的实际年龄计算。[①] 例如，甲 14 岁生日时开枪射中参加其生日宴会的同学，被害人第二天死亡，就应该以甲开枪之日为准认定甲未满 14 周岁，其开枪杀人的行为不应受刑罚处罚。

“危害行为的开始和结束分别发生在不同刑事责任年龄阶段”，主要是指危害行为的实施在时间上呈持续状态的情况。例如，甲生于 1984 年 4 月 21 日，2000 年 4 月 20 日～23 日将乙非法关押在自己的家里。对于这种犯罪行为在时间上呈持续状态的情况，我国刑法学界一般认为应该以行为人在危害行为结束时的实际年龄为准来确定其刑事责任年龄。如在上例中，到 2000 年 4 月 23 日非法拘禁行为结束时，甲已满 16 周岁，应认为其达到刑事责任年龄，应对其在 4 月 22 日起非法拘禁乙的犯罪行为承担刑事责任。我国刑法理论通说认为，犯罪行为有连续状态的，也应以行为结束之日为基准计算行为人是否达到刑事责任年龄。

3. 在不同刑事责任年龄阶段分别实施的刑法所禁止的危害行为

在不同刑事责任年龄分别实施的刑法所禁止的危害行为，通常表现为两种情况：一是行为人在达到刑事责任年龄之前与之后分别实施了性质不同的危害行为，二是行为人在达到刑事责任年龄之前与之后先后实施了性质相同的危害行为。前者如甲在满 14 岁生日之前与之后先后实施了故意杀人和故意致人重伤的行为，后者如甲在满 16 岁生日之前和之后先后实施了盗窃行为。

我国刑法学理论认为，无论属于上面哪种情况，行为人在未达到刑事责任年龄阶段实施的那一部分危害行为，都不应该因为行为人在达到刑事责任年龄以后实施了犯罪行为而构成犯罪，都不应该与行为人在达到刑事责任年龄之后实施的犯罪行为混在一起作为犯罪受罚。例如，甲在满 14 岁生日之前与之后先后实施了故意杀人和故意致人重伤的行为，就只应该为其 14 岁生日之后实施的故意致人重伤的行为承担刑事责任，其在 14 岁生日之前实施的故意杀人行为不应受刑罚处罚。又如，假设甲在满 16 岁生日之前和之后先后实施的都是盗窃行为，也只能以其在已满 16 周岁以后实施的那一部分盗窃行为为基础来认定其行为是否构成犯罪和应受何种处罚；其在未满 16 周岁之前实施的那一部分盗窃行为，就不应该作为定罪和选择法定刑的依据。当然，行为人在未达到刑事责任年龄之前实施的刑法所禁止的危害行为，同样是行为人社会危险性的体现，是量刑时应该根据具体情况考虑的重要情节。

三、精神病及醉酒对刑事责任能力的影响

（一）精神病人的刑事责任能力

精神病，是指因大脑功能紊乱而严重影响主体辨认和控制自己行为能力的一种非器质性病

① 相反观点参见何秉松：《关于犯罪主体的几个问题》，载《河北法学》，1987 (2)。

症，是影响行为人刑事责任有无和程度的一个重要因素。

关于精神病的程度和表现形式对行为人刑事责任能力的影响，刑法第 18 条规定了以下几种情况。

1. 完全丧失辨认和控制能力的精神病人

刑法第 18 条第 1 款规定，“精神病人在不能辨认或者不能控制自己行为的时候造成危害结果，经法定程序鉴定确认的，不负刑事责任”。根据该款规定，认定精神病人完全丧失刑事责任能力，应该同时符合以下三个条件。

(1) 行为人在实施刑法所禁止的危害行为时，处于精神病发作状态中。这意味着必须确认行为人确实患有精神病，并且行为时确实处于精神病的发作期。非精神病原因引起的精神障碍，如神经官能症、性变态等变态人格等，一般不对行为人的刑事责任能力产生影响。如果间歇性精神病人处于精神正常的“间歇期”，同样不对刑事责任能力产生影响。此标准被我国刑法理论称为“医学标准”或“生物学标准”。

(2) 行为人因精神病完全丧失辨认和控制自己行为的能力。精神病有轻重之分，其对行为人的刑事责任能力的影响也有程度的区别，所以，要认定精神病人完全不具有刑事责任能力，必须以行为时完全丧失辨认能力或控制能力为标准。在我国刑法理论中，此标准被称为“法学标准”或“心理学标准”。

(3) 须经法定程序鉴定确认。精神病是一种功能性疾病，目前尚无客观的鉴定方法。为了防止精神病鉴定被滥用，甚至成为替犯罪人开脱罪责的“通行证”，刑法规定精神病必须经法定程序鉴定确认。

经法定程序鉴定确系行为时完全丧失辨认和控制能力的精神病人，不负刑事责任，“但是应当责令他的家属或者监护人严加看管和医疗；在必要的时候，由政府强制医疗”。

2. 精神正常的间歇性精神病人

间歇性精神病人，是指患有精神病，但是精神病症状时有时无的精神病人。在精神病发作期间，这种病人可能完全或者部分丧失辨认或者控制自己行为的能力，因而不可能承担或者不可能完全承担刑法所规定的刑事责任。但是，这种病人在精神病间歇期间，精神状态与常人无异，具有正常的辨认和控制自己行为的能力，此期间犯罪的，不存在免除或减轻行为人刑事责任的理由。所以，刑法第 18 条第 2 款规定，“间歇性的精神病人在精神正常的时候犯罪，应当负刑事责任”。

3. 尚未完全丧失辨认或者控制自己行为能力的精神病人

尚未完全丧失辨认或者控制自己行为能力的精神病人，是指经法定程序鉴定，行为人确系精神病人并处于精神病的发作期，但是精神病尚未严重到足以使行为人完全丧失辨认或控制自己行为能力的程度。这种精神病人对犯罪行为还具有一定的辨认能力和控制能力，因此，他们应对自己实施的犯罪行为负刑事责任，但是，由于他们处于精神病发作期，对犯罪行为的辨认或控制能力必然有所减弱，又不能让他们像正常人一样承担完全的刑事责任，所以，刑法第 18 条第 3 款规定：“尚未完全丧失辨认或者控制自己行为能力的精神病人犯罪的，应当负刑事责任，但是可以从轻或者减轻处罚”。

（二）醉酒的人

醉酒，是指因人体吸入过量酒精（乙醇）而导致的一时性精神障碍。酒精是酒的主要成分，日常生活中的醉酒一般都是由于过量饮酒造成的，严重的醉酒状态能极大地减弱人辨认或控制自己行为的能力。因此，人在醉酒状态下经常可能实施一些在非醉酒状态下不会实施的犯罪行为。一般人都能够认识到醉酒的后果并能够控制自己饮酒的酒量，因而也应有防止饮酒过量，避免在醉酒状态下实施危害社会行为的义务。如果行为人不履行相应义务而实施了危害社会的行为，就应当承担相应的法律后果。如果因醉酒而实施了刑法所禁止的犯罪行为，就应该承担相应的刑事责任。正因为如此，刑法第 18 条第 4 款规定：“醉酒的人犯罪，应当负刑事责任。”

因醉酒而引起的精神性障碍中，有一种“病理性醉酒”，即行为人在确实不知道自己酒量的情况下，因极少量饮酒而导致的突发性醉酒状态。这种醉酒状态，不仅发生突然，而且精神障碍程度也特别严重，可导致行为人完全丧失辨认或控制自己行为的能力。由于这种醉酒通常在行为人无法预见的情况下发生，我国刑法理论认为：“病理性醉酒”应属于精神病范畴，行为人因病理性醉酒而丧失对犯罪行为的辨认和控制能力的情况下实施危害社会行为的，不应当负刑事责任。

四、又聋又哑的人和盲人的刑事责任能力问题

又聋又哑的人，是指丧失全部听觉和语言功能的人；盲人，是指丧失全部视觉功能的人。只哑不聋或者只聋不哑的人，不属于这里所说的又聋又哑的人；没有完全丧失视觉功能的人，不是这里所说的盲人。

一般来说，在达到法定的刑事责任年龄后，即使又聋又哑的人和盲人也能在一定程度上具备对犯罪行为的辨认能力和控制能力，如果实施了犯罪行为，也应承担刑事责任。但是，由于又聋又哑的人、盲人不具有听觉和语言或视觉机能，他们感知、认识和影响外部世界的功能都会受到一定限制，他们对犯罪行为的辨认能力和控制能力也无疑受到一定程度的限制或影响。正是基于这样的考虑，刑法第 19 条规定：“又聋又哑的人或者盲人犯罪，可以从轻、减轻或者免除处罚。”刑法第 19 条这一规定说明，在处理有关又聋又哑的人或盲人犯罪的案件时，一般应坚持适当从宽的原则，如果没有特别恶劣的情节，这类案件都应根据案件的具体情况“从轻、减轻或者免除处罚”。但是，丧失听觉、语言功能或视觉功能影响行为人辨认能力和控制能力的情况非常复杂，在实践中应注意根据行为人刑事责任能力受影响或限制的程度以及犯罪的性质和危害的大小，决定应该是从轻、减轻还是免除处罚。对于那些刑事责任能力受影响不大，犯罪情节恶劣，特别是利用自己的生理缺陷作为犯罪手段的犯罪分子，则不宜从宽，可以与正常人犯罪同样对待。

第三节 自然人犯罪特殊主体要件

一、自然人犯罪的特殊主体与特殊主体要件

我国刑法分则某些条文规定的犯罪，除要求主体应该达到刑事责任年龄、具备刑事责任能力以外，还要求主体在犯罪时必须具备一定的身份（特定的资格、地位或者状态）。在我国刑法理论中，这些犯罪的主体被称为特殊主体，这些犯罪主体必须具备的身份，即自然人犯罪的特殊主体要件。

刑法分则规定某些犯罪的主体必须具备特定身份，是因为只有具备这些特定身份，行为人才可能进入相应刑法规范所调整的特定社会关系的领域，也才可能具有实施相应犯罪所需的辨认能力和控制能力；如果不具备相应犯罪主体所要求的特定身份，行为人就不可能直接实施侵害刑法分则保护的特定社会关系的犯罪。例如，不具备国家工作人员的身份，行为人就没有职务上的便利可利用，没有职务上的便利可利用，就不可能直接实施刑法分则第八章规定的贪污、受贿、挪用公款等犯罪行为。因此，特定犯罪主体所需的特殊身份，实质上是

刑法对特定犯罪的主体必须具备特定的辨认能力和控制能力的要求。具备特定身份，就意味着主体具备了对特定犯罪行为的辨认能力和控制能力，意味着主体是在能够认识到犯罪的危害性质并可以不实施犯罪的情况下，选择实施刑法所禁止的犯罪行为，因而应对自己的行为负刑事责任。

这里必须说明的是：刑法规定某些犯罪的成立要求主体必须具备特定的身份，是指只有具有相应身份的人参与实施，这些犯罪才能成立。这并不意味着不具备相应身份的人，就绝对不能成为这些犯罪的主体。例如，刑法要求贪污、受贿罪的主体必须具有国家工作人员的身份，但是只要有国家工作人员参与，不具有国家工作人员身份的人也可以在共同犯罪中成为贪污、受贿罪的主体。

除作为特定犯罪成立必须具备的主体条件外，犯罪主体的身份有时还被刑法分则的某些条文规定为从重处罚的条件。例如，符合一般主体要件的人实施“以暴力、威胁、贿买等方法阻止证人作证或者指使他人作伪证”，或者“帮助当事人毁灭、伪造证据，情节严重”的行为，就能分别构成“妨害作证罪”（刑法第307条第1款）或“帮助毁灭、伪造证据罪”（刑法第307条第2款）。但是，如果“司法工作人员犯前两款罪”，则要“从重处罚”（刑法第307条第3款）。这种身份不是犯罪构成的主体要件，只能影响刑罚轻重，对犯罪能否成立一般不产生影响。

法律规定以行为人特定身份作为定罪或量刑依据的犯罪，在刑法理论中被称为“身份犯”，其中，以行为人特定身份作为犯罪成立条件的，被称为“纯正的身份犯”；以行为人特定身份作为法定量刑情节的，被称为“非纯正的身份犯”。

二、自然人犯罪特殊主体要件的分类

我国刑法分则规定的自然人犯罪特殊主体要件，即特殊犯罪主体必须具备的身份，可以分为以下几种情况。

1. 国家工作人员

根据刑法第93条的规定，我国刑法中的“国家工作人员”包括在国家机关中从事公务的人员，在国有公司、企业、事业单位、人民团体中从事公务的人员，国家机关、国有公司、企业、事业单位委派到非国有公司、企业、事业单位、社会团体从事公务的人员，以及其他依照法律从事公务的人员四种。在上述四种情况中，“在国家机关中从事公务的人员”又称为“国家机关工作人员”，是真正意义的国家工作人员；“在国有公司、企业、事业单位、人民团体中从事公务的人员，国家机关、国有公司、企业、事业单位委派到非国有公司、企业、事业单位、社会团体从事公务的人员，以及其他依照法律从事公务的人员”，是以“国家机关工作人员论”的“准国家工作人员”。无论是国家机关工作人员，还是以“国家机关工作人员论”的“准国家工作人员”，都可以成为那些以国家工作人员为构成要件的犯罪的主体。

我国刑法分则规定的犯罪中，有许多都要求以国家工作人员身份为犯罪主体必须具备的条件。例如，刑法分则第八章规定的贪污、受贿、挪用公款等犯罪，都以犯罪主体具备国家工作人员的身份为犯罪成立的必备条件。[①]

---

① 2009年2月28日全国人大常委会通过的刑法修正案（七）规定：“国家工作人员的近亲属或者其他与该国家工作人员关系密切的人，通过该国家工作人员职务上的行为，或者利用该国家工作人员职权或者地位形成的便利条件”，或者“离职的国家工作人员或者其近亲属以及其他与其关系密切的人，利用该离职的国家工作人员原职权或者地位形成的便利条件”，“通过其他国家工作人员职务上的行为，为请托人谋取不正当利益，索取请托人财物或者收受请托人财物，数额较大或者有其他较重情节的”，也可以成为刑法第388条规定的受贿罪的主体。

具备“国家机关工作人员”的身份，不仅可以成为刑法分则中所有以“国家工作人员”身份为构成要件的犯罪主体，而且可以成为刑法分则第九章规定的各种渎职罪以及第四章中许多以国家机关工作人员为构成要件的犯罪的主体。例如，第397条规定的“滥用职权”、“玩忽职守”，第398条规定的“故意泄露国家秘密”、“过失泄露国家秘密”等犯罪都只有国家机关工作人员才能构成。第九章规定的其他犯罪和刑法分则第四章规定的某些犯罪，也只有具有相应的身份的国家司法机关或行政机关工作人员才能构成。

2. 特定职业或行业的从业人员

从事特定的职业，意味着行为人进入了刑法所保护社会关系的特定领域，因而也就具备了在这些领域内实施犯罪行为的可能。因此，特定职业或行业的从事人员，也必须承担不实施相应犯罪的义务。为了保障国家和社会的利益，国家对每一种特定的职业或行业都有特定的从业要求，每一种特定的职业或行业的内部也有自己特定的规章制度，遵守这些从业要求和规章制度，就是特定的从业人员的义务。

3. 其他负有特定刑事法律义务的人员

特殊犯罪主体所需的身份，实质上都是行为人因处于特定的法律关系之中而负有特定刑事法律义务的表现形式。[①] 除国家工作人员和特定职业或行业的从业人员之外，其他负有特定法律义务的人员，可以因其义务的产生方式分为以下几种情况：

(1) 因自主活动产生特定义务的人员，如因营利性活动而产生对国家的纳税义务的纳税人（刑法第201条），因从事生产、销售活动而产生的遵守相应行政法律、法规义务的各种商品的生产者、销售者（刑法第140条～第148条）；

(2) 因参与国家职能活动产生特定义务的人员，如国家侦查、审判活动中的证人、鉴定人、记录人、翻译人（刑法第305条），辩护人、诉讼代理人（刑法第306条）；

(3) 因与其他社会成员的特定法律关系产生特定义务的人员，如因婚姻或血缘而产生相互扶养的义务的配偶、父母与子女等。

第四节　单位犯罪主体要件

一、单位犯罪的概念

单位犯罪是由单位为主体实施的犯罪。我国关于单位犯罪的规定，最早见于1987年的《中华人民共和国海关法》。1988年全国人大常委会制定的《关于惩治贪污罪贿赂罪的补充规定》和《关于惩治走私罪的补充规定》，最早在专门的刑事法律中规定了单位可以为犯罪主体。1997年修订刑法时，我国刑法正式在总则中确立了单位可以为犯罪主体的规定，并在分则中具体规定了可以由单位实施的犯罪的种类。

刑法第30条规定：“公司、企业、事业单位、机关、团体实施的危害社会的行为，法律规定为单位犯罪的，应当负刑事责任。”就法律规定的意义而言，我国刑法中的“单位犯罪”，是指由公司、企业、事业单位、机关、团体实施的，法律规定为单位犯罪，应当负刑事责任的行为。[②]

---

① 如国家工作人员和特定职业或行业的从业人员的身份，实际上都意味着具有这些身份的人都负有不得以违背职务、职业要求的方式侵犯刑法所保护的社会关系的义务。

② 这一定义，完全可以概括为“单位犯罪，就是法律规定为单位犯罪的犯罪”。

在理解我国刑法中关于单位犯罪的规定时，应当注意以下三方面的问题：

1. 单位犯罪是由有资格代表单位的人在履行职务过程中以单位名义组织实施的犯罪

单位犯罪是以单位为主体实施的犯罪，但是，现实中的单位，不论是公司、企业、事业单位，还是机关、团体，都是由自然人组成的。所谓“单位实施的行为”，实际上也只能表现为能够代表单位的自然人负责组织实施的行为。无论是无权代表单位的人实施的行为，还是不是以单位名义组织实施的行为，或者不是代表单位利益而实施的行为，都不可能是单位的行为，因此，“以单位为主体实施的犯罪”，应该至少包含以下三方面的内容：一是负责实施单位犯罪的自然人能够以单位的名义行为，二是负责实施单位犯罪的行为必须是自然人履行代表单位利益的职务行为，三是负责实施单位犯罪的自然人以单位的名义在组织实施犯罪。[①] 简言之，“以单位为主体实施的犯罪”，就是指有资格代表单位利益的自然人，在履行代表单位利益的职务行为过程中，以单位的名义组织实施的犯罪。

当然，这里的“以单位的名义”，实际上是以单位代表的名义，在实践中可以表现为以单位名义协调单位内部力量和以单位名义开展对外活动两种形式，无论其中的哪一种形式，都是以单位的名义组织实施犯罪。

2. 单位犯罪只能限于法律明文规定为单位犯罪的范围

刑法第 30 条规定，公司、企事业单位、机关、人民团体实施的危害社会的行为，只有法律规定为单位犯罪的，才应当负刑事责任。因此，并不是刑法规定的所有犯罪，都可能以单位为主体。对于我国刑法中那些没有明文规定可由单位实施的犯罪（例如，盗窃罪、诈骗罪），即使是由有资格代表单位的人在履行单位职务的过程中以单位的名义组织实施的，也只能按自然人犯罪追究直接责任人的刑事责任，不属于刑法规定的单位犯罪的范畴。

3. 单位犯罪的刑事责任由刑法分则的规定具体确定

刑法第 31 条规定：“单位犯罪的，对单位判处罚金，并对其直接负责的主管人员和其他直接责任人员判处刑罚。本法分则和其他法律另有规定的，依照规定。”

该规定说明，对于单位犯罪的刑事责任问题，我国刑法一般以“双罚制”为原则，即“对单位判处罚金”，对“直接负责的主管人员和其他直接责任人员判处刑罚”。但是，如果刑法分则或者其他法律另有规定，则依照相关的规定处理。由于单位犯罪的情况复杂，一律采用双罚制不利于有效地运用刑罚与单位犯罪作斗争。正是基于这种考虑，我国刑法分则中有少数几种单位犯罪，就只有追究自然人刑事责任的规定。例如，刑法第 244 条规定的强迫职工劳动罪、第 161 条规定的提供虚假财会报告罪等，都规定只处罚直接责任人员。

二、单位犯罪主体要件

（一）单位犯罪主体与单位犯罪主体要件

单位犯罪是由单位实施的犯罪，单位犯罪的主体当然是实施犯罪的单位，或者说单位犯罪的主体就是刑法第 30 条规定的“公司、企业、事业单位、机关、团体”。我国刑法分则规定，有的单位犯罪可以由一般的单位实施，有些单位犯罪则只能由特定的单位实施。所以，单位犯罪主体也可以像自然人犯罪主体那样，分为一般单位犯罪主体和特殊单位犯罪主体。

同自然人需要具备一定的条件才可能成为犯罪主体一样，一个单位要成为刑法中的单位犯罪主体，同样必须具备与其承担的刑事责任及范围相应的条件，这些单位犯罪主体必须具备的

① 进一步的理由，请参见本节“单位犯罪一般主体要件”中的“能够以自己的名义对外开展相对独立的社会性活动”。关于“以单位的名义组织实施行为”不是认定单位犯罪必要条件的观点，请参见张明楷：《刑法学》（上），184～185 页，北京，法律出版社，1997。

条件，就是单位犯罪主体要件。

由于单位犯罪主体不存在刑事责任年龄、精神病以及聋哑、盲等生理缺陷等影响刑事责任能力的因素，一般来说，只要是刑法第 30 条规定的“公司、企业、事业单位、机关、团体”，就是刑法意义上的单位，就符合单位犯罪主体的条件。但是，我国刑法中作为单位犯罪主体的单位，或者说在刑法意义上具有独立主体资格[①]的单位，显然不限于具有独立法人资格的“公司、企业、事业单位、机关、团体”。因为作为独立法人的“公司、企业、事业单位、机关、团体”下属的那些不具有独立法人资格的部门或分支（如某公司的下属工厂、下属营业部等），往往也可以独立成为我国刑法中单位犯罪的主体。但同样显然的是：无论从理论或实践的角度，都不可能允许将“公司、企业、事业单位、机关、团体”所有的下属或分支单位，都视为刑法意义上的单位，都认为它们具备单位犯罪主体的资格。例如，在一般情况下，我们很难想象学校中的年级、班或工厂中的车间、生产小组，可以具有单位犯罪主体的资格。由于无论规定单位犯罪及其处罚原则的刑法第 30 条、第 31 条，还是规定具体单位犯罪范围的刑法分则，都没有明确规定刑法中单位的概念，或者认定“公司、企业、事业单位、机关、团体”的具体标准，所以，正确地界定单位犯罪的主体范围，就成了我国刑法中亟待解决的重大问题。

（二）单位犯罪一般主体要件

单位犯罪，是单位应当负刑事责任的行为，因此，只有能够独立地承担刑事责任的单位，才可能成为我国刑法中单位犯罪的主体。这里的“能够独立地承担刑事责任”即单位犯罪主体的刑事责任能力，是任何单位犯罪主体都必须具备的条件，也是单位犯罪主体要件的核心。

同自然人必须达到法定的刑事责任年龄并且精神正常，才可能具有相应的刑事责任能力一样，一个单位要具有成为单位犯罪主体的刑事责任能力，也必须具备一定的条件。一个单位成为单位犯罪一般主体的条件，就是单位犯罪主体的一般要件。

单位犯罪是由刑法意义上的“单位”实施的犯罪，只要能在刑法意义上被视为“单位”，就具备成为单位犯罪主体的资格。换言之，刑法意义上的“单位”必须具备的特征，就是一个一般意义上的单位成为刑法中单位犯罪主体必须具备的条件。因此，在刑法条文没有明文规定的情况下，我们可以通过揭示刑法中“单位”概念内涵的方法，得出单位犯罪主体必须具备的一般条件。

从刑法中的单位必须具有独立承担刑事责任的“责任能力”和独立实施犯罪的“犯罪能力”的角度考察，刑法意义上的单位，应该是具有相对独立的社会功能，能以自己的名义对外开展相对独立的活动，具有相对独立的财产的自然人的结合体。

刑法意义上的单位，首先必须是一个自然人的结合体。这不仅是因为，只有自然人才具有理解刑法规定的意义，并按照刑法规定调整自己行为的能力，刑法只可能通过调整自然人的行为来实现自己的功能；同时也是因为，任何单位的行为都只有通过作为其成员的自然人才能完成，离开了自然人，就不可能存在任何具有社会学意义的单位。但是，自然人结合所组成的单位还只能是社会学意义上的单位，这种单位要成为刑法意义上的单位，还必须同时具备以下三个条件：

1. 具有相对独立的社会功能

这里的“社会功能”，是指具有为本单位以外的其他社会成员进行社会管理、社会生产，提供社会服务等功能。单位犯罪是由单位实施的危害社会的行为，一个自然人的结合体只有具有一定的社会功能，才可能进入刑法所调整的社会关系领域，才具有实施刑法所禁止的危害社

① 正是在这个意义上，我们说“单位”在刑法中是具有独立人格的拟制人。也正是在这个意义上，用“刑法法人”这一表述方式很可能比用“刑法中的单位”更科学。

会的行为的可能。因此，具有一定的社会功能，是任何自然人结合体成为刑法意义上的单位的前提。

这里的“相对独立”就形式而言，有三层意思：一是指相对独立于组成单位的自然人，二是指相对独立于自己的上级单位，三是指相对独立于自己的下级单位。这里的“相对独立”，就内容而言，也有三层意思：一是指功能的相对独立，二是指活动的相对独立，三是指利益的相对独立。只有一个自然人的结合体，在其功能、活动、利益等方面相对独立于作为其组成成员的自然人，相对独立于自己的上、下级组织的情况下，我们才可能将这个单位的行为与其他单位和自然人的行为区别开来，才可能认定某一危害社会的行为是这个单位的行为，而不是其上、下级组织或作为其成员的自然人的行为。所以，一个单位具有相对独立的功能、活动、利益，是一个社会组织成为刑法规定的单位犯罪主体的另一个必须具备的前提条件。

2. 能够以自己的名义对外开展相对独立的社会性活动

“能够以自己的名义对外开展相对独立的社会性活动”，是一个单位具有相对独立的犯罪能力的标志，是单位犯罪主体必须具备的条件。不具备这个条件的单位，就不可能具有相对独立的实施刑法所禁止的犯罪行为的能力，因而也不可能成为单位犯罪的主体。

这里的“对外开展社会性活动”，是指面向本单位（包括本单位的直接上级单位或下级单位）以外的其他社会成员进行生产、经营、国家或社会管理、社会服务等职能性活动。“能够对外开展社会性活动”，意味着一个单位能够进入刑法所调整的社会关系的领域。一个不能够对外开展社会性活动的社会实体（如城市中的家庭，学校中的年级、班、学习小组），不可能侵犯刑法所保护的社会关系、实施刑法所禁止的危害行为，因此，也不可能成为刑法中单位犯罪的主体。

这里的“能够以自己的名义”，是指根据有关的法律、法规或规章制度，一个单位能够合法地运用自己的名义对外开展活动。一个单位“能够以自己的名义对外开展相对独立的社会性活动”，在法律上意味着法律承认该单位已经具有独立于其他单位和个人的“人格”，即法律承认该单位的代表以该单位名义实施的行为是该单位的行为，该单位的行为能够独立地产生相应的法律效果。简言之，一个单位“能够以自己的名义对外开展相对独立的社会性活动”，即意味着法律承认该单位具有以自己的行为实现法律权利、履行法律义务的行为能力。因此，只有能够以自己的名义对外开展相对独立的社会性活动的单位，才可能具有独立地以自己的行为违反刑法禁止性规范的犯罪能力。那些在法律上不能够以自己的名义进行社会性活动的非法组织、“地下”工厂等，不能成为单位犯罪的主体。那些只能以自己所属的上级单位、下级单位或自己成员个人的名义进行对外活动的“单位”，同样不可能成为刑法中单位犯罪的主体。

3. 具有相对独立的财产

所谓“独立的财产”，是指一个单位具有独立于自己上、下级单位和自己组成成员的财产利益，能够拥有以自己的名义相对独立地管理和处分的财产。

在我国刑法中，“罚金”是单位承担刑事责任的唯一形式，因此，是否具有相对独立的财产，是一个单位是否具有承担刑事责任的能力的基本标志。没有相对独立财产，就意味着一个单位不具有独立承担刑事责任的能力。一个不具有独立承担刑事责任能力的单位，当然不可能成为刑法规定的单位犯罪的主体。因此，是否具有相对独立的财产，是一个单位成为单位犯罪主体必须具备的条件。

应该强调的是：这里的“独立的财产”，是指单位“能够以自己的名义进行相对独立的管理和处分的财产”，不能理解为完全归单位所有的财产，也不能理解为上级单位、下级单位或单位成员绝对无权处分的财产，更不能理解为与上、下级单位或单位成员的财产利益无关的财产。一个单位只要对自己管理的财产具有一定的处分权，就可以说具有相对独立的财产。所以，这里的“独立”，也只能具有相对的意义。

（三）单位犯罪的特殊主体要件

刑法分则规定的单位犯罪，多数对单位没有特殊的要求，只要是刑法意义上的单位，就可以成为犯罪主体。但是，对某些单位犯罪的主体，刑法分则却规定只有符合某些特定条件的单位才能实施。刑法分则规定的实施某些单位犯罪的主体必须符合的条件，就是单位犯罪的特殊主体要件。我国刑法分则中有关单位犯罪特殊主体要件的规定，通常有以下几种表现形式：

一是规定单位犯罪主体必须具有特定的所有制。如刑法第 396 条第 1 款规定的犯罪主体就只能是“国家机关、国有公司、企业、事业单位、人民团体”，第 190 条规定的逃汇罪的犯罪主体也只能由“国有公司、企业或者其他国有单位”构成。[①]

二是规定单位犯罪主体必须具有特定的职能。如刑法第 126 条规定的主体就只能是“依法被指定、确定的枪支制造企业、销售企业”，第 396 条第 2 款规定的主体就只能是“司法机关、行政执法机关”。

三是规定单位犯罪主体必须具有特定的身份。例如，不具有纳税人身份的单位，就不可能成为刑法第 201 条、第 203 条、第 204 条第 2 款规定的犯罪的主体。

一般而言，当刑法规定单位犯罪的特殊主体要件以单位的所有制或特定的职能为内容时，这些犯罪只能由符合这些条件的单位实施，自然人不能成为这些犯罪的主体；当刑法规定单位犯罪的特殊主体要件以单位的身份为内容时，这些犯罪就既可以由单位实施，也可以由自然人实施。

法律应用

1. 在户籍记载的年龄和被告人申明的实际年龄有差距时，若无排除性证据，应以户籍登记为准；在年龄差距较大的情况下，可通过骨龄鉴定来帮助确认被告人是否达到刑事责任年龄。

2. 精神病是大脑功能性病变，目前尚无客观的鉴定办法。有幻视、幻听和幻觉是精神病人的典型症状。在司法鉴定结论相互矛盾的情况下，司法工作人员应根据案卷材料本身能否证明行为人存在幻听、幻视或其他极为反常的行为来决定鉴定结论的采用。

3. 经刑法修正案（七）修正后，刑法第 388 条之一中的“关系密切”，在司法实践中应当理解为：行为人仅凭与国家工作人员或离职的国家工作人员的关系，就足以“通过该国家工作人员职务上的行为，或者利用该（离职的）国家工作人员职权或者地位形成的便利条件，通过其他国家工作人员职务上的行为，为请托人谋取不正当利益”。

课后复习

1. 为什么对犯罪行为的辨认能力和控制能力是自然人犯罪主体要件的核心？

2. 不具有特定身份的人能否实施以特定身份为主体要件的犯罪？

3. 如何理解单位犯罪主体的刑事责任能力？

---

① 1998 年 8 月 28 日最高人民法院《关于审理骗购外汇、非法买卖外汇刑事案件具体应用法律若干问题的解释》第 1 条第 2 款规定：“非国有公司、企业或者其他单位，与国有公司、企业或者其他国有单位勾结逃汇的，以逃汇罪的共犯处罚。”

第九章

犯罪主观要件

□·提　　要·□

犯罪主观要件是犯罪构成的要件之一，作为犯罪构成必要要件的主观要件的内容包含犯罪故意和犯罪过失两种，亦称罪过，缺此必要要件内容，则不能构成犯罪，行为人亦无须承担刑事责任。另外，犯罪主观要件还包含犯罪目的与犯罪动机，二者虽不是犯罪构成必要要件的内容，但却是某些犯罪的选择要件。研究犯罪的动机与目的，对于正确定罪与量刑有着重要的意义。本章中应当着重掌握的问题是故意和过失的概念与特征、两种故意和过失的概念与特征、犯罪动机与犯罪目的的关系、犯罪故意与过失以及犯罪动机与目的在犯罪构成中的地位和作用。

重点问题

1. 犯罪主观要件的概念及特点
2. 犯罪故意的概念及内容
3. 犯罪过失的概念及内容
4. 意外事件的概念和特征
5. 犯罪目的和犯罪动机的概念及二者之间的关系

第一节　犯罪主观要件概述

一、犯罪主观要件的概念与特点

犯罪主观要件，是指犯罪主体对自己的行为及其危害社会的结果所抱的心理态度。它包括犯罪的故意和犯罪的过失（又称为罪过），还包括犯罪的目的和动机这几种因素。其中，行为人的罪过是一切犯罪构成都必须具备的主观要件，包括认识方面的和意志方面的因素。认识因素和意志因素的不同组合，构成了罪过的两种表现形式——犯罪的故意和犯罪的过失。犯罪的目的只是某些犯罪构成所必备的主观要件，所以也称为选择性主观要件，它们一般不影响定罪，而影响量刑。

犯罪主观要件有以下几个特点：

（一）犯罪主观要件的内容是心理态度

主观与客观这对范畴具有多种含义。这里的“主观”，是指支配行为人外在活动的主观意识。罪过属于心理态度的范畴，具有心理学的内容：它由认识因素与意志因素构成，二者直接反映行为人的情感态度。罪过又是一个法学概念，具有刑法学的意义：它是犯罪主体对自己实施的危害行为及其危害结果所持的心理态度。罪过与犯罪客观要件密切联系：罪过是对危害行为和危害结果的故意与过失；罪过必须表现在一定的危害行为中；罪过只能是行为时的心理态度，罪过的有无以及罪过的形式与内容都应以行为时为准，而不能以行为前或行为后为准，“罪过与行为同时存在”是现代刑法理论公认的一个命题。

（二）犯罪主观要件是刑法明文规定的心理状态

我国刑法第 14、15 条明文规定了故意与过失两种心理态度，刑法分则通过多种方式规定了具体犯罪的主观要件，如有的条文明确规定某种犯罪由故意或过失构成，有的条文通过规定“故意……”、“意图”、“以……为目的”以及对行为的具体描述表明某种犯罪只能由故意构成。

（三）犯罪主观要件是说明行为人主观恶性的特征

主观恶性是犯罪的社会危害性的重要组成部分。犯罪主观要件的内容说明行为人对合法权益受保护持反对态度：犯罪的故意表明行为人对合法权益持一种敌视或蔑视态度（积极的侵犯或不保护态度），犯罪的过失表明行为人对合法权益持一种漠视或者忽视态度（消极的不保护态度）。因此，故意与过失是一种应当受到谴责的心理态度。

（四）犯罪主观要件是一切犯罪都必须具备的要件

我们说，犯罪具有社会危害性，而这种社会危害性是由行为的主、客观方面相统一所决定的。若不是在罪过心理支配下实施行为所造成的客观损害，如同自然灾害、自然事故所造成的损害，就不具有刑法意义上的社会危害性。只有在罪过心理支配下实施的危害行为，才具有刑法意义上的社会危害性。犯罪构成是犯罪的社会危害性的法律标志，主、客观相统一的社会危害性，决定了犯罪构成的主、客观统一性，决定了犯罪必须具备主观要件。从刑法典的规定上看，我国刑法典坚持主、客观相统一的原则，刑法第 16 条明文规定没有故意与过失不成立犯罪，这便肯定了故意与过失是成立犯罪的主观要件。

要正确地理解、把握犯罪主观要件的概念和特征，需要明确罪过是刑事责任的主观根据。刑法第 14 条和第 15 条规定，“故意犯罪，应当负刑事责任”，“过失犯罪，法律有规定的才负刑事责任”；继而又在第 16 条中规定，“行为在客观上虽然造成了损害结果，但是不是出于故意或者过失，而是由于不能抗拒或者不能预见的原因所引起的，不是犯罪”。这就从法律上确认了犯罪的故意与过失，乃是认定行为人之行为构成犯罪和其应对犯罪负刑事责任的主观根据。罪过是刑事责任的主观依据的原因在于：一方面，任何正常人均有着意识和意志的自由，都有实施或不实施危害行为的选择自由，在自己意识和意志支配下实施的危害社会的行为，表明了行为人的主观恶性。另一方面，基于生活常识、职业习惯和业务规章的要求，一个正常的行为人在实施一定行为时，应当履行注意义务，避免危害结果的发生。在多数人能够注意的场合，少数人怠于注意或疏于避免，以致发生危害结果，说明行为人主观上具有过失的罪过，不能轻易宽宥。为此，就需要通过对其追究刑事责任，使之认识到自己的罪过，通过刑罚惩罚使其主观恶性减弱，不致再作出危害社会之举。因而，国家就有必要对此类人追究刑事责任和实施刑罚，以达到预防犯罪、惩罚犯罪的目的。

二、犯罪主观要件的意义

研究犯罪主观要件，具有十分重要的意义：

1. 犯罪主观要件是区分罪与非罪的标准之一。如上所述，犯罪主观要件是成立犯罪所必须具备的要件，因而成为区分罪与非罪的标准之一。只有客观上实施了危害行为，主观上同时具备犯罪主观要件时，才可能成立犯罪。行为虽然造成了损害，但主观上不具备犯罪主观要件时，不可能构成犯罪，否则就是客观归罪。相反，如果仅仅强调主观要件而忽视了客观要件，就会造成主观归罪或者“思想定罪”。

2. 犯罪主观要件是区分此罪与彼罪的标准之一。罪过不仅支配行为人实施危害行为，而且支配行为人在特定的时间、地点，以特定的方法实施特定的危害行为。因此，罪过的形式与内容不同，危害行为的性质、方式、结果等就不同。例如，故意杀人罪与过失致人死亡罪、故意伤害罪（致死）虽然在客观上很相似，却构成不同的犯罪，原因在于支配行为的罪过的形式与内容不同。

3. 犯罪主观要件对区分一罪与数罪具有重要意义。犯罪行为是一种复杂现象，不是一般意义上的动作、举动，而是在罪过心理支配下实施的危害行为。因此，只能以罪过为标准确立行为的数量，即一个罪过支配下实施的一系列举动就是一个犯罪行为。行为人可能以多种具体动作（复合行为）实现一个罪过内容，在这种情况下，只能认定为一个犯罪行为。由此可见，犯罪主观要件通过制约行为的数量，对区分一罪与数罪具有重要意义。

4. 犯罪主观要件对区分重罪与轻罪具有重要作用。罪过的形式与内容不同，就反映出不同的主观恶性，从而使犯罪行为的社会危害性产生差异。就犯罪主体主观上对合法权益的威胁来看，故意较之过失、直接故意较之间接故意，显然要大一些。即使罪过形式相同而内容不同，其反映的社会危害性也不相同。由于不同的罪过反映不同的社会危害性，故罪过对量刑起重要作用，这是由罪责刑相适应原则所决定的。

在司法实践中，欲正确查明犯罪主观要件，应当注意以下方面：第一，犯罪主观要件所包含的犯罪故意和犯罪过失，属于人的意识形态的内容，因而，要正确把握其内容，光靠行为人的供述是不能得出完全正确的结论的。行为人的意识与意志决定、修正着行为的性质、走向，危害行为绝不是无意识的行为，而是在一定的罪过支配下的行为，行为人的主观罪过必然在其行为过程中留下痕迹，也就是说，主观见之于客观，客观必然反映主观。因此，要正确了解行为的主观要件的内容，着眼点应当是客观方面的内容，即危害行为和危害结果。第二，由于在司法实践中，行为人在为某种危害行为时，主观思维活动也在同时进行，因而我们在考察行为人的主观要件时，必须采取主、客观相一致的原则，将二者结合起来。第三，要以事实为依据，深入调查研究，全面地、历史地、辩证地分析案件的各种具体情况，正确考察行为人的主观罪过，从而对其主观心理态度作出符合客观真实的判定和结论，进而正确地定罪、量刑。

第二节　犯罪故意

一、犯罪故意的概念

犯罪故意是罪过的形式之一，是故意犯罪的主观心理态度。我国刑法第 14 条明文规定："明知自己的行为会发生危害社会的结果，并且希望或者放任这种结果发生，因而构成犯罪的，是故意犯罪。"这是关于故意犯罪的概念。故意犯罪与犯罪的故意密切相关，无后者就无前者，但两者并非等同的概念，后者是一种罪过心理，前者是这种罪过心理支配下构成的犯罪行为。因而根据我国刑法第 14 条的规定，我们可以知道，所谓犯罪故意，是指行为人明知自己的行为会发生危害社会的结果，并且希望或者放任这种结果发生的一种主观心理态度。

从内涵上分析，犯罪的故意包含两项内容：一是行为人明知自己的行为会发生危害社会的结果，这种"明知"属于心理学上所讲的认识方面的因素，亦称意识方面的因素；二是行为人希望或者放任这种危害结果的发生，这种"希望"或"放任"的心理属于心理学上意志方面的因素。实施危害行为的行为人在主观方面必须同时具备这两个方面的因素，才能被认定具有犯罪的故意。

犯罪故意有以下重要特征：

（一）在认识因素上，必须"明知自己的行为会发生危害社会的结果"

所谓认识因素，又称意识因素，是指行为人对自己行为的性质、意义乃至后果的辨认。一般认为，疏忽大意的过失犯罪的行为人对危害行为的发生是没有意识的，过于自信的过失犯罪以及故意犯罪的行为人对危害结果的发生都有意识。行为人明知自己的行为会发生危害社会的结果，是构成犯罪故意的认识因素，是一切故意犯罪在主观认识方面必须具备的特征。如果一个人的行为虽然在客观上会发生，甚至已经发生了危害社会的结果，但他本人在行为时并不知道自己的行为会发生这种结果，那就不构成犯罪的故意。从理论与实践的结合来看，对犯罪故意的认识因素，应当着重探讨和明确以下几点：

1. 如何理解明知的内容

"明知"是犯罪故意认识因素的前提和标志，表明行为人在决意实施某种行为之前，已经比较明确地意识到了自己实施这种行为将会对社会利益构成的危害。根据犯罪主观要件与犯罪的客观方面、客体要件的联系，明知的内容应当包括法律所规定的构成某种故意犯罪所不可缺少的危害事实，具体说来包括三项内容：(1) 对行为本身的认识，即对刑法规定的危害社会行为的内容及性质的认识。一个人只有认识到自己所要实施或正在实施的行为危害社会的性质和内容，认识到行为与结果的客观联系，才能谈得上进一步认识行为与结果的问题。(2) 对行为结果的认识，即对行为产生或将要产生的危害社会结果的内容与性质的认识。如故意杀人罪的行为人认识到自己的行为会发生致使他人死亡的结果，盗窃罪的行为人认识到自己的行为会发生公私财物被非法占有的结果。由于具体犯罪中危害结果就是对直接客体的损害，因而这种对危害结果的明确认识，也包含了对犯罪直接客体的认识。(3) 对危害行为和危害结果相联系的其他犯罪构成要件事实的认识。在刑法分则条文中，有的要求行为人对法定的犯罪对象要有认识，如盗窃枪支罪，要求行为人明知自己盗窃的对象是枪支；有的要求行为人对法定的犯罪的内容有认识，如走私、贩卖、运输、制造毒品罪，要求行为人明知的内容是毒品；有的要求行为人对法定的犯罪手段要有认识，如抢劫罪，要求行为人明知自己非法占有财物的行为是以暴力、威胁或其他强制性方法为特定手段；有的要求行为人对法定的犯罪时间、地点要有认识，如非法捕捞水产品罪、非法狩猎罪，要求行为人明知自己是在特定的时期采用特定的方法来实施捕捞或狩猎行为的。当然，理解“明知”的含义，应当注意两点：一是这种认识不一定是准确的，它可以是明确断定，也可以是“怀疑可能”①。前者如断定自己开枪的行为会杀死对方，发现某种品牌有市场而假冒其注册商标；后者如帮别人带东西，怀疑该东西是毒品或其他违禁品而仍然帮别人运输或者携带。二是这种认识不一定是正确的，比如误以为某种物质可以置人于死地而往被害人的食物中投放该物质，但该物质恰恰于人体无害。这属于认识错误问题。

此外，应当注意的是，某些司法解释把“应当能够认识”解释为“明知”，是不妥当的，因为“应当能够认识”属于犯罪过失的认识前提，与过失相联系，而不是与故意相联系。

2. 犯罪故意的内容是否要求包含违法性认识

所谓违法性认识，是指行为人对自己的行为是否违反一般法规范或者抽象意义上的法的认识。相对于行为人对自己的行为是否会造成某种危害结果这一事实判断而言，它属于价值判断范畴。在大陆法系刑法中，违法性认识属于归责事由。在大陆法系主要国家的刑法或者判例中，一般都把违法性认识的有无作为行为人是否承担罪责的一个根据。在我国刑法中，每个构成要件都具有一定的归责功能，因此，违法性认识不仅仅是一个构成要件的要素问题。近年来，越来越多的学者主张把违法性认识作为故意的构成要素②，但我们认为，按照法律的规定，犯罪故意的认识因素表现为行为人“明知自己的行为会发生危害社会的结果”，这显然是只要求行为人明知其行为及行为结果的危害性，而没有再要求行为人明知行为及结果的违法性，更没有要求行为人具体认识到自己的行为及结果的刑事违法性。这与我国目前广大公民受教育程度普遍不高、法律意识普遍较低的现实相适应。在现阶段，如果要求行为人明确知道其行为和结果触犯刑法哪一条文，应怎样定罪、量刑，不仅不现实，还易使人钻空子而借口不懂法律来实施犯罪并逃避罪责。因此，我们主张，在犯罪故意的认识内容中，危害性认识和违法性认识具备其一即可成立犯罪故意。③ 当然，也有学者认为，违法性认识可以分为形式违法性认识和实质违法性认识，前者是指具体的违法性认识，后者是指对于法秩序或者行为侵害法益的认识。实质的违法性大致相当于我国刑法理论中所讲的社会危害性。④

需要指出的是，我国学者公认，违法性认识不能等同于对刑事法律规范的认识。

3. 如何理解明知自己的行为“会发生”危害社会结果

所谓明知“会发生”，包括两种情况：一种是明知自己的行为必然要发生某种特定的危害

---

① 司法解释一般持此观点。例如，最高人民检察院《关于构成嫖宿幼女罪主观上是否需要具备明知要件的解释》规定：“行为人知道被害人是或者可能是不满十四周岁幼女而嫖宿的，适用刑法第三百六十条第二款的规定，以嫖宿幼女罪追究刑事责任。”在这里，“知道是”即断定，“知道可能是”即怀疑可能。

② 参见陈忠林主编：《违法性认识》，北京，北京大学出版社，2006。

③ 参见赵秉志主编：《中国刑法实用》，46页，郑州，河南人民出版社，2001。

④ 参见陈忠林主编：《违法性认识》，121页，北京，北京大学出版社，2006。

结果。如行为人甲将公民乙从十几层的高楼猛力推下，甲明知自己的行为必定导致乙死亡。另一种是明知自己的行为可能要发生某种特定的危害结果。如行为人甲欲枪杀公民乙，但枪法不准，又没办法接近乙，只好在远距离开枪射杀。在这种情况下，甲所明知的“会发生”，就是一种可能性，即开枪可能打死乙，也可能打不死乙。

（二）在意志因素上，必须对危害社会的结果持“希望”或“放任”态度

所谓意志，是行为人控制自己行为的心理态度。一般认为，只有故意犯罪的行为人才具有行为意志因素。这种意志因素，从对于危害结果发生的心理态度来看，可以分为“希望”（追求）和“放任”（无所谓）两种。我们认为，放任也是一种“不希望”意志，在这个意义上理解，过失犯罪行为人也有“不希望”危害结果出现的意志，但这种无肯定性内容的“不希望”，毕竟不同于以“放任”为肯定内容的“不希望”，能否称为“犯罪意志”尚待推敲。所谓希望危害结果的发生，是指行为人对危害结果抱着积极追求的心理态度，该危害结果的发生，正是行为人通过一系列犯罪活动所欲达到的犯罪的目的。所谓放任危害结果的发生，是指行为人虽然不希望，不是积极追求危害结果的发生，但也不反对和不设法阻止这种结果的发生，而是对结果的是否发生采取听之任之的心理态度。

（三）认识因素与意志因素的关系

犯罪故意的认识因素和意志因素是成立犯罪故意的两大心理因素，它们彼此联系、互相促进，形成完整的犯罪故意。一方面，认识因素是意志因素存在的前提和基础，行为人对结果发生采取希望或放任的心理态度，是建立在对行为及其结果的危害性质明确认识的基础上的，只有有了这种明确的认识，才谈得上对危害结果发生持希望还是放任的心理态度，才会有在这种意志支配下进一步的危害行为。另一方面，意志因素又是认识因素的发展，如果仅有认识因素而没有意志因素，即主观上既不是希望，也不是放任危害结果的发生，也就不存在犯罪的故意，不会有故意犯罪的行为。总之，认识因素和意志因素是犯罪故意中两项有机联系的因素，对于犯罪故意的成立缺一不可。其中，认识因素是意志因素存在的前提，也是犯罪故意成立的基础；意志因素是认识因素的发展和犯罪故意形成的推动力，对行为人将犯罪故意变成犯罪行为起着决定性作用，并决定着行为方式的选择与修正。

二、犯罪故意的类型

犯罪故意依据不同的分类标准可以进行多种类的划分，如根据故意内容的明确性程度，可分为确定的故意和不确定的故意；根据故意形成是否经过深思熟虑，可以分为预谋的故意和突然的故意，等等。而犯罪故意的法定分类是根据行为人对危害行为所具有的心理状态的不同，划分为直接故意和间接故意两类。

（一）直接故意

犯罪的直接故意，是指行为人明知自己的行为必然或可能发生危害社会的结果，并且希望这种结果发生的心理态度。按照认识因素的不同内容，可以把犯罪的直接故意区分为两种表现形式：

1. 行为人明知自己的行为必然发生危害社会的结果，并且希望这种结果发生的心理态度，即“明知必然发生＋希望发生”。例如，甲想杀死乙，用枪顶在乙的脑袋上射击。他明知这种行为必然导致乙死亡仍决意为之，甲的心理态度即为直接故意。

2. 行为人明知自己的行为可能发生危害社会的结果，并且希望这种结果发生的心理态度，即“可能发生＋希望发生”。例如，丙想杀死丁，但只能在晚上于丁返家途中隔小河射击。由于光线不好，距离较远，丙的射击技术又不好，因而他对能否射杀丁没有把握，但他不愿放过

这个机会，希望能打死丁，并在这种心理的支配下实施了射杀行为。丙的心理态度即属第二种直接故意。

可见，直接故意的意志因素，是以希望危害结果的发生为其必要特征的。正因为如此，刑法理论通说否定把“明知必然发生＋放任发生”情形作为犯罪故意的第三种形式，并且认为事实上不可能存在这种形式。我们认为，在用爆炸方式杀害特定个人，而该特定个人处于不特定的多数人员中，行为人为了不错过作案时机，仍然投掷炸弹或者引燃爆炸装置时，对于其所放任的无辜人员伤亡结果的发生概率（可能性还是必然性）的认识，完全可能存在“明知必然发生”的情形。在这种情况下，行为人实质上是以积极的行动追求双重危害结果的发生，意志因素上仍然属于希望，可见，这种情形可以归入第一种故意形式而没有必要单独作为第三种形式。质言之，这是一个判断的角度问题——从行为人角度判断，可以得出“放任”结论；从证据审查角度判断，完全可以得出“希望”的结论。

（二）间接故意

间接故意，是指行为人明知自己的行为可能发生危害社会的结果，并且放任这种结果发生的心理态度，即“明知可能发生＋放任发生”。在认识因素上，间接故意表现为行为人认识到自己的行为“可能”发生危害社会结果的心理态度，即行为人根据对自身犯罪能力、犯罪对象情况、犯罪工具情况或者犯罪的时间、地点、环境等情况的了解，认识到行为导致危害结果的发生只是具有或然性、可能性，而不是具有必然性。这种对危害结果可能发生的认识，为间接故意的意志因素即放任心理的存在提供了前提和基础。在意志因素上，间接故意表现为行为人放任危害结果发生的心理态度。所谓“放任”，当然不是希望，不是积极地追求，而是行为人在明知自己的行为可能发生特定危害结果的情况下，为了达到自己的既定目的，仍然决意实施这种行为，对危害结果发生的障碍不予以排除，也不设法阻止危害结果的发生，而是听之任之，自觉听任危害结果的发生。

在司法实践中，犯罪的间接故意大致有以下三种情形：

1. 行为人为了追求某一种危害结果，而放任另一种危害结果的发生。例如，甲欲毒杀妻子乙，就在给妻子盛饭时往妻子碗内投入剧毒药。甲同时还预见到其妻有可能喂饭给孩子吃而祸及孩子，但他杀妻心切，就抱着听任孩子也被毒死的心理态度。事实上妻子乙在吃饭时确实喂了孩子几口，结果母子均中毒死亡。此案中，甲明知投毒后其妻必然吃饭中毒身亡并积极追求这种结果的发生，对其妻构成杀人罪的直接故意无疑；但甲对其孩子死亡结果的发生并不是希望，只是为了达到杀妻的结果而有意识地放任，这完全符合间接故意的特征，应构成杀人罪的间接故意。

2. 行为人追求一个非犯罪目的而放任某种危害结果的发生。例如，甲在非禁猎期间和非禁猎区域打猎时，发现一个酣睡的普通野生动物，同时又发现猎物附近有一个孩子在玩耍。根据自己的枪法和离猎物的距离，甲明知若开枪不一定打中猎物，而有可能打中小孩。但甲打猎心切，不愿放过这一机会，又看到周围无其他人，遂放任可能打死小孩这种危害结果的发生，仍然向猎物开枪，结果子弹打偏，打死了附近的小孩。此案中，甲明知自己的开枪打猎行为可能打中小孩、使其毙命，但为追求捕到猎物的目的，仍然开枪，听任打死小孩这种危害结果的发生。这种行为具备了间接故意的认识因素和其特定的意志因素，因而构成犯罪的间接故意。

3. 突发性的犯罪，不计后果，放任严重结果的发生。实践中，一些青少年临时起意，动辄行凶，不计后果，朝对方乱捅一二刀即扬长而去并致人死亡的案件就属于这种情况。在这类案件中，行为人对用刀扎人的举动显然是“故意”的，但对于其行为最终可能造成的结果而言，行为人所持的不是希望其发生的态度，而是放任其发生的态度，被害人究竟是死是伤，对于行为人来说都是无所谓的，死不足惜，死和伤都在行为人放任的范围之内。这样，对于其行为造成他人伤害或死亡的结果而言，其认识因素是明知可能性，其意志因素是放任结果的发生。结合行为当时实际发生的危害结果，可分别认定为故意伤害罪、故意杀人罪。这不仅完全符合间接故意的构成，而且符合主、客观相一致原则。

三、直接故意与间接故意的区别

1. 就二者的认识因素而言，直接故意既包含行为人对危害结果必然发生的预见，也包含行为人对危害结果可能发生的预见；而间接故意只包含对危害结果可能发生的预见。

2. 就二者的意志因素而言，直接故意是希望即积极追求危害结果的发生，在这种心理支配下，行为人就会想方设法，克服困难，创造条件，排除障碍，积极地甚至顽强地实现犯罪目的，造成犯罪结果；而在间接故意中，危害结果的发生并非行为人追求的直接目的，因而行为人对危害结果的心理态度是放任，“放任”即对结果的发生与否采取听之任之、满不在乎、无所谓的态度，不发生结果他不懊悔，发生结果也不违背他的本意。意志因素的不同，是两种故意区别的关键所在。

3. 就二者的成立条件而言，直接故意的成立不以危害结果的发生为条件，即只要行为人主观上有犯罪的直接故意，客观上有相应的行为，即构成特定的故意犯罪，危害结果的发生与否不影响定罪，而只是在那些以结果为既遂要件的犯罪中是区分既遂与未遂形态的标志；对间接故意而言，在没有发生危害结果的情况下，行为人的行为就不构成犯罪，即特定结果的发生与否，决定了间接故意犯罪的成立与否，因为在间接故意中，特定的危害结果可能发生，也可能不发生，结果发生与否都不违背行为人的意志，都包含在其本意中，因而要根据主、客观相统一的原则，仅有行为而无危害结果时，尚不能认定构成特定的犯罪，只有发生了特定危害结果，才能认定构成特定的犯罪，例如，在开枪打猎而放任杀伤附近小孩的情况下，未射中小孩则不构成犯罪，打死小孩则构成间接故意的杀人罪，打伤（轻伤以上）小孩构成间接故意的伤害罪。

4. 与意志因素相联系，由意志内容所决定，直接故意是一种有目的的故意，间接故意是无目的的故意，因此，有无犯罪目的，是区分直接故意和间接故意的显著标志。直接故意的希望意志，决定了行为人必然设定和追求具体而特定的犯罪结果，追求这种结果发生的心理，就是犯罪目的，在这种目的的支配下，行为人必然积极选择相应的行为以实现该目的，并在行为过程中不断修正自己的行为以最终达到该目的；而间接故意的放任意志，决定了行为人对于犯罪结果的发生并没有明确、具体的目标，相应地，行为人谈不上选择某种行为以达到何种目标。有个别学者认为，明知危害结果发生的必然性而放任其发生的，也是间接故意的表现形式。这与刑法学界公认的“间接故意没有犯罪目的”的结论是矛盾的。我们认为，在这种情况下，由于行为人采取的是积极的行为，因此，它实质上还是属于希望危害结果发生，是直接故意而不是间接故意。①

5. 只有在直接故意犯罪中才存在犯罪的不完全形态，而在间接故意犯罪中，由于在行为人所放任的特定的危害结果出现之前，人们无法分析、判断其行为发生的阶段和所处形态，因而不存在犯罪不完全形态。

四、直接故意与间接故意分类的意义

1. 有助于我们认识犯罪故意在主观方面复杂的情况，从而可以正确地把握犯罪故意完整

① 参见赵秉志主编：《中国刑法实用》，48页，郑州，河南人民出版社，2001。

的内涵和外延。

2. 有助于司法实践中正确定罪。阐明和把握了危害结果发生与否对两种故意尤其是间接故意定罪的意义，有助于司法实践中正确地认定故意犯罪案件，做到定罪准确。

3. 有助于实践中对故意犯罪案件区分危害程度，予以轻重不同的处罚。这是区分和研究故意两种类型的主要实践意义。两种故意形式由于认识因素尤其是意志因素的不同，影响和决定了行为人的主观恶性以及行为的客观危害程度有所不同。在绝大多数情况下，直接故意的社会危害性要大于间接故意的社会危害性。根据罪责刑相适应原则，对直接故意犯罪的量刑一般应重于间接故意犯罪。

第三节 犯罪过失

一、犯罪过失的概念

犯罪的过失，是指过失犯罪的主观心理态度，它是与犯罪的故意并列的犯罪主观罪过形式之一。根据我国刑法第 15 条关于过失犯罪的规定，所谓犯罪过失，是指行为人应当预见自己的行为可能发生危害社会的结果，因为疏忽大意而没有预见或者已经预见而轻信能够避免的一种心理态度。

犯罪过失与犯罪故意相比较，是既有联系又有区别的两个概念：

（1）其相同之处在于：过失与故意均统一于罪过的概念之下，即过失与故意都是认识因素与意志因素的统一，都说明行为人对合法权益的保护所持的反对态度。

（2）其区别在于：过失与故意又是两种不同的罪过形式，各自的认识因素与意志因素的具体内容不同，过失所反映的主观恶性明显小于故意，所以刑法对过失犯罪的规定不同于故意犯罪。首先，过失犯罪均以发生特定危害结果为要件，而故意犯罪并非一概要求发生危害结果。其次，刑法规定“过失犯罪[①]，法律有规定的才负刑事责任”，“故意犯罪，应当负刑事责任”。这体现了刑法以处罚故意犯罪为原则、以处罚过失犯罪为特殊的精神，说明刑法分则没有明文规定罪过形式的犯罪一般来说应当由故意构成。再次，刑法对过失犯罪规定了较故意犯罪轻的法定刑。

犯罪过失具有以下一些特征：

（1）在认识因素上，必须对危害社会的结果“应当预见”或者“已经预见”。构成过失犯罪的行为人，他们对自己的行为所具有的社会危害性都是有可能预见的，但行为人的实际认识与认识能力不一致，有的行为人没有预见，有的行为人已经预见到了这种危害结果发生的可能性，只不过对危害结果的避免可行性作出了错误的判断。如果事实表明，某种损害结果确实是由行为人的行为造成的，但他却缺乏预见能力，不可能对此有所认识，则不成立过失犯罪。同理，如果行为人对于严重损害结果的发生虽然有能力预见，但他没有预见义务，也不构成过失犯罪。

（2）在意志因素上，行为人根本不希望自己的行为发生危害结果，或者说希望自己的行为不发生危害结果。但这种愿望与客观效果发生了背反，“事与愿违”。与这种愿望相联系的行为表现和心理态度是“疏忽大意”或者“轻信”。在犯罪过失的意志因素上，“疏忽大意”表现为缺乏认识状态下的决意行事，常常显示出无所顾虑、严重不负责任的行为倾向；而“轻信”则

① 这里的“犯罪”，应当理解为“行为”，因为无法律规定的处罚即无犯罪可言。

是一种有认识前提的意志表现，虽然会在行为过程之中、危害结果发生之前，往往反映出行为人焦虑不安、无可奈何等心理状态，甚至出现尽力避免危害结果发生的行为倾向，但行为人进行以违章为主的违反注意义务的举动的心态却是故意的。由于“轻信”的前提是行为人对可能发生的危害结果已经有所预见，因此，这种犯罪过失的主观恶性一般要大于缺乏预见的“疏忽大意”，并且在没有赖以自信的客观依据的情况下，有理由认定为间接故意。

二、犯罪过失的类型

按照犯罪过失心理态度的不同内容，刑法理论把犯罪的过失区分为疏忽大意的过失与过于自信的过失两种类型。

（一）疏忽大意的过失

疏忽大意的过失，是指行为人应当预见自己的行为可能会发生危害社会的结果，因为疏忽大意而没有预见，以致发生这种结果的一种心理态度。疏忽大意的过失是一种无认识的过失，即行为人没有预见自己的行为可能发生危害社会的结果；没有预见的原因并非行为人不能预见，而是在应当预见的前提下由于疏忽大意才没有预见；如果行为人小心谨慎、认真负责，就会预见，进而避免危害结果。应当预见是前提，没有预见是事实，疏忽大意是原因。疏忽大意过失的意志因素是反对危害结果发生或希望危害结果不发生，至少可以说是既不希望也不放任危害结果发生。因为行为人没有预见危害结果，故其实施行为时不可能希望或放任危害结果发生。不过，疏忽大意的过失的意志因素属于消极因素，司法机关不需要证明这一点，只要证明了疏忽大意的认识因素，没有证据表明行为人希望或放任危害结果发生，就可以确定为疏忽大意的过失。

1. 疏忽大意的过失的特征

（1）行为人应当预见到自己的行为可能发生危害社会的结果。所谓“应当预见”，是指行为人在行为时负有预见到行为可能发生危害结果的义务。“应当预见”是预见义务与预见能力的统一，所以判断是否“应当预见”，既不能只考虑行为人的主观内容，也不能只看重客观因素。预见义务从客观上提供“应当预见”的法律依据，而预见能力则从主观上提供“应当预见”的事实依据。疏忽大意的过失中预见的义务，来源于法律的规定，或者职务、业务的要求，或是公共生活准则的要求。而对于预见能力，其衡量标准如何，理论界见解不一：一是客观标准说，即主张依社会上一般人的水平来衡量。二是主观标准说，即在当时的具体条件下依行为人本身的能力和水平来衡量。三是主、客观统一说，即以主观标准为基础，结合行为当时的外部环境和客观条件来衡量。这是我国刑法理论中较为通行的主张，它把行为人的主观认识能力同客观存在的认识条件、外部环境结合起来，进行综合分析：如果客观上存在着足够的相当的预见条件，同时主观上具有能够预见的能力，则要求行为人“应当预见”；如果主观上具有预见能力，但客观上不具备预见的相当足够的条件，或在客观上虽具备预见的相当足够的条件，主观上却不具备预见能力，则法律上就不要求行为人“应当预见”。四是以主观标准为依据，以客观标准作参考的主、客观统一说。此说不同于第三种学说之处，在于主张在用主、客观统一说判断行为人的注意能力之前，先用客观标准加以衡量，从而使得出的结论更加准确。[①]

我们认为，现代国家惩罚犯罪的根据在于行为人基于罪过的心理实施了危害社会的行为，动用刑罚的目的在于报应与功利的结合，因此，判断行为人是否应当预见的标准，不能脱离行为人本人的认识能力。客观说完全以他人的认识能力为标准，显然不当。主观说完全以行为人个人的认识能力为标准，既不利于刑罚功利目的的实现，也不利于社会进步，因为依此标准，

① 参见高铭暄主编：《新中国刑法科学简史》，116～117页，北京，中国人民公安大学出版社，1993。

意味着受教育程度高、经验积累多的人承担刑事责任的风险肯定高于受教育程度低、经验积累少的人，刑罚的效果将会抑制人们追求终身教育的热情。主、客观统一说与我国刑事司法追求实体公正的价值目标和诉讼理念相吻合，因此在司法实践中被普遍采用。但是，主、客观统一说实质上是一人一个标准，这就使标准的建立因人而异，在逻辑上存在问题。以主观标准为依据、以客观标准作参考的主、客观统一说消除了上述标准存在的缺陷，与我国刑事诉讼制度追求程序公正的改革目标和现代司法追求程序正义的诉讼价值观念相一致，具有一定的超前性，是刑法理论上的通说。

(2) 行为人由于疏忽大意，而没有预见到自己的行为可能发生危害社会的结果。所谓没有预见到，是指行为人在行为当时没有想到自己的行为可能发生危害社会的结果。如果说“应当预见”是一种认识的可能性，“没有预见”是一种实际的认识状态，那么疏忽大意的过失的特征就是有认识能力而竟未认识、麻痹大意，以致发生危害结果。法律规定惩罚这种过失犯罪，从客观方面看，是因为行为给社会造成了实际危害后果；从主观方面看，就是要惩罚和警戒这种对社会利益严重不负责任的疏忽大意的心理态度，以促使行为人和其他人戒除疏忽大意的心理，防止疏忽大意过失犯罪的发生。

2. 疏忽大意的过失与意外事件的异同

按照刑法第16条的规定，意外事件，是指行为虽在客观上造成了损害结果，但行为人不是出于故意或者过失，而是由于行为人不能预见的原因所引起的情形。由于这种情况下行为人没有罪过，因而行为不能构成犯罪。

由于“不能预见的原因”所致的意外事件，与疏忽大意的过失有相同之处：二者都是行为人对有害结果的发生没有预见，并因此而发生了这种结果。二者的区别在于：根据行为人的实际认识能力和当时的情况，意外事件是行为人对损害结果的发生不可能预见、不应当预见而没有预见，疏忽大意的过失则是行为人对行为发生危害结果的可能性能够预见、应当预见，只是由于疏忽大意的心理而导致了未能实际预见。因此，根据行为人的实际认识能力和当时的情况，结合法律、职业等的要求来认真考察其没有预见的原因，对于区分意外事件与疏忽大意的过失至关重要，这是罪与非罪的原则区分。例如，某汽车司机在雨夜行车，从一塑料布上驶过，压死了塑料布下的一个精神病人。司机以为塑料布下是附近农民的稻谷，在当时的情况下他不可能预见到有人在雨夜躲在公路上的塑料布下，这就属于意外事件。

（二）过于自信的过失

过于自信的过失，是指行为人预见到自己的行为可能发生危害社会的结果，但轻信能够避免，以致发生这种结果的一种心理态度。

1. 过于自信的过失的特征

(1) 在认识因素上，行为人已经预见到自己的行为可能发生危害社会的结果。如果行为人行为时根本没有预见到自己的行为会导致危害结果的发生，则不属于过于自信的过失，而有可能属于疏忽大意的过失或意外事件；如果行为人预见到自己的行为必然发生而不是可能发生危害社会的结果，则属于犯罪直接故意的心理态度，而非过于自信的过失。

(2) 在意志因素上，行为人之所以实施行为，是轻信能够避免危害结果的发生。所谓轻信，就是说行为人过高地估计了可以避免危害结果发生的其自身的和客观的有利因素，而过低地估计了自己的行为导致危害结果发生的可能程度。正是这种“轻信”的心理，支配着行为人实施了错误的行为而发生了危害结果；也正是这种“轻信”的心理，使过于自信的过失得以成立并区别于其他罪过形式。

2. 过于自信的过失与间接故意的异同

过于自信的过失与间接故意有相似之处，如二者均意识到危害结果发生的可能性，都不是希望危害结果发生，但二者的区别也是明显的。从本质上说，间接故意所反映的是对合法权益不保护的态度，而过于自信的过失反映出行为人保护合法权益的态度。这种本质上的差别，又是通过各自的认识因素与意志因素体现出来的：(1) 间接故意是放任危害结果的发生，结果的发生符合行为人的意志；过于自信的过失是希望结果不发生，结果的发生违背行为人的意志。(2) 间接故意的行为人是为了实现其他意图而实施行为，主观上根本不考虑是否可以避免危害结果的发生，客观上也没有采取避免危害结果发生的措施；过于自信的过失的行为人之所以实施其行为，是因为考虑到可以避免危害结果的发生，事实上也采取了避免危害结果发生的措施。简言之，前者是行为人对危害结果发生与否采取听之任之的态度，后者是行为人轻信危害结果可以被避免。(3) 间接故意是“明知”危害结果发生的可能性，过于自信的过失是“预见”危害结果发生的可能性。

3. 过于自信的过失与疏忽大意的过失的区别

作为犯罪过失的两种类型，过于自信的过失与疏忽大意的过失，在认识因素和意志因素上都有所不同：在认识因素上，对危害结果的可能发生，过于自信的过失已经有所预见，而疏忽大意的过失则根本没有预见；在意志因素上，对危害结果的可能发生，二者虽然都持排斥态度，但过于自信的过失是轻信能够避免，而疏忽大意的过失是疏忽、麻痹。

三、过失行为向故意犯罪的转化

在过失行为的发展过程中，由于行为人主观罪过的变化，过失行为有可能向故意犯罪转化。比如，交通肇事致人重伤，有条件救助而逃逸，甚至将被害人转移现场，抛下山崖或者抛入路边树丛，导致被害人得不到及时救助而死亡的，其肇事行为属于过失行为，但整个行为的性质应当认定为（间接）故意杀人罪。同理，在失火后，有条件扑灭而放任不管，危害公共安全的，应当认定为放火罪。处理此类情形，可以用高度行为吸收低度行为、用重行为吸收轻行为，只以转化形成的重罪论处。

认定过失行为向故意犯罪转化的理论依据是：发生在前的过失行为属于先行行为，该先行行为是行为人所实施的，因此行为人就有义务避免更严重的危害结果发生。行为人在有条件履行该义务的情况下不履行，说明其主观上具有放任这种更严重的危害结果发生的故意，如果其所放任的危害结果实际发生了，从主、客观两方面结合起来判断，其行为完全符合故意犯罪的特征，因此，应当认定为间接故意犯罪。

正确认定过失行为向故意犯罪的转化，应当注意把握的根本依据是看在当时的情况下，是否存在或具备避免更严重危害结果发生的客观条件。如果在当时的情况下，根据过失行为发生现场的环境、设施、设备，距离医院、水源的远近等因素综合判断，确实不具备避免严重危害结果发生的条件的，应当认定为过失犯罪或者过失行为。

四、意外事件

刑法第16条规定：“行为在客观上虽然造成了损害结果，但是不是出于故意或者过失，而是由于不能抗拒或者不能预见的原因所引起的，不是犯罪。”我国的刑法理论通说认为，该条的规定在刑法理论上称为广义的意外事件。但从严格意义上讲，它包括狭义的意外事件和不可抗力两种情况。广义意外事件的主要特征是：(1) 行为人的行为在客观上造成了损害的结果。这种损害结果是由行为人的行为直接引起的，存在着哲学上的因果关系。这种特定的客观事实的出现，是意外事件成立的前提条件。(2) 行为人对自己的行为所造成的损害结果，在主观上既非出于故意，亦非出于过失。基于此，又可将其称为无罪过事件。(3) 损害结果的产生是由于不能预见或者不能抗拒的原因。具体来说，狭义的意外事件是指行为人因不能预见的原因而造成损害结果的情形。对于行为人来说，损害结果的产生纯属意外，因此才把这种行为造成的结果称为“事件”而不是危害结果，当然，行为人的这种行为也不是刑法意义上的危害行为。不可抗力，是指行为人因不可抗拒的原因而造成损害结果的情形。不可抗拒的原因主要是客观因素，有时也包括人为因素，前者如山崩地裂、飓风海啸、冰雪崩塌、自然起火、泥石流等，后者如行为人使用的是他人制造的伪劣产品，因产品质量缺陷导致火灾、爆炸，机械故障造成车翻人亡，被他人捆绑、击晕或绑架而不能履行职责或者业务等。在不可抗力情形中，行为人有可能对损害结果的发生有所预见，但因遭遇不可抗拒的因素，不可能采取有效措施避免这种结果的产生。

第四节　犯罪目的

一、犯罪目的与犯罪动机的概念

犯罪目的，是行为人希望通过实施犯罪行为达到某种结果的心理状态。由于直接故意犯罪的主观要件都包含犯罪目的的内容，因而法律对犯罪目的一般不作明文规定，分析这些犯罪的构成要件便可明确其要求的犯罪目的。但是，对某些犯罪，刑法条文中又特别载明了犯罪目的。如刑法第 152 条规定的走私淫秽物品罪，法律特别载明应“以牟利或者传播为目的”；第 217 条规定的侵犯著作权罪，法律特别规定须“以营利为目的”；第 363 条规定的制作、复制、出版、贩卖、传播淫秽物品牟利罪，法律特别规定必须“以牟利为目的”。这种规定的意义在于，表明这些犯罪不仅是故意犯罪，而且还要求有特定目的。

由上可知，犯罪目的的内容指向危害结果，但犯罪目的不等于危害结果。犯罪目的实际上分为两类：一类是指直接故意中的意志因素，即行为人对自己的行为直接造成危害结果的希望（第一种意义的目的）。如直接故意杀人，行为人明知自己的行为会发生他人死亡的结果，并且希望他人死亡。希望他人死亡，就是行为人的犯罪目的。另一类是指在故意犯罪中，行为人通过实现行为的直接危害结果所进一步追求的某种非法利益或结果（第二种意义的目的），如刑法分则所规定的非法占有目的、牟利目的等。显然，后一种意义的目的是比前一种目的更为复杂、深远的心理态度，其内容也不一定是观念上的危害结果。因此，在刑法分则条文将犯罪目的规定为某种犯罪的构成要件时，查明行为人是否有此特定目的，是正确认定该罪的关键。

犯罪动机，是指刺激行为人实施某种行为以达到犯罪目的的内心冲动或者起因。它回答犯罪人基于何种心理原因实施犯罪行为，故动机的作用是发动犯罪行为，说明实施犯罪行为对行为人的心理愿望具有什么意义。产生犯罪动机需具备两个条件：一是行为人内在的需要和愿望，二是外界的诱因与刺激。

犯罪动机的内容与“内心欲求”或者“需要”往往具有一致性，因此，依内心欲求的内容可以把犯罪动机大致分为以下几类：（1）基于权力欲求的动机。这类动机可能刺激行为人实施与权力的取得及运行有关的犯罪，如背叛国家罪、分裂国家罪、颠覆国家政权罪、黑社会性质组织的犯罪、故意杀人罪、故意伤害罪（如雇凶杀死、杀伤竞争对手）、刑讯逼供罪、滥用职权罪、暴力取证罪、非法经营同类营业罪、为亲友非法牟利罪、职务侵占罪、贪污罪、受贿罪、挪用公款罪、私分国有资产罪、打击报复证人罪、徇私枉法罪、枉法裁判罪、私放在押人员罪等。（2）基于占有欲求的动机。这类动机可能刺激行为人实施经济犯罪、财产犯罪、职务犯罪以及其他与经济利益有关的犯罪，如走私罪，侵犯著作权罪，假冒商标罪，假冒专利罪，贪污罪，受贿罪，巨额财产来源不明罪，走私、贩卖、运输、制造毒品罪，拐卖妇女儿童罪，绑架罪，抢劫罪，抢夺罪，盗窃罪，诈骗罪，侵占罪，职务侵占罪，倒卖文物罪，盗掘古文化遗址、古墓葬罪，挪用资金罪，敲诈勒索罪，赌博罪等。(3) 基于性的欲求的动机。这类动机可能刺激行为人实施性犯罪、暴力犯罪以及有关犯罪，如强奸罪，猥亵儿童罪，强制猥亵、侮辱妇女罪，重婚罪，破坏军婚罪，虐待罪，聚众淫乱罪，盗窃、侮辱尸体罪（如变态人格的犯罪），寻衅滋事罪，传播性病罪，嫖宿幼女罪，传播淫秽物品罪等。(4) 基于表现欲求的动机。这类动机可能刺激行为人实施教唆性质的犯罪和妨害社会管理秩序的犯罪，如寻衅滋事罪，传授犯罪方法罪，聚众扰乱公共场所秩序、交通秩序罪等。(5) 基于征服欲求的动机。这类动机可能刺激行为人实施暴力性犯罪以及有关犯罪，如聚众斗殴罪、强迫交易罪、强迫他人吸毒罪、强迫职工劳动罪、虐待被监管人罪等。(6) 基于反抗欲求的动机。这类动机可能刺激行为人实施暴力犯罪以及其他反社会的犯罪，如妨害公务罪，拒不秩序判决、裁定罪，扰乱法庭秩序罪，聚众冲击国家机关罪，帮助犯罪分子逃避处罚罪，煽动民族仇恨、民族歧视罪，战时违抗命令罪等。(7) 基于平衡心理的欲求的动机。这类动机可能刺激行为人实施暴力性犯罪、经济犯罪、财产犯罪以及其他反社会的犯罪，如诽谤罪、侮辱罪、故意毁坏财物罪、爆炸罪、投放危险物质罪、放火罪、贪污罪、受贿罪、诬告陷害罪等。

由上述定义可看出，犯罪目的仅存在于直接故意犯罪中，间接故意犯罪与过失犯罪不可能存在犯罪目的。对于间接故意犯罪中是否存在犯罪目的，有个别论著持肯定观点。我们认为，犯罪目的是行为人希望通过实施危害行为达到某种危害结果的心理态度，它必然要有为达到某种危害结果的积极追求行为；而间接故意犯罪从主观特征上看是对危害结果的可能发生持放任心理，它不具备犯罪目的所追求的行为的鲜明的目标性，在这种心理支配下，行为人也不会以积极的行动去追求危害结果的发生，因此，间接故意犯罪根本不可能存在以希望、追求一定的危害结果发生为特征的犯罪目的。

关于犯罪动机存在的范围，理论上还有争议。有人认为：间接故意犯罪本身也不存在犯罪动机。因为犯罪动机与犯罪目的是密切联系而存在的，犯罪动机如果离开了犯罪目的就没有具体指向和表现，犯罪目的如果没有犯罪动机的内在推动力就失去了其本身的含义。行为人基于某种需要而形成犯罪动机，在犯罪动机的指引和推动下又确定犯罪目的。如果说间接故意犯罪具有犯罪动机而不具有犯罪目的，就违背了犯罪动机与犯罪目的的事实上的辩证关系。也有人认为，除了疏忽大意的不作为犯罪以外，其他犯罪都有犯罪动机。①

我们认为，从犯罪意识到犯罪过程是一个线性过程：犯罪需要产生犯罪动机，犯罪动机催生犯罪目的，但它们之间并不是必然的递进关系。同样是出于解决温饱的需要，少数人饥寒起盗心（盗窃动机），多数人饥寒思进取（合法动机）；产生犯罪动机后，有的人会进一步形成犯罪目的，而有的人却能抑制自己的行为，未形成犯罪目的；有的人形成犯罪动机后会选择积极的行动实现犯罪动机（这种实现犯罪动机的过程即从犯罪动机到犯罪目的再到危害行为，最后达到犯罪结果的过程），有的人形成犯罪动机后会选择放任的行为实现犯罪动机（这种实现犯罪动机的过程即从犯罪动机到危害行为再到危害结果的过程）。可见，犯罪动机并不必然与犯罪目的产生联系。一切故意犯罪都有犯罪动机，而对于一切过失犯罪，行为人都不是基于犯罪动机选择危害行为，而是在非犯罪动机的刺激下实施了严重不负责任的行为或者掉以轻心的避免行为，才导致严重危害结果的产生，如飞车寻求刺激造成交通肇事，好大喜功、胡乱决策造成国有资产严重流失等，因此，过失犯罪行为人的这种动机，不能称为犯罪动机。

---

① 参见李晓明主编：《刑法学》(上)，370～371页，北京，法律出版社，2001。

二、犯罪目的与犯罪动机的联系和区别

犯罪目的与犯罪动机既密切联系，又相互区别。二者的密切联系表现在：（1）二者都是犯罪人实施犯罪行为过程中存在的主观心理活动，它们的形成和作用都反映行为人主观恶性程度及行为的社会危害性程度。（2）犯罪目的以犯罪动机为前提和基础，犯罪目的来源于犯罪动机，犯罪动机促使犯罪目的形成。（3）二者有时表现为直接的联系，即它们所反映的需要是一致的，如出于贪利动机实施以非法占有为目的的侵犯财产犯罪。

但是，犯罪目的与犯罪动机又相互区别，主要表现在：（1）二者形成的时间先后顺序不同。动机产生在前，目的产生于后。（2）二者所包含的内容不同。动机揭示行为人产生犯罪的主观原因，目的揭示其希望达到的结果。一种犯罪的犯罪目的相同，而且，除复杂客体犯罪以外，一般是一罪一犯罪目的；同种犯罪的动机则往往因人、因具体情况而异，一罪可以有不同的犯罪动机，如故意杀人罪，可能既有嫉妒动机，又有报复动机。（3）二者的内容、作用不同。犯罪动机是表明行为人为什么要犯罪的内心起因，比较抽象，是内在的发动犯罪的力量，起的是推动犯罪实施的作用；犯罪目的则是实施犯罪行为所追求的客观危害结果在主观上的反映，起的是为犯罪定向、校正行为、确定目标和侵害程度的引导、指挥作用，它比较具体，已经指向外在的具体犯罪对象和客体。所以说，动机决定目的的产生，目的支配行为的实施；有目的必有动机，有动机不一定有目的。二者都伴随行为的发展而发展变化，但动机对行为起的是推动作用，目的起的是导向、指挥作用。（4）对定罪、量刑的意义不同。犯罪目的可以起到划分罪与非罪、此罪与彼罪界限的作用，因此其作用偏重于定罪。而从一般动机的形成和发展来看，不能单纯具有定罪意义，但可反映主观恶性程度，因此，犯罪动机的作用偏重于量刑。动机不同，表现出行为人主观恶性程度不同，也决定了改造的难易程度不同。如同为盗窃，“饥寒起盗心”之盗窃同“饱暖思淫欲”之盗窃相比，社会的道德评价就不同，而刑罚效果若不同社会效果保持一致，就难以产生和实现预防犯罪的功能。这样是单纯从动机角度分析，若更进一步，结合行为客观方面分析，动机不同，行为造成的后果也不同，如出于义愤杀人一般置人于死地即罢手，而报复杀人往往会出现碎尸、戮尸等后果。这也反映出行为人主观恶性的差异。

三、犯罪目的与犯罪动机的意义

1. 犯罪目的的意义。犯罪目的突出影响直接故意犯罪的定罪问题。这主要表现为两种情况：其一，在法律表明犯罪目的的犯罪中，特定的犯罪目的是犯罪构成的必备要件，是区分罪与非罪或此罪与彼罪的标准。其二，在法律未表明犯罪目的的犯罪中，犯罪目的也是其犯罪直接故意中必然存在的一个重要内容，因而在剖析具体犯罪构成的主观要件时，明确其犯罪目的的内涵并予以确切查明，无疑对定罪具有重大作用。

2. 犯罪动机的意义。犯罪动机侧重于影响量刑。犯罪动机是犯罪的重要情节之一，根据立法规定和司法经验，量刑要考虑犯罪的各种情节，犯罪动机就可能影响到不同量刑幅度的选择。

法律应用

1. 实践中经常容易发生的错误有：一是将犯罪故意（过失）与故意（过失）犯罪相混淆，二是机械套用刑法总则中关于犯罪故意的概念来表述刑法分则中具体犯罪的故意内容。应当注意：第一，刑法第 14、15 条是对故意犯罪、过失犯罪作出的规定，而犯罪故意、犯罪过失则是刑法理论根据这些规定作出的定义。第二，具体犯罪的故意内容具有特殊性，应根据刑法分

则条文的规定推断故意的内容。比如刑法第 347 条规定的毒品犯罪，其故意应表述为“明知是毒品而实施走私、贩卖、运输、制造行为的心理”。

2. 从我国刑法的规定来看，故意犯罪中的绝大多数犯罪只能由直接故意构成，只有少数犯罪如故意杀人罪、故意伤害罪、放火罪、爆炸罪等，既可以由直接故意构成，也可以由间接故意构成。只是需要注意的是，无论是直接故意犯罪还是间接故意犯罪，它们同属故意犯罪的范畴，属于相同罪质的犯罪，因此在确定罪名时无须作出区分。

3. 关于过于自信的过失与间接故意的区分，应考察客观上是否存在行为人“自信”的依据，不能偏听行为人的辩解。有的案件表面上看起来似乎是行为人轻信能够避免危害结果的发生，但这种所谓“轻信”没有实际根据，行为人所指望的避免结果发生的那种情况根本不会存在，或者虽然存在，但行为人所采取的措施对于防止结果的发生毫无意义或意义极小。在这种情况下，如果发生危害结果，不是过于自信的过失，而是间接故意犯罪。例如，司机甲夜晚行车中因疏忽大意将乙撞成重伤，甲为了不让后面的来车很快发现肇事而得以争取时间顺利逃脱，明知不远处就有医院，却不将乙送往医院抢救，相反，却将伤口流血不止并处于昏迷中的乙拖到路边靠在树上，乙因伤口出血过多死亡。甲在案发后交代说，他虽然当时已预见到这样乙可能会因出血过多死亡，但他想乙也可能醒来呼救而获救，或者恰巧有人路过，发现乙而将之救护，因而不一定死亡。即使查明甲的上述心理情况属实，也不能认定他对乙的死亡是过失。因为甲虽然似乎也是凭借某种条件来加以防止，但这种防止没有任何实际根据，他完全是抱着侥幸、碰运气的心理，实际上是有意听任乙死亡的发生，因而这种心理不是过于自信的过失，而是间接故意。

4. 实践中容易发生的一个错误是把“应知”推定为“明知”，从而在判决书中作出这样的表述：被告人应当知道……因此构成故意××罪。需要注意的是，“应当”或“应知”是犯罪过失以及过失犯罪的标志性用语。当然，刑法第 219 条第 2 款也使用了“应知”一词表明推定的故意，但这是立法技术问题，不具有普遍性意义。

5. 意外事件与疏忽大意的过失在没有预见到危害结果的发生上具有相同点，二者的区别在于是否应当预见，即是否负有预见的义务。疏忽大意的过失是应当预见，而没预见，主观上有罪过；意外事件则是不能预见，或者虽已预见但不可抗拒，主观上没有罪过。

6. 在司法实践中，容易混淆的是犯罪动机和犯罪目的、直接故意和间接故意以及过失行为向故意犯罪转化的条件，难以处理的是间接故意的第三种情形，即在突发性暴力案件中，行为人不计后果，动辄实施强度暴力的行为的定性问题。比如，在寻衅滋事、聚众斗殴过程中突然拔刀捅向对方身体，不管对方死活即离开现场。在这种情况下，由于所可能造成的危害结果都在行为人预料当中，故根据行为人实际造成的危害结果定罪，完全符合主、客观相一致原则。因此，刑法第 292 条第 2 款规定：“聚众斗殴，致人重伤、死亡的，依照本法第二百三十四条、第二百三十二条的规定定罪处罚。”

课后复习

1. 什么是犯罪的故意？犯罪的故意有哪两种基本类型？主要区别是什么？
2. 什么是犯罪的过失？犯罪的过失有哪两种基本类型？
3. 犯罪的间接故意与犯罪的疏忽大意的过失之间的区别何在？
4. 疏忽大意的过失与意外事件的区别何在？
5. 什么是犯罪的动机和目的？二者的区别与联系是什么？
6. 过失行为转化为故意犯罪的条件有哪些？

第十章
排除社会危害性的行为

□·提　要·□

在社会生活中，由自然现象或人为因素所造成的各种危害时有发生，而国家在许多场合往往都无法及时提供救助。为尽可能避免和减少这些危害，维护国家、社会和公民个人的利益与安全，国家制定一些法律规范，鼓励或允许公民充分利用自己现实的力量和条件，对正在发生的危害直接实施排除社会危害性的行为。本章主要论述什么是排除社会危害性的行为，如何正确认定排除社会危害性的行为，如何依法实施排除社会危害性的行为等问题。

重点问题

1. 正当防卫成立的条件
2. 紧急避险成立的条件

第一节 排除社会危害性的行为概述

一、排除社会危害性的行为的概念和特征

所谓排除社会危害性的行为，又称排除犯罪性的行为，是指行为在客观上具有一定的加害性，在表象上具备刑法分则所规定的某罪的犯罪构成要件，但实质上该行为不仅不具有社会危害性，反而对国家和社会有益的行为。排除社会危害性的行为具有以下特征：

1. 排除社会危害性的行为具有加害性，客观上造成一定的损害。如正当防卫行为对不法侵害人造成伤害或死亡，紧急避险行为造成一定公私财产的毁损。

2. 排除社会危害性的行为虽然在表象上符合刑法分则所规定的某罪的犯罪构成要件，但依刑法总则的特别规定评判，实质上并不具有社会危害性，不能认定为犯罪。例如，防卫人为保护合法权益而“故意”地对正在实施行凶行为的不法侵害人进行“伤害”，并造成轻伤的后果。该行为从形式上看，似乎可以符合刑法分则关于故意伤害罪构成要件的规定，但由于刑法总则有关于正当防卫的专门免责规定，故对该行为在认定上适用总则的特别规定，排除其表象的“犯罪性”，认为属于正当行为。同理，船长在台风的袭击中为避免轮船倾覆而命令船员将大量货物抛入海中，并不构成故意毁坏公私财物罪，而属于合法的紧急避险行为。

3. 排除社会危害性行为的种类及成立条件原则上应由刑法明文规定。排除社会危害性的行为，在大陆法系国家的刑法中称为“违法性阻却事由”，在英美法系国家属于“合法辩护”的一部分。所谓“违法性阻却事由”，是指行为虽然符合“该当性”构成要件的要求，但有排除其违法性根据的事由，从而不认为是犯罪。在英美法系中，“合法辩护”的核心内容就是说明形似犯罪但实质上并不成立犯罪的事实和理由。总之，无论是大陆法系国家还是英美法系国家，都是从行为的完整社会意义及价值选择上将排除社会危害性的行为作为非犯罪行为处理。在我国现阶段，刑法并非对生活中所有的排除社会危害性行为的种类及成立条件都加以规定，对一些人们在情理上理所当然认为正当而司法也不妄加介入的行为——执行命令的行为、自救行为等，在法条上并不进行明文规定。

二、排除社会危害性的行为的种类

大陆法系国家大都将正当防卫、紧急避险作为典型的违法性阻却事由，在刑法典中予以明文规定。在刑事立法和司法中，一般也将依照法令的行为、正当业务行为、自救行为等作为违法性阻却事由对待。我国现行刑法中对排除社会危害性的行为，只规定了正当防卫和紧急避险两种。刑法理论界一般认为：除正当防卫和紧急避险外，排除社会危害性的行为还包括依照法令的行为、执行上级命令的行为、正当业务行为、经权利人承诺的行为，等等。

1. 依照法令的行为，是依照现行法律、法规、法令而实施的行为的统称。这些行为是直接根据法律、法规或法令的规定实行，其性质是依法履行职责或依法行使权利的行为。这类行为虽然有时在外观上与刑法规定的某些犯罪构成相似，但行为的行使具有合法根据，实质上并不具有社会危害性。如侦查机关拘捕犯罪嫌疑人的行为，就属于依照刑事诉讼法的规定履行职责。

2. 执行上级命令的行为，是指部属根据上级国家工作人员的命令所实施的行为。一般情况下部属执行上级命令，只要执行行为严格掌握在命令范围之内，不产生刑事责任问题。但如果下级国家工作人员明知上级命令的内容是犯罪，却不加以拒绝而仍然予以执行，就可能成为

这种犯罪的共犯。

3. 正当业务行为，是指行为人根据其所从事的某种正当业务的需要而实施的行为。正当业务行为在外观上似乎符合某种犯罪构成的规定，如医生对病人实施截肢手术，运动员在拳击、足球等竞技过程中击伤或者踢伤对方的身体，但实际上该类行为是在一定业务的必要范围内实施，且为社会公众所认可，故不构成犯罪。

4. 经权利人承诺的行为，又称经被害人同意或承诺的行为，是指得到有权处分某种利益的人同意而损害其利益的行为。从性质上看，这种行为是根据权利人本人的承诺或嘱托实施的，是权利人自愿放弃自己权利的行为，如权利人同意他人毁损其财物、自愿与他人发生性关系。但该类行为以不违反法律规定和不影响公共利益为限，如权利人同意他人烧毁自己的房屋却殃及邻居的房屋，便完全可能构成犯罪。

三、排除社会危害性的行为的意义

准确认识和认定排除社会危害性的行为，有着重要的理论价值和实践意义。

1. 有利于认清犯罪的本质特征，明确罪与非罪的界限。排除社会危害性的行为尽管在客观上具有一定的加害性，造成一定的损害后果，且行为在表面上可能具备犯罪构成的全部要件，但这类行为实质上是对社会有益的行为，并不具有社会危害性，从而不构成犯罪。认清这类行为的本质，有助于正确区分罪与非罪的界限，准确界定犯罪行为与合法行为。

2. 有利于正确理解和把握犯罪构成的规定性。排除社会危害性的行为在表面上似乎具备犯罪构成的各个要件，但细致分析其实并不符合，如主观方面要件中罪过所强调的“故意”，其认识因素为“明知自己的行为会发生危害社会的结果”，而排除社会危害性的行为的认识因素却为“明知自己的行为会发生更有益于社会的结果”；在客体要件方面排除社会危害性的行为是维护合法权益而非侵犯法益。因此，正确理解和掌握排除社会危害性的行为的基本含义，有利于准确把握犯罪构成及其要件的确切规定性，从而保证刑事司法的准确性。

3. 有利于公民充分行使法定权利，履行法定义务，维护多方面的合法权益。如公民积极行使正当防卫权，有利于同违法犯罪行为作斗争；而在医疗、竞技等正当业务中造成的难以避免的损害，属于社会生活中所需要付出的必要代价。明确这类行为的正当性而排除其犯罪性并予以保护，有利于促进社会的进步和发展。

第二节　正当防卫

一、正当防卫的概念和意义

（一）正当防卫的概念

刑法第 20 条第 1 款规定：“为了使国家、公共利益、本人或者他人的人身、财产和其他权利免受正在进行的不法侵害，而采取的制止不法侵害的行为，对不法侵害人造成损害的，属于正当防卫，不负刑事责任。”根据该规定，所谓正当防卫，是指防卫人针对正在进行的不法侵害行为，采取对不法侵害者本人造成损害的方法，以使国家利益、公共利益、本人或者他人的人身、财产和其他权利免受侵害的行为。

正当防卫是在合法权益正在遭受不法侵害的紧急情况下，行为人以损害不法侵害人的人身或财产利益为手段，以有效制止其不法侵害，从而达到保护合法权益目的的一种紧迫措施。正当防卫的行为人在主观上并不具有危害社会的刑法意义上罪过之故意（而是一种保护合法权益的“故意”），客观上其行为虽造成损害，但却是有益于社会的。它属于排除社会危害性的行为之一，是刑法赋予公民的一项特定权利，受国家法律的倡导和保护。

（二）正当防卫的意义

法律设立正当防卫制度，有着极其重要的现实意义：

1. 有利于及时、有效地制止和抵御不法侵害，以使国家利益、公共利益、本人或者他人的合法权益免受侵害。当法律保护的合法权益正在遭受不法侵害时，国家公权在许多时候都无法立即提供保护并予以制止，此时公民若行使法律赋予的正当防卫权，就可以及时加以制止或消减其程度，从而使合法权益免受损害或者减轻损害。这正是立法上规定正当防卫制度的直接目的。

2. 有利于有效地威慑犯罪分子，从而预防和减少犯罪。法律鼓励公民为维护国家利益、公共利益、本人或者他人的合法权益，而对正在进行不法侵害的人进行防卫反击，对其人身或财产利益造成必要的损害，甚至可以致伤或致死。这对不法侵害者形成一种十分有效的威慑力，促使其遏制犯罪欲念或减弱暴力程度，从而达到预防和减少犯罪的目的。

3. 有利于鼓励公民勇敢地同违法犯罪行为作斗争。正当防卫制度为公民在紧急情况下制止不法侵害，提供了可靠的法律保障。公民面对正在发生的不法侵害，有法律赋予的防卫权为后盾，便能够挺身而出、见义勇为，勇敢地同违法犯罪行为作斗争。这是法律设立正当防卫制度的基本指导思想。立法及刑法理论上对正当防卫成立条件的设定，司法实践中对疑难个案的处理，均应符合该基本指导思想——是鼓励公民勇敢斗争，还是导致防卫人缩手缩脚。当然，绝不允许公民滥用正当防卫权利。

二、正当防卫的成立条件

正当防卫是对不法侵害者所进行的反击，对不法侵害者的人身或财产具有相当的加害性，故其实施必须符合法定的条件。根据刑法第 20 条的规定，正当防卫的成立必须同时符合以下五个条件：

（一）必须有实际的不法侵害存在

这是正当防卫的起因条件。所谓“侵害”，是对法律所保护的权益的侵袭和损害，多属一种积极的带暴力性的攻击行为。所谓“不法”，是指该行为为法律所不允许；除犯罪行为外，还包括一般违法行为，如违反治安管理处罚法的行为。违法行为与犯罪行为在防卫人处于高度紧张、恐惧、愤怒的紧急状况下，是很难立即明确加以区分的，且在侵害的进行中二者并没有明显的界限，故对二者均可进行正当防卫。

正当防卫是一种带有进攻性、损害性的反侵害行为，是以给不法侵害者造成损害的方式进行的，因此，正当防卫主要应针对一些具有积极攻击性和破坏性的不法侵害行为，如杀人、伤害、放火、决水、爆炸，破坏易燃、易爆设备等行为。有些不法行为（如诈骗、贪污等行为）不具有防卫的紧迫性，故无须进行正当防卫。

并且，不法侵害必须是客观、真实存在而不是主观想象或者推测的。在实际上并不存在不法侵害的情况下，行为人由于认识上的错误以为有不法侵害发生而实行防卫，造成他人无辜损害的，属假想防卫。假想防卫不属于正当防卫，造成损害的，应按对事实认识错误的原则处理：行为人应当预见而没有预见到他人的行为不是不法侵害，对所造成的损害应负过失犯罪的责任；如果在行为时不可能预见他人的行为不是不法侵害，则行为人主观上没有罪过，属意外事件。

（二）必须是不法侵害正在进行

这是正当防卫的时间条件。所谓正在进行，一般可理解为不法侵害人已经“着手”实施侵害的实行行为且尚未结束。但在不法侵害的现实威胁已经十分明显，不实行正当防卫无法避免危害时，也应认为不法侵害已经开始，如侵害人欲行爆炸而在前往现场的途中。所谓不法侵害的结束，是指不法侵害行为已经停止而不再继续进行的状况，具体包括三种情况：一是不法侵害行为已经实行完毕，危害结果已经发生，如杀人犯已将人杀死；二是不法侵害确已自动中止，侵害人已无继续侵害的表示，如侵害人接受劝告已扔掉凶器；三是不法侵害人已被制服，或者已经丧失继续侵害的能力。在某些场合，虽然不法侵害的实行行为已经结束，但侵害人还未离开现场或刚离开现场，由侵害行为所造成的损失还可以挽回。此情况下仍可视为不法侵害尚未结束。例如，当场追击盗窃犯或抢劫犯，使用适度暴力方法夺回被非法占有的财物，应认为是正当防卫。

行为人在不法侵害尚未开始或者已经终了时进行所谓防卫，对侵害者造成损害的，称防卫不适时。防卫不适时又分为“事前防卫”和“事后防卫”两种情况：前者系不法侵害尚未到来而进行的所谓防卫，后者指不法侵害已经结束而进行的所谓防卫。防卫不适时不符合正当防卫时间条件的要求，不属于正当防卫。在处理时若行为人明知不法侵害尚未到来或已经终了，仍然进行所谓防卫，应对其所造成的损害负故意犯罪的刑事责任；若行为人由于认识错误而导致防卫不适时，则应根据案件的实际情况按事实认识错误的原则处理，既可能属过失犯罪，也可能是意外事件。

（三）必须是针对不法侵害者本人实行

这是正当防卫的对象条件。正当防卫只能针对不法侵害人本人实行，而不能对没有实施不法侵害的任何第三者实行。按照“罪责自负”原则，不法侵害者本人实施的不法侵害，是法律允许对其进行反击的根据。只有防卫人在不伤及无辜的前提下进行防卫，其行为才具有正当性。如果防卫人在实施正当防卫的过程中给第三者造成了人身或者财产损害，符合紧急避险条件的，按紧急避险处理；若不符合紧急避险条件，则按其罪过形式分别追究其故意犯罪或过失犯罪的刑事责任。

（四）必须是为了保护合法权利免受不法侵害

这是正当防卫的主观条件。根据刑法第20条的规定，可以防卫的合法权益包括四个方面：(1) 国家利益；(2) 公共利益；(3) 他人权益；(4) 本人的人身、财产和其他权利。为上述四方面中任何一方面权益均可实行正当防卫，法律鼓励公民在不法侵害与己无关的情况下见义勇为、挺身而出，予以制止。

司法实践中违反该条件的所谓防卫主要有：

1. 防卫挑拨。所谓“防卫挑拨”，是指为加害对方而故意挑逗对方先向自己实施侵害，然后乘机反击以加害对方的情形。行为人主观上具有不法侵害的预谋和恶意，缺乏防卫的正当目的，故不能成立正当防卫，而应以故意犯罪论处。

2. 相互斗殴。斗殴行为中双方彼此都有攻击或加害对方的故意，双方的行为前提均缺乏保护合法权益的目的，均属不法行为，都无权进行正当防卫。如果一方已经放弃斗殴，逃跑、躲避，另一方继续攻击，实施不法侵害的，则逃避方可以对之实行正当防卫。

（五）防卫行为不能明显超过必要限度造成重大损害

这是正当防卫的限度条件，也是划分正当防卫和防卫过当的唯一标准。如何理解正当防卫的必要限度？目前大多数学者倾向于“有效制止说”，即正当防卫的必要限度应当是以“有效制止”正在进行的不法侵害为衡定尺度。可从以下两个方面判定正当防卫的必要限度：

第一，防卫的限度是制止不法行为所必需的，即防卫行为的性质、手段、强度以及造成的损害结果是制止不法侵害行为所必需的。判断防卫行为是否必需，不能单纯地考虑不法侵害行为的性质、手段、强度以及可能造成的危害后果，而应从个案的实际出发，侧重分析防卫人所保护权益的大小，防卫人的个人状况，案发的时间、地点、场合，防卫人在他所处的特殊情境下的当然反应等多种因素。大多数情况下不法侵害都是有预谋的突然袭击，而防卫人却没有任何精神和物质上的准备，很难在进行防卫时立即准确判明不法侵害的具体意图和危害程度，也没有条件选择一种恰如其分的方式、工具和强度来进行防卫，只是在慌乱之中为求得压倒对方而仓促应对，从而在表现的程度上很难同侵害行为保持一种完全对等或基本对等，一定程度的过激反应自在情理之中。总之，必要限度的确定，以鼓励公民合理地行使正当防卫权利、勇敢地同违法、犯罪行为作斗争为前提，不能对防卫人提出超情理、超场合的要求。

第二，没有明显地超过必要限度，从而造成重大损害。根据法律的规定，允许防卫行为一定程度地超过制止不法侵害行为所必需的特定限度。虽然造成重大损害，但行为只要不是“明显超过必要限度”，或者即便行为明显超过必要限度，但客观上没有造成重大损害，均属正当。

鉴于我国目前治安形势的严峻和严重危及人身安全的暴力犯罪的猖獗，刑法第 20 条第 3 款规定：“对正在进行行凶、杀人、抢劫、强奸、绑架以及其他严重危及人身安全的暴力犯罪，采取防卫行为，造成不法侵害人伤亡的，不属于防卫过当，不负刑事责任。”这是关于对严重危及人身安全的暴力犯罪进行特殊防卫的原则性规定。据此规定，对严重危及人身安全的暴力犯罪进行正当防卫，在限度条件上对防卫人可再行从宽掌握，只要符合法律规定的条件，不存在防卫过当的问题。但需注意的是：从宽掌握并不意味着完全没有限度，仍然是以有效制止不法侵害为必要限度；凡是超出“有效制止”的限度均存在防卫过当甚至是故意犯罪的问题。如一身强力壮的退伍军人面对一身材弱小的少年抢劫犯，本来完全有能力予以制服并扭送至公安机关，但却不择手段、不计后果地当场将少年杀死。绝不允许防卫人滥用正当防卫权利，无节制地对侵害人进行加害。

三、防卫过当及其刑事责任

（一）防卫过当的概念

所谓防卫过当，是指防卫行为明显超过必要限度并且造成重大损害的情形。刑法第 20 条第 2 款规定：“正当防卫明显超过必要限度造成重大损害的，应当负刑事责任，但是应当减轻或者免除处罚。”防卫过当与正当防卫既有紧密的联系，又存在本质的区别：二者的联系表现在防卫过当完全符合正当防卫的前四个条件，而只是违反了限度条件；本质区别在于由于防卫限度的超越，防卫行为发生质的转化，由正当的防卫行为转化为一种不法的侵害。正是由于这种本质的区别，我国刑法才规定防卫过当也属于犯罪行为，应当承担刑事责任。

（二）防卫过当的定罪

追究防卫过当的刑事责任，首先需确定防卫过当的罪过形式，即行为人对防卫过当结果的主观心理态度。在防卫过当的场合，防卫人主观上是出于正当防卫的目的，只是防卫行为明显超过必要限度，造成了重大损害。防卫人进行防卫尽管是故意实施的，但其实施防卫行为的故意和刑法上犯罪的故意有着本质区别，并没有危害社会的犯罪目的；超过必要限度造成的危害，多属其在反击不法侵害时主观上的疏忽或判断明显失误所导致。所以，一般说来，防卫过当的罪过形式是过失，但在极少数情况下，可能是间接故意，即明知会明显超过必要限度造成重大损害，而仍然放任这种结果发生。

防卫过当是正当防卫行为明显超过必要限度造成重大损害的一种犯罪形态，并非独立罪名。在处理防卫过当的案件时，应当根据具体案件中防卫过当的客观事实情节及主观罪过形式，依照刑法分则的有关条款来确定罪名，如过失致人重伤罪、过失致人死亡罪等。

（三）防卫过当的量刑

对防卫过当的犯罪人，在处理时应当正确适用刑法分则的有关条款，依法酌情减轻或者免除处罚。从审判实践看，如果具备缓刑条件，可以适用缓刑；如果犯罪情节轻微，不需要判处刑罚，应当免除处罚。

第三节　紧急避险

一、紧急避险的概念

刑法第 21 条规定："为了使国家、公共利益、本人或者他人的人身、财产和其他权利免受正在发生的危险，不得已采取的紧急避险行为，造成损害的，不负刑事责任。"根据该条规定，所谓紧急避险，是指为了使国家利益、公共利益、本人或者他人的人身、财产和其他权利避免正在发生的危险，不得已而采取的损害另一个较小的合法权益的行为。

紧急避险也属于排除社会危害性的行为，其特点是：在两个合法权益发生冲突，只能保存其中一个的紧急情况下，法律允许为了保护较大的权益而牺牲较小的权益，从而使可能遭受的损失减少到最低限度。因此，从整体上看，紧急避险行为仍是有益于社会的正当行为，不具有社会危害性，法律对该行为予以允许和肯定，明文规定不承担刑事责任。

法律规定紧急避险制度，使公民在面临违法、犯罪行为或自然灾害的紧急情况下，能够主动运用紧急避险的合法手段，自觉地牺牲局部的、较小的合法权益来保护整体的、较大的合法权益。这对于以较小的代价推进社会的整体进步有着积极的作用。

二、紧急避险的成立条件

紧急避险是为保护较大权益而牺牲较小的权益，由于其损害的权益具有合法性质，故其实施必须严格符合法定的条件。根据刑法第 21 条的规定，正当防卫的成立必须同时符合以下五个条件：

（一）必须是合法利益受到危险的威胁

紧急避险只有在合法权益受到危险的现实威胁时才能实行。所谓危险，是指法律所保护的利益可能会遭受危害的一种事实状态。其来源主要有以下四种：（1）自然力，如火灾、洪水、地震、山崩、海啸、狂风以及航空器或船舶在航行中遭遇恶劣天气等。（2）动物的自发侵袭，如猛兽追赶、恶狗扑咬、受惊牲畜狂奔等。如果动物所有人或管理人利用动物作为侵害工具进行侵袭，公民可进行正当防卫，杀死侵袭的动物。（3）自然人的违法、犯罪行为，如遭遇暴力侵袭而以损害第三人财物的方式进行抵挡。（4）基于特定的危难困境，如为了抢救病人未经允许驾驶他人汽车将病人送往医院；在荒原、森林或沙漠中迷路的人因缺粮断水生命危急，迫不得已损害他人财产以自救。

紧急避险是对"危险"的防避，只有客观、真实的危险存在时，才得以实施。实际上并不存在危险，而行为人主观想象或误认为存在并实行所谓的避险，致使合法权益受到损害的情况，在刑法理论上称为假想避险。对假想避险，应根据处理事实认识错误的原则，确定是否应当负刑事责任。

关于如何对待精神病人或未成年人的侵害问题，我们认为，在遭到精神病人或未成年人的暴力侵害时，如果知道侵害者无责任能力，应尽可能地进行躲避，万不得已的情况下才可实行紧急避险；如果不知道侵害者无责任能力，所实施的自卫行为按正当防卫处理。

（二）必须是危险正在发生

此即实际存在的危险已经出现且尚未结束的状态。危险已经出现表明合法权益已直接遭受危险的现实威胁，若不采取避险措施，合法权益则不可避免地会受到损害。危险已经结束是指危险已经给合法权益造成损害且无法挽回，或者因避险人的努力或其他原因，危险已经消失，不复存在。如果在危险尚未发生或者已经结束的情况下，实行所谓的避险，则构成“避险不适时”。对避险不适时应按事实认识错误的原则，结合案件的具体情况，由行为人承担相应的刑事责任或民事责任。危险尚未发生是指危险虽然客观存在，并且有可能对合法权益造成损害，但在其发展进程中尚未对合法权益构成直接的现实威胁，尚属于一种潜在的可能性，采取必要的防范措施便可避免危害的发生。如一货轮船长接到 8 小时后台风将通过轮船航行的海域的警报，而该轮船当时处于满载状态，采取抛货保船的方式抛货约需 2 小时。船长当即命令船员将大量货物抛进海中，而 4 小时后台风改变方向，不再经过该海域。该船长的行为即属于“避险不适时”。

（三）必须是在迫不得已的情况下实施

紧急避险是在两种合法权益冲突的情况下进行取舍，只有牺牲这一合法权益才能保全另一合法权益，因此，只有在非常紧急、迫不得已的情况下才能实施。所谓迫不得已，是指在危险已经发生的非常时刻，从当时的情形看，除了采取避险行为外，别无他法能够避免危险。如果当时还有其他非损害权益的方法可用以避免危险，则不能实行紧急避险，否则，造成严重损害的，应当负刑事责任。如一司机在山区驾驶客车行驶，在弯多坡陡的下山道上刹车突然失灵。司机为避免客车冲下山沟，只得将客车右侧擦向山体。汽车撞击山体后迫停，造成车上十余名乘客受伤的后果。该司机的行为即属迫不得已的紧急避险。

（四）必须是为使合法权益免受危险的侵袭

这是紧急避险行为合法性的主观条件，包括两层含义：一是所保全的利益必须是合法的利益。为保全国家利益、公共利益、本人的合法利益或者他人的合法利益，均可实行紧急避险。如果是为保全非法利益，不允许实行紧急避险，如犯罪人为躲避抓捕而损害他人财物。二是避险人必须出于正当的避险意图，即在遭受危险的紧急情况下，基于对危险事实的认识，为保全合法权益才实行避险的行为。若行为人主观上没有避险的意图，其行为尽管在客观上避免了某种合法权益免遭危害，也不属紧急避险。如盗窃犯在行窃过程中意外地中断了他人故意杀人的行为。

根据刑法第 21 条第 3 款的规定，在职务上、业务上负有特定责任的人，不得因为避免本人的合法权益免受危险的损害而实行紧急避险。所谓在职务上、业务上负有特定责任，是指行为人所担任的职务或所从事的业务的性质要求其负有接触或排除一定危险的责任。如医师、护士有防治传染病的责任，消防人员有扑灭火灾的责任，船长、船员面对海损事故时有坚守岗位的责任，民航客机机组人员在发生故障的情况下有排除险情的责任，等等。如果这些负有特定职责的人员，为了避免与自己职务、业务有关的危险而擅离职守、逃避责任，其行为不能成立紧急避险；因渎职而造成严重危害后果的，应当追究其刑事责任。

（五）必须是不能超过必要限度、造成不应有的损害

所谓必要限度，根据紧急避险行为的性质和目的，应理解为避险行为所引起的损害应当小于所要避免的损害，而不能等于，更不能大于所要避免的损害。因为，只有损害了较小的利益而保全了较大的利益，行为在本质上、总体上才是有利于社会的，行为才不具有社会危害性，

从而成为受法律倡导的合法行为。这是紧急避险的立法目的所在。所以，不允许为了保护较小的权益而损害较大的或者同等的权益，否则，行为就不再具有正当性。

如何衡量冲突的各种利益的大小呢？刑法没有规定具体的标准。一般来说，人身权益大于财产权益，而人身权益中生命权又是最高权益；至于财产权益的大小，可依财产的实际价值进行比较。但是，现实生活是复杂多样的，当不同性质的利益发生冲突时，应根据案件的具体情况，进行全面的分析、判断才可得出结论。

三、避险过当及其刑事责任

避险过当，是指避险行为超过必要限度，造成不应有损害的情况。避险过当属于有害于社会的行为，根据刑法的规定应当负刑事责任。

避险过当具有两方面的特征：其一，避险行为客观上超过了必要限度，造成了不应有的损害，即避险行为所造成的损害等于或大于所要保护的利益。这是避险过当行为人承担刑事责任的客观基础。其二，行为人对过当的行为及结果主观上具有罪过，即存在故意或过失。这是其承担刑事责任的主观基础。一般而言，避险过当的罪过形式为过失，即行为人应当预见自己的避险行为会超过必要限度，造成不应有的损害，因疏忽大意而没有预见或虽已预见但轻信能够避免。但少数情况下也存在对结果的发生抱放任态度的间接故意。

刑法第 21 条第 2 款规定，对于避险过当行为，量刑时应当减轻或者免除处罚。至于如何具体掌握减轻处罚和免除处罚，应当根据危险的性质和强度、避险过当所造成的损害的性质和程度，以及避险人自身的排险能力和处境等具体情况酌定。

四、紧急避险与正当防卫的异同

虽然紧急避险和正当防卫都是为了使国家利益、公共利益、本人或者他人的人身、财产利益和其他合法权益免受损害，而对他人的利益造成一定损害的行为，同属排除社会危害性的行为的范畴，但二者又有很大的不同：从直观现象上看，正当防卫是正义对不法的斗争，而紧急避险则是在合法与合法之间进行取舍。由此决定两者有着以下区别：

1. 危害的来源不同。正当防卫的危害只能是来源于人的不法侵害行为，而紧急避险的危害可以来源于不法侵害行为等四个方面，现实生活中更多的是自然灾害和动物的自发侵袭。

2. 行为的限制条件不同。紧急避险只有在无其他方法、迫不得已的情况下才能实施。而正当防卫则没有这种限制，即使在有其他方法可以避免时也可以实施防卫。法律鼓励公民勇敢地同违法、犯罪行为作斗争，而不是简单、消极地放弃抵抗以求自保。

3. 损害程度的要求不同。紧急避险所造成的损害，只能小于所要保护的利益；而正当防卫所造成的损害可以超过所要保护的利益，如妇女在遭遇暴力性侵犯时无法选择手段而杀死犯罪人。

4. 损害的对象不同。正当防卫所损害的只能是不法侵害者本人的利益，而紧急避险损害的只能是危险源以外的第三者的合法权益。这一点是紧急避险与正当防卫的根本区别。在危险源系不法侵害，不法侵害又欲置被害人于死地（被害人只有抵抗）的情况下，如果防卫人（避险人）损害的是侵害人的利益，则属正当防卫；如果损害的是第三者的利益，则属紧急避险。如以损害财物的方式抵挡凶杀行为，则应根据财物的归属来区分损害行为的性质。

法律应用

1. 排除社会危害性的行为的种类是多种多样的，我国刑法只规定了正当防卫和紧急避险两种。刑法首要的意义是公民的行为规范（其次才是司法的裁判规范），作为行为规范，正当防卫和紧急避险制度的设立尤显其意义。刑法规定正当防卫的目的在于鼓励公民勇敢地同不法侵害行为作斗争，规定紧急避险的目的在于鼓励公民在遭遇危险时积极避险。

2. 正当防卫是主观防卫意识与客观防卫行为的统一。行为人在实施正当防卫行为时，应当严格遵守法定的5个条件，违反任何一个条件均不再属于正当防卫，可能导致刑事责任。

3. 在对严重危及人身安全的暴力犯罪进行正当防卫时，在限度条件上对防卫人可尽量从宽掌握，只要行为受当时的情境条件所限，就不存在防卫过当的问题。防卫行为明显超过必要限度，造成重大损害的，属于防卫过当。防卫过当，应当负刑事责任。

4. 紧急避险的本质在于，当合法权益面临实际的危险时，采取牺牲较小权益的方法以保护较大的合法利益。由于牺牲的是合法权益，故紧急避险的认定必须完全符合法律设定的5个条件，违反任何一个条件，都可能对行为人直接引起刑事责任或民事责任问题

5. 避险行为超过必要限度造成不应有的损害的，属于避险过当。避险过当，应当负刑事责任。

课后复习

1. 排除社会危害性的行为具备哪些一般特征？
2. 成立正当防卫的条件是什么？
3. 什么是防卫过当？
4. 紧急避险有哪些特征？
5. 什么是避险过当？

第十一章
犯罪的结束形态

第一节 故意犯罪结束形态概述

一、概述

二、故意犯罪未完成形态存在的范围

三、研究犯罪结束形态的意义

第二节 犯罪既遂

一、犯罪既遂及认定标准

二、犯罪既遂的表现形式

第三节 犯罪预备

一、犯罪预备的概念

二、犯罪预备的特征

三、犯罪预备的表现形式

四、预备犯的刑事责任

第四节 犯罪未遂

一、犯罪未遂的概念

二、犯罪未遂成立的条件

三、犯罪未遂的种类

四、未遂犯的刑事责任

第五节 犯罪中止

一、犯罪中止的概念和特征

二、犯罪中止的分类

三、自动放弃能够重复实施的侵害行为问题

四、中止犯的刑事责任

□·提　要·□

犯罪的结束形态，也被称为犯罪的停止形态，是故意犯罪特有的犯罪形态之一。研究犯罪的结束形态，既是正确认识犯罪社会危害性的需要，也是正确适用法律的要求。本章重点是正确理解故意犯罪结束形态的意义和范围，以及犯罪既遂、犯罪预备、犯罪未遂和犯罪中止的概念与条件、处罚的原则。

重点问题

1. 故意犯罪结束形态存在的范围
2. 犯罪既遂的类型
3. 犯罪预备的概念和特征以及预备行为的表现形式
4. 犯罪未遂的概念和特征以及未遂的种类
5. 犯罪中止的概念和特征以及中止的范围与种类

第一节　故意犯罪结束形态概述

一、概述

（一）故意犯罪结束形态的概念

故意犯罪结束形态也称为故意犯罪的形态或停止状态，包括故意犯罪的预备、未遂、中止和既遂等形态。概括地说，所谓犯罪停止状态，即是指故意犯罪在其发生、发展和完成的过程与阶段中，因主、客观原因而停止下来的各种犯罪状态。故意犯罪的结束形态就是研究故意犯罪行为因各种因素而停止下来，不再继续下去的状态的原因和特征问题。

自故意犯罪人产生犯意决定实施犯罪以后，犯罪行为从开始到完成有一个纵向的时间过程。由于案件的不同和犯罪中情况的不同，受各种因素影响和制约，这一过程长短各异。对无预谋的突发性犯罪来说，从产生犯意到着手实施犯罪、完成犯罪，往往没有停顿；而对有预谋的犯罪来说，则往往经过充分的准备，继而才着手实行犯罪，最终完成犯罪的过程。犯罪是一种复杂的社会现象，其纵向发展过程并非都是完整、顺利的，总会受各种因素的影响、制约而有种种不同的表现形式和结局，这些不同的表现形式和结局，即是犯罪形态理论研究的对象。

犯罪的停止状态，以行为停止时是否已完成犯罪为标准，刑法理论上将其区分为犯罪的完成形态和未完成形态两种基本类型。

一是犯罪的完成形态。完成形态，标志着某一故意犯罪的完结和终结，是行为人完成犯罪的情况。我国刑法理论上通常认为，当具备某一犯罪的完整的犯罪构成要件，即属犯罪的完成形态，理论上一般称其为犯罪既遂。犯罪既遂，是犯罪构成的一般形态，我国刑法分则规定的具体犯罪及其刑事责任，就是依既遂形态的犯罪构成而设置的。因而，既遂，是犯罪构成的一般形态。

二是犯罪的未完成形态，是指故意犯罪在其发展过程中，因各种原因中途停止而未进行到终结，也就未能完成犯罪的情况。刑法理论认为，犯罪未完成形态是某种故意犯罪尚未完成，尚不完全具备犯罪完成形态的某些构成要件（客观要件），但行为已经构成犯罪的情况。犯罪的未完成形态，可以根据行为人停止犯罪的原因或犯罪停止时所处的发展阶段，进一步划分为犯罪的预备、未遂、中止形态。由于犯罪停止形态从纵向反映了故意犯罪不同的主、客观情况，对刑事责任程度和刑罚均有影响，因而，在刑法中规定犯罪未完成的各种形态，是各国刑法中的一项重要制度。我国刑法也不例外，总则第 22 条至第 24 条明确规定了犯罪预备、未遂、中止。

（二）犯罪结束形态的特点

犯罪的完成与未完成形态，至关重要的共同特征，是犯罪停止下来、没有再继续发展下去的状态，即是相对静止的一种犯罪的状态。每一种状态之间是彼此独立存在的关系，即不可能相互转化。犯罪的预备形态不再前进为未遂形态、既遂形态。犯罪中止也不可能再发展为犯罪未遂，未完成不可能再转为完成形态，如此等等。明确这一点，是准确把握其性质并正确定罪、量刑的基础，同时也是明确犯罪形态与犯罪发展阶段或者犯罪过程之间关系的基础。

故意犯罪的发展过程，也称为故意犯罪的发展阶段，是故意犯罪在发展过程中因主、客观具体内容不同而划分的段落。它是故意犯罪发生、发展和完成所要经过的程序、阶段的总和，是其运动发展变化的连续性在时间和空间上的表现。

故意犯罪的发展过程包含若干具体阶段，这些具有不同特征的具体阶段，在故意犯罪发展总过程中，呈现出前后相互连接、此起彼伏的递进发展变化关系。运动发展变化递进的关系，是故意犯罪过程共有的属性。其阶段，以行为人开始实施犯罪预备行为起点，以完成犯罪为终点。

犯罪的预备阶段，在时间上以行为人开始实施犯罪预备行为为起点，以行为人完成预备、未着手实行犯罪行为为终点。犯罪的实行阶段，以行为人着手实行犯罪行为为起点，以行为人完成犯罪行为、达到既遂为终点。在犯罪预备和完成这两个阶段及着手预备、着手实行和犯罪完成这三个点之间，存在一种递进发展的关系。只要行为人完成犯罪预备，着手实行犯罪，即标志着犯罪行为已从犯罪的预备阶段进入实行阶段。

犯罪阶段是与犯罪具有不同特征的故意犯罪的发展过程。犯罪阶段与犯罪结束形态的关系在于：犯罪的结束形态是故意犯罪行为在某一犯罪发展阶段上，因各种主、客观因素而停止下来，不再向前发展的结局；但是，犯罪行为停止发展所处的阶段，并不是决定犯罪结束形态性质的全部因素。因此，犯罪阶段与犯罪结束形态是两个既有密切联系，又应相互区别的概念，这二者的具体关系表现为：

（1）从犯罪人开始犯罪预备行为之时至着手实行犯罪行为前的整个犯罪预备发展阶段中，由于停止的原因不同，可能出现犯罪的预备形态和犯罪的中止形态这两种形态。

（2）在犯罪实行发展阶段中，即从犯罪人着手实行犯罪至犯罪全部发展阶段完成之前的整个犯罪发展过程中，可能因停止的原因不同而出现犯罪未遂和犯罪中止这两种形态。

（3）犯罪实行阶段终了（并不仅仅是指犯罪实行行为终了），完成犯罪之时，出现犯罪的既遂形态。

二、故意犯罪未完成形态存在的范围

我国的刑法理论认为，由于犯罪构成的限制，并非一切犯罪中都存在上述犯罪的未完成形态。具体说，犯罪的预备、未遂和中止形态，只可能发生于直接故意犯罪的发展过程中。在间接故意的情况下，由于行为人主观上没有追求危害结果发生的心理态度，不具有犯罪性的目的；在过失犯罪的情况下，行为人并非有意识地要危害社会，因此，这两种类型的犯罪均不可能存在为追求危害结果的发生而预先为犯罪进行预备的行为。由于间接故意犯罪和过失犯罪均要求以危害结果的实际发生为构成犯罪的必要条件，因而也就谈不上犯罪的中止和未遂问题。所以，间接故意犯罪和过失犯罪都只有犯罪是否成立的问题，而不可能发生犯罪的预备、未遂、中止等未完成形态的问题。所以，我国刑法理论认为故意犯罪过程中的行为停止状态，只可能发生在直接故意的犯罪中。但这一结论并不意味着，凡出于直接故意的犯罪，都会在既遂之前出现行为的停止状态。在我国刑法中，有些直接故意犯罪并不要求实际的物质性的危害结果必须发生才可构成犯罪的行为犯等，只要实施法律所规定的行为，犯罪就是既遂，像这种犯罪一般来说就不大可能出现未遂、中止的停止形态。这就是说，故意犯罪过程中的状态也同样受着犯罪客观方面，特别是犯罪构成特征的制约。

三、研究犯罪结束形态的意义

研究故意犯罪的结束形态问题，具有以下实践与理论意义。

1. 是正确定罪、量刑的需要。从定罪方面看。故意犯罪的各种结束形态具有不同的构成特征，在定罪时要求对犯罪形态予以明确的认定；同时，犯罪结束形态问题也往往涉及此罪与彼罪的区分，如故意杀人未遂与故意伤害罪的区分，从而需要明辨。犯罪结束形态问题对量刑的影响更为突出，因为不同结束形态的危害程度不同，理应在处罚上有区别，刑法也是在主、客观相统一的基础上经过考察，对危害程度不同的犯罪结束形态设立了轻重不同的处罚原则，要正确理解和适用这些处罚原则，就需要认真研究犯罪结束形态的实践和理论问题。

2. 有助于深入地认识和科学地把握故意犯罪。形形色色的故意犯罪现象的复杂性，在相当程度上表现在犯罪的发展过程中。考察故意犯罪发展过程，分析研究各种结束形态的共性与个性的问题，无疑会从一个重要的方面大大丰富和加深我们对故意犯罪的现象与本质在理论上的认识，以及实践中的正确把握。

第二节　犯罪既遂

犯罪的未完成形态，是相对于完成形态的犯罪既遂而言的。我们将要研究的犯罪预备、犯罪未遂和犯罪中止等犯罪的未完成形态，都是指在犯罪既遂之前停顿下来并不再继续向前发展的犯罪状态。因此，要理解犯罪的未完成形态，首先有必要了解犯罪的既遂形态。

一、犯罪既遂及认定标准

通说认为，分则各种（故意）犯罪的刑事责任，都是以犯罪既遂为标准制定的。所谓犯罪既遂，是指行为人实施的犯罪行为已经完全具备某一具体犯罪构成的全部要件的状态。

在理论上对于犯罪既遂的认定标准，有不同的认识。我们认为，应以行为是否完全具备法律规定的某一具体犯罪构成的全部要件为标准。在刑法理论和司法实践中曾有过以预期的目的是否实现和以一定的结果是否发生作为既遂标准的主张。通说认为这种看法是不够准确的。诚然，从刑法具体规定的犯罪构成来看，有些犯罪是以预期的目的是否实现和以一定的危害结果是否发生作为某些犯罪既遂的标准，但这两个标准均不能贯彻到所有需要划分犯罪完成形态和未完成形态的直接故意的犯罪中。例如，刑法中规定的诬告陷害罪是出于直接故意的犯罪，行为人主观上应当具有诬告陷害的犯罪目的，但该罪并不以被害人被错误追究刑事责任的犯罪目的实现，作为既遂的标准，只要有捏造犯罪事实的行为并进行告发，犯罪就是既遂，就必须处以法律规定之刑。以危害结果是否发生作为既遂标准的犯罪确实存在，比如故意杀人罪，但这一标准同样不能贯彻到所有犯罪中去。比如，行为人企图颠覆列车，由于被及时发现而排除，同样不能因为没有发生列车被颠覆的危害结果而作为未遂，只要行为人的破坏行为具有造成列车被颠覆的危险，则犯罪就应当视为既遂。因此，以行为是否已经具备法律规定的某种犯罪构成的全部要件作为划分既遂与未遂的标准比较科学。

二、犯罪既遂的表现形式

由于刑法对各种犯罪规定的构成要件不同，犯罪既遂的表现形式也不尽相同。根据犯罪行为客观要件的特征，犯罪既遂的形态主要有以下几种表现形式。

（一）行为犯

行为犯，是指以实行行为的完成为认定犯罪既遂的标准的情况。行为犯的既遂，不要求造成物质性或有形的犯罪结果，而是以行为的完成为标志。但是，行为犯并不是行为一着手实施犯罪即告完成。按照法律的要求，行为犯的行为也只有达到一定程度才能看作是行为的完成。因此，对于行为犯来说，在已经着手实行犯罪的情况下，如果达到法律要求的程度，就是完成了犯罪，构成犯罪的既遂；如果因为某种原因没有达到法律要求的程度，就应当认为没有完成犯罪，可以成立犯罪的未完成形态，例如抢劫罪，可以有犯罪预备、犯罪未遂、犯罪中止形态。但是，行为犯的既遂，不要求造成物质性的和有形的犯罪结果，并不意味着不可能发生物质性的结果，只是物质性结果并不是其犯罪构成必需的内容。

在刑法理论上广义的行为犯包括举动犯在内。

举动犯也称为"即成犯"，是指犯罪行为一经着手实施，犯罪即告完成的情况。所以，认定举动犯的既遂，关键在于查明行为人是否已着手实施实行行为。例如，诬告陷害罪就是典型的举动犯，只要有捏造事实向司法机关作出明知是虚假的控告的行为，犯罪即告完成。至于诬告人的犯罪意图是否实现，被诬告的被害人是否因诬告而被错误地追究，都不是既遂标志，而只是量刑的情节。举动犯是否存在犯罪未遂，理论上有争议。多数人认为，由于举动犯一旦着手实行，犯罪行为即告完成，一般不发生犯罪未遂的问题。所以，尽管举动犯可以有犯罪预备和犯罪中止的未完成形态，但没有特别强调区别犯罪既遂和未遂的必要。当然对具体的举动犯，也存在争议。

行为犯与举动犯的相同点在于，二者都不以发生实际的危害结果作为犯罪构成的必要要件。区别在于：举动犯一着手实行行为即认为犯罪既遂，着手与完成其间一般不发生犯罪未遂的问题，但可以存在犯罪预备和犯罪中止。行为犯不但要求着手实行实行行为，而且要求行为的实施有一定的发展过程，并以行为本身的完成程度作为既遂标准，因此，行为犯可存在犯罪的预备、未遂和中止的全部未完成形态。

脱逃罪就是典型的行为犯，该种行为一经着手却并非在瞬间完成犯罪而有其实施过程，因而在着手之前，可形成预备形态，实施之后、未完成之前，可形成中止形态和未遂形态。在准备脱逃之前被发觉，则为预备；着手脱逃之后、未脱离实际控制之前被抓获，则为未遂；出于己意而停止则为中止。只要脱离实际控制，哪怕以后又被抓获，也为既遂。所以，着手脱逃行为时并不是既遂，只有逃离羁押机关的控制范围，才以既遂论处。

（二）结果犯

结果犯，是以法律要求的结果的发生作为既遂标准的情况，即以特定（法定）的危害结果作为犯罪构成必要要件的犯罪。其特点在于不仅要求实施刑法分则所规定的具体实行行为，而且必须发生一定的法定危害结果才能构成既遂。一般说，结果犯的既遂都属于有形的、物质性的结果，这种结果是构成既遂不可缺少的条件。它实现与否，对于行为的社会危害性程度具有重要影响。

结果犯的特点如下：(1) 一定危害结果的发生，是构成既遂的犯罪的必要构成要件。如果未发生，则不成立既遂犯。(2) 危害结果的形式必须是客观、有形、物质性的，无形、精神性的危害结果不能作为结果犯的危害结果。(3) 危害结果必须是法定的，至于行为人预期、追求的主观上的结果与法定结果是否一致，不影响犯罪既遂的成立。(4) 在既遂状态下，危害结果与危害行为之间，必须具有刑法上的因果关系。

（三）结果加重犯

结果加重犯，是指行为人故意实施某种犯罪，发生了基本犯罪构成要件结果以外的重结果，法律规定加重其法定刑的情况。结果加重犯的既遂，是既遂犯罪的一种比较特殊的形态。结果加重犯行为人对于基本犯罪是出于故意的，而对加重结果的发生一般讲是出于过失，但在有些犯罪中，不排除对加重结果也可以具有故意心理状态。典型的结果加重犯为故意伤害致死，对于故意伤害的基本犯罪来讲是出于故意，但对于死亡结果来讲则表现为过失，不能有故意因素，否则为故意杀人。但有些结果加重犯对加重结果的发生，则可能存在故意。例如强奸致人重伤、死亡，就死亡、重伤而言，不能完全排除有故意存在的情况，至少存在间接故意。从法定危害结果是犯罪构成客观方面这一点而言，结果加重犯与结果犯相同，但从本质上讲，两者有区别：

(1) 客观方面不同：结果犯是单一结果，而结果加重犯是双重结果，即除了基本罪所要求的结果外，还必须有法律规定的加重结果。

(2) 主观方面不同：结果犯中，行为人对结果的罪过形式是单一的，是故意；而结果加重犯主观上是双重罪过形式，即对基本犯罪结果是故意，而对加重结果多出于过失，也可能存在故意。

由于必须发生法定的重结果，结果加重犯才能成立，因此，结果加重犯只有既遂状态，也就是说，结果加重犯不存在没有发生重结果而成立未完成形态的问题。结果加重犯的既遂就其特殊性而言在于：基本犯罪是否既遂不影响加重结果既遂的成立。既遂形式有两种：一种是基本犯罪既遂，加重结果既遂。例如，使用暴力强奸妇女已得逞，性行为或暴力造成妇女重伤，则基本罪的强奸行为是既遂，造成妇女重伤的加重结果也为既遂。另一种情况则为基本犯罪未遂而加重结果依然为既遂。例如，强奸妇女过程中因妇女拼死反抗而未能实施性行为，但用暴力造成妇女重伤或死亡，也是结果加重既遂。

（四）危险犯

危险犯，是指行为人着手实施某种犯罪行为，具备足以造成某种危害后果的客观危险状态，即使尚未发生严重后果，也成立犯罪既遂的情况。危险犯是刑法分则中的特别规定，主要集中规定在危害公共安全罪一类的犯罪中，如破坏交通工具、交通设备罪。由于危险犯也不要求产生实际损害结果，如发生实际损害结果的，属于既遂之后的犯罪发展情况，这些都如同行为犯，所以，有的学者也主张它也属于行为犯的范畴，只是由于刑法分则对它有特别规定，才将它独立出来。但基本要求和行为犯相同，依然能够产生犯罪未完成形态。

危险犯的特点是：(1) 实施法定的危险行为；(2) 行为本身必须具有足以造成某种危害结果的客观危险性；(3) 尚未造成实际的危害结果。危险犯不同于举动犯在于，不仅要求实行一定行为，还要求行为本身具有造成一定后果的客观危险性；不同于行为犯在于，行为犯本身是否具有造成一定危害结果的危险，不影响犯罪成立；不同于结果犯在于，危险犯是以行为的客观危险性作为构成的必要要件，结果犯则要求物质性的、现实的危害结果。

通过上述分析可以看出，我们将要研究的犯罪预备、犯罪未遂和犯罪中止，都是指在犯罪既遂之前已经停顿下来，不再继续发展的一种犯罪状态。由于通说认为分则各种（故意）犯罪的刑事责任，都是以犯罪既遂为标准所制定的，因此，对犯罪预备、犯罪未遂和犯罪中止处罚时，需同时引照刑法总则的有关规定，而对于犯罪既遂的，则应直接按分则条文的规定处罚。

第三节　犯罪预备

一、犯罪预备的概念

刑法第 22 条规定：为了犯罪准备工具、制造条件的是犯罪预备。该规定说明，“为了犯罪准备工具、制造条件”是犯罪预备行为的实质。但是，该规定只是说明了犯罪预备行为的表现形式，并非犯罪预备形态或预备犯的概念。

目前刑法理论一致认为：作为犯罪结束形态的犯罪预备，是指为了犯罪准备工具、制造条件的行为，由于行为人意志以外的原因未能着手、进入犯罪实行阶段的犯罪停止形态，是被迫使预备行为停止在预备阶段（过程）中而不能再着手、进一步实行预想的犯罪。因此，刑法理论上把这种已为进行犯罪而准备工具、制造条件，由于其意志以外的原因而未着手实施犯罪的，称为预备犯。该形态称为犯罪预备形态，其行为称为犯罪预备行为。

二、犯罪预备的特征

根据上述犯罪预备的概念，犯罪预备具有以下特征。

（1）必须开始实施犯罪预备行为和尚未着手犯罪的实行行为

开始实施犯罪预备行为，是预备犯成立的前提。所谓犯罪的预备行为，从性质上讲，就是为犯罪的实行和完成创造便利条件的行为，如为杀人而配制毒药、制造匕首、调查被害人行踪等行为。尚未着手犯罪的实行行为，是指预备行为必须在预备阶段中停止下来，而没有进入犯罪实行行为阶段。所谓犯罪的实行行为，是指刑法分则规定的某一具体犯罪客观方面的行为。没有进入犯罪的实行行为阶段，则意味着犯罪活动在具体犯罪实行行为着手之前停止下来，如故意杀人罪中没有着手实施具体的杀人行为。这一特征是犯罪预备形态与犯罪未遂形态区别的关键。如果行为人在实施犯罪预备行为后，进入具体犯罪的实行行为阶段，则其犯罪预备行为在具体犯罪中不再具有犯罪形态的意义。

根据犯罪预备客观上的特征，应当将犯罪预备与犯意表示区别开来。犯意表示，是指行为人通过口头或者书面方式将自己具有的某种犯罪意图表达出来的行为，在刑法意义上属于犯罪思想的流露。例如某人因失恋而怀恨一女青年，曾向好友说：“到时候非宰了她不可。”这就是一种犯意表示。可是犯意表示与犯罪预备都是行为人以一定的行为来表达主观犯罪意图的，因此，两者容易混淆。从刑法角度来看，犯意表示虽然在客观上也是表现为一定的行为，但是仅可能成为犯罪预备前的思想基础，它并不直接威胁一定的社会关系，因此仍属于思想范畴，不具有犯罪构成的内容。而犯罪预备是表现犯罪意图的客观行为，它直接威胁着社会关系，是一种具有危害性的犯罪行为。因此，两者有原则的区别，即犯意表示不可能对社会造成实际危害，不具有对社会的现实危害性，因此刑法不处罚；而犯罪预备是为着手实行犯罪所做的准备，对社会存在着现实的实际的威胁，具有社会危害性，是刑法处罚的犯罪行为。在实践中区分两者，应主要考察它们对未来可能的犯罪起何种作用。犯意表示不是为便于完成犯罪而实施的，因而对社会不具有现实威胁。但在共同犯罪案件中，犯意的表示具有不同的特点，共同犯罪中的犯意表示，是指两个以上的行为人，通过交流犯罪思想动机、目的而形成共同的犯罪意图，这种思想通过进一步的商议，即为共同犯罪的预备行为。所以，犯意的表示往往与犯罪预备相互渗透，在共同犯罪案件中成为犯罪预备的一个组成部分，这应当认真加以区分。

(2) 具有为犯罪而进行预备的直接故意，并且在着手实行行为之前停止下来在主观上是违背其意志的。

具有为犯罪而进行预备的直接故意，即是指行为人具有犯罪预备的目的。行为人进行犯罪准备活动的意图和目的，就是顺利地着手实行和完成犯罪。其预备行为的发动、进行和完成，都受此种目的的支配。正是此种目的的支配的准备行为，使实行和完成犯罪具备了现实的条件。是否具有这种目的，是确定某种行为是否属于犯罪预备的关键。其目的的内容，决定着预备行为的特点、性质和方向。在有的案件中从准备工具、创造条件的行为即可较充分地表露出来，如为伪造货币而准备印版。但有些预备行为从客观上看，还难以断定就是犯罪预备行为，这时，还应注意其他客观事实能否印证其犯罪目的。

在着手实行行为之前停止下来在主观上是违背其意志，是指之所以行为人没有能够着手预备所犯之罪的实行行为，是由于其意志以外的原因。也就是说，停止在预备阶段而没有实施实行行为，是被迫的，而不是出于行为人自己的意思而不实施。

因意志以外的原因而停顿在预备阶段，是犯罪预备与预备过程中的犯罪中止形态的根本区别，即已实施了犯罪预备、在着手实行犯罪实行行为之前停止犯罪，是被迫的而不是出于本人的意愿。如属于后者，则为中止而非预备。

所谓意志以外的原因，是指违背行为人着手实行犯罪的意愿，足以阻碍其着手实行犯罪的主、客观原因（因素）。这种原因，从其作用上看，具有抑制行为着手实行犯罪的意志，阻碍其着手实行犯罪的作用。例如，在等候被害人前来犯罪现场时被抓获，就足以使其不能着手实行。在有些案件中，原因可能是综合性的，也可能是单一性的，而且，有的原因具有迫使犯罪人不能着手的效力，这种原因，无论行为人主观上是否放弃犯罪，客观上都不能着手，应当认定为犯罪预备，但有些原因，仅从客观上看，原因本身并不具有迫使其不能着手的作用，该种情况下，需查清行为人对该种不利因素有无认识。

具备上述特征的行为人，是预备犯。

三、犯罪预备的表现形式

根据刑法第 22 条的规定，犯罪预备行为包括两个方面：一是准备犯罪工具，二是制造犯罪条件。

1. 准备犯罪工具，就是指搜取供实行和完成犯罪使用的各种物品的行为。从一定意义上讲，准备犯罪工具也是创造犯罪条件，但刑法在此是将准备犯罪工具和创造条件分别加以规定的。在我国刑法理论上，对准备犯罪工具的理解是广义的，它包括以下内容：(1) 这里所说的犯罪工具应理解为供实行、完成犯罪利用的各种物品，而且除物品外，还包括无刑事责任能力的人。可被行为人利用者都可为其工具。(2) 准备的犯罪工具可以是日用品，也可以是专供犯罪使用的工具或者物品本身就是违禁品，因此，工具是否属于违禁品，不影响认定。(3) 获取犯罪工具的方法无限制，可以通过合法途径获取，也可以违法行为获取，但准备犯罪工具的行为违法时，如触犯刑法的规定，可以单独构成犯罪的，属于想象竞合犯。(4) 准备，可以是制造、改造、购买，等等。以何种方法准备法律并无限制。

2. 创造犯罪条件，是指除准备犯罪工具以外为实行、完成犯罪提供各种便利的行为。实践中，主要有：(1) 策划犯罪活动方案，如商定时间、地点、方法、分工等；(2) 勾结共同犯罪人；(3) 事先调查犯罪现场、被害人行踪、活动规律等；(4) 事先排除实行、完成犯罪的障碍；(5) 追踪、守候、引诱被害人到犯罪现场；(6) 筹集犯罪资金，练习犯罪技能等。

以上两方面的行为，只要具备其中之一，即为犯罪预备行为。把握犯罪预备行为，需注意两点：

（1）我国刑法所说的准备工具、创造条件的预备行为，并非仅仅是指为着手实施实行行为而进行的准备活动，还包括为易于完成犯罪和确保犯罪完成后非法利益的获得而进行的各种活动。（2）犯罪预备行为的实质，是为着手实行犯罪和完成犯罪进行的活动。总的来说，是在着手实行行为之前的行为，因此，一般地说，犯罪的预备行为不是刑法分则所规定的具体犯罪构成客观方面的实行行为。当为犯某一罪而进行预备的行为单独构成犯罪（没有实施欲想之罪）时，属于一行为触犯数罪名的想象竞合犯，应以该行为已触犯的罪名单独论处。例如为杀人而盗枪，未行杀人盗枪时被抓获，则只以盗窃枪支弹药罪论处。如已用盗来的枪杀了人，该种情况下属于数罪还是牵连犯或吸收犯，理论还有不同的认识。

四、预备犯的刑事责任

刑法第22条第2款规定："对于预备犯，可以比照既遂犯从轻、减轻处罚或者免除处罚。"

根据我国刑法规定，行为人应从犯罪预备起承担刑事责任。犯罪预备虽然是应负刑事责任的犯罪行为，但犯罪预备行为一般而言只是对社会关系造成严重的威胁，还未造成现实的侵害，距离造成危害结果和实现犯罪意图尚有一定距离，但是，行为人已为犯罪意图的实现进行了必要的准备活动，让其负刑事责任有充分的理由。

根据上述规定，在解决预备犯的刑事责任时需注意：

（1）区分预备实施犯罪的不同性质。不同性质的犯罪，社会危害性大小不一。例如准备杀人的社会危害性就大于准备伤害他人的社会危害性。

（2）区分预备实施犯罪准备手段的不同性质和情况，即预备行为本身的不同性质和情况。有的准备手段十分残酷，或危险性大，社会危害性也大；有的准备手段一般，其社会危害性小；有的预备行为单独构成某种犯罪的既遂。

（3）区分犯罪预备行为的不同准备程度，就是指准备的充足程度。准备程度不同，社会危害性大小也不相同。预备的犯罪工具越齐全，制造的条件越充分，对社会的危害性越大，所以应查明是准备齐全、只欠东风，还是刚刚进行准备。当然必要时也应对行为人本人的主观情况进行考察，以说明其人身危险性大小。

综合考察以上三点，才能确定对预备犯处罚是比照既遂从轻、减轻还是免除处罚。需要说明的是，刑法第22条第2款只规定是"可以"而不是"应当"，因此，对于准备犯重大罪行的，情节特别恶劣，特别严重，主观恶性很大的，也可以不从轻、减轻处罚。

第四节　犯罪未遂

一、犯罪未遂的概念

各国的刑事立法例对犯罪未遂形态的规定多有不同，归纳起来主要有狭义、广义两种不同的规定和理论解释。

（一）狭义的立法

亦为狭义的未遂概念，是指已着手实行犯罪，由于行为人意志以外的原因或障碍，而未达犯罪既遂。这种犯罪未遂的概念由1810年《法国刑法典》首创，该法第2条规定："已着手于犯罪行为之实行，而非因己意中止或因犯罪不能发生结果而不遂者，按既遂犯之刑罚，处罚之。"根据狭义的立法，犯罪未遂具有三个特征：（1）行为人已经着手实施犯罪；（2）犯罪未达既遂；（3）犯罪未达既遂是由于行为人意志以外的原因。

（二）广义的立法

亦为广义的未遂概念，是指已经着手犯罪，但未达犯罪既遂。这种犯罪未遂的概念把犯罪人自动中止犯罪而未达既遂的情况也包括在犯罪未遂的概念之内。这种犯罪未遂的立法例由1871年《德国刑法典》首创，该法第43条、第44条规定："一、依重罪或轻罪实行之着手行为，实际表示犯重罪或轻罪之决意者，其所意图之重罪或轻罪未达既遂，以未遂处罚之。二、但轻罪之未遂非经法律明文规定者，不罚。"在广义的未遂概念中，犯罪未遂只有两个特征：(1) 行为人已着手犯罪；(2) 犯罪未达既遂。在这种立法例中，犯罪未达既遂的原因，并不是犯罪未遂的特征，而是区别未遂中的障碍未遂与中止未遂的标准，即因行为人意志以外的原因而未遂的为障碍未遂，出于行为人本意而中止犯罪的为中止未遂。

我国刑法第23条规定："已经着手实行犯罪，由于犯罪分子意志以外的原因而未得逞的，是犯罪未遂。"此规定即我国刑法中犯罪未遂的一般概念，由此可见，我国刑法关于犯罪未遂的规定采取的是狭义说。

二、犯罪未遂成立的条件

根据我国刑法的规定，犯罪未遂的成立必须同时具备以下三个条件。

（一）犯罪分子已经着手实行犯罪

已经着手实行犯罪，是犯罪预备与犯罪未遂的重要区别。根据通说，"已经着手实行犯罪"，是指犯罪分子已经开始实施刑法分则所规定的某种犯罪构成客观要件的行为。在刑法理论中，这种行为被称为实行行为，如故意杀人罪中的杀人行为、抢劫罪中的暴力胁迫或其他手段行为等。由刑法总则规定的着手前的犯罪预备、教唆行为、帮助行为等，则相应地被称为非实行行为。实行行为是刑法中主要的犯罪行为，而非实行行为或是实行行为的准备，或是实行行为的延续（如事前有通谋的窝赃、销赃行为）。犯罪的实行行为是具体犯罪构成客观方面的行为，这种行为如果没有行为人意志以外原因的阻碍，完全有可能造成实际的危害结果，所以，实行行为是对危害结果的发生具有直接原因力的行为。

犯罪的实行行为必定有一定起点，这个起点就是实行行为的着手，着手意味着行为人由犯罪预备向实行迈出了关键一步，行为性质发生了质的变化。从犯罪发展过程来考察，着手并不意味着犯罪预备的终了，而只是说明实行行为的开始。所以，着手本身就是实行行为的组成部分。例如，盗窃犯把手伸向保险柜，其伸手，即为实行秘密窃取行为的开始；杀人犯举刀或掏枪，其举刀或掏枪就是实行非法剥夺他人生命行为的开始。而在此之前撬门进入会计室、买刀、磨刀或携枪寻找、守候被害人等对于其实行的实行行为来说，则是预备阶段的行为，在此阶段因行为人意志以外的原因而停止的，属于犯罪预备形态；而在着手之后，无论因何种原因而使得行为停止实行的，也没有任何可能形成犯罪预备形态。正因为着手在犯罪的发展过程中具有这种特征，其才成为划分未遂形态与预备形态的标志。

在司法实践中认定"着手"，必须结合主、客观方面的特征进行全面考察。犯罪是极为复杂的社会现象，各种犯罪的着手也有各种各样的表现形式和内容，即使是同一性质的犯罪（比如，同是故意杀人行为），也因行为人采用不同的行为方式而表现出不同的着手特征。因此，确定具体案件中的"着手"是有一定难度的，理论上还没有一个固定、统一的模式。

根据通说，需要从犯罪预备行为与实行行为的区别来正确认定着手实行犯罪与否。因为犯罪的预备和实行是犯罪发展过程中两个前后相继、紧密相连而无任何中间环节的阶段，所以正确把握犯罪预备行为与实行行为的区别，就是正确认定犯罪着手的关键。犯罪预备行为的本质和作用，是直接为犯罪行为的实行提供便利条件，为犯罪的实行创造现实的可能性；而实行行为的本质和作用，则是直接完成犯罪，实现行为人的犯罪意图。二者这种本质和作用上的区别，既可以由犯罪活动发展的客观事实所证实，也可以通过行为人主观认识的内容来说明。只要在正确理解具体犯罪构成内容的基础上，遵循主、客观相统一的原则，即以行为人主观上是否具有通过自己的行为直接追求危害结果发生的目的，行为在客观上是否已具有可以直接导致危害结果发生的性质为根据，就完全可能正确地认定犯罪的着手。根据上述认识，在判断是否已经着手实行犯罪时，一般应该考虑：(1) 行为是否已经直接接触到犯罪对象。有些情况下，只有行为已经与犯罪对象实际发生接触，才能认为犯罪已经着手。(2) 所实施的行为是否已具有直接引发危害结果的原因力，是否需要进一步的行为才能发生危害结果。(3) 行为人是否已利用了为实行犯罪所准备的工具、创造的条件，为犯罪准备工具、创造条件的行为是犯罪预备行为。(4) 行为是否已表现出行为人直接追求危害结果发生的心理态度，即行为特征是否已使行为人的犯罪意图完全客观、外化。上述几方面的情况应综合起来判断，不能仅从某一个方面去认定是否已经着手了实行行为。

（二）犯罪未得逞

犯罪未得逞，是区别犯罪未遂与既遂的标志，是犯罪未遂的重要特征之一。但在如何理解“未得逞”的问题上，理论界曾有不同的认识，现在多数认为：所谓未得逞，是指已经着手实施的犯罪行为，在没有达到既遂之前就已经停止下来，因而不完全具备某一具体犯罪既遂的全部构成要件。例如，故意杀人罪是非法剥夺他人生命的行为，因而被害人的死亡是故意杀人罪中客观要件的应有之意，如果未将人杀死，就没有完成这一犯罪构成的全部要件，也就是没有完成犯罪。

一般认为，“已经着手的犯罪行为在没有达到既遂之前停止下来”的情况可以包括：(1) 作为构成要件的行为尚未实行终了。例如，正在实施盗窃的盗窃犯听到房主回来被迫放弃财物而逃走。(2) 作为构成要件的行为已实行终了，但作为构成要件的结果没有发生。例如，杀人犯已实施完杀人行为，误认为被害人已死亡而离去，但被害人并未死亡，只是受了重伤。(3) 法定的危险状态尚未发生。例如，行为人对交通工具的破坏尚未达到使交通工具具有颠覆危险的程度。

（三）犯罪未得逞是由于犯罪分子意志以外的原因

犯罪未得逞是由于犯罪分子意志以外的原因，是指犯罪未完成不是行为人希望达到的目标，而是由于行为人不希望出现的因素阻碍了犯罪完成的结果。犯罪未得逞是否是犯罪分子意志以外的原因造成的，是犯罪未遂与中止的根本区别。

对于“犯罪分子意志以外的原因”，刑法理论界有不同的认识。有学者认为，意志以外的原因分为三种：一是抑制犯罪意志的原因，二是抑制犯罪行为的原因，三是抑制犯罪结果的原因。① 多数学者认为：“犯罪分子意志以外的原因”，是指“足以阻止犯罪意志的原因”，即无论实际的原因是阻止犯罪行为完成，还是阻止结果发生，都应当视为阻止犯罪意志实现的原因。只有如此理解，才符合立法的规定。因此，意志以外的原因，必须具有主观上违背行为人本人的意愿，客观上能够阻碍行为人完成犯罪的性质。换言之，所谓“犯罪分子意志以外的原因”，就是指违背犯罪分子本人意愿并能阻碍犯罪行为达到既遂状态的各种主、客观因素。

“犯罪分子意志以外的原因”大体上可划分为三类：第一类是行为人自身以外的客观方面的因素，包括被害人的发现、逃避、防卫反抗，第三者的阻止，自然条件或物的障碍等。第二

① 参见张明楷：《刑法学》（上），258页，北京，法律出版社，1997。

类是行为人自身的因素，即行为人缺乏完成犯罪的足够能力，如没有完成犯罪所需的力量、常识、技巧等。第三类是行为人对事实认识错误而致使未完成犯罪，如误将白糖当砒霜，误将动物当作被害人等。在具体案件中，上述各种阻碍犯罪完成的主、客观因素，可能是单一的，也可能相互交错，同时存在。

三、犯罪未遂的种类

犯罪未遂，通常可以根据犯罪行为是否实行终了和犯罪行为是否可能完成进行分类。

（一）以犯罪行为是否实行终了为标准，未遂可分为实行终了的未遂和未实行终了的未遂

所谓“犯罪行为实行终了”，是指在作为法定犯罪构成要件的客观实行行为的范围内，行为人自认为实现其意图所必需的行为已全部实行完毕。

所谓“实行终了的未遂”，是指行为人已实施完毕其希望实施的全部行为，但由于其意志以外的原因而犯罪未完成的情况。这里的“意志以外的原因”，可能是行为人对事实判断的错误，在危害结果尚未实际发生的情况下，误认为危害结果已经发生（如甲杀乙，误认为乙已死亡，但乙只是受重伤）；也可能是由于犯罪实行行为终了与危害结果发生之间本来就存在一个过程，在这个过程中出现了行为人不希望发生的情况（如甲投毒杀乙，乙发觉有异味而没有吃有毒的食物）。

“未实行终了的未遂”，是指行为人意志以外的原因阻碍了其实施完毕所希望实施的全部行为而犯罪未完成的情况。如甲持刀杀乙，只砍了一刀，看见民警跑来，乃持刀逃走，就是未实行终了的未遂。

在理论上划分实行终了的未遂与未实行终了的未遂的意义在于：实行行为完成的程度是犯罪发展进程的标志之一，而犯罪行为发展的进程距离犯罪完成越近，其对刑法所保护的社会关系的威胁就越紧迫，犯罪行为的社会危害性就越大，所以，实行行为的完成程度是衡量具体犯罪社会危害性大小的客观因素之一。在其他犯罪情节相同的情况下，对实行终了的未遂犯的处罚应当重于对未实行终了的未遂犯的处罚。

（二）以犯罪行为实际能否完成为标准，未遂可分为能犯未遂和不能犯未遂

“能犯未遂”，是指行为人对决定自己行为客观性质的事实（如犯罪手段、犯罪对象等）没有错误认识，但由于其他意志以外的原因而使犯罪未能够达到既遂的情况。如甲用装了子弹的手枪近距离对准乙胸口射击，但因抢救及时乙未死亡。在此例中，甲实施的射击行为，客观上完全可能造成乙死亡的结果。犯罪行为未达到既遂，不是由于甲对决定自己行为客观性质的事实认识错误引起的，如果没有医护人员对乙采取及时、有效的抢救措施这一行为人意志以外的原因，甲杀害乙的行为就可能造成乙死亡的结果。

“不能犯未遂”，是指因行为人对决定自己行为客观性质的事实发生错误认识而犯罪不可能完成的情况。在理论上，不能犯未遂可以分为工具、手段不能犯未遂和对象不能犯未遂两种情况：工具、手段不能犯未遂，是指行为人误将客观上不具有某种客观性质的工具当作完成犯罪的工具，以致犯罪未得逞的情况。例如，误把无毒药品作为毒药去投毒杀人，使用已经失效的炸药去破坏等。对象不能犯未遂，是指行为人由于认识错误，行为所指向的侵害对象当时并不存在，或者因犯罪对象所具有的某种属性而不可能使犯罪达到既遂，因而未得逞。例如，小偷撬保险柜但柜中没有一分钱，误把男子当女子强奸等，都不可能构成犯罪既遂。工具、手段不能犯的未遂不同于迷信犯。

该种划分的意义在于：对属于同一性质的犯罪而言，具有完成可能性的，其社会危害性

大。所以，在其他犯罪情节大致相同的情况下，对有完成可能性的未遂犯，相对来说应当处以比不具有完成可能性的未遂犯较重的刑罚。

四、未遂犯的刑事责任

未遂犯，是指着手实施犯罪，因意志以外的原因而未得逞的人。在各国的立法例中，关于未遂犯刑事责任的规定主要有以下三种情况：

(1) 对未遂犯应比照既遂犯处罚。这种立法例在刑法理论上被称为不减主义或同等主义、主观主义。采取该种立法例的理由是：刑罚是防卫社会的手段，应当把犯罪人的主观恶性作为处罚的重心；刑罚的轻重应当以主观恶性的大小为转移。未遂犯虽然未能完成犯罪，但其主观恶性与既遂犯没有什么差别，故对未遂犯应处以与既遂犯同样的刑罚，不能有所减免。

(2) 对未遂犯应比照既遂犯减轻处罚。这种立法例在刑法理论上被称为必减主义或客观主义。采取这种立法例的人认为：犯罪行为对社会的危害是国家运用刑罚的根据，刑罚的轻重自然应当以行为所造成的实害大小为标准。由于未遂犯并未实际导致犯罪结果的发生，其实害自然比既遂犯为轻，所以，对未遂犯的处罚也应当比照既遂犯减轻。

(3) 对未遂犯可以比照既遂犯减轻处罚。这种立法例即刑法理论中的得减主义或折中主义。采取该种立法例的根据是：未遂犯同既遂犯相比，其行为的客观危害性相对来说较小，因此一般应考虑减轻处罚。但是，由于犯罪人的主观恶性及犯罪未遂的实际情况比较复杂，如果一概减轻处罚，恐有放纵罪犯之嫌。因此，对未遂犯应否减轻处罚，应当由审判机关根据案件的具体情况进行裁量，不宜在法律上作硬性规定。

在上述几种立法例中，运用得减主义确定未遂犯的刑事责任，既可以根据案件的具体情况比照既遂犯减轻处罚，也可以根据行为人主观恶性和客观危害的程度决定与既遂犯同罚。这种立法例是在比较前两种主张利弊的基础上提出的，在实践中能将对未遂犯的处罚建立在全面考虑犯罪主、客观因素基础之上，目前得到多数国家立法的认同。

我国刑法第 23 条第 2 款规定："对于未遂犯，可以比照既遂犯从轻或者减轻处罚。"由此可以看出，我国刑法关于未遂犯刑事责任的规定，采用的是得减主义。

根据采用得减主义的立法根据，在运用刑法第 23 条第 2 款决定未遂犯的刑事责任时，应当注意以下两方面的问题。

(1) 犯罪的社会危害性是决定刑罚轻重的基础之一，因此，未遂犯一般应受到重于预备犯、中止犯，轻于既遂犯的处罚。尽管刑法第 23 条第 2 款未规定对未遂犯可以免除处罚，但是如果犯罪未遂情节轻微、不需要判处刑罚，或者符合刑法第 37 条规定的犯罪情节轻微、不需要判处刑罚条件，也可以免除处罚。情节显著轻微，危害不大的未遂，应该属于刑法第 13 条但书规定的"不认为是犯罪"的行为。

(2) 刑法规定对未遂犯是"可以"而不是"应当"比照既遂犯从轻、减轻处罚。该规定应理解为，在未遂犯不具有其他从重、加重处罚情节时，一般都应该比照既遂犯从轻或者减轻处罚。但是，如果犯罪未遂具有手段特别恶劣或特别残忍、后果特别严重（如故意杀人未遂，但造成重伤多人的结果）或者构成累犯等不宜从轻、减轻的情节，也可以不从轻或者减轻处罚。前面所讲的犯罪未遂的种类（实行终了、未了的未遂，能犯、不能犯的未遂等）、造成未遂的原因、犯罪未遂实际造成的危害后果的大小等，都是在决定对未遂犯应否从轻、减轻处罚时应具体考虑的因素。

第五节　犯罪中止

一、犯罪中止的概念和特征

（一）犯罪中止的概念

我国刑法第 24 条规定：“在犯罪过程中，自动放弃犯罪或者自动有效地防止犯罪结果发生的，是犯罪中止。”自动中止犯罪行为的行为人，理论上称为中止犯。

我国刑法规定的犯罪中止是一种比较特殊的犯罪形态。由于犯罪预备也是我国刑法规定的一种犯罪形态，所以我国刑法中的犯罪中止既可以发生在犯罪的预备过程中，也可以发生在行为人着手实行犯罪的过程中，还可以发生在犯罪实行终了而结果尚未发生的过程中。

（二）犯罪中止的特征

根据刑法第 24 条第 1 款的规定，犯罪中止应当同时具备以下特征：

1. 有效性

犯罪中止的有效性，是犯罪中止成立必须具备的客观条件，是指犯罪中止行为必须是确实中止了犯罪行为的发展进程，有效地阻止了犯罪的完成的行为。犯罪中止这一特征意味着犯罪中止只能发生在行为人开始犯罪预备以后、犯罪行为尚未既遂之前这一犯罪行为的发展过程中。但是，如果行为人尚未开始犯罪的预备行为，或者犯罪行为已经既遂，就不存在犯罪中止的问题。在把握犯罪中止这一特征时应该注意：（1）仅有犯意表示，没有进一步的行为，根本就不是犯罪行为，不能作为犯罪中止处理；（2）行为人在犯罪既遂以后，自动恢复原状和主动赔偿，是决定刑罚时应当考虑的情节，但不能作为犯罪中止对待。

2. 自动性

犯罪中止的自动性，意味着犯罪中止是行为人在认为自己能够完成犯罪的情况下，自动选择了不让犯罪发展到既遂状态的结果。这一特征是犯罪中止成立必须具备的主观条件，也是犯罪中止区别于犯罪预备和犯罪未遂的根本标志。这里的“自动性”包括两层含义：一是行为人自己认为犯罪行为能够完成，二是犯罪行为未达到既遂状态是行为人自动选择了犯罪中止行为的结果。

“行为人自己认为犯罪行为能够完成”，是认定犯罪中止自动性必须具备的前提。这一条件意味着，行为人自己认为不存在阻碍犯罪完成的因素，犯罪行为可能顺利完成，是犯罪中止必须包含的认识因素。如果行为人是在认识到犯罪不可能顺利完成的情况下，选择了放弃继续犯罪或者采取措施防止犯罪结果发生，则应视犯罪行为停止的阶段，分别按犯罪预备或犯罪未遂处理。需要注意的是，这里的犯罪“能够完成”，是行为人的主观判断。只要行为人根据自己了解的条件和客观事实，认为自己确有条件、有能力将犯罪进行到底，即使在他人看来不可能完成，或者从客观上看根本无法完成犯罪，也不影响犯罪中止的成立。例如，计划抢劫商店的甲在准备了犯罪工具后，因害怕自己的行为终会受刑罚处罚而决定放弃犯罪的实行，尽管其不知他的犯罪计划早已完全处于警方监控之中，根本没有可能实现，也并不妨碍认定其行为为犯罪中止。

“犯罪行为未达到既遂状态是行为人自动选择了犯罪中止行为的结果”，是犯罪中止成立的关键条件。这一条件意味着中止犯罪的行为必须是出于行为人本人的意愿，是行为人在认为自己可能完成犯罪的情况下，选择了放弃犯罪，阻止犯罪结果发生的结果。选择犯罪中止的行为，意味着行为人的意志内容发生了根本性变化，所以，对行为人选择中止犯罪的动机不能过分苛求，只要犯罪分子是在自己认为能够完成犯罪的情况下选择了中止犯罪的行为，无论犯罪分子是出于真诚悔悟，还是基于对被害人的怜悯，或慑于法律的威严、对刑罚惩罚的惧怕，或因亲友的规劝和教育，都不影响犯罪中止的成立。这里应该注意的是，行为人自动选择不让犯罪达到既遂状态，是针对犯罪发展进程中断的原因而言的，至于犯罪发展进程中断后行为人的表现，与犯罪中止的成立没有任何关系，因此，不能将行为人在犯罪未遂以后的悔罪表现视为犯罪中止。

根据刑法第 24 条第 1 款的规定，行为人自行选择的不让犯罪达到既遂状态的方法有两种情况：一是犯罪分子在犯罪过程中自动放弃犯罪，二是行为人自动、有效地防止犯罪结果的发生。一般来说，前者是指在行为人认为能够继续实施犯罪的情况下，自动放弃继续实施犯罪的情况。这种犯罪中止只能发生在行为人已经开始实施犯罪预备行为之后、犯罪的实行行为尚未实行终了之前的犯罪过程中。后者则是指在行为人认为犯罪结果会发生的情况下，自动采取了有效措施防止犯罪结果发生的情况。这种通常只能发生在犯罪的实行行为已经实施终了之后、犯罪结果尚未发生之前的犯罪发展过程中。这两种犯罪中止发生的犯罪发展阶段不同，犯罪中止成立也有所区别：在犯罪过程中自动放弃犯罪的，一般只要行为人自动地停止继续实施犯罪行为，犯罪中止即可成立。而于以“自动有效地防止犯罪结果发生”为表现形式的犯罪中止，法律还要求行为人必须采取积极的措施来有效地消除由自己的行为所造成的危险状态、阻止犯罪结果的发生。如果行为人没有采取积极的措施，或者行为人的措施没能阻止犯罪结果的发生，或者犯罪结果没有发生不是行为人采取阻止措施的结果，犯罪中止都不能成立，行为人仍应负既遂的刑事责任。需要注意的是，这里所说的“犯罪结果”，是指作为行为人原欲犯之罪既遂条件的结果（如故意杀人罪中被害人的死亡），只要行为人的中止行为有效地阻止了这种结果的发生，即使犯罪行为还造成了其他的危害结果，都不是排除该罪犯罪中止的条件。例如，将被害人砍成重伤的杀人犯，停止杀人行为并抢救被害人成功，尽管其行为已造成被害人重伤的结果，但由于行为人有效地阻止了被害人死亡的结果发生，其行为仍然成立故意杀人罪的犯罪中止。

3. 彻底性

这是指必须彻底放弃了原来犯罪的预备或者正在实行的犯罪。这一特征要求，行为人主观上彻底消除了原来的犯罪意图，客观上彻底放弃原来的犯罪行为，而且行为人也不打算以后再实施此项犯罪。彻底性表明犯罪分子停止犯罪是坚决的，完全打消了继续或再次实施此项犯罪的意图，表明了犯罪分子中止犯罪的决心和悔悟。因此，如因准备不足或时机不成熟、环境不利而自动停止犯罪，等待时机的，即使是自动停止犯罪，也不具有彻底性。但需要注意的是，彻底性，仅仅要求彻底放弃已经实施了预备的或者已经着手实行的某个具体犯罪，即相对于某一具体犯罪而言，是彻底放弃。因此，认定是否彻底放弃，不能以行为人以后未犯其他罪或未犯同种性质的犯罪为条件。

二、犯罪中止的分类

刑法理论上，常从以下两个不同的角度对犯罪中止进行分类。

1. 根据行为人阻止犯罪完成的行为形式，可以将犯罪中止分为消极的犯罪中止和积极的犯罪中止两种情况

（1）“消极的犯罪中止”，是指行为人以消极地自动停止继续实施犯罪行为的方式，有效地阻止了犯罪进程向前发展，以致犯罪未完成的情况。这种犯罪的中止形态，既可以发生在犯罪预备阶段中，也可以发生在行为人已经着手实行后、行为尚未实行终了之前的犯罪过程中。这是犯罪中止最常见的形式，故在刑法理论中又被称为“普通中止”。

(2)“积极的犯罪中止”，亦称“特殊中止”，是指行为人以积极的行为有效地阻止了犯罪结果的发生，以致犯罪未完成的情况。这种犯罪中止形态是行为人实施了积极的行为并有效地防止了犯罪结果发生的结果，仅仅消极地停止实行行为不可能成立积极的犯罪中止。行为人的行为没有实施完毕之前，行为人只要简单地停止继续实施犯罪行为，就可以阻断导致危害结果发生的因果链条的犯罪中止，只可能发生在犯罪行为实行终了以后、犯罪结果尚未发生之前。由于行为犯、危险犯都不可能有相对独立于实行行为的危害结果，以行为犯、危险犯为表现形式的犯罪中，一般也不可能存在“积极的犯罪中止”这种犯罪形态。

2. 根据犯罪中止发生的空间条件，犯罪中止可分为预备过程中的中止、实行过程中的中止、实行终了的中止三种情况

(1)“预备过程的中止”，亦称“预备中止”，是指行为人在犯罪预备阶段自动停止继续实施犯罪预备或决定不着手实行犯罪的情况。这种中止只可能发生在行为人着手实行犯罪以前，可以表现为行为人在自认为可以着手实行犯罪的情况下，自动放弃犯罪的实行；也可以表现为行为人在可以继续进行犯罪预备行为的情况下，自动停止继续实行为了犯罪制造工具、制造条件的行为，意即不再进行犯罪预备行为或者不着手犯罪的实行行为。

(2)“实行过程中的中止”，是指行为人在犯罪实行过程中自动停止继续实施犯罪行为的情况。这种中止只可能发生在行为人着手实施犯罪以后、实行行为尚未终了之前，主要表现为自动放弃犯罪实行行为的继续实行或者放弃完成犯罪的情况。一般情况下只要消极地放弃就能够成立犯罪中止。

(3)“实行终了的中止”，是指行为人在犯罪实行行为终了后，以积极行动阻止犯罪结果发生的情况。这种中止只可能发生在行为实行终了以后、犯罪结果尚未发生之前。由于这种中止发生在犯罪行为实行终了以后，行为人不积极实行与犯罪行为性质相反的行为，就不可能有效地防止犯罪结果发生，所以这种犯罪中止不可能以消极停止实施犯罪为表现形式。行为人有效地阻止了犯罪结果的发生，是犯罪行为实行终了以后成立犯罪中止的必要条件。如果行为人积极实施了阻止结果发生的行为，但未能够防止结果发生，则仍然构成犯罪既遂，不能成立犯罪中止。

三、自动放弃能够重复实施的侵害行为问题

“自动放弃能够重复实施的侵害行为”，是指行为人已经实施了能够直接引起犯罪结果的侵害行为，由于行为人意志以外的原因尚未构成犯罪既遂，行为人在完全能够继续实施侵害行为，并直至犯罪完成的情况下，停止了继续侵害，因而防止了犯罪结果发生的情况。例如，甲开枪杀乙，第一次射击未中，本有可能再开枪射击，但甲放弃了继续实施犯罪，因而作为故意杀人罪既遂条件的结果——被害人的死亡——并未发生。这是人们常用来说明自动放弃重复侵害行为的典型例子。

根据上面的定义和实例，自动放弃能够重复实施的侵害行为应该同时具有以下特征。

(1) 行为人已经实施了能够引起犯罪结果的侵害行为。这一特征意味着，行为人已经实施的行为必须是已经进入犯罪的实行阶段，并且能够直接引起犯罪结果发生的侵害行为。行为人自动放弃能够重复实施的行为，无论是尚未进入犯罪实行阶段的预备行为，还是已经进入犯罪实行阶段但尚不具备能够直接引起犯罪结果性质的行为（如开枪杀人时举枪瞄准的行为），都属于简单的犯罪中止，而不属于“自动放弃能够重复实施的侵害行为”的范畴。

(2) 由于行为人意志以外的原因，已经实施的侵害行为尚未引起犯罪结果的发生。这一特征意味着，行为人已经实施的侵害行为不具有犯罪中止的特征。如果行为人的行为已经引起犯罪结果的发生，其已经实施的侵害行为就已经成立犯罪既遂，不属于自动放弃能够重复实施的

侵害行为的问题；如果犯罪结果尚未发生，不是行为人意志以外的原因引起的，而是行为人自动采取积极措施阻止犯罪结果发生的结果，行为人放弃能够重复实施的侵害行为也属于简单的犯罪中止，不属于“自动放弃能够重复实施的侵害行为”的范畴。

（3）行为人能够重复实施侵害行为。这一特征意味着，行为人放弃继续犯罪是行为人意志的选择，而不是意志以外的原因所迫的结果。如果行为人因为自己的行为不可能发生犯罪结果而放弃继续实施犯罪（如认为距离太远，自己无法击中被害人），这种行为就应简单地定性为犯罪未遂，不属于“自动放弃能够重复实施的侵害行为”。

（4）行为人放弃继续犯罪，并最终避免了犯罪结果的发生。这一特征意味着，不但行为人在客观上确实放弃了能够重复实施的侵害行为，并且由于这种放弃，犯罪结果最终没有发生。如果行为人没有放弃继续犯罪，或者行为人放弃重复侵害的行为没有最终阻止犯罪结果的发生，或者犯罪结果没有发生不是行为人自动放弃重复侵害的结果，则应根据犯罪结果是否实际发生，分别情况划入犯罪既遂或者犯罪未遂的范畴，而不属于“自动放弃能够重复实施的侵害行为”要研究的内容。

关于行为人自动放弃能够重复实施的侵害行为的性质，我国理论界主要有“未遂论”、“中止论”和“折中论”等观点。[①] 目前多数人认为，“自动放弃能够重复实施的侵害”应成立犯罪中止。我们认为，故意犯罪行为应该是行为人不断地将主观罪过的内容转化为客观现实的发展过程，这种过程既可能由一个单独的侵害完成（如一枪将被害人打死），也可能由多个重复的侵害组成（如数枪将被害人打死），只要这些侵害是在一个罪过内容支配下实施的，它们就都是一个犯罪行为的组成部分。在可能重复实施侵害的情况下，只要还有完成犯罪的可能，都意味着犯罪行为仍处于可能继续向前发展的进程之中。在这个进程中，行为人自动采取的任何有效地中断犯罪继续发展的措施，都应该属于我国刑法规定的犯罪中止的范畴。

至于“自动放弃能够重复实施的侵害”中行为人已经实施了的那一部分行为，如果将其从整个犯罪发展过程中孤立出来进行考察，似乎完全具备犯罪未遂成立的全部条件，但是，犯罪未遂是犯罪发展过程的一种结束形态，犯罪未遂必须以犯罪发展过程已经停止、不可能完成为其存在的先决条件。与犯罪未遂不同的是：“自动放弃能够重复实施的侵害”，必须以犯罪结果没有发生而且犯罪能够完成为条件。因此，“自动放弃能够重复实施的侵害”实质上是一种在行为人能够完成犯罪的情况下，即行为人在犯罪的发展过程中，自动选择了中止犯罪发展过程的行为。这种行为完全符合我国刑法关于“在犯罪过程中，自动放弃犯罪”“是犯罪中止”的规定，理应属于犯罪中止的一种特殊表现形式。

四、中止犯的刑事责任

刑法第 24 条第 2 款规定：“对于中止犯，没有造成损害的，应当免除处罚；造成损害的，应当减轻处罚。”

一般认为，适用上述处罚原则时，需要注意以下几点：

（1）我国刑法对中止犯的处罚不但轻于未遂犯，也轻于预备犯。因为刑法规定对中止犯不是“可以”而是“应当”免除或减轻处罚，即必须免除或者减轻处罚。对于中止犯，不但不允许与既遂犯同样处罚，也不允许比照既遂犯从轻处罚。这一处罚中止犯原则，体现了主、客观相统一的刑事责任原则和罪刑相适应原则的要求，对鼓励已经开始实施犯罪的人自动放弃犯罪

---

① 参见张尚鷟主编：《中华人民共和国刑法概论》（总则部分），174 页，北京，法律出版社，1983；徐逸仁：《故意犯罪阶段形态论》，189～193 页，上海，复旦大学出版社，1992；黎亚薇：《也谈“自动放弃重复侵害行为”的定性》，载《湖南公安高等专科学校学报》，2000（1）。

有一定的积极作用。

(2) 对中止犯的处罚，应根据刑法分则有关条文的规定确定犯罪中止的罪名，并以相应犯罪的法定刑为基础，按照刑法第24条规定的原则确定具体的刑罚。

(3) 对中止犯的从宽处罚，应根据不同情况分别掌握。对于未造成损害结果的，应当免除处罚；对于造成损害结果的，应当减轻处罚。具体决定刑罚时，应根据犯罪中止的类型，中止犯罪的各种主、客观情况（如具体损害结果的大小，中止犯罪的原因）等，来决定减轻处罚的幅度。

(4) 中止者所拟实施或刚着手实施的犯罪危害较轻，符合刑法第13条但书规定之“情节显著轻微危害不大”的，应依法不认为是犯罪。①

法律应用

1. 一般地说，犯罪的预备行为不是刑法分则所规定的具体犯罪构成客观方面的实行行为。如果为某一犯罪进行预备的行为单独构成犯罪（没有实施欲想之罪），则属于一行为触犯数罪名的想象竞合犯，应以该行为已触犯的罪名单独论处，例如为杀人而盗枪，未行杀人而在盗枪时被抓获，则只以盗窃枪支弹药罪论处。

2. “犯罪未得逞”是指行为“没有完全具备某一具体犯罪既遂的全部构成要件”，不能简单地将其等同于没有发生犯罪结果，或者没有发生任何危害结果。如果实际发生的危害结果并不是法律要求的犯罪既遂必须具备的结果，则不能按实际结果来定罪。例如，故意杀人行为造成被害人重伤，就仍应按故意杀人罪定罪，而不能认为是故意伤害罪。

3. 只要行为符合犯罪既遂的全部构成要件，犯罪即告完成。犯罪一旦既遂，就不可能再返回到犯罪的未完成形态。因此，行为人在刚刚完成犯罪时即被抓获，或者行为人事后的返还、恢复原状等行为，都不影响犯罪既遂的成立。

4. 以消除危险状态、积极防止结果发生为表现形式的中止，是否必须要求行为人亲自实施，理论上有不同的认识。那种认为行为人在来不及亲自采取措施消除危险状态的紧急情况下，为防止结果发生，委托他人代为防止犯罪结果发生的，亦应成立犯罪中止的观点，似乎更符合刑法设立犯罪中止的宗旨，更能发挥犯罪中止促使犯罪分子自动阻止犯罪结果发生的作用。

课后复习

1. 犯罪的结束形态为什么只存在于部分直接故意的犯罪中？

2. 犯罪预备行为与犯罪实行行为的主要区别是什么？

3. 犯罪预备与犯罪中止、犯罪未遂相互的主要区别是什么？

① 参见高铭暄、马克昌主编：《刑法学》，165页，北京，北京大学出版社、高等教育出版社，2000。

第十二章
共同犯罪形态

第一节　共同犯罪概述

一、共同犯罪的概念

二、共同犯罪的成立要件

三、共同犯罪的认定

第二节　共同犯罪的形式

一、共同犯罪形式的概念及划分的意义

二、共同犯罪形式的划分和分类标准

第三节　共同犯罪人的刑事责任

一、共同犯罪人的分类标准

二、各共同犯罪人的特征及刑事责任

□·提　要·□

共同犯罪是故意犯罪中存在的一种非常普遍的现象，由于是二人以上共同故意实施犯罪，具有比较大的社会危害性，所以，共同犯罪这种犯罪现象，始终是刑法重点打击的对象。但是，参与共同犯罪的行为人的复杂性、共同犯罪形式的多样性，决定了对共同犯罪人所规定的刑事责任在适用上有所区别，因此，正确认识共同犯罪的形式以及共同犯罪人在共同犯罪中的作用和分工，是正确适用法律规定、打击共同犯罪的要求。

重点问题

1. 共同犯罪的成立条件
2. 不成立共同犯罪的情况
3. 共同犯罪的形式及分类标准和分类的意义
4. 共同犯罪人划分标准以及各共同犯罪人刑事责任原则

第一节　共同犯罪概述

一、共同犯罪的概念

犯罪是一种非常复杂的社会现象，在司法实践中，就实施的人数言，有一人单独实施的犯罪，也有二人或二人以上共同实施的犯罪。二人或二人以上共同实施的犯罪，在司法实践中占有相当的数量，刑法所处罚的这种犯罪现象，被称为“共同犯罪”。共同犯罪属于犯罪的特殊形态之一。而一人实施犯罪的，理论上则称为“单独犯罪”。在各国刑法的规定中，关于共同犯罪及共同犯罪的范围和共同犯罪人的分类各具特色，立法规定上多有不同，理论研究也各具特点。刑法分则中各条款所规定的犯罪构成，一般是以个人单独犯罪为标本的，二人以上共同实施犯罪的，除极少数需要在刑法中明文规定外，绝大多数都不宜在分则条文中加以规定，以免失之于烦琐。此外，各共同犯罪人在共同犯罪中的地位和作用互不相同，对他们给予同一的法律评价和处罚原则显然不妥。因此，各国刑法大多在总则中设共同犯罪的规定，用以解决共同犯罪人的刑事责任问题。我国刑法也不例外。

我国刑法第 25 条规定：“共同犯罪是指二人以上共同故意犯罪。”同时规定：“二人以上共同过失犯罪，不以共同犯罪论处；应当负刑事责任的，按照他们所犯的罪分别处罚。”这一定义明显地表现出如下主要特征[①]：(1) 表述的科学性。定义揭示了共同犯罪必然具备的要件：第一，二人以上；第二，共同的犯罪行为；第三，共同的犯罪故意。它既不扩大也不缩小共同犯罪的范围，是符合社会生活中共同犯罪实际情况的科学概括。(2) 用词的明确性。定义明确指出共同犯罪的主体条件是“二人以上”，而未采用含意不够明确的词语——“数人”，避免由此产生争议，影响司法实践中的正常操作。(3) 内容的概括性。定义未将犯罪集团单独列出，而是概括于“二人以上共同故意犯罪”之中。同时在主体人数上未写“二人或二人以上”，而将二人包括在“二人以上”之内。此外，另用一款说明共同过失犯罪的，不构成共同犯罪，对定义作进一步的补充，使定义言简意赅，具有高度的概括性。

根据这一规定，我国理论上所谓的共同犯罪，是指客观上共同行为与主观上共同故意的统一。但不可否认的是，在刑法第 25 条第 2 款的规定中，涉及“共同过失犯罪”的概念，对此，理论上有不同的认识，通说囿于现行刑法对共同犯罪的规定是将共同犯罪界定在故意犯罪的范畴内，否认二人以上共同过失犯罪的现象是共同犯罪。[②] 此外，我国刑法规定了单位犯罪，单位与单位之间、自然人与单位之间的共同犯罪问题，也广泛地引起学者们的关注，当然，在传统观念中与共同犯罪相关的主要问题仍然是在自然人主体之间来探讨的。

二、共同犯罪的成立要件

成立共同犯罪，必须具备如下要件：

（一）二人以上

共同犯罪的主体，必须是两个以上达到刑事责任年龄、具有刑事责任能力的人或单位。单独实施犯罪，包括数人在同一时间或相继单独实施犯罪，不能构成共同犯罪。此外，自然人与

① 参见高铭暄、马克昌主编：《刑法学》，166 页，北京，北京大学出版社、高等教育出版社，2000。

② 参见陈兴良：《共同犯罪论》，北京，中国社会科学出版社，1992；陈兴良、曲新久：《案例刑法教程》（上卷），北京，中国政法大学出版社，1994；姜伟：《犯罪形态通论》，北京，法律出版社，1994。

单位、单位与单位之间亦可成立某些共同犯罪。当然，在单位与自然人的共同犯罪中，其中的自然人也必须符合刑事责任年龄和刑事责任能力的要求。

一般认为，在自然人共同犯罪中：

(1) 两个以上未达到刑事责任年龄、不具有刑事责任能力的人共同实施危害行为的，不成立共同犯罪。

(2) 具有刑事责任能力的人迫使、诱使、利用无刑事责任能力的人共同实施危害行为，或者迫使、诱使、利用相对负刑事责任年龄的人共同实施超出相对负刑事责任犯罪范围的危害行为的，不成立共同犯罪。具有该种情形的迫使、诱使、利用人被称为“间接正犯”或“间接实行犯”，但此为单独实行犯而非共同犯罪人。间接实行犯是行为人利用依法不负刑事责任之人来实现其犯罪意图，因而无刑事责任能力人或者相对负刑事责任年龄的被利用者之行为不构成犯罪，自应由利用者自己负责。但对迫使、诱使、利用相对负刑事责任年龄的人的情况应具体分析，只有共同实施的危害行为超出相对负刑事责任年龄的人应当负担刑事责任的范围的，迫使、诱使、利用者才为间接正犯，而依法不负刑事责任的人实际上只不过是间接正犯实施犯罪所利用的工具，因此，应看作是后者单独实施的犯罪。但二人以上共同利用无刑事责任能力人实施犯罪，构成共同间接正犯的，利用者之间的法律关系仍为共同犯罪。

(3) 于由特殊主体构成的犯罪，不具有特殊身份的人以特定的行为可以与具有特定身份的实行犯构成共同犯罪。

由于刑法规定了单位犯罪，因而也可能出现单位共同犯罪，即两个以上的单位共同故意犯罪，此外也可能出现单位和自然人之间的共同犯罪。

（二）共同的犯罪行为

成立共同犯罪必须二人以上具有共同的犯罪行为。所谓共同犯罪行为，指各共同犯罪人的行为都指向同一犯罪事实，彼此联系，互相配合，它们与犯罪结果之间都存在着因果关系。各共同犯罪人的行为，无论在共同犯罪中表现的形式如何，都不是孤立存在的，而是有一个共同的犯罪目标把它们联系起来，成为统一的犯罪活动，每个人的行为都是这一具体的共同犯罪行为不可或缺的组成部分。

1. 各行为人所实施的行为，必须是犯罪行为，否则不可能构成共同犯罪。例如，共同在不可抗力下实施的造成危害的行为，或者共同在正当防卫或紧急避险条件下实施的造成损害的行为，或者共同实施的情节显著轻微、危害不大的行为，等等，都不成立共同犯罪。

2. 危害行为的基本形式有作为与不作为。据此，共同犯罪行为表现为三种形式：(1) 共同的作为，如甲、乙共同动手抢劫丙的财物，这是共同犯罪行为的主要形式。(2) 共同的不作为，如甲、乙夫妻二人共同遗弃年老有病的父亲丙，致丙走投无路而自杀。(3) 作为与不作为的结合。如仓库值班员甲与乙按照事前约定，乙夜间去仓库盗窃时，甲佯装睡觉，不加制止，致乙盗窃大量财物。

按照共同犯罪的分工，共同犯罪行为表现为四种方式：(1) 实行行为，即实施符合犯罪构成客观方面要件的行为；(2) 组织行为，即组织、领导、策划、指挥共同犯罪的行为；(3) 教唆行为，即劝说、收买、威胁或者采用其他方法唆使他人故意实施犯罪的行为；(4) 帮助行为，即故意提供信息、工具或者排除障碍，协助他人故意实施犯罪的行为。共同犯罪的共同行为，可能是行为人共同实施实行行为，也可能是分担实施不同的行为，即有人实施实行行为，有人实施组织行为、教唆行为或帮助行为。

3. 共同实施的犯罪是结果犯并发生危害结果时，每一共同犯罪人的行为与危害结果之间都存在因果关系。根据我国刑法理论，共同犯罪中的因果关系，是两个以上共同犯罪人的行为和危害结果（危害事实）之间的因果关系，与单独犯罪行为人的行为和危害结果之间的因果关系相比，其特殊性在于：共同犯罪行为是围绕一个犯罪对象或者目标，互相配合，互为条件的犯罪活动的整体，正是这个行为的整体导致了危害结果的发生，换言之，行为整体是危害结果发生的统一的原因，而各个共同犯罪人的行为都是危害结果发生的原因的一部分。因而，对共同犯罪人的行为不应孤立地而应当统一地考察，不能只就某一个共同犯罪人的行为是否现实地导致危害结果发生来认定其行为与危害结果之间是否存在因果关系，而是必须考察共同犯罪行为与危害结果（危害事实）之间因果关系的共同性。不过，由于共同犯罪行为方式不同，共同犯罪行为与危害结果之间的因果关系有各自的特点：(1) 在共同实施实行行为的场合，各共同犯罪人的行为共同指向同一犯罪构成事实，共同作用于同一构成犯罪事实，因而应将他们的实行行为作为统一整体来看，以确定其对危害结果是否具有原因力。共同犯罪人的实行行为共同引起危害结果发生，显然，他们的实行行为与危害结果之间均有因果关系。即使共同犯罪人中只有一人的实行行为引起危害结果发生，其他人的实行行为没有导致危害结果发生，也应认为他们的行为与危害结果之间存在因果关系。(2) 在共同行为之间存在分工的场合，即共同犯罪人之间可以区分为组织犯、教唆犯、帮助犯、具体实行犯的场合，组织犯、教唆犯与帮助犯（从犯）并未参与实施具体的实行行为，则共同犯罪行为与危害结果之间的因果关系表现为：组织行为、教唆行为引起实行犯的犯罪决意和实行行为，帮助行为加强实行犯的犯罪决意和利于实行犯的实行行为，实行行为直接导致危害结果的发生。组织行为、教唆行为、帮助行为和实行行为作为共同犯罪行为的有机整体，都与危害结果（危害事实）之间存在因果关系。

因此，共同犯罪中，可能是行为人共同实施实行行为，也可能是行为人分别实施不同的行为，即有人实施实行行为，有人实施组织行为、教唆行为或帮助行为。不能认为只有共同实施实行行为才是共同犯罪。对仅参与共谋而未参与犯罪实行行为的，是否构成共同犯罪，我国刑法学界曾有肯定说和否定说两种不同观点。我们赞同肯定说。所谓共谋是指二人以上为了实施特定的犯罪而进行谋议，可能是策划实施犯罪，也可能是商讨如何实施犯罪，或者二者兼而有之。可见，共谋本身就是共同犯罪行为，所以参与犯罪谋议而未参与犯罪实行，属于共同犯罪。①

（三）共同的犯罪故意

成立共同犯罪必须二人以上具有共同的犯罪故意。所谓共同的犯罪故意，指各共同犯罪人认识到他们的共同犯罪行为和行为会发生的危害结果，并希望或者放任这种结果发生的心理态度。共同犯罪故意虽然与个人的犯罪故意有所不同，但同样具有如同单独犯罪那样的认识因素与意志因素：

1. 共同犯罪故意的认识因素包括：(1) 共同犯罪人认识到自己与他人互相配合，共同实施犯罪；(2) 共同犯罪人认识到自己的行为的性质，并且认识到共同犯罪行为的性质；(3) 共同犯罪人概括地预见到共同犯罪行为与危害结果之间的因果关系，即认识到自己的行为引起的结果以及共同犯罪行为引起的危害结果。

2. 共同犯罪的意志因素，是指共同犯罪人希望或者放任自己的行为引起的结果和共同犯罪行为会发生的危害结果。共同犯罪人一般是希望共同犯罪行为所引起的危害结果发生，但在个别情况下也可能是一方持希望态度、另一方持放任态度，或者共同持放任态度。

3. 在理解共同犯罪故意的要件上需要特别说明的是：成立共同犯罪，共同犯罪人之间必须存在意思联络。意思联络是共同犯罪人在犯罪意思上互相沟通，它可能存在于组织犯与实行犯之间、教唆犯与实行犯之间或者帮助犯与实行犯之间，但这并不意味着要求所有共同犯罪人之间都必须存在意思联络，如组织犯、教唆犯、帮助犯相互间即使没有意思联络，也不影响共

① 参见高铭暄、马克昌主编：《刑法学》，168页，北京，北京大学出版社、高等教育出版社，2000。

同犯罪的成立。

三、共同犯罪的认定

（一）不构成共同犯罪的情况

1. 二人以上共同过失犯罪，不构成共同犯罪。我国刑法已经明文规定："二人以上共同过失犯罪，不以共同犯罪论处；应当负刑事责任的，按照他们所犯的罪分别处罚。"共同犯罪的特点是二人以上通过共同的犯罪故意，使各人的行为形成一个共同的有机整体，因而具有更大的社会危害性。于共同过失犯罪，行为人之间缺乏意思联络，不可能形成共同犯罪所要求的有机整体性。另外，在共同过失犯罪中，不存在主犯、从犯、教唆犯的区分，只存在过失责任大小的差别，因而也不需要对行为人以共同犯罪论处，而只根据各人的过失犯罪情况分别追究刑事责任就可以了。

2. 同时犯不是共同犯罪。所谓同时犯，是指二人以上没有共同的犯罪故意而同时在同一场所实行同一性质的犯罪。同时犯的特点是行为人各有故意，但缺乏共同的故意即缺乏意思联络，所以不是共同犯罪，而是同时实行的单独犯，各人只对自己的犯罪行为承担刑事责任。

3. 二人以上实施危害行为，罪过性质不同的，不构成共同犯罪。这表现为两种情形：一是过失地引起或帮助他人实行故意犯罪，二是故意地教唆或帮助他人实施过失犯罪。关于这些情况在外国刑法理论中虽然存在争论，但在我国刑法学者一致认为不构成共同犯罪。在这种情况下，应当根据各人的罪过形式和行为形态，依照刑法规定分别处理。

4. 实施犯罪时故意内容不同的，不构成共同犯罪。例如，甲、乙共同用木棍打击丙，甲持伤害的故意，乙持杀人的故意，而最终乙打击丙的要害部位，致丙死亡。由于没有共同的犯罪故意，不能按共同犯罪处理，只能按照各人的主、客观情况分别定罪，即对甲定故意伤害罪，对乙定故意杀人罪。当然，对这种情况是否作为共同犯罪认定理论上还有不同的认识，通说不认为属于共同犯罪。

5. 超出共同故意内容之外的犯罪，不是共同犯罪。共同犯罪人超出共同犯罪故意又犯其他罪的，其他罪只能由实行该犯罪行为的人负责，对其余的人不能按共同犯罪论处。这种情况被称为实行犯过限。

6. 事后通谋的窝藏行为、包庇行为，不构成共同犯罪。因为这些行为与危害结果的发生没有因果关系。但事前通谋的窝藏行为或包庇行为，支持和鼓励了实行犯的实行行为，通过实行行为引起危害结果的发生，因而与危害结果的发生之间存在因果关系，并且具有共同的犯罪故意，应成立共同犯罪。如刑法第310条第2款就窝藏罪、包庇罪规定："犯前款罪，事前通谋的，以共同犯罪论处。"

（二）关于片面共犯

所谓片面共犯，指共同行为人的一方有与他人共同实施犯罪的意思，并加功于他人的犯罪行为，但他人不知其给予加功的情况。关于片面共犯能否成立片面的共同犯罪，中外刑法理论上都存在争论。在承认片面共犯的观点中，对片面共犯成立的范围也存在分歧：有的承认片面帮助犯、片面教唆犯和片面实行犯，有的承认片面帮助犯和片面教唆犯，有的则仅承认片面帮助犯。多数学者认为，片面教唆犯和片面实行犯是不可能发生的，而单方面帮助他人犯罪、他人不知道的情况，在社会生活中是客观存在的，即帮助犯只是加功于实行犯，因此在刑法理论上，从犯的帮助意思不以实行犯知道为必要，实行犯不知道从犯的帮助不影响实行犯的成立，也不影响从犯的成立，因此，对片面的帮助犯以从犯处理为宜。

第二节　共同犯罪的形式

一、共同犯罪形式的概念及划分的意义

共同犯罪的形式，是指二人以上共同犯罪的存在方式、结构状况或者共同犯罪之间的结合形态。

共同犯罪的形式是各种各样的，不同的共同犯罪形式具有各自的特点和不同程度的社会危害性。研究共同犯罪形式的划分意义在于：(1) 区别不同形式的共同犯罪，认识各种形式的共同犯罪的性质及社会危害程度，以便确定对共同犯罪的法律适用，打击社会危害性最大的共同犯罪形式。(2) 分清共同犯罪人在不同形式的共同犯罪中的地位和作用，便于对共同犯罪人实行区别对待，严厉惩治首要分子，从宽处理从犯和胁从犯，有效地与共同犯罪作斗争。

二、共同犯罪形式的划分和分类标准

关于共同犯罪的形式如何划分，刑法理论界存在着不同意见，通说认为，从不同角度，用不同的标准，可将共同犯罪的形式分为以下几种：

(一) 任意的共同犯罪和必要的共同犯罪

这是以共同犯罪是否能够任意形成为标准进行的划分。任意的共同犯罪，指刑法分则规定的一个人可以单独实施的犯罪，由二人以上共同实施而形成的共同犯罪。根据刑法分则的规定，这种犯罪不以多数行为人实行犯罪为必要，可以一个人实施，也可以二人以上共同实施。例如，刑法分则中规定的故意杀人罪、强奸罪、抢劫罪、盗窃罪、放火罪等，都是既可以一个人单独实施，也可以二人以上共同实施。二人以上共同故意实施上述犯罪的，就是任意的共同犯罪。任意的共同犯罪由刑法总则加以规定。刑法理论上研究的共同犯罪，主要是这种共同犯罪。对这种共同犯罪，应当根据刑法总则规定的共同犯罪条款和刑法分则规定的有关犯罪的条文定罪量刑。

必要的共同犯罪，指刑法分则规定的犯罪构成以二人以上的行为为要件的犯罪。根据我国刑法的规定，这种共同犯罪有以下三种：(1) 对行性共同犯罪，指基于二人以上的互相对向行为构成的犯罪。在这种犯罪中，缺少另一方的行为，该种犯罪就不能成立。这种共同犯罪的特点是：第一，触犯的罪名可能不同（如行贿罪、受贿罪），也可能相同（如重婚罪）。第二，各自实施自己的犯罪行为，如一个送、一个收。第三，双方的对向行为互相依存而成立，如受贿行为以行贿行为为条件。第四，一方不构成犯罪，不影响他方构成犯罪。如甲、乙、丙每人向丁行贿 3 000 元，丁共受贿 9 000 元。甲、乙、丙均不构成行贿罪，但丁构成受贿罪。这种情况虽然仍称为必要的共同犯罪，但用语确实值得研究。(2) 聚合性共同犯罪，指以向着同一目标的多数人的共同行为为犯罪构成要件的犯罪，如武装叛乱、暴乱罪，聚众扰乱社会秩序罪等。这种共同犯罪的特点是：第一，人数较多；第二，参与犯罪者的行为方向相同；第三，参与的程度和形态可能不同，有的参与组织、策划或指挥，有的只是参与实施犯罪活动。(3) 集团性共同犯罪，指以组织、领导或参加某种犯罪集团为犯罪构成要件的犯罪。例如，刑法第 120 条第 1 款规定的“组织、领导恐怖活动组织的”，第 294 条第 1 款规定的“组织、领导黑社会性质的组织的”等属之。对必要的共同犯罪，根据刑法分则规定的有关犯罪的条文处理，不必适用刑法总则规定的共同犯罪条款。

（二）事前通谋的共同犯罪和事中通谋的共同犯罪

这是以共同犯罪故意形成的时间为标准进行的划分。事前通谋的共同犯罪，指共同犯罪人着手实行犯罪以前形成共同犯罪故意的共同犯罪。通谋通常指共同犯罪人之间用语言或文字互相沟通犯罪意思，通谋的内容可能是拟实施犯罪的性质、方法、地点、时间、分工，也可能是犯罪后湮灭罪迹、分配赃物等；通谋的形式可能表现为用语言进行谋议，或以文字交换意见，也可能表现为点头示意赞同或答应共同犯罪人的提议。只要共同犯罪故意是在着手实行之前形成的，不论采取什么形式通谋，都无碍于事前通谋的共同犯罪的成立。这种共同犯罪在实际生活中较多，与事中通谋的共同犯罪相比，也是较为危险的共同犯罪形式。

事中通谋的共同犯罪，指共同犯罪人在着手实行的犯罪之际或实行犯罪过程中形成共同犯罪故意的共同犯罪。这种共同犯罪形式，通常称为“事前无通谋的共同犯罪”。因为“事前无通谋”一词包括事中通谋和事后通谋，而事后通谋不构成共同犯罪，所以“事前无通谋”实际上仅指事中通谋，因而改称事中通谋的共同犯罪。这种共同犯罪形式，由于共同犯罪人是在着手实行犯罪后临时形成的，往往缺乏周密的谋议，社会危害性相对较小一些。

（三）简单的共同犯罪和复杂的共同犯罪

这是以共同犯罪人之间有无分工为标准进行的划分。简单的共同犯罪，即共同实行犯（在西方刑法中叫共同正犯），指二人以上共同故意实行某一具体犯罪客观要件的行为。在这种共同犯罪形式中每一共同犯罪人都是实行犯。对此我国刑法没有规定，但在司法实践中这种共同犯罪形式经常出现。构成简单共同犯罪，除了犯罪主体是两个以上达到法定刑事责任年龄、具有刑事责任能力的人以外，还必须具备如下要件：(1) 从犯罪的客观方面看，各共同犯罪人必须共同实行犯罪。共同实行表现有以下几种情况：第一，共同实行同样的行为，即各共同犯罪人共同实行同样的作为犯罪客观要件的行为，如甲、乙共同用毒药将丙毒死。第二，各人实行不同的行为，即各共同犯罪人实施同属于犯罪客观要件但不相同的行为。如甲、乙共同对丙实施抢劫，甲用凶器对丙威胁，乙对丙搜身，将其财物抢走。第三，对不同对象分别实行犯罪，即各共同犯罪人共同实施某一犯罪，但分别对不同的对象实行犯罪行为。这几种情况都是简单共同犯罪。但如果一人实行犯罪构成客观要件的行为，另一人实施非犯罪构成客观要件的行为（非实行行为），例如，甲实行杀人，乙提供匕首，那就不是简单共同犯罪，而属于复杂共同犯罪了。(2) 从犯罪的主观方面看，各共同犯罪人必须具有共同实行犯罪的故意。它包括如下内容：第一，各共同犯罪人对具体实施的犯罪具有共同的认识。例如，都认识到共同实行杀人罪，若一人认为是实行杀人罪，另一人认为是实行伤害罪，则不构成简单共同犯罪。第二，各共同犯罪人具有共同实行犯罪的意思联络，即行为人不仅认识到自己实行犯罪，并且认识到与他人共同实行犯罪，同时他人也认识到对方与自己共同实行犯罪。若一人有共同实行犯罪的认识，另一人没有共同实行犯罪的认识，则不构成简单共同犯罪，即理论上一般否定片面共同实行犯。第三，各共同犯罪人都希望或放任共同犯罪结果的发生。简单共同犯罪通常是由共同的直接故意构成，但有时也可能是一方出于直接故意、另一方出于间接故意，或者都出于间接故意。共同实行犯罪的故意，不论是在着手实行犯罪以前形成，还是在实行犯罪过程中形成，都可能成立简单共同犯罪。

确定简单共同犯罪人的刑事责任应当遵循如下原则：(1) 各共同犯罪人对共同实行的犯罪行为整体负责，而不只是对自己实行的犯罪行为负责。这在外国刑法理论上被称为“一部行为全部责任的原则”[①]。(2) 如前所述，各共同犯罪人只能对共同故意范围内实行的犯罪行为负

① ［日］板仓宏：《新订刑法总论》，305页，东京，劲草书房，1998。转引自高铭暄、马克昌主编：《刑法学》，174页，北京，北京大学出版社、高等教育出版社，2000。

责，如果有人超出共同故意的范围，实行别的犯罪行为，只能由实行该犯罪行为的人负责，其他共同犯罪人对该犯罪行为不负刑事责任。(3) 根据各共同犯罪人在共同犯罪中的作用和社会危害程度，分别按主犯、从犯、胁从犯处罚，并引用刑法总则规定的共同犯罪条款，如果都是起的主要作用，都按照主犯处罚。(4) 考察各共同犯罪人的人身危险程度和犯罪后的态度，实行区别对待：具备从重或者从轻、减轻、免除处罚情节的，予以从重或者从轻、减轻、免除处罚。因而各共同犯罪人即使都是主犯，量刑也会不同，甚至主犯的处刑可能比从犯的处刑还轻。

复杂的共同犯罪，指各共同犯罪人之间存在一定分工的共同犯罪。这种共同犯罪表现为：有的教唆他人，使他人产生实行犯罪的故意；有的帮助他人实行犯罪，使他人的犯罪易于实行；有的直接实行犯罪，即实行该种犯罪构成客观要件的行为。正是由于共同犯罪人参与共同犯罪的行为各不相同，因而叫复杂的共同犯罪。这种共同犯罪与简单的共同犯罪的区别在于：简单的共同犯罪中各共同犯罪人都参与实行犯罪构成客观要件的行为，都是实行犯，而复杂的共同犯罪的各共同犯罪人中，有的实行犯罪构成客观要件的行为，有的则实施非犯罪构成客观要件的行为，从而有的是实行犯，有的是教唆犯，有的是帮助犯。

我国刑法主要是按照共同犯罪人在共同犯罪中的作用规定犯罪人的种类的，没有规定复杂的共同犯罪。我们应当根据各共同犯罪人在共同犯罪中所起作用的大小和对社会的危害程度，依照刑法总则关于共同犯罪的规定，解决他们的刑事责任问题。

(四) 一般的共同犯罪和特别的共同犯罪

这是以共同犯罪人之间结合的紧密程度为标准进行的划分。一般的共同犯罪，指各共同犯罪人之间不存在组织形式的共同犯罪。这种共同犯罪的特点在于：共同犯罪人之间没有组织，他们只是为了实施某一具体犯罪而临时结合在一起，该一具体犯罪实行完毕，这种共同犯罪形式也就不复存在了。一般的共同犯罪可以是事前通谋的共同犯罪，也可以是事中通谋的共同犯罪；可以是简单的共同犯罪，也可以是复杂的共同犯罪。属于什么形式的共同犯罪，就按照该种形式的共同犯罪处理。

特殊的共同犯罪，指各共同犯罪人之间建立起组织形式的共同犯罪，或称有组织的共同犯罪，亦即犯罪集团。刑法第 26 条第 2 款规定："三人以上为共同实施犯罪而组成的较为固定的犯罪组织，是犯罪集团。"构成犯罪集团必须具备如下条件：(1) 由三人以上组成。所谓三人以上包括三人在内，这是在人数上犯罪集团成立的条件。只有三人或超过三人共同进行犯罪活动的，才可能成立犯罪集团。(2) 为共同实施犯罪而组成。犯罪集团总是以实施某一种或者几种犯罪为目的而组成，否则，便不成其为犯罪集团。(3) 是较为固定的犯罪组织。所谓犯罪组织，指以犯罪为目的而建立起来的较为固定的集体。组织总是意味着成员之间存在着领导与被领导的关系，亦即既有组织者、领导者、指挥者，又有普通成员，后者服从于前者的领导和指挥，前者领导、指挥后者进行犯罪活动。犯罪集团的性质不同，组织的严密程度大不一样。按照组织严密的程度来划分，犯罪集团可分为普通犯罪集团、黑社会性质组织、黑社会组织。当前，我国社会中的犯罪集团，组织性最为严密的当属黑社会性质组织。所谓较为固定，指以实施多次犯罪为目的而组织起来，组织体准备长期存在，并非以实施一次具体犯罪为目的而纠集一起。较为固定，是就准备长期存在而言的，并不以事实上长期存在为必要。所以，只要查明各共同犯罪人是以实施多次或不定次数犯罪为目的而组织起来，即使没有来得及实施犯罪，并不影响成立犯罪集团。当然，如果共同实施多次或不定次数犯罪的目的不是经过通谋确定的，而是通过共同实施犯罪行为形成的，那就要有两次以上的犯罪事实，才能认定该犯罪群体是犯罪集团。犯罪集团是最危险的共同犯罪形式，历来是我国刑法打击的重点。

关于犯罪集团中共同犯罪人的刑事责任，刑法分则有规定的，即属于必要的共同犯罪中的集团性共同犯罪，应当依照刑法分则的有关规定处理；刑法分则没有规定的，应当依照刑法总则关于共同犯罪的规定，区别首要分子、首要分子以外的主犯、从犯、胁从犯，然后分别予以相应的处罚。

目前司法实践中经常使用犯罪团伙这一概念，我国刑法规定了犯罪集团和一般共同犯罪，而没有规定犯罪团伙，所以，对于什么是犯罪团伙，意见不一：有的认为犯罪团伙就是犯罪集团，有的认为犯罪团伙是介于一般共同犯罪与犯罪集团之间的共同犯罪形式，有的认为犯罪团伙是犯罪集团与犯罪结伙的合称，有的认为犯罪团伙包括犯罪集团和一般共同犯罪。多数学者认为最后一种观点是可取的，即犯罪团伙是指三人以上结成一定组织或纠合比较松散的共同犯罪形式。这样界定它，既符合法律规定，又符合审判实际情况。对犯罪团伙案件的处理，应当具体情况具体分析：按照条件能定为犯罪集团的，依犯罪集团处理，否则，依一般共同犯罪处理。处理这类案件时，在判决、裁定及其他法律文书中要避免使用犯罪团伙的提法。

第三节　共同犯罪人的刑事责任

一、共同犯罪人的分类标准

各共同犯罪人在共同犯罪中的地位和作用不同，对各共同犯罪人处理时需要区别对待，因而有必要对共同犯罪人进行分类。正由于此，在世界各国（地区）关于共同犯罪的立法中，除少数国家外，绝大多数国家（地区）的刑法均对共同犯罪人的种类加以划分。

对共同犯罪中各共同犯罪人如何进行分类，在理论和立法例上，如果从标准的同一性考察，主要有三种分类法：

一是分工分类法，即以共同犯罪人在共同犯罪中的分工为标准对共同犯罪人的身份予以分类。按照这种分类，共同犯罪人分为正犯（包括共同正犯）、教唆犯、帮助犯。正犯为实施客观构成要件行为之人；帮助正犯实施犯罪的为帮助犯，教唆他人犯罪的为教唆犯。采用分工分类法对共同犯罪人进行分类的立法例，具体规定各不相同：有的采用二分法，分为正犯与从犯，1810 年《法国刑法典》采用这种分类，其所谓从犯包括教唆犯和帮助犯；1995 年《澳门刑法典》也采用这种分类，其所谓的正犯包括实行犯和教唆犯。有的采用三分法，分为实行犯、教唆犯和帮助犯，1922 年《苏俄刑法典》采用这种分类；或者分为正犯、教唆犯和帮助犯，1975 年《联邦德国刑法典》采用这种分类，其所谓正犯即实行犯。有的采用四分法，分为实行犯、组织犯、教唆犯和帮助犯，1960 年《苏俄刑法典》、1996 年《俄罗斯联邦刑法典》等均采用这种分类。以分工为标准的分类，比较客观地反映了共同犯罪人在共同犯罪中从事什么样的活动，便于对共同犯罪人的行为定罪，但它没有揭示共同犯罪人在共同犯罪活动中起了什么样的作用，不利于正确解决各自的刑事责任。

二是作用分类法，即以对共同犯罪的实施和完成作用的大小为标准，对共同犯罪人的身份予以分类。按照这种标准，共同犯罪人分为正犯与从犯。

具体采用作用分类法的立法例将共同犯罪人分为几种，也不完全相同。有的采用二分法，分为主犯和从犯。在这种分类标准下，即使从犯实施属于构成要件的行为，只要对于完成犯罪不起主要的支配作用，仍然属于从犯，英国 1967 年《刑事法令》颁布实施以前采用这种分类。有的采用三分法，分为首要、从犯和胁从。以作用为标准的分类，比较客观地反映了共同犯罪人在共同犯罪中所起作用的大小，从而反映了他们各自不同的社会危害程度，便于对他们量刑，解决其刑事责任；但它没有反映各共同犯罪人在共同犯罪活动中的分工，对共同犯罪人定罪的一些问题不好解决。教唆他人犯罪，他人未犯罪就是适例。

三是混合分类法，即以共同犯罪人在共同犯罪中的作用为主要标准，同时兼顾在共同犯罪中的分工。按照这种分类标准，一般将共同犯罪人分为正犯（实行犯）、从犯（帮助犯）、教唆犯，有的还划分出组织犯一类。①

对共同犯罪人的分类，从根本上说，是为了解决各共同犯罪人的刑事责任问题。我国刑法历来重视以作用为标准对共同犯罪人进行分类，1997 年修订刑法时，在总结实践经验的基础上，对原来刑法规定的共同犯罪人的分类没有修订，仍然将共同犯罪人分为主犯、从犯、胁从犯、教唆犯。但主犯、从犯、胁从犯是根据作用进行分类，而教唆犯是根据分工进行分类，不能归在前一种分类中，因而在胁从犯之后另外又规定了教唆犯，并规定对教唆犯在不同情况下的处罚原则。可以说我国刑法是以作用为主、兼顾分工对共同犯罪人进行分类，即第三种分类法。教唆犯虽然与主犯、从犯、胁从犯不是并列关系，但不能据此认为教唆犯不是我国刑法中共同犯罪人的一种，因为我国刑法将教唆犯明文规定在“共同犯罪”一节。这样，我国刑法学上研究的是四种共同犯罪人，即主犯、从犯、胁从犯和教唆犯。

二、各共同犯罪人的特征及刑事责任

（一）主犯的特征及刑事责任

刑法第 26 条第 1 款规定：“组织、领导犯罪集团进行犯罪活动的或者在共同犯罪中起主要作用的，是主犯。”据此，主犯分为两种：

1. 组织、领导犯罪集团进行犯罪活动的犯罪分子，也就是犯罪集团的首要分子。这种主犯只有在犯罪集团这种特殊的共同犯罪中才存在，没有犯罪集团，也就没有这种主犯。是否构成犯罪集团，应根据前述犯罪集团成立的条件来认定。组织、领导犯罪集团进行犯罪活动，是这种主犯的特征。这种主犯的行为，主要表现为组织、领导。组织，即纠集、串联他人建立犯罪集团；领导，指率领犯罪集团成员进行犯罪活动，为犯罪集团的犯罪活动出谋划策、作出决定，指使、安排、调配犯罪集团成员的分工和活动等。这种主犯由于建立、领导犯罪集团，指挥集团成员进行犯罪活动，因而是犯罪集团的核心，没有这种主犯，也就没有犯罪集团，所以这种主犯具有更大的社会危害性，是我国刑法打击的重点。犯罪集团的首要分子，可能只有一人，也可能不止一人，究竟哪些人是首要分子，应以事实为根据，依照刑法规定来确定。

2. 在共同犯罪中起主要作用的犯罪分子，相对于犯罪集团的首要分子，又被称为其他主犯或首要分子以外的主犯。这种主犯有以下几种：(1) 在犯罪集团中起主要作用的犯罪分子。组织、领导犯罪集团进行犯罪活动，自然是在共同犯罪中起主要作用，所以这里所说的起主要作用，应理解为除上述活动之外在共同犯罪中起主要作用。这种主犯的行为主要表现为：积极参加犯罪集团，在犯罪集团中特别卖力地进行犯罪活动，或者在犯罪集团中直接实行犯罪、罪行重大等。具有上述情况之一的，即构成犯罪集团的主犯。(2) 在一般共同犯罪中起主要作用的犯罪分子。这主要是在一般共同犯罪中起主要作用的实行犯，这种主犯的行为具体表现为：在共同犯罪中直接造成严重危害结果；积极献计献策，对完成共同犯罪起着关键作用；在共同犯罪中罪行重大或情节特别严重等。具有上述情况之一的，即构成一般共同犯罪的主犯。(3) 在聚众犯罪中起主要作用的犯罪分子。这涉及刑法理论界常常讨论的聚众犯罪的首要分子与主犯的关系问题。

刑法第 97 条规定：“本法所称首要分子，是指在犯罪集团或者聚众犯罪中起组织、策划、指挥作用的犯罪分子。”这里规定的首要分子是就必要的共同犯罪而言的，亦即是对刑法分则条文明文规定的“首要分子”所作的解释，是一种提示性的规定。从这一规定可以看出，首要

① 参见马克昌主编：《犯罪通论》，537 页，武汉，武汉大学出版社，1999。

分子有两种：一是在犯罪集团中起组织、策划、指挥作用的犯罪分子，即犯罪集团的首要分子，这种首要分子与刑法第26条规定的首要分子相当，但由于它是刑法分则所规定的，因而在处理有关犯罪的这种首要分子时，应当直接引用刑法分则的有关条文，不需要援引刑法总则第26条。二是在聚众犯罪中起组织、策划、指挥作用的犯罪分子，即聚众犯罪的首要分子。这种首要分子与主犯的关系如何，看法不一[①]：其一是第一种主犯说，认为第一种主犯为首要分子，首要分子分为两种，即聚众犯罪的首要分子与犯罪集团的首要分子。其二是独立主犯说，认为主犯分为三种，聚众犯罪的首要分子是犯罪集团的首要分子和在犯罪集团或一般共同犯罪中起主要作用的犯罪分子之外的一种独立的主犯。其三是第二种主犯说，认为聚众犯罪的首要分子完全包括在第二种主犯即在共同犯罪中起主要作用的犯罪分子之中。我们认为，第一种和第二种主张均没有法律根据，第三种主张是有道理的，但缺乏深入的分析。通说认为聚众犯罪中起主要作用的犯罪分子属于第二种主犯，它包括如下一些情况：(1) 以首要分子为重罪构成要件的聚众犯罪中的首要分子，如刑法第290条第2款规定的聚众冲击国家机关罪中的首要分子；(2) 以首要分子为基本犯罪构成要件的聚众犯罪中，首要分子为二人以上时起主要作用的犯罪分子，如刑法第291条规定的聚众扰乱公共场所秩序、交通秩序罪中的首要分子；(3) 以首要分子和其他积极参加者为基本犯罪构成要件的聚众犯罪中的首要分子，如刑法第292条规定的聚众斗殴罪中的首要分子。

我国刑法对两种主犯的刑事责任，作了不同的规定。

(1) 首要分子的刑事责任。刑法第26条第3款规定："对组织、领导犯罪集团的首要分子，按照集团所犯的全部罪行处罚。"据此，犯罪集团的首要分子，不仅对自己实施的犯罪负刑事责任，而且要对其他成员按照集团的预谋实施的犯罪负刑事责任。当然，其他成员超出集团的预谋实施的别的犯罪，由其他成员自己负责，首要分子不承担刑事责任。

(2) 首要分子以外的主犯的刑事责任。刑法第26条第4款规定："对于第三款规定以外的主犯，应当按照其所参与的或者组织、指挥的全部犯罪处罚。"据此，对在犯罪集团、一般共同犯罪和聚众犯罪中起主要作用的主犯，应分为两种情况处罚：一是组织、指挥共同犯罪的，例如聚众犯罪中的首要分子，应按照其组织、指挥的全部犯罪负刑事责任；二是没有进行组织、指挥活动，但参与实行犯罪的，应按照其所参与的全部犯罪负刑事责任。

对必要共同犯罪中犯罪集团的首要分子和聚众犯罪的首要分子，刑法分则均规定有相应的法定刑，对这种主犯的惩罚，应根据刑法分则的有关规定进行。

（二）从犯的特征及刑事责任

刑法第27条第1款规定："在共同犯罪中起次要或者辅助作用的，是从犯。"据此，从犯分为两种：

1. 在共同犯罪中起次要作用的犯罪分子。次要作用是相对于主要作用而言的，与主要作用相比，在完成共同犯罪中的重要性比较差。但理论上认为，这种从犯实施的行为，属于构成要件规定的实行行为。所以，在共同犯罪中起次要作用，指虽然参与实行了某一犯罪构成客观要件的行为，但在共同犯罪活动中所起的作用比主犯小。主要表现为：在犯罪集团的首要分子领导下从事犯罪活动，罪行或情节不够严重，或者在一般共同犯罪中虽然直接参与实行犯罪，但所起作用不大，行为没有造成严重危害后果等。这种情况就是次要的实行犯。因此，不能认为从犯就是帮助犯，也不能把实行犯一律认为是主犯。

2. 在共同犯罪中起辅助作用的犯罪分子。辅助作用也是次要作用，之所以特别提出辅助作用，是因为按照分工对共同犯罪人的分类中存在帮助犯。该种从犯实施的行为不属于刑法分

① 参见高铭暄、马克昌主编：《刑法学》，178页，北京，北京大学出版社、高等教育出版社，2000。

则具体构成要件的行为。如果说上述“次要作用”针对的是次要的实行犯，那么“辅助作用”针对的即是帮助犯。所谓辅助作用，是指为共同犯罪人实行犯罪创造方便条件，帮助实行犯罪，而不直接参与实行犯罪构成客观要件的行为。辅助可能表现为有形的帮助，如提供犯罪工具、排除实施犯罪的障碍以及事前答应事后窝藏赃物、隐匿罪犯等；也可能表现为无形的帮助，如指点实施犯罪的时机、对象，协助拟订犯罪计划等。帮助通常是在实行犯罪之前进行的，但也可能在实行犯罪之际进行，甚至事前通谋、事后给予帮助。不论以什么形式或在什么时间内实施帮助，都对实行犯罪起辅助作用，都可能构成从犯。但对于刑法分则规定的具有帮助作用的实行行为，不能一概认定为从犯。如传授犯罪方法，虽然也是为实行犯罪创造方便条件，但刑法第295条将它作为独立的犯罪即传授犯罪方法罪加以规定，所以对于传授犯罪方法的，应依刑法第295条以传授犯罪方法罪论处，不能再作为某种犯罪的从犯处理。

在处理共同犯罪案件时，要注意将从犯与主犯区别开来。在共同犯罪案件中，可能共同犯罪人都是主犯，但不可能都是从犯，一般说来总是有主犯、有从犯。从犯与犯罪集团的首要分子不难区别，难的是从犯与其他主犯的区别，区别的根据是在共同犯罪中所起的是主要作用还是次要或辅助作用。这应综合考虑行为人在共同犯罪中所处的地位、参与程度、犯罪情节以及对危害结果产生所起作用的大小等各方面的因素来确定。

关于从犯的刑事责任，刑法理论上有三种主张：(1) 同等处罚说，认为，无论从犯或实行犯，客观上都实施了产生犯罪结果的行为，主观上都具有追求犯罪结果的故意，所以从犯应与实行犯负同等的责任。(2) 必减说，认为行为的轻重是刑罚轻重的标准，实行犯的行为直接引起危害结果的发生，而从犯对危害结果的发生仅仅起了帮助作用，二者行为的轻重大不相同，所以对从犯应当比照实行犯减轻处罚。(3) 得减说，认为从犯的个人情况千差万别，有时其主观恶性可能较大，不根据具体情况一律减轻处罚，不符合刑罚个别化的原则，所以，对于从犯可以比照实行犯减轻处罚。我们认为：同等处罚说无视从犯与实行犯行为危害程度的差别，不符合区别对待的原则。得减说过分强调从犯主观恶性的差别，忽视了从犯与实行犯对社会的危害程度不同是最根本的事实。我国刑法基本上采取必减说。刑法第27条第2款规定：“对于从犯，应当从轻、减轻处罚或者免除处罚。”这里不仅规定了“应当”从宽，而且规定从宽的幅度较大：既可以从轻、减轻处罚，也可以免除处罚。在什么情况下从轻、减轻或者免除处罚，需要考虑行为人所参与实施的犯罪的性质、情节轻重、参与实施犯罪的程度以及他在犯罪中所起作用的次要程度等情况来确定。

(三) 胁从犯的特征及刑事责任

刑法第28条规定，“被胁迫参加犯罪的”，是胁从犯。在刑法中规定胁从犯是我国革命法制的传统，也是我国刑事政策的体现。在1979年刑法中，胁从犯包括“被诱骗参加犯罪的”，但在1997年刑法中删去了“被诱骗”一词，因为对“被诱骗”如何理解，常有歧见；如何认定，较难掌握；而且它与“被胁迫”是两个不同内容的概念，不能成为胁从犯的特征。

所谓被胁迫参加犯罪活动，指受到暴力威胁或精神威胁，被迫参加犯罪活动。详言之，行为人知道自己参加的是犯罪行为，虽然他主观上不愿参与犯罪，但为了避免遭受现实的危害或不利而不得不参加犯罪。不过，这时被胁迫者还是有自由意志的，他参加犯罪仍然是他自行选择的结果，所以他对参加的犯罪活动应负刑事责任。如果他是在身体受到强制的情况下完全失去了自由意志，他的身体动静就不是自己的行为，那就谈不上参加犯罪，因而不构成胁从犯。目前，如何理解共同犯罪中胁从犯的行为，有不同的看法：一种观点认为，胁从犯只能实施起“辅助作用”的帮助行为，而不能实施实行行为。[①] 另一种观点认为，胁从犯被胁迫实施的是

---

① 参见张尚鷟：《中华人民共和国刑法概论》（总则部分），196页，北京，法律出版社，1983。转引自陈兴良：《共同犯罪论》，237页，北京，中国社会科学出版社，1992。

次要实行行为和辅助行为。[1] 还有学者指出：认为胁从犯只能实施帮助行为的观点，是没有法律依据的。刑法规定的“被胁迫参加犯罪”，当然是指参加共同犯罪，而共同犯罪行为的形式包括实行行为和帮助行为，无论实施实行行为还是帮助行为，都属于参加犯罪。因此，不能认为胁从犯的行为只限于帮助行为。[2] 我们认为后一种观点是正确的，因为从关于胁从犯的规定中，不能得出只能实施帮助行为的结论。

在现实生活中，有的共同犯罪人最初是被胁迫参加犯罪的，后来变为自愿或积极从事犯罪活动，甚至成为共同犯罪中的骨干分子。对这种人不能再以胁从犯论处，而应按照他在共同犯罪中所起的实际作用（主要作用或者次要、辅助作用），分别以主犯或者从犯论处。可以说，对胁从犯的认定并不仅仅依据“被胁迫”这一点。因此，正确的认识应当是：被胁迫参加犯罪之人，既存在成立胁从犯的可能性，也存在成立主犯或从犯的可能性。

关于胁从犯的刑事责任，刑法规定轻于从犯。因为胁从犯主观上不愿意或不大愿意参加犯罪活动，客观上在共同犯罪中所起的作用较小，罪行也轻，所以刑法第 28 条规定，对胁从犯，“应当按照他的犯罪情节减轻处罚或者免除处罚。”是减轻处罚还是免除处罚，应当综合考虑他参加的犯罪的性质、犯罪行为危害的大小、被胁迫程度的轻重以及在共同犯罪中所起的作用等情况。

（四）教唆犯的特征及刑事责任

教唆犯是故意唆使他人实行犯罪的人，刑法第 29 条规定，“教唆他人犯罪的”，是教唆犯。构成教唆犯，需要具备如下条件：

1. 客观方面，必须有教唆他人犯罪的行为。所谓教唆，就是唆使具有刑事责任能力、没有犯罪故意的他人产生犯罪故意。教唆的对象必须是有刑事责任能力的人，如果教唆无刑事责任能力的人进行犯罪，那就不是教唆犯，而是利用无责任能力人犯罪的间接正犯。教唆的内容必须是犯罪行为，如果教唆他人实施违法行为或不道德行为，则不构成教唆犯。

教唆行为的具体方式是多种多样的，法律对此并没有限制性的规定，所以，教唆可能是口头的，也可能是书面的，甚至是诸如使眼色、做手势等示意性动作。实施教唆的方法不一而足，如收买、嘱托、劝说、请求、利诱、命令、威胁、强迫等，都是教唆犯所使用的教唆方法。无论采用何种具体形式或方法，都不影响教唆犯的成立。上述教唆行为的具体方式或方法，都只能由作为构成。我国刑法理论不承认不作为构成教唆。

构成教唆犯，只要求实施唆使他人产生犯罪故意的教唆行为就够了，不要求传授犯罪的方法。如果不仅教唆他人犯罪，而且传授他人犯罪的方法，例如，不仅教唆他人诈骗，而且传授他人诈骗技术，应从一重罪论处。如果教唆他人所犯之罪与传授他人所犯之罪的方法是不同的，就应当按照教唆之罪的教唆犯与传授犯罪方法罪实行数罪并罚。

根据刑法第 29 条的规定，教唆犯存在着两种情况：一是第 1 款规定的“教唆他人犯罪”，只有被教唆人由于教唆犯的教唆而实施所教唆的犯罪，教唆犯才能成立。在这种情况下，教唆犯的教唆行为与被教唆人所实施的犯罪之间必须存在着因果关系，而且成立共同犯罪。二是第 2 款规定的“被教唆的人没有犯被教唆的罪”，这相当于外国刑法理论中的教唆未遂，只要行为人有教唆他人犯罪的行为，就能成立教唆犯。这表现了我国刑法规定的教唆犯的特点。

2. 主观方面，必须有教唆他人犯罪的故意。这种故意包括意识因素与意志因素两方面。其意识因素是：（1）认识到被教唆的他人是达到刑事责任年龄、具有刑事责任能力的人。明知他人不具有刑事责任能力而教唆其犯罪，不构成教唆犯而是间接正犯。但如果因为认识错误，

① 参见叶高峰主编：《共同犯罪理论及其运用》，166 页，郑州，河南人民出版社，1990。

② 参见陈兴良：《共同犯罪论》，237 页，北京，中国社会科学出版社，1992。

误认无刑事责任能力人为有刑事责任能力人而教唆其犯罪，这种误认对教唆犯的故意不发生影响，仍然构成教唆犯。(2) 认识到他人还没有犯罪故意，如果认识到他人已有犯罪故意，而为之提供犯罪计划、犯罪工具的，构成从犯。如果不知他人已有犯罪故意仍然教唆其犯罪，不影响教唆犯的成立。(3) 预见到自己的教唆行为将引起被教唆人产生实行某种犯罪的故意，并实施某种犯罪，但现实中被教唆人是否实施所教唆之罪，并不影响教唆犯的成立。所谓某种犯罪，指某种具体的犯罪（如盗窃、杀人等），至于犯罪的时间、场所等，可不在预见之列。教唆人还应当认识到自己的教唆行为与被教唆人产生犯罪故意之间存在因果关系，当然这种预见只能是概括的预见。(4) 教唆人预见到被教唆人实行该种犯罪。在被教唆人实行某种犯罪时，被教唆人实行的犯罪应与教唆人教唆实行的犯罪相一致，才成立该种犯罪共同犯罪中的教唆犯，否则，教唆人教唆他人犯甲罪，被教唆人实际犯乙罪，两者故意的内容不一致，则教唆者只能构成他所预见的犯罪的教唆犯，而不能构成他未预见的犯罪的教唆犯。

理论上公认教唆犯故意的意志因素是希望，但是否包括放任的心理态度，意见就不一致了：有的认为教唆犯的故意只能是直接故意，有的认为也可以是间接故意。通说认为，后一种观点是合适的，但应作进一步的分析：(1) 构成刑法第 29 条第 1 款规定的教唆犯，通常是出于直接故意，但也可能出于间接故意，但出于间接故意的情况只能是个别的，并且只有在明知自己的教唆行为会引起他人产生实行该种犯罪的故意，并放任这种结果发生，他人因而实行了该种犯罪行为时才能发生。(2) 构成刑法第 29 条第 2 款规定的教唆犯，只能出于直接故意。因为在这种情况下，即使被教唆人没有犯被教唆的罪，也成立教唆犯。如果是出于间接故意，被教唆人是否犯被教唆的罪都不违背教唆人的本意，既然被教唆人没有犯被教唆的罪，也不违背教唆人的本意，那么就不能认定构成教唆犯。

关于教唆犯的刑事责任，刑法第 29 条分为如下三种情况加以规定：

(1)“教唆他人犯罪的，应当按照他在共同犯罪中所起的作用处罚。”（第 29 条第 1 款）与第 29 条第 2 款相对照，可知这里指的是被教唆人犯了被教唆的罪，教唆者与被教唆者成立共同犯罪的情况。所谓被教唆人犯了被教唆的罪，指被教唆人已进行犯罪预备，或者已着手实行犯罪而未遂，或者已完成犯罪而既遂。

对教唆犯“按照他在共同犯罪中所起的作用处罚”，是指对教唆犯的处罚不以实行犯为转移，而是依照教唆犯自身在共同犯罪中所起作用是主要的还是次要的。教唆犯在共同犯罪中如果起主要作用，就作为主犯处罚；如果起次要作用，就作为从犯处罚。一般地说，由于教唆犯是犯意的发起者，没有教唆犯的教唆，实行犯就没有犯罪故意，也就不会有该种犯罪发生，因而，教唆犯在共同犯罪中通常起主要作用。采用命令、威胁、强迫等方法教唆，教唆后又提供重要帮助的，更是如此。所以审判实践中一般都将教唆犯作为主犯处罚。但在少数情况下，教唆犯在共同犯罪中起的作用也可能是次要的，如从犯的教唆即教唆他人帮助别人犯罪，这种情况就应当作为从犯处罚。正因为教唆犯在实际生活中存在着比较复杂的情况，我国刑法没有规定对教唆犯一律按照主犯处罚。

(2)“教唆不满十八周岁的人犯罪的，应当从重处罚。”之所以对教唆不满 18 周岁的人犯罪，应当从重处罚，是因为：第一，未成年人思想还不成熟，具有很大可塑性，受不良影响，则可能走上违法犯罪的歧途。为了防止教唆犯对青少年的侵蚀，保护他们健康成长，所以规定对教唆不满 18 周岁的人犯罪，应当从重处罚。第二，实践中一些犯罪分子，为了隐蔽自己，往往躲在幕后，教唆未成年人实施犯罪。这些教唆犯既教唆了他人犯罪，又腐蚀了未成年人的思想，制造了青少年犯罪者，不仅表现出这类教唆犯主观恶性较大，而且造成的危害后果严重，因而对这类教唆犯应当从重处罚。

条文规定“不满十八周岁的人犯罪”，应当怎样理解？根据刑法第 17 条的规定，不满 18

周岁的人的刑事责任年龄分为几个阶段，因此，通说对教唆不满 18 周岁的人犯罪的，认为应当根据不同情况分别处理：1）教唆已满 16 周岁、不满 18 周岁的人犯任何罪，都应当依照刑法第 29 条第 1 款的规定从重处罚。因为刑法第 17 条第 1 款规定："已满十六周岁的人犯罪，应当负刑事责任。"2）教唆已满 14 周岁、不满 16 周岁的人犯故意杀人，故意伤害致人重伤或者死亡、强奸、抢劫、贩卖毒品、放火、爆炸、投放危险物质罪，应当对教唆犯从重处罚。因为刑法第 17 条第 2 款规定：已满 14 周岁、不满 16 周岁的人犯上列各罪的，应当负刑事责任。3）教唆已满 14 周岁、不满 16 周岁的人犯刑法第 17 条第 2 款规定以外之罪，以及教唆不满 14 周岁的人犯任何罪，由于被教唆人未达法定刑事责任年龄，缺乏成为犯罪主体的条件，他们实施的刑法规定为犯罪的行为不构成犯罪，因而教唆者不能成为教唆犯，实际上他是把被教唆者当作犯罪工具来达到自己的犯罪的目的，完全符合间接正犯的特征，应当按照间接正犯（实践中即按照实行犯）处理并从重处罚。

（3）"如果被教唆的人没有犯被教唆的罪，对于教唆犯，可以从轻或者减轻处罚。"所谓被教唆人没有犯被教唆的罪，包括以下几种情况：1）被教唆人拒绝了教唆犯的教唆，亦即根本没有接受教唆犯的教唆。2）被教唆人虽然当时接受了教唆，但随后又打消犯意，没有进行任何犯罪活动。3）被教唆人当时接受了教唆犯关于犯某种罪的教唆，但实际上他所犯的不是教唆犯所教唆的罪。4）教唆犯对被教唆人进行教唆时，被教唆人已有实施该种犯罪的故意，即被教唆人实施犯罪不是教唆犯的教唆所引起。这些情况，或者根本没有引起被教唆者实施犯罪的犯意，或者实际上没有造成危害结果，或者虽然造成了危害结果，但与教唆犯的教唆行为不存在因果关系，所以，刑法第 29 条第 2 款规定"可以从轻或者减轻处罚"。

法律应用

在确定共同犯罪人的刑事责任时，应注意以下两个问题：

1. 每一共同犯罪人都应对自己与其他共同犯罪人在共同犯罪故意支配下共同实施的危害行为及其引起的危害结果承担刑事责任；在共同犯罪范围内，每一共同犯罪人也只对自己与其他共同犯罪人在共同故意支配下共同实施的危害行为及其结果承担刑事责任。例如，甲、乙二人按照事前的分工，甲入室盗窃，乙在户外放风。乙不对自己放风时不知道的、甲在入室后实施的强奸女主人的行为承担刑事责任。

2. 每一参与共同犯罪的行为人对其他共同犯罪人所实施的超出自己故意范围的危害行为及其结果，应该根据参与人对于其他共同犯罪人实施的危害行为及其结果是否具备故意或过失、具备何种故意或过失来定性、处罚。例如，甲教唆乙伤害丙，但不知乙一直在寻找杀丙的机会，乙借助甲提供的相关信息和工具实施了杀丙的行为。在这种情况下，乙承担故意杀人的刑事责任，甲只承担故意伤害的刑事责任；如果有证据证明甲应该预见，或者已经预见，但轻信可以避免乙杀丙的结果，甲应承担故意伤害致人死亡的刑事责任。

课后复习

1. 共同犯罪的责任范围应当如何确定？不成立共同犯罪的情况有哪些？
2. 共同犯罪的形式根据什么标准进行分类？立法的分类是什么？
3. 共同犯罪人的分类标准是什么？我国刑法采取的是什么标准？
4. 各共同犯罪人的概念、范围、特征是什么？各自的刑事责任原则是什么？

第十三章
罪数形态

□·提　要·□

司法实践中在定罪时经常遇到的一个问题是：行为人犯的究竟是一罪还是数罪？这直接关系到行为人刑事责任的轻重。因此，必须明确什么是一罪、什么是数罪，以及区分一罪与数罪的标准，一罪与数罪各有哪些类型，等等。只有准确地区分一罪与数罪，才能对犯罪人正确地定罪、量刑，切实贯彻罪刑法定和罪刑相适应原则。判断行为是构成一罪还是构成数罪，既要依照刑法的具体规定，又要考虑司法实践中的通常做法，以形成一套行之有效的处理模式。

□□□□

重点问题

1. 区分一罪与数罪的标准
2. 实质的一罪
3. 处断的一罪

第一节　罪数形态概述

一、区分罪数的意义

所谓罪数，顾名思义是指犯罪的个数，即行为人所犯之罪是几个的问题。司法实践中常常会遇到有关罪数的问题，即需要确定行为人所犯之罪是一罪还是数罪。

按照罪刑法定和罪刑相适应两大基本原则的要求，犯一罪就应定一个罪名，并科处一个相应的刑罚；犯数罪原则上应定数个罪名，科处数种相应的刑罚，并按一定的原则和方法实行数罪并罚。一般而言，定数罪似乎较之于定一罪在量刑上应当会重，但其实并不尽然。如行为人多次实施抢劫，单看每一次行为都已构成抢劫罪，并且由于每罪都无特别恶劣情节，量刑都不会超过有期徒刑，则实行数罪并罚其刑期最高只是20年有期徒刑；但如果对数次抢劫行为只定一罪，由于情节特别恶劣，则可能判处无期徒刑或者死刑。可见，在司法实践中准确地认定罪数，区分是一罪还是数罪，对正确地定罪和量刑具有十分重要的意义。

二、一罪与数罪的区分标准

那么，怎样区分一罪与数罪，即区分罪数的标准是什么呢？对此，国内外刑法学界有多种观点，如“犯意标准说”（以犯意的个数为区分标准）、“行为标准说”（以行为的个数为区分标准）、“法益标准说”（以犯罪所侵犯的法益的个数为区分标准），等等。

根据我国刑法的规定及刑法学的通说理论，区分罪数应以犯罪构成的个数为标准，即行为人的行为符合一个犯罪构成的为一罪，符合数个犯罪构成的则为数罪。一般情况下，行为人如出于一个故意或过失，相应实施了一个危害行为，侵犯了一个直接客体就是一罪；行为人如出于数个故意或过失，相应实施了数个危害行为，侵犯了数个直接客体，即为数罪。

根据罪刑相适应的基本原则，在对罪数的区分和处理上应特别注意掌握“禁止重复评价”亦即“一行为不二罚”的具体执法原则，即对一个行为或一个情节只能作一次评价，作一次定罪、量刑的处理，绝不允许对同一行为既定此罪又定彼罪、实行并罚，也不允许对同一情节在此罪的定罪、量刑中予以考虑，又在彼罪的定罪、量刑中予以评价。

第二节　一罪的种类

所谓一罪，是指行为人所犯之罪为一个独立的犯罪。一罪的种类可分为单纯的一罪和复杂的一罪两类。单纯的一罪表现为：行为人出于一个故意或过失，实施了一个危害行为，侵犯了一个直接客体，刑法也相应规定了一个犯罪构成。

实践中有些犯罪其罪数形态十分复杂，即为复杂的一罪。复杂的一罪从现象上看与数罪极为相似，但其实并非数罪：或者是实质的一罪（本身只有一个犯罪行为），或者是法定的一罪（本身是数个犯罪行为，但法律规定为一罪），或者是处断的一罪（本身是数个犯罪行为，但在处理时只定一罪）。

实质的一罪也可称为绝对的一罪，在处理时无论如何只能定一罪而不可能考虑数罪。而法定的一罪和处断的一罪均为相对的一罪，或相对于法律的特别规定或相对于司法的处断而确定为一罪。相对的一罪在某些情况下仍存在数罪的问题。

一、实质的一罪

这类情况下，行为人事实上只实施了一个刑法意义上的危害行为，由于行为本身在自然形态上难以分离开来作数个犯罪行为看待，故法律只能顺其“自然”规定为一罪，并在处理时相应地只能定一罪。

（一）继续犯

继续犯又称持续犯，是指危害行为一经实施，原则上就已经构成犯罪，且该犯罪行为及不法状态必然在较长时间内持续的犯罪。

继续犯有两个特点：

1. 危害行为一着手实施，该行为原则上即成立犯罪。如非法拘禁他人，从行为着手之时起原则上即可认定犯罪，至于该行为是否实际地进入持续状态以及持续状态的长短，一般不影响犯罪的成立，而只是量刑的酌定情节。

2. 构成犯罪的行为及其不法状态必然在较长时间内延续。这是由行为人实施该类犯罪的目的所决定的，否则，实施该行为便失去意义。以重婚罪为例：男女双方在各自原有婚姻关系并未解除的情况下又结婚，从结婚之日起二人的行为均已构成重婚罪，并且该犯罪的行为状态（而非结果状态）必然会在长时间内持续，由“持续”而致行为人之犯罪目的完全实现。

由于继续犯是同一行为持续不断地侵犯同一个直接客体，无法从时间上将其分离为数行为，所以实质上它只有一个犯罪行为。认定继续犯的意义在于肯定它是一罪而不是数罪，并且其追诉期限“从犯罪行为终了之日起计算”（刑法第89条第1款）。

同继续犯直接相关的一种罪数形态是徐行犯。徐行犯是指由于危害行为的不断重复实施，形成量的积累，从而引起质变而成立的犯罪。它有两个特点：（1）行为人多次重复实施同一种危害行为，仅看每一次的行为均不构成犯罪而只属一般违法行为。如行为人多次参与赌博，单看每一次行为均不可能构成犯罪。（2）多次行为量的累积而形成严重后果，数个一般违法行为质变为一个犯罪行为。以虐待罪为例，任何一次性的虐待行为都不可能构成虐待罪（可能构成故意伤害罪或其他犯罪），而必须是长时期、经常性地实施虐待行为才可能构成虐待罪。又如，公共汽车售票员每天侵吞20元票款，长期违法行为量的累积便可能构成职务侵占罪。再如刑法第303条规定的“以赌博为业”所构成的赌博罪，也属徐行犯。

由于徐行犯在犯罪构成客观要件上只存在一个危害行为（数个一般违法行为的集合），仅看每一次的行为均不属刑法意义上完整的危害行为，所以实质上它也只有一个犯罪行为，只能作一罪处理。

（二）想象竞合犯

想象竞合犯又可称为结果竞合犯，是指一个危害行为同时造成了数个危害结果，而该行为与不同危害结果分别组合则触犯不同罪名的情况。例如，甲趁一妇女不备，从后冲上前夺过妇女手中提袋（内装现金2 000元）逃走，该妇女受惊，跌坐在地上，造成尾椎压缩性骨折，为重伤。该案中甲只实施了一个危害行为，却造成了两个不同的危害结果：当该行为与财产损失的结果组合时，构成了抢夺罪；当该行为与重伤结果组合时，又构成了过失致人重伤罪。同一行为因危害结果的意义不同而获得不同的罪名评价，于是一个行为便基于数个结果的不同而产生行为性质的竞合关系。

想象竞合犯有四个特点：

1. 行为人只实施了一个危害行为，行为本身是无法分离作数行为看待的。如行为人开枪杀人，子弹穿透人体后又击中油罐引起爆炸，虽造成两个危害结果，但行为在自然形态上却只有一个。从形式上看，想象竞合犯的一行为可能是单一的动作，也可能是由一系列的动作组合而成，只要在通常意义上观察属于一行为即可。

2. 造成了数个刑法意义上的危害结果。想象竞合犯从现象上看，是由于一个行为同时引起数个结果而导致竞合，属于典型的结果之竞合；而一行为之所以会引起数结果，又是由于事物之间的相互关联性。成立想象竞合犯的数结果都必须是刑法意义上的危害结果，即都达相当严重程度且为刑法所规定，并且数个结果分别具有不同的构成要件意义。如果一行为造成的两个结果，一为刑法上的危害结果，一为轻微危害结果，或虽程度严重，但却不属某一构成要件之结果，则不存在想象竞合犯的问题。因此类行为并不齐备两个以上的犯罪构成，故无讨论罪数之必要。

3. 行为人对数结果分别具有故意或过失的罪过。按照主、客观相统一的原则，任何犯罪的成立都必须齐备主、客观要件。在想象竞合犯中，行为人对自己行为造成的数结果必须分别都具有罪过，即对数结果都有所考虑或应当考虑。这是想象竞合犯“想象”的主要内容。对想象竞合犯，在现象上观察属于数结果之间的竞合，但由于对犯罪的评价必须具备罪过要件，而罪过在根本上又是行为人对自己行为之危害结果的态度，故想象竞合犯在实质上属于罪过（想象）的竞合。如果行为人对主危害结果之外的另一危害结果没有罪过，则不属想象竞合犯，不能对该结果作出单独的有罪评价。如行为人开枪杀人，子弹穿透人体后又击中油罐引起爆炸。如果该行为人根本无从知晓油罐的存在，则不存在对油罐爆炸危害结果的故意或过失问题，于是并不属于想象竞合犯。

4. 一行为与不同危害结果的分别组合触犯不同的罪名。想象竞合犯的前提是行为人只实施了一个危害行为，而该行为同时引起了两个以上的危害结果，并且行为人对两个以上的危害结果分别具有故意或过失的罪过。当该行为与不同结果分别组合时，各自符合不同犯罪构成之规定，如前述抢夺案例。如果触犯的是同一罪名，一般无须讨论竞合问题。如甲开枪打死乙，子弹穿透乙的身体后又打死丙。如果这两个结果都在甲希望发生的范围内，就不存在不同质犯罪的竞合问题，应直接定一罪从重处罚。

想象竞合犯在处断时由于只存在一个危害行为，属于实质的一罪，所以只能定一罪处罚。依据罪刑法定原则和罪刑相适应原则的要求，想象竞合犯完全符合两个犯罪构成之规定，故应在竞合的数罪名中选择一个最重之罪定罪处理，其余危害结果应作为该罪的酌定从重量刑情节考虑，即所谓的“从一重”处断。

（三）法条竞合

所谓法条竞合，顾名思义，“法条”是指法律条文，“竞合”即交叉、重合，具体而言，是指规定犯罪构成内容的刑法分则条文之间的交叉、重合。由于条文内容上有重合，所以当条文适用于具体案件时便出现同一行为同时符合两个条文（或更多）的情况。产生法条竞合的根本原因在于立法上对犯罪的分类采用了多个标准，而多标准划分便必然出现所划分的小类之间在外延上交叉、重合（即子项相容）的情况。立法出于针对性打击各种犯罪的考虑，只能是多角度、多层面地设置罪名及相应构成要件，于是问题便由立法方面转向在司法过程中对竞合的条文如何选择适用。

1. 法条竞合的类型。法条竞合是法条（概念）之间在外延上的交叉、重合，根据形式逻辑概念在外延上的关系原理，从我国刑法分则规定的四百多种犯罪看，能够出现的竞合关系大致可分为三个类型：

（1）特殊法条与普通法条的竞合，即两个条文之间存在种与属的包容关系。如刑法第345条第1款规定的盗伐林木罪与第264条规定的盗窃罪的竞合：行为人盗伐林木的行为在犯罪构成上既符合盗伐林木罪的规定又符合盗窃罪的规定，盗窃罪的条文内容可以完整地包容盗伐林木罪的内容：后者只是前者犯罪对象的特定化。

(2) 狭义法条与广义法条的竞合，即两个条文之间在外延上存在交叉关系。所谓狭义或广义，是就条文在实践中适用的几率而言。如刑法第116条至第119条所规定的破坏特定对象、危害公共安全的犯罪，与第114、115条规定的以危险方法危害公共安全的犯罪的竞合：行为人纵火烧毁汽车的行为在犯罪构成上既符合放火罪的规定又符合破坏交通工具罪的规定，而放火罪同破坏交通工具罪相比较，后者显然为狭义法条。

(3) 整体法条与局部法条的竞合，即两个条文之间存在整体同部分的分解关系。如刑法第385条规定的受贿罪与第397条至第419条规定的各种故意性的渎职罪：受贿罪为整体法条，相比较而言渎职罪法条为局部法条。受贿罪是对“收受他人财物，为他人谋取利益”行为的完整处理，而其中“为他人谋取非法利益”的情节本身又属于一种独立意义的渎职犯罪行为；凡属收受财物的渎职犯罪行为，既可以构成各种渎职罪——只截取案件中“为他人谋取非法利益”的情节而定罪，也可以构成受贿罪——将案件两个部分完整加以考虑而定罪。

2. 法条竞合的处理原则。针对三种不同的竞合关系相应产生三种不同的处理原则，分别为：(1) 特殊法条优于普通法条。特殊法条优先的理由在于立法在普通法条所规定的犯罪构成基础上，就该类犯罪对某些领域的特殊危害性再专设罪名，以做到最有针对性地定罪、量刑。既然是专设罪名，当然应优先适用。(2) 狭义法条优于广义法条。狭义法条优先的理由在于其适用几率相对较小，为使其不致“虚设”而应优先适用，并且适用狭义法条往往更具针对性。(3) 整体法条优于局部法条。整体法条优先的理由在于只有适用它才能切实做到对行为全面、准确地评价和处罚，而适用局部法条只能是就案件的某一方面或某一情节作出定罪处理。

需要注意的是：在上述三个优先原则的基础上还存在一个“重法优先”的补充原则，即当适用特殊法条、狭义法条或整体法条出现罚不当罪，而适用普通法条、广义法条或局部法条（法定刑相对较重）可以切实做到罪与刑相适应时，可以优先适用后者。为了保证司法的统一和严肃，重法优先的补充原则一般只在法律有明文规定的情况下适用。如刑法第399条第4款对司法工作人员因受贿而渎职的行为的定罪问题专门作出规定：“司法工作人员收受贿赂，有前三款行为的，同时又构成本法第三百八十五条规定之罪的，依照处罚较重的规定定罪处罚。”此外，刑法第149条第2款、第329条第3款均有优先适用重法的规定。

司法实践中同法条竞合最易发生混淆的是想象竞合犯：二者都具有貌似数罪的表象，都只存在一个危害行为，均属实质的一罪，但二者在竞合原因、竞合内容及法律后果上有明显区别：

(1) 在竞合原因上，想象竞合犯的竞合原因在于动态发生的数个危害结果，没有实然的行为及结果则不可能产生数罪名的交叉、重合；而法条竞合的竞合原因在于静态存在的法条本身之内容，即无论是否有事案发生，在立法时数罪名的交叉、重合就已经存在。所以可以说想象竞合犯是动态的竞合而法条竞合是静态的竞合。

(2) 在竞合内容上，想象竞合犯存在多重罪过，是罪过中不同结果之竞合；而法条竞合中的竞合是具有犯罪构成意义的刑法分则条文的竞合。简言之，前者是观念（罪过）的竞合，而后者是条文（规范）的竞合。

(3) 二者的法律后果不同：想象竞合犯在处断上是简单地“从一重”；而法条竞合在处理时应当由司法者根据立法原理及基本原则，或者选择罪名最贴切之法条，或者选择法定刑最适当之法条进行定罪、量刑。

（四）结果加重犯

所谓结果加重犯，是指法律规定的一个犯罪行为（基本犯罪构成）发生了基本犯罪构成以外的严重结果，法律规定加重其法定刑的情形。我国刑法规定的故意伤害致人死亡，暴力干涉婚姻自由致人死亡，虐待家庭成员致人重伤、死亡等，都是典型的结果加重犯。

结果加重犯具有如下特征：

1. 行为人只实施了一个基本犯罪行为。这是结果加重犯只成立一罪的前提。如果加重结果系另一行为所引起，就不是结果加重犯。

2. 该行为在基本犯罪结果的基础上引起了加重结果。通常情况下每一犯罪构成中都逻辑地包含一种同危害行为相适应的基本结果，如故意伤害罪的结果为轻伤或重伤。但由于客观事物之间紧密的关联关系，此结果往往会向彼结果转化，从而出现与基本结果不相一致的加重结果。如重伤的结果极易导致死亡，刑法第 234 条规定的死亡结果即属加重结果。

3. 法律规定加重其法定刑，而不是改变其罪名。法律针对一些出现加重结果几率较高的犯罪，专门规定加重结果的单独要件，并相应规定加重的法定刑。如果一个犯罪行为出现了与该犯罪的性质不相一致的加重结果，刑法规定按照另一重罪论处，就不属于结果加重犯。如刑法第 292 条规定的聚众斗殴罪，如果致人重伤、死亡的，应按照故意伤害罪或故意杀人罪定罪、处罚，不再定聚众斗殴罪。

二、法定的一罪

这类情况下，行为人事实上实施了数个危害行为，并且单看每一行为一般也已经构成犯罪。刑法针对这类极易重复出现的犯罪，出于简化司法定罪的考虑（定数罪、给予并罚十分烦琐），专门另行规定一个新的罪名，将事实上的数罪全部囊括，并相应规定加重的法定刑，要求司法定罪只作一罪处理。

（一）惯犯

惯犯是指刑法针对某种极易反复发生的犯罪，另行规定一个新罪名的情况。惯犯的特点在于：（1）行为人作案时间长、次数多，危害极大；（2）每一次的行为一般都已经触犯刑法上某一罪名，多次的行为事实上已经构成同种数罪；（3）刑法将事实上的数罪合并规定为一个新的罪名。我国 1979 年刑法第 152 条规定的惯窃罪和惯骗罪，便是刑法意义上非常典型的惯犯。刑法针对司法实践中经常出现的盗窃（或诈骗）数十次乃至上百次的案件，出于简化司法定罪的考虑，以一个惯窃罪（或惯骗罪）便予以囊括，并规定了加重的法定刑。从罪名上即可看出犯罪人作案的特点，表现出立法对这类行为给予针对性打击的强烈警示意义。

在理论上应将在犯罪构成意义上所要求的“一贯多次作案，刑法另定新罪名”的惯犯，同犯罪心理学中所理解的“犯罪已成习性”的惯犯严格区分开来，后者同司法上区分一罪与数罪并无直接联系。根据上述理解，我国现行刑法中已没有关于惯犯的规定。

（二）结合犯

结合犯是指刑法将本来独立的不同罪名并列在一起，规定为一个新罪名的情况。结合犯的特点在于：（1）本来存在数个不同的罪名，即行为人事实上实施的是数行为，也触犯了数个不同罪名（异种数罪），如行为人既抢劫又强奸被害人。（2）刑法将不同罪名简单并列，组合为一个新罪名。如日本刑法第 241 条规定的强盗强奸罪，便是由强盗罪和强奸罪两个罪名简单结合而成。之所以需要组合新罪名，原因在于：该类数罪出现几率较高，以数罪并罚方式反而难以实现从重处罚（数罪分别量刑反而实际的宣告刑可能较低），于是立法上将数罪名规定为一个新罪名，并规定极重的法定刑，从罪名的选用上即可做到给予针对性的打击并警示社会。

由于结合犯是一个外来的概念，为遵从约定俗成的学术交流规则，凡不属于数罪名简单排列、组合成新罪名的，均不应认为是结合犯。结合犯的成立公式为：A 罪名＋B 罪名＝AB 罪名（不能是 C 罪名）。若作此理解，我国刑法从来就没有关于结合犯的规定。

三、处断的一罪

这类情况下，行为人事实上实施的是数个危害行为，并且依刑法规定的犯罪构成衡量每一行为也已经构成犯罪，属于事实上的数罪，如果机械、简单地执行刑法，则应定数罪并给予并罚。但司法定罪中出于策略及效果的考虑，只定一罪为宜。

（一）连续犯

所谓连续犯，是指出于同一的犯罪故意，实施数个危害行为，触犯同一罪名的情况。连续犯的特点在于：

1. 行为人连续实施了数个危害行为，行为之间间隔较短，且每个行为一般都已单独构成犯罪。

2. 数行为均出于同一犯罪故意。同一的犯罪故意既包括具有准备实施数个犯罪的详细计划的具体故意，也包括具有准备实施若干犯罪的大致考虑的概括故意。例如，甲欲报复杀害乙全家 7 口人，事先经过精心策划、准备，于一晚连续奔袭 3 处，持斧分别砍死其中 6 人。这为同一的具体故意。又如，某青工在两年多时间内连续强奸作案六十多起，其在作案初期阶段对以后的行为只是有一种意向性的考虑。这为同一的概括故意。

3. 数行为均触犯同一罪名。连续实施的行为只有触犯同一具体罪名的，才是连续犯。如果行为分别触犯不同罪名，如行为人出于非法占有他人财物的故意，连续实施数个犯罪行为，有的行为触犯盗窃罪的罪名，有的行为触犯抢夺罪的罪名，就不是连续犯。

连续犯属于事实和法定的数罪（同种数罪的一种），本应数罪并罚，但司法定罪中出于策略的考虑，对同一罪名反复、多次定罪似无必要，定一罪、从重处罚为宜。但个别情况下由于某些罪名的法定刑太低（如刑法第 252 条规定的侵犯通信自由罪，法定最高刑只为 1 年有期徒刑），为切实贯彻罪刑法定和罪刑相适应这两大原则，对连续犯也可数罪并罚。

另外，我国刑法对有些连续犯直接规定为一罪、给予从重处罚，如第 263 条将“多次抢劫”的情况明文规定为定一罪，并适用加重的法定刑。此情况下的连续犯已不属“处断的一罪”，而是“法定的一罪”。

（二）牵连犯

所谓牵连犯，是指以实施某一犯罪为目的，而其犯罪的方法或结果又触犯其他罪名的情况。牵连犯的特点在于：

1. 行为人出于一个犯罪目的。在牵连犯中牵连到数个行为，但不论是手段行为还是结果行为，最终都服务于或附属于目的行为，围绕特定的犯罪目的而进行。如果行为人出于不同的目的，实施了数个行为，则不属牵连犯。

2. 行为人实施了数个危害行为，且数行为分别独立成罪。意即除了目的行为独立成罪外，手段行为或结果行为也符合刑法所规定的某一犯罪构成。如果行为人只实施了一个行为，或者实施的数行为有的能够单独成罪、有的不能够单独成罪，则并无讨论牵连犯之必要。如甲伪造某学会印章诈骗赞助款 3 万元，由于甲的伪造行为情节显著轻微，尚不构成犯罪，故不存在牵连犯问题。由此可看出，牵连犯属于事实和法律上的数罪。

3. 数个犯罪行为之间必须具有方法上或结果上的紧密联系。这一点可以将牵连犯同吸收犯区别开来。牵连犯一定具有两个以上的犯罪行为，在两个行为中，一个是目的行为，另一个是方法行为或结果行为，方法行为或结果行为紧紧服从或派生于目的行为，即具有必然的牵连关系。由此可以将牵连犯分为方法牵连犯和结果牵连犯两种类型。如入室进行盗窃、抢劫或强奸，单看入室行为就构成非法侵入住宅罪，此为方法牵连犯（“方法”取广义）；又如盗窃枪支得逞后又予以私藏，单看私藏行为就已经构成私藏枪支罪，此为结果牵连犯。

牵连犯虽然其行为在犯罪构成上可以分离为数罪，但由于对行为人而言只具有一个确定的犯罪目的，其在犯罪构成上的数行为事实上又是一个完整案件的不同环节，所以不宜分离开来以数罪论。其处理原则一般为“从一重罪处断”，在牵连的数罪中选择一个最重之罪处罚。但个别情况下仍有例外，如行为人伪造国家要害部门的公文、印章进行诈骗，且数额巨大，为做到有针对性地打击且保证罪刑相适应，仍可定数罪、给予并罚。

（三）吸收犯

司法定罪中事实上的数罪除连续犯和牵连犯外，还有一些情况不宜数罪并罚，只能作一罪处理，这些情况便以吸收犯予以全部囊括。所谓吸收犯，是指对事实上存在的数个犯罪行为，司法定罪中出于多方面策略的考虑，以其中一行为吸收其余行为，仅仅成立吸收行为一个罪名的情况。吸收犯又大致可分为以下几种情况：

1. 重行为吸收轻行为。在事实上存在的一些异种数罪中，不同犯罪往往有轻重之分，对其中有些轻罪，无论从定罪（针对性打击）还是从量刑（罪刑相适应）的角度看，都无必要单独处理，于是便对轻罪予以吸收。如甲因乙与其妻通奸，便伺机杀死了乙。甲杀人后仍不解恨，又割下乙的生殖器挂在树上以泄愤。甲的行为便构成故意杀人罪和侮辱尸体罪两罪，但显然对后一轻罪在处理时出于社会效果考虑并无必要再定罪名。

2. 实行行为吸收预备行为。这里的实行行为和预备行为，应理解为并无必然的牵连关系，否则，只能认为是牵连犯（如入室抢劫）；并且，预备行为是成立犯罪预备的，否则，无须讨论罪数问题。例如，甲、乙、丙三人经精心策划，准备以秘密方法撬开某信用社保险柜窃取现金。事前为盗窃做了大量的制造条件工作。某晚由丙出面约值班员杨某到离值班室 30 米外的一住房内赌博。杨某当晚因醉酒贪睡拒绝离开。甲等人经商议临时改变主意，冲进值班室将杨某扼死，然后撬取保险柜，抢走现金 8 万余元。该案中甲、乙、丙三人的行为既构成盗窃罪（预备），也构成了抢劫罪（既遂），但在处理时就只需对实行行为的抢劫罪定罪，属于预备行为的盗窃罪完全可略去不计。

3. 主行为吸收从行为。有的案件中，对行为人所实施的数行为分别定性后，其数行为的不同性质处于一种冲突关系之中，对此只能在数行为中选择其主行为定性处理，从行为便被吸收。如甲欲枪杀乙，在开第一枪未打中后感到害怕并产生悔意，于是自动放弃了能够重复实施的第二枪。甲的前一行为为犯罪未遂，后一行为为犯罪中止，由于两种形态在定罪上处于冲突关系，只能选择对案件实际结果起决定性作用的后行为处理。又如行为人先被胁迫参加犯罪，加入共同犯罪的后期却起了主要作用：行为人在前一行为中为胁从犯，而在后来的行为中却为主犯，两者相冲突，则只能选择依主行为认定为主犯。

第三节　数罪的种类

一、数罪的概念

所谓数罪，是指同一主体所犯之罪为数个独立的犯罪。这里的同一主体，既可以是单独犯罪中的一个行为人，也可以是共同犯罪中的数个行为人。认定一罪的标准，同样也适用于认定数罪。因此，数罪又可以指符合数个犯罪构成要件的行为。实践中同一主体在不同的时间和场合下所进行的一系列活动，在刑法的评价上既可能只有一罪，也可能是数罪，其区分标准并不在于自然形态的行为，而完全取决于立法及相应理论对具体个罪犯罪构成的设定以及犯罪构成个数的界说。

同一犯罪主体实施的数罪，在多数情况下都是简单明了的，并无太大的讨论价值。如甲前天盗窃，昨天抢夺，今天抢劫，该同一主体所犯的数罪十分明确。但在有些情况下，认定数罪也有一定难度：(1) 触犯同一法条而成立的数罪。如刑法第 114 条同时规定了放火罪、决水罪、爆炸罪等 5 种犯罪的构成要件，若行为分别符合两个以上犯罪的构成要件，则为数罪。(2) 侵犯同一犯罪对象而成立的数罪。如行为人有预谋地对女事主先施抢劫后行强奸，则分别构成抢劫罪和强奸罪。(3) 在犯罪实行过程中另起犯意成立的数罪。如行为人在运送他人偷越国境过程中，杀害被运送人。总之，对数罪的认定，要透过行为的表面现象，依据犯罪构成的标准衡量、确定。

二、数罪的类型

数罪的类型，是指依据一定的标准对数罪进行的分类。在理论上，通常将数罪分为以下几类：

（一）同种数罪和异种数罪

所谓同种数罪，是指同一性质的数个犯罪行为，即行为人多次实施同一种危害行为，且每一次行为都单独构成犯罪。严格地讲，连续犯本来也属于同种数罪，但由于考虑处断效果而在理论上将连续犯从同种数罪中分离出去，定一罪从重处罚。排除了连续犯的同种数罪，仅是指并非基于同一的故意而数次实施了同一种犯罪的情况，一般表现为数次犯罪在时间上有较大间隔、行为之间并无联系的情形。对同种数罪，原则上应当分别定罪、实行并罚。

所谓异种数罪，是指数个不同性质的犯罪行为。如行为人既盗窃，又诈骗，还抢劫，即触犯盗窃罪、诈骗罪和抢劫罪三不同性质的罪名。

（二）并罚的数罪和非并罚的数罪

所谓并罚的数罪，是指数罪一经成立，必须实行数罪并罚，不按一罪处理的数罪。刑法中的多数犯罪，成立数罪后都应当实行数罪并罚。如抢劫罪和强奸罪，在任何情况下都必须实行并罚。

所谓非并罚的数罪，是指法律规定或实际处理时不实行并罚的数罪。非并罚的数罪在犯罪论上属于本来的数罪，但在处断时却出于处罚效果的考虑而不定数罪，最终只作一罪论。前述的“处断的一罪”，如连续犯、牵连犯和吸收犯等，在多数情况下都是非并罚的数罪。

法律应用

1. 判断一罪与数罪的标准，有多种学说，相比较而言，犯罪构成要件说较为通行。

2. 刑法理论上通常将复杂形态的一罪分为实质的一罪、法定的一罪和处断的一罪三种类型。司法处置中应首先将具体事案归属于其中某一类，在符合类的原理的前提下再作进一步的精细辨析。

3. 实质的一罪，是指以一个自然形态行为为基础构成的犯罪类型，包括继续犯、想象竞合犯和结果加重犯。实质的一罪为绝对的一罪，不允许作数罪处理。法条竞合本不属犯罪论内容而属规范适用论，但由于同想象竞合犯易相混淆而必须精心区别，两者的处断原则不同，对刑事责任影响颇大。

4. 法定的一罪，是指本来是数罪而法律再行规定为一罪的犯罪类型，包括结合犯和惯犯。我国现行刑法中已无典型的结合犯和惯犯。

5. 处断的一罪，是指本来是数罪而在司法处置时作一罪的犯罪类型，包括连续犯、牵连犯和吸收犯。处断的一罪既非绝对的一罪，也非绝对的数罪，大多数情况下作一罪处断，少数情况下作数罪处断，处断的基本依据为罪刑相适应原则和案件处理所带来的社会效应。

课后复习

1. 区分罪数有哪些标准？你认为哪一种标准更为合理？
2. 继续犯在客观方面有什么特点？
3. 想象竞合与法条竞合有哪些不同？
4. 连续犯的主要特征有哪些？
5. 牵连犯的主要特征是什么？
6. 吸收犯的三种吸收形式是什么，如何吸收？

第十四章 定　罪

□·提　要·□

定罪是人民法院依法认定被审理的行为是否构成犯罪以及构成什么犯罪，并以刑事判决书（含二审刑事裁定书）形式确定下来的一种分析、判断的认识活动结果。在定罪中要坚持依法定罪，平等、公正，主、客观相统一，协调统一和疑罪从宽原则，正确掌握定罪的方法。行为人对法律规定的认识错误一般不影响定罪，行为人对事实的认识错误对定罪的影响，应视具体情况而定，不能一概而论。在定罪过程中，情节是一个对定罪有重要影响的因素，在我国刑法中，如果刑法分则条文中把“情节严重”、“情节恶劣”作为某一犯罪成立的要件，则行为是否“情节严重”、“情节恶劣”就成为定罪与否的一项标准。作为定罪与否因素的情节，与犯罪的构成要件相关，是一项综合性的因素。

□□□□

重点问题

1. 定罪的基本概念和特征
2. 定罪的原则和方法
3. 刑法上的认识错误的分类及对定罪的影响
4. 情节在定罪中的价值与司法适用

第一节　定罪概述

一、定罪的概念和特征

在一般意义上，可以说定罪是“认定某行为构成犯罪”的简称，它与量刑一起构成刑事审判工作两个最重要、最基本的环节。正确定罪是正确量刑的前提与基础，定罪不准必然会导致量刑不当，因此，定罪问题无论是在刑法理论上还是在司法实践中，都占有十分重要的地位，是刑法学研究中不可或缺的环节。我们前面学习的刑法原则、犯罪概念、犯罪构成理论、排除社会危害性的行为理论、犯罪阶段理论、共同犯罪理论等，从广泛意义上说，无不与定罪问题有关，是研究定罪问题的必要准备。

如何对定罪下定义？关于这个问题目前在刑法学界尚未达成共识，人们往往在不同的场合运用具有不同内涵的定罪概念。最广义的定罪，是指调查、核实、确定行为的事实情况以及根据法律对行为性质作出判断的一切活动。广义的定罪，是指司法机关依法认定被审理的行为是否构成犯罪以及构成什么犯罪的活动。狭义的定罪，是指司法机关依法认定被审理的行为构成什么犯罪的活动。最广义的定罪概念因包含了调查、收集证据和刑事诉讼程序等方面的问题，超过了刑法学的研究范围，故刑法学通常不采用该定义。大多数人的观点是使用广义的定罪概念。[①] 我们认为，这种广义的定罪概念也存在值得推敲的地方：第一，把定罪的上位概念（类概念）定位于“活动”，显得过于宽泛，因为“活动”这一概念几乎可以包括人类的一切行为，而不能区分定罪是一种客观活动还是主观活动，因而在定义上显得外延过大；第二，定罪是一种活动，但它又不同于一般的人类活动，这种活动的结果必须要以法律文书的法定形式表现出来，否则就不是合法的定罪。基于以上的考虑，我们把定罪这一概念的内涵限定为：定罪是人民法院依法认定被审理的行为是否构成犯罪以及构成什么犯罪，并以刑事判决书（含二审刑事裁定书）形式确定下来的一种分析、判断的认识活动。

定罪活动具有以下六个特征：

（一）定罪活动是一种分析、判断的认识活动

在人民法院对被提起刑事起诉的行为进行审理的活动中，人民法院要对被诉行为作出有罪或无罪的结论。定罪活动就是人民法院分析、判断被审理的行为人的行为与刑法规定的犯罪构成是否相符合的一种认识活动。一般而言，定罪的过程可以分为三个步骤：(1) 对查明的事实进行分析，根据犯罪构成抽象出符合犯罪构成的事实。(2) 对刑法规定的犯罪构成进行具体分析，将较为抽象的犯罪构成具体化，确定犯罪构成所揭示的具体内容与整体性质。(3) 判断行为事实与犯罪构成的具体内容是否相符合，既要将具体事实与犯罪构成的各要件分别判断，又

① 参见苏惠渔主编：《刑法学》，238页，北京，中国政法大学出版社，1994。

要将整体事实与犯罪构成综合判断。如果经过分析、判断，认为被审理的行为不符合刑法规定的犯罪构成，就作出无罪认定；如果经过分析、判断，认为被审理的行为符合刑法规定的犯罪构成，作有罪认定。因此，定罪过程就是一个分析、判断被审理的行为与刑法规定的犯罪构成是否相符合的过程。定罪的认识活动特征表明，作为定罪主体的人民法院及其审判人员必须认真审查被审理行为，做到事实清楚、证据确凿，并且务必使自己的定罪认识与被审理行为的实际情况相吻合。

（二）定罪这一认识活动结果要以刑事判决书的形式确定下来

定罪既是一种认识活动，也表现为一种认识结果，这种结果即是把确认被审理的行为有罪这种认识活动得出的结论及其理由以判决书（含二审刑事裁定书）的形式确定下来。没有以人民法院刑事判决书形式确定下来的认定行为人的行为有罪的认识结果，不具有面对社会大众宣布行为人的行为是犯罪、行为人是罪犯的社会法律价值。“未经人民法院依法判决，对任何人都不得确定有罪。”[①] 因此，确定被审理的行为有罪的刑事判决书是定罪的法定形式。

（三）定罪的主体是人民法院

在我国刑法理论界对定罪的主体问题的认识存在分歧，有人认为定罪的主体只能是人民法院，有人认为定罪的主体包括所有的国家司法机关。我们认为，1996 年刑事诉讼法的实施为理论的分歧作了法律选择，在我国享有定罪权的唯一主体是人民法院。“未经人民法院依法判决，对任何人都不得确定有罪。”如果说，在 1996 年刑事诉讼法实施以前，人民检察院还因为享有免予起诉权而有权确定行为人的行为是犯罪的话，那么，在 1996 年刑事诉讼法实施后，人民法院即成了唯一有权定罪的主体。确认人民法院是唯一有权定罪的主体，并不否定侦查机关、检察机关在定罪活动中的作用，恰恰相反，这样确认正是强化了公、检、法三机关分工合作、各司其职的司法工作原则。因为，定罪的结论是有罪或无罪，当确定行为人的行为构成犯罪时，实质上是对行为的否定评价和对行为人的谴责。并且，这种否定评价和谴责是得到了社会的承认并产生相应的法律后果的。诚然，侦查机关在侦查终结后，要作出有罪或无罪的结论，检察机关在受理侦查机关移送的案件或自己侦查的案件后，也要作出有罪或无罪的结论，但是，侦查机关或检察机关作出的有罪结论，只是这两个司法机关自己对案件性质的看法，是对某一案件的刑事诉讼进行下去并取得社会公认的有罪确认的必要条件，它们认为行为人的行为构成犯罪并不能使行为人被社会称为“罪犯”，而只能是“犯罪嫌疑人”或“被告人”，它们确认行为构成犯罪的证据、论证及结论必须取得人民法院的确认。但是，侦查机关、检察机关对行为作出的无罪的结论，则是对社会具有法律约束力的结论，然而这种无罪结论却不是定罪结论。

（四）定罪的对象是被审理的行为

强调定罪的对象是被审理的行为，有两方面的意义：一是只能给行为定罪，而不是给行为人定罪。没有行为就没有犯罪，行为人是犯罪行为的实施者，他应当对自己的犯罪行为承担刑事责任，但使他承担刑事责任的是其实施的行为而不是他作为人本身。同时，行为人的思想也不是定罪的对象。尽管某种思想十分反动、险恶，但若没有在这种思想支配下实施某种行为，这种思想就不能作为定罪的对象。二是定罪的对象并非是所有的行为，而只能是由于某种法定的原因、基于法定的程序被人民法院审理的行为，即有可能是犯罪的行为。明显不具备犯罪构成的行为或显然完全正当、合法的行为，以及未经法定程序起诉的行为（如可能构成犯罪，但享有自诉权的人并未对之提起自诉的行为），也不可能成为定罪的对象。

① 《中华人民共和国刑事诉讼法》第 12 条。

（五）定罪的根据是刑法规定的犯罪构成

犯罪构成之所以是定罪的根据，是因为犯罪构成是刑法规定的成立犯罪的主、客观要件的统一体，是对构成犯罪必不可少的条件从不同的角度进行的科学抽象。犯罪构成的这一特点，就决定了如果某一行为符合犯罪构成，就构成犯罪，因为它具备了成立犯罪所必需的全部充分、必要条件；如果不符合犯罪构成，就不构成犯罪，因为它不具备成立犯罪所必须具备的充分、必要条件。同时，犯罪构成反映行为的社会危害性达到了犯罪的严重程度，符合犯罪构成，就表明行为的社会危害性达到了犯罪程度，具备了犯罪的本质特征；不符合犯罪构成，就表明行为的社会危害性不存在或没有达到犯罪的严重程度，因而不具备犯罪的本质特征。

（六）定罪的结论是判断某种行为构成犯罪以及构成什么犯罪

人民法院对被依法起诉的行为进行审理后，认为该行为无罪时，应宣告无罪，定罪自然无须进行，无罪宣告不应认为是定罪活动；认为该行为有罪时，还应当判断该行为构成什么犯罪，笼统的有罪结论是不够的，必须进一步明确构成什么样的具体犯罪。在这里，“什么样的具体犯罪”包括如下内容：(1) 构成何种犯罪，即具体罪名是什么；(2) 构成一罪还是数罪；(3) 构成单独犯罪还是共同犯罪；(4) 构成犯罪的完成形态还是犯罪的未完成形态，即是犯罪既遂，还是犯罪的预备、未遂或中止。

二、定罪的意义

定罪是刑事诉讼活动的重要环节，正确定罪对于完成刑法的目的和任务，对于伸张社会正义，对于保证正确量刑，对于完善刑法的规定等，都具有重要的意义。

首先，正确定罪能保障无罪的人不受刑事追诉，使有罪的人承担应负的刑事责任，从而实现刑法打击犯罪、保护人民的基本任务和目的。刑法是通过追究刑事责任的方式来保护各种合法权益的，定罪的结果在大多数情况下会导致对犯罪行为人适用刑罚，因而定罪涉及被定罪人的自由、财产甚至生命。这就决定了定罪的结论必须准确无误，否则，就会侵犯合法权益，或放纵犯罪分子。正确定罪就能为使犯罪人承担恰当的刑事责任创造必要的前提，使无罪的人不受刑事追究。

其次，正确定罪能使刑事法律得到确证，社会正义得以伸张。刑法既是一种行为规范，又是裁判规范，一经公布施行，就要求得到普遍遵守，要求刑法的内容得到确证和实现。人民法院对犯罪行为宣告有罪，就使刑法的内容得到了确证和实现，使人们认识到刑法不仅仅是一个法律文本，而且是必须得到遵守和实施的裁判规范。刑法，就其基本内容而言，是以广大人民群众的正义观念为基础的，是把广大人民群众的许多正义观念上升为法律。人民法院对犯罪行为正确定罪，便使人民群众的正义要求得到了伸张。

再次，正确定罪能为准确量刑创造条件。定罪和量刑是适用刑法的两个基本环节，量刑以认定有罪为前提和基础，正确认定行为构成犯罪及犯罪的具体性质，就为准确量刑提供了前提与基础。由于定罪的内容包括构成何种犯罪，构成一罪还是数罪，是构成单独犯罪还是构成共同犯罪以及是构成犯罪的完成形态还是犯罪的未完成形态等内容，因而正确定罪就为准确、合理选择适用、恰当的刑罚创造了条件。定罪错误就无法为正确量刑提供必要的前提条件，就会造成量刑失当，也会背离人民群众的社会正义观念的要求。

最后，正确定罪可以起到促进刑法完善的作用。根据罪刑法定原则的要求，定罪量刑的根据只能是刑法规定的犯罪构成和法定刑，而刑法在制定时虽能做到集思广益，尽可能地反映与犯罪作斗争的客观实际，反映犯罪变化的规律性，但是立法毕竟是一种主观认识活动，它与不断变化的社会、经济生活相比，与随着社会、经济生活变化而变化的犯罪的实际情况相比，毕竟存在主观认识与客观实际之间的差别。正确定罪能及时反映刑事立法与犯罪现实之间的差距，能够及时地把社会危害性较大、应作为犯罪予以打击而未能在刑事立法中规定的行为及时反馈给立法者，从而完善刑法的规定，使刑法符合与犯罪作斗争的需要。

第二节 定罪的原则和方法

一、定罪的原则

定罪的原则是指人民法院在定罪活动中必须始终遵循的基本准则，也是侦查机关、检察机关在形成自己对案件的认识时应遵循的基本准则。定罪的原则与刑法的基本原则之间存在着个别与一般的关系，因此，刑法的基本原则，如罪刑法定原则，主、客观相一致的原则，刑法面前人人平等原则等，都是在定罪活动中应遵循的原则。刑法的基本原则是贯穿于全部刑法规范、指导和制约整个刑法适用活动的原则，而定罪活动只是刑法适用活动的一个部分，具有自己的特点，因此，定罪原则既不能与刑法的基本原则相抵触，也不能被刑法的基本原则代替，又要反映定罪活动的特点。基于这种考虑，我们认为，根据我国刑事立法的基本精神和丰富的司法实践经验，在定罪活动中应遵循以下几条原则：

（一）依法定罪原则

依法定罪原则是指认定某种行为构成犯罪以及构成何种犯罪都必须依照刑事法律的规定进行。对确定为有罪的行为，必须根据刑法分则和总则规定的具体犯罪构成确定犯罪的罪数和罪名，根据刑法关于犯罪形态与共同犯罪的规定确定犯罪的形态与是否是共同犯罪。在依据参见罪状定罪时，必须依据和参照刑法条文已指明的参见法律与法规，不得随意引用其他法律、法规。在刑法规定的构成要件不明确的情况下，必须遵守具有法律效力的立法解释与司法解释。在立法对某些相互有牵连的犯罪明确作出数罪并罚规定的情况下，必须严格遵守法律的规定，定数罪并进行并罚，而不应适用处理牵连犯的从一重处断原则，等等。

（二）平等、公正原则

平等、公正原则是指在定罪过程中，无论行为人是什么人，也无论其侵害的对象或被害人是什么人，只要其行为符合犯罪构成，都应当毫无例外地予以定罪，一视同仁，不因人而异。这实际上是法律面前人人平等的社会主义法制原则在定罪活动中的具体要求。平等、公正原则要求司法工作人员做到不徇私情，不避权贵，铁面无私，刚正不阿，只是根据刑法规定的犯罪构成来确定行为人的行为构成犯罪与否，不让与案件无关的因素影响定罪活动，使相同的案件得到相同的处理、不同的案件得到不同的对待。因此，在定罪活动中，一方面，被告人的职务、性别、财产状况等（犯罪构成有特殊要求的除外）不能影响和制约犯罪的成立与否；另一方面，被害人的职务、性别、财产状况等（犯罪构成有特殊要求的除外）也不能影响和制约对被告人行为的定罪与否，同样，其他机关、团体、传媒、领导、个人等对行为的看法也不能成为影响定罪的因素。

（三）主、客观相统一原则

主、客观相统一原则，是指在认定某一行为是否构成犯罪时，必须坚持行为人主观上有犯罪的故意或者过失的罪过、客观上实施了危害社会的行为，行为人只对其罪过的内容所包含的行为与结果负刑事责任，对于在行为人罪过中不包含的行为与结果，行为人不负刑事责任。这是因为人的主观思想与客观行为是有机联系的两个方面，思想是行为的内在支配力量，行为是思想的外在表现形式，因此，任何犯罪都是犯罪人主观罪过与客观行为相统一的产物，只有受思想支配的危害行为与危害结果，才产生刑事责任；只有表现为危害行为的思想，才具有罪过的意义。我们既反对“客观归罪”，也反对“主观归罪”。在认定犯罪时，必须避免单凭主观犯意或单凭客观行为所引起的危害结果定罪的情况，避免认定犯罪中的片面性。

（四）协调统一原则

协调统一原则是指在一定的时空范围内，在对某种行为是否定罪以及在定为何罪的问题上应当协调一致，使定罪工作保持一定的稳定性和统一性。贯彻这一原则，人民法院应注意两个方面的协调工作：(1) 从横的方面来讲，人民法院在定罪时要注意与本地或外地的人民法院的定罪保持一致，以保证定罪活动在全国范围内的统一性。(2) 从纵的方面来讲，人民法院在定罪时要注意历史的一贯性和稳定性，也即在以法律为标准的基础上，使定罪做到前后一致、相互统一。必须指出的是，定罪的协调统一是相对的而不是绝对的，这是由我国辽阔的地域、人口众多与民族众多，各地政治、经济、文化等发展不平衡以及法律的变化、修改决定的。因此，一方面，必须坚持在法律没有作出修改、补充、变化以前，在有权的立法解释和司法解释作出之前，保持在全国范围内定罪的统一，禁止对同一行为在此地定此罪、在彼地定彼罪的现象。另一方面，又要允许在不同的地区和在不同的时间，在定罪上有一定的差异。例如，在经济发达地区和经济不发达地区，成立盗窃罪的数额标准可以允许有一定程度的差别。又如，法律作出修改、补充前后，有关的立法解释或司法解释出台前后，对同一行为在定罪上出现不同是合理的，也是严格执法的应有之义，如在 1991 年全国人大常委会《关于严惩拐卖、绑架妇女、儿童的犯罪分子的决定》实施以前，人民法院对以勒索财物为目的绑架他人的行为，一般是按照抢劫罪定罪量刑的。在该决定颁布、施行以后，对这种行为依法必须定绑架勒索罪，这样做并不违背协调统一原则。

（五）疑罪从宽原则

这一原则是指在定罪过程中对因证据不足而不能充分肯定其性质的行为应当给予从宽处理。这一原则也是定罪必须证据确凿、充分的要求在定罪活动中的体现。疑罪从宽之所以要作为定罪的一个原则，是因为疑罪问题首先是一个定罪问题。疑罪之所以要给予从宽，是因为当一个行为是否构成犯罪、构成重罪还是构成轻罪出现疑问时，就存在着两种可能性，如果在这种情况下不给予行为人从宽处理，就存在无根据地加重行为人的刑事责任的可能性，就可能是以主观臆断代替客观事实，也违背了定罪必须证据确凿、充分的法制要求。因此，疑罪从宽应当是一个定罪的原则。一般说来，疑罪从宽原则主要包含以下内容：(1) 根据现有材料分析，被告人可能实施了犯罪行为，但由于主、客观方面的原因难以查证的，就按无罪处理；(2) 根据现有的材料分析，被告人可能犯有某种较重的罪，但能够查证属实的只是轻罪，则应按轻罪定罪；(3) 根据现有的材料分析，被告人可能犯有数罪，但能够查证属实的只有一罪，则应按查证属实的一罪认定。此外，在既遂与未遂、未遂与中止、未遂与预备、主犯与从犯等问题上，出现现有证据不足以认定较重的情节情况时，也应按上述原则处理。

二、定罪的方法

定罪的方法是人民法院，也是侦查机关、检察机关形成自己的认定行为人的行为构成犯罪以及构成何种犯罪的认识过程中应当遵循的方式、方法。从司法实践的角度看，以下几种方法对正确定罪是十分重要的：

（一）演绎推理的方法

演绎推理中的三段论方法是具体定罪活动中最基本的方法。三段论是必然性推理，其推理得出的结论是从前提中必然推论出来的，因为三段论推理是建立在这样的公理基础之上的：凡一类事物是什么或不是什么，则该类事物中的部分也就是什么或不是什么。定罪是分析和判断被审理的行为是否属于法律规定的犯罪的一部分。就定罪推理活动而言，法律规定的犯罪构成内容扮演着大前提的角色，小前提是被审理行为的基本特征完全符合大前提所要求的内容，结论是被审理的行为构成某种犯罪。例如，以暴力、胁迫或者其他手段强行与妇女性交的行为构成强奸罪（大前提：法律规定），张某的行为是以胁迫的手段强行与被害妇女性交（小前提：被审理的行为），所以，张某的行为构成强奸罪（结论）。

使用三段论进行定罪推理，应注意以下几点：

(1) 只能使用三段论的第一格、第一式，即全称肯定判断，而不能使用三段论的其他格与式。因为三段论其他格与式不能肯定、明确地得出正在被审理的行为属于法律规定的犯罪行为的结论，只有全称肯定判断才能做到这一点。

(2) 大前提必须真实而且全面。大前提是刑法明文规定的，其真实性无可置疑。但在许多情况下，刑法的规定比较抽象，需要理解和解释。在这种情况下，大前提的真实性便取决于理解和解释的正确性，如果理解和解释不正确，则使大前提失去真实性，从而导致定罪结论有误。同样，大前提的全面性就法律规定本身而言，也是不存在问题的。对于定罪主体来说，要注意防止遗漏大前提中的有关内容，造成把有些行为无意识地排除在大前提之外的情况发生。例如，如果在强奸罪和抢劫罪的大前提中遗漏了“其他手段”或“其他方法”的内容，就会出现大前提的不全面，从而影响正确定罪。

(3) 小前提必须真实。小前提的真实性取决于定罪主体对案件事实的评价是否完全符合被审理行为的真实情况。这就要求定罪主体认真查清案件事实，实事求是地评价它是否符合法律规定的犯罪构成。在大前提真实、全面的情况下，如果小前提不真实，仍然会导致定罪结论错误。

(4) 必须符合三段论的其他规则和全称肯定判断的特殊规则。例如，只能有三个项，不能犯“四概念”错误，大、小前提的中项的内容必须保持同一，中项在前提中至少要周延一次等；又如，大前提必须全称，小前提必须肯定，等等。

（二）辩证分析的方法

辩证分析方法是马克思主义哲学方法论在定罪中的体现。根据唯物辩证法的要求，在定罪活动中应坚持联系和发展两个基本观点。坚持运用联系的观点看问题就是要求我们在定罪的过程中不能孤立、片面地看待某种行为的性质，而应当联系有关方面的各种情况作出全面的分析、考察。坚持运用发展的观点看问题就是对于某种行为的性质在定罪问题上也要随着社会的发展而有所变化，不能永远停留在某一认识水平上。对我国社会转型时期的某些行为的社会危害性的认识更要注意运用发展的观点来看待。当然，辩证分析的方法对于具体的定罪活动来说，其作用往往不太明显，但它对通过司法解释正确地指导定罪活动具有特别重要的意义。

（三）定量分析的方法

定罪首先是一个定性的问题，但任何事物都是一个质、量的统一体，都有一个量的积累过程，当量的积累达到一定的程度时才会引起事物质的变化，因此，量是质的前提和基础。犯罪问题也不例外：犯罪是具有严重社会危害性的行为，它与其他违法行为之间的重要区别之一就在于社会危害性的量不同，以及由于量的不同而引起的质的差别。因此，在定罪工作中，对某种行为的定性也应当以定量分析作为前提和基础。某一行为是否达到了犯罪的严重程度，首先就需要进行定量分析，在定量分析的基础上确定行为的性质。特别是在某些经济犯罪、财产犯罪中，定量分析对于正确确定行为性质是必不可少的。当然，定量分析对许多犯罪的定性作用不那么明显，这主要是因为这些犯罪的“量”难以具体地把握，而存在于人们的抽象思维中。应该明确，这些行为同样存在一个量的问题，有性无量的犯罪同样是不存在的。

第三节　刑法上的认识错误与定罪

一、刑法上认识错误的概念

认识是人的主观意识对客观现实的反映。所谓认识错误，是指行为人的主观认识与客观实际之间相互矛盾，即主观认识对客观实际的不正确反映。所谓刑法上的认识错误，是指行为人主观上对自己的行为在法律上的意义或者对与行为有关的事实的认识和实际的法律规定发生偏差。由于在刑法中认识因素属于犯罪主观方面的内容，因而行为人在刑法上的认识错误，既可能影响罪过的有无和罪过的形式，即影响到行为的罪与非罪、故意犯罪与过失犯罪，还可能影响行为人所实施的犯罪是既遂还是未遂，因而必然对定罪带来一定的影响。研究行为人在刑法上的认识错误对于正确定罪具有重要意义。刑法上的认识错误，可以分为两类：(1) 行为人对法律规定的认识错误；(2) 行为人对与行为有关的事实的认识错误。

二、行为人对法律规定的认识错误与定罪

行为人对法律规定的认识错误是指行为人对自己的行为在法律上是否构成犯罪、构成什么犯罪以及应受何种刑罚处罚所产生的错误理解，简称法律认识错误。这种认识错误，一般对定罪与否不产生影响。行为人对法律规定的认识错误有以下三种情况：

第一，行为人的行为在法律上并不构成犯罪，而行为人自己认为是犯罪。这就是刑法理论上通常所说的“假想犯罪”或“幻觉犯”。这种认识错误不影响将该行为认定为无罪。这是因为定罪的法律标准是刑法规定的犯罪构成，既然某种行为不具备刑法规定的犯罪构成，当然就不能认定行为人的行为构成犯罪。例如，行为人将一般违法行为甚至正当防卫的行为误认为构成犯罪而向司法机关自首，对这种情况当然不能定罪。

第二，行为人的行为在法律上属于犯罪行为，而他却误认为不构成犯罪。例如有的人对自己作恶多端的子女不是送交司法机关依法惩处，而是进行所谓“大义灭亲”，将子女打伤、打残甚至打死，还认为自己的行为是合法的。这种对法律的认识错误一般不影响定罪。

第三，行为人对自己的行为在法律上应定何种罪名或者应判处何种刑罚产生错误认识。例如，甲杀人未遂，依法应定故意杀人罪（未遂），但他却误认为自己的行为只构成伤害罪；其行为按律应判处10年以上有期徒刑，他却认为只应判处3年以下有期徒刑。又如，行为人与某国家工作人员共同贪污国家财产，应构成共同贪污罪，而行为人却认为自己不具备国家工作人员的身份，因而只能构成盗窃罪。这种认识错误不影响行为的性质，因此对依法定罪、量刑没有影响。

三、行为人对与行为有关的事实的认识错误与定罪

行为人对与行为有关的事实的认识错误是指行为人对与其行为有关的事实情况有不正确的理解，简称事实认识错误。事实认识错误与法律认识错误不同：在法律认识错误的情况下，行为人对自己行为的事实情况有正确的认识，只是对这种行为的法律评价理解错误；而在事实错误的情况下，行为人对与自己行为有关的事实情况产生了错误的认识。事实认识错误对定罪的

影响，得视具体情况而定，不能一概而论。对事实认识错误如何进行分类，理论上有不同的看法，我们在这里将它分为以下四种情况：

（一）对行为客体的认识错误与定罪

对行为客体的认识错误，是指行为人对当时意图或实际侵害的客体的性质以及现场是否存在该客体产生了错误认识。对客体的认识错误主要包括以下三种情况：

1. 现场存在某种受刑法所保护的社会关系，行为人却误认为不存在而实施了对这一社会关系的危害行为。例如，猎人误将树丛中的人当作野猪而击毙。这种情况下行为人的行为不构成故意犯罪。如果当时他应当预见到自己的行为可能产生这种危害社会的后果，构成过失杀人罪；如果不可能预见，则属于意外事件，不负刑事责任。

2. 行为人实施侵害行为时误认为犯罪客体存在，而实际上不在现场。例如，甲探知单位保险柜中存放有大量现金，于是深夜潜入，割开保险柜，意图盗走现金，但该单位在下班前已将这笔现金存入银行，因而甲盗窃未得逞。这种认识错误不影响其故意犯罪的成立，但由于犯罪未得逞，应以盗窃未遂论处。因为，虽然当时现场不存在盗窃罪的客体——公共财产所有权，但行为人的行为已经对这种权利造成了现实的威胁，有犯罪的社会危害性。因此，从定罪的角度来说，这种行为并不缺少盗窃罪的客体要件，因而不影响盗窃罪（未遂）的构成。

3. 行为人意图侵犯某种客体，但由于认识错误而侵犯了另一客体。例如，行为人意图盗窃电缆而偷割正在使用中的输电线路，危害了公共安全，即意图侵害财产所有权而实际上侵犯了公共安全。从理论上分析，他构成盗窃罪既遂和破坏电力设备罪既遂。但由于他只实施了一个行为，故应构成一罪，按重罪名吸收轻罪名的原则，应以破坏电力设备罪既遂论处。

上述三种对客体的认识错误，都不影响犯罪的构成，根据案件的实际情况，该定什么罪就定什么罪。

（二）对犯罪对象的认识错误与定罪

对犯罪对象的认识错误是指行为人对所要侵犯的对象是某物或某人产生错误认识，在实际上侵犯了另一物或另一人。对行为对象的认识错误可以分为以下两种情况：

1. 对属于犯罪构成要件的对象认识错误。例如，有人为了盗窃财物，从火车上掀下几个包装箱，以为是财物，而实际上包装箱里装的是炮弹。盗窃罪的对象是公私财物，盗窃枪支、弹药罪的对象是枪支、弹药。这种对象的不同也反映了客体的不同。对属于犯罪构成要件对象的认识错误，应按行为人故意侵犯的对象定罪，不按实际侵犯的对象定罪。因此，本案应以盗窃罪论处，不按盗窃枪支、弹药罪论处。

2. 对不属于犯罪构成要件的对象认识错误。这种认识错误又称为目标认识错误，其特点是所要侵犯的对象与实际侵犯的对象虽然不同一，但侵犯的客体并无差别。如某人本欲杀甲，而误把乙当作甲予以杀害，或本欲盗窃录像机而误把计算机偷走。在这种情况下无论是甲或乙的生命同样是人的生命，无论是录像机还是计算机同样是公私财产，刑法都一样加以保护，它们所体现的社会关系是一样的，并不因为行为人在行为对象的认识上发生错误而改变其行为的性质，行为人的行为仍然构成故意杀人罪、盗窃罪。这也表明，对不属于犯罪构成要件的对象的认识错误，对定罪不发生影响。

（三）对行为手段、工具的认识错误与定罪

对行为手段、工具的认识错误是行为人对所采用的手段、工具产生错误认识，从而造成了不是行为人所希望发生的后果。对行为手段、工具的认识错误可表现为两种情况：

1. 行为人误认为自己所采用的工具、手段不会发生危害结果，但实际上却发生了危害结果。误把毒药当食品给人食用，误把子弹上膛的枪支当作空枪朝人射击等，均是适例。对这种认识错误，行为人主观上不具有犯罪的故意，故不能构成故意犯罪。如果行为人应该预见并且能够预见的，构成过失犯罪；如果行为人不可能预见的，则属于意外事件，不负刑事责任。

2. 行为人误认为自己所采用的方法、手段、工具能够产生危害结果，而实际上不能产生危害结果。例如，行为人误把白糖当作砒霜去毒杀仇人或误以哑子弹为好子弹去枪杀人等，由于其所使用的手段、工具不具有使危害结果发生的现实条件，而没有产生实际的危害结果。在这种情况下，行为人认为自己的行为会发生危害社会的结果，并且故意地实施了这种行为，只是由于对工具、手段的认识错误而没有发生危害结果，已经具备了犯罪未遂的全部构成条件，应成立相应犯罪的未遂。因此，这种工具、手段的认识错误一般不影响犯罪的成立。应该注意的是要把这种认识错误与手段绝对不能犯的情况区别开来。手段绝对不能犯是指行为人所使用的方法、手段就其本质而言，在任何情况下都不能导致危害结果的发生，但由于行为人的迷信或愚昧无知，误认为这种方法、手段可以达到他所追求的目的。例如，行为人企图用画符念咒的方法达到杀人的目的。这种方法、手段本身缺乏危害他人生命的可能性，决定了对其不能作为故意杀人罪（未遂）来处理。

（四）对行为因果关系的认识错误与定罪

对行为因果关系的认识错误是指行为人对自己的行为与结果之间的因果关系发展情况的认识，和行为与结果之间因果关系发展的实际情况不相符合。行为人对行为的因果关系的认识错误一般不影响罪过的性质，但由于结果是结果犯的犯罪构成要件，所以对因果关系的认识错误，虽然不影响犯罪故意的成立，但可能影响故意的内容，或者影响应否负既遂的责任问题。因果关系的认识错误主要有以下四种情况：

1. 行为人认为自己的行为已经发生了预期的危害结果，而实际上该结果并未发生。在这种情况下，行为人对危害结果的性质并未发生认识错误，只是对危害结果是否发生有不正确认识，这种结果的未发生是违背其意志的，故行为人应负犯罪未遂的责任。

2. 行为人认为自己的行为没有发生预期的危害结果，而实际上该结果已经发生。这种对因果关系发展的具体经过的认识，不属于故意的认识内容，因此不影响故意的成立，应认定为故意犯罪既遂。

3. 行为人误认为预期的结果是由自己的行为造成的，而实际上是由行为人意志以外的其他原因所造成的。这里所说的其他原因，既可以是被害人本身的原因，也可以是第三人的行为，还可以是自然的力量。这种对因果关系的认识错误，并不导致行为人负犯罪既遂的刑事责任，行为人只对他所造成的危害后果承担刑事责任，即应负犯罪未遂的责任。

4. 行为人预期自己的行为会产生某种结果，而实际上产生了他预期的结果以外的结果。这种对因果关系的认识错误，应依这种结果是否为法律规定的结果加重情节而予以不同的处理：如果这一结果是法律规定的某一犯罪的结果加重情节，则构成行为人原来预期的犯罪的结果加重犯。例如，甲企图伤害乙，用力向乙大腿砍了一刀，造成乙流血不止而死亡。法律规定故意伤害他人而致人死亡的，构成故意伤害罪的结果加重犯，即应承担故意伤害致人死亡的刑事责任。如果这一结果不是法律规定的某一犯罪的结果加重情节，则根据不同情况，可能构成想象竞合犯或犯罪未遂：前者如行为人意图杀死乙，一天深夜，向乙单独住的房间投掷了一颗自制炸弹，但这天深夜乙并未在家住，最终只是将乙的家庭财产炸毁。对于这种情况，根据想象竞合犯的处理原则，按故意杀人罪（未遂）和故意毁坏公私财物罪中的一重罪处罚。后者如行为人想杀死某人，但在实施杀人过程中未能如愿，只是把被害人刺成轻伤。对这种情况，行为人应负故意杀人罪（未遂）的刑事责任。

第四节　危害行为的情节与定罪

一、定罪情节的概念

危害社会行为的情节，可以根据其不同作用，分为影响定罪的情节（简称定罪情节）和影响量刑的情节（简称量刑情节）。所谓定罪情节，是指行为人在实施危害社会行为的过程中具有的影响犯罪成立的各种事实情况。所谓量刑情节，是指在某种行为已经构成犯罪的前提下，人民法院对犯罪人裁量刑罚时应当考虑的，据以决定量刑轻重或者免除处罚的各种情况。量刑情节不具有决定行为构成犯罪的价值，但对量刑具有重要影响。而定罪情节是能影响犯罪成立的犯罪情节。

行为符合犯罪构成是追究刑事责任的前提，要认定一种行为构成犯罪，要求该行为与犯罪构成的各个要件相符合、相对应。但某种犯罪的犯罪构成要件是成立该犯罪的构成要件的抽象概括，它并不能直接区分同一性质犯罪下不同的具体犯罪行为的社会危害程度。例如，只要达到刑事责任年龄、具有刑事责任能力的人实施了盗窃他人财物，数额较大或者多次盗窃，即具备了盗窃罪的犯罪构成要件，但这些要件只是所有盗窃罪成立的共同要件，而不能反映具体的盗窃犯罪行为的社会危害程度。例如，家庭成员之间的盗窃是否要如同一般性的盗窃作为犯罪处理，它们之间是否应有所区别。同样，国家工作人员只要利用职务上的便利，侵吞、窃取、骗取或者以其他手段非法占有公共财物的，就是贪污。如果贪污的数额达到 5 000 元人民币以上，即可构成贪污罪。但是，如果贪污的数额未达到 5 000 元人民币，则行为人的贪污行为是否构成贪污罪，其行为的“情节”是“较轻”还是“较重”，将决定其行为是否构成犯罪、行为人是否是犯罪人。因此，可以说，离开了具体的情节，犯罪构成就只是一种空洞的抽象。

二、定罪情节在我国刑法中规定的情况

(一) 情节是否显著轻微、危害不大是决定犯罪成立与否的标准

我国刑法第 13 条规定：一切危害国家主权、领土完整和安全，分裂国家、颠覆人民民主专政的政权和推翻社会主义制度，破坏社会秩序和经济秩序，侵犯国有财产或者劳动群众集体所有的财产，侵犯公民私人所有的财产，侵犯公民的人身权利、民主权利和其他权利，以及其他危害社会的行为，依照法律应当受刑罚处罚的，都是犯罪，但是情节显著轻微，危害不大的，不认为是犯罪。反过来说，犯罪必须不是情节显著轻微、危害不大的行为。因此，被认定为犯罪的行为不能是情节显著轻微、危害不大的行为。一种行为如果虽然在外在形式上符合犯罪的构成要件，但根据其整个情节及社会危害程度，认为情节显著轻微、危害不大的，不能认定为犯罪。

(二)“情节严重”是某些犯罪的构成要件

如果说我国刑法犯罪的概念中关于情节显著轻微、危害不大的，不认为是犯罪的规定确定了罪与非罪的总的界限的话，那么，为使这一要求在某些犯罪中得到更具体的体现，在我国刑法的有些具体条文中，对某些犯罪规定了“情节严重”或“情节恶劣”作为犯罪成立的构成要件。如刑法第 448 条规定，虐待俘虏，情节恶劣的，才构成虐待俘虏罪；第 442 条规定，违反规定，擅自出卖、转让军队房地产，情节严重的，直接责任人员才构成犯罪；第 243 条规定，捏造事实诬告陷害他人，意图使他人受刑事追究，情节严重的，才成立诬告陷害罪；第 246 条规定，以暴力或者其他方法公然侮辱他人或者捏造事实诽谤他人，情节严重的，才成立侮辱

罪、诽谤罪。再如，虐待家庭成员，或对于年老、年幼、患病或者其他没有独立生活能力的人，负有扶养义务而拒绝扶养，必须是情节恶劣的，才成立虐待罪或遗弃罪，等等。类似规定在我国刑法中占有相当大的比例。就目前生效的刑法及其修正案而言，以情节严重、情节恶劣作为犯罪成立的构成要件的规定有七十多个条文、八十多个罪名之多。“情节”是否“严重”、“恶劣”，是相关行为是否成立犯罪的要件。如果有类似行为而没有达到情节“严重”、“恶劣”的程度，则不能对相关行为定罪。当刑法没有把“情节严重”或者“情节恶劣”等作为某种犯罪成立的构成要件规定时，一般情节的行为就表明其社会危害性达到了应当追究刑事责任的程度，应当认定为犯罪。

三、定罪情节的内容

定罪情节涉及犯罪构成的诸多方面，作为犯罪构成内容的“情节严重”或“情节恶劣”，有的属于犯罪的客观方面，有的属于犯罪的主观方面，有的属于犯罪主体方面的内容，因此，它不限定于犯罪构成要件的某一方面，而可以指任何一个方面的情节，只要人民法院认为某一行为从总体上看达到了情节严重或者情节恶劣的程度，并且具备了某一犯罪的构成要件，即可根据刑法中规定的“情节严重”或“情节恶劣”而认定其行为构成犯罪。根据立法和司法实践，作为定罪情节的内容一般包括以下方面：（1）涉及犯罪主观方面的情节，如犯罪的动机、犯罪的目的、犯罪后的态度、罪过的程度等。一般说来，行为发生以后的态度不能决定犯罪是否成立，但在特定的情况下，行为以后的态度与危害行为相结合，可能导致将行为人的行为认定为犯罪。例如，最高人民法院在《关于审理交通肇事刑事案件具体应用法律若干问题的解释》第2条第2款规定：“交通肇事致一人以上重伤，负事故全部或者主要责任，并具有下列情形之一的，以交通肇事罪定罪处罚：……（三）明知是安全装置不全或者安全机件失灵的机动车辆而驾驶的；（四）明知是无牌证或者已报废的机动车辆而驾驶的……（六）为逃避法律追究逃离事故现场的。”这就表明，在一般情况下，如果没有其他特别规定的情节，致一人重伤的交通肇事是不作为犯罪处理的，但如果行为人的主观罪过程度较大，或者行为发生后态度恶劣，则应予以定罪处罚。（2）涉及犯罪客观方面的情节，如行为的手段、行为的对象、行为的时空及环境条件、行为造成的危害结果等。例如，就虐待行为而言，其是否应该定罪，需要考察虐待的手段是否严重、持续时间长短、是否造成严重后果、虐待的对象本身的特点等，综合判断行为是否属于情节恶劣，从而决定是否构成犯罪。如果有虐待行为，但虐待手段轻微、持续时间短、没有造成严重后果的，则不应定罪，反之，即应予以定罪。又如，根据最高人民法院《关于审理盗窃案件具体应用法律若干问题的解释》第1条第4项，偷拿自己家的财物或者近亲属的财物，一般可以不按照犯罪处理。这也就表明，被害人的情况在特殊情况下，也可能影响定罪。（3）涉及犯罪主体方面的情节，如行为人的一贯表现、是否有前科等。行为人的一贯表现以及是否有前科，在一般情况下，不能决定是否定罪。不能因为行为人一贯表现不好或有前科而将其本来不构成犯罪的行为认定为构成犯罪。但在特定情况下或在某些特殊犯罪中，行为人的一贯表现可以作为一种“严重情节”而导致对其行为定罪。这在我国刑事立法或司法解释中不乏其例。例如，我国刑法第264条规定，一般人盗窃要构成犯罪，有一个数额较大的要求，但如果行为人多次盗窃，虽盗窃数额未达较大标准，也构成盗窃罪。在我国司法解释中，这样的规定更多，如因侵犯著作权曾经两次以上被追究行政责任或者民事责任，2年内又实施刑法第217条所列的侵犯著作权的行为之一的，可以被认定为“有其他严重情节”而构成侵犯著作权罪；2年内因非法经营国际电信业务或者涉港、澳、台电信业务受过行政处罚2次以上，又违反国家规定，采取租用国际专线、私设转接设备或者其他方法，擅自经营国际电信业务或者涉港、澳、台电信业务进行营利活动的，可以认定为非法经营的“情节严重”，从而可以构成犯罪等。在定罪时，应对主、客观方面的可能影响定罪的情节予以全面考察，从而确定是否对具体的行为定罪。

法律应用

1. 疑罪并不必然导致无罪。例如，非法持有毒品、枪支、巨额财产、国家绝密、机密文件、资料、物品的行为，虽然以现有的证据不能充分证明其构成更严重的犯罪，如贩卖毒品、买卖枪支、贪污、受贿、间谍等犯罪，但现有的证据能够充分证明其构成相应的持有性的犯罪，则应按照以现有证据充分证明的犯罪定罪处罚，而不应以无罪处理。但是如果现有的证据尚不能证明行为人的行为构成犯罪，当然应作无罪处理。

2. 定罪中的大前提是法律的规定，其真实性是不存在问题的。但在司法应用过程中，应当注意全面理解法律的规定，防止对法律规定的理解出现偏差而发生定罪错误。例如，我国刑法规定贪污罪的犯罪主体是国家工作人员，但不能据此得出非国家工作人员就绝对不能成为贪污罪主体的结论。因为在共同犯罪中，非国家工作人员也可以和国家工作人员一起共同成为贪污罪的主体。又如，采用趁人不备的方法抢走他人财物的行为，在一般情况下构成抢夺罪，但不能得出结论说，所有趁人不备抢夺财物的行为都只能构成抢夺罪，因为如果行为人携带凶器进行抢夺，该行为就构成抢劫罪而不是抢夺罪。

课后复习

1. 如何理解定罪的概念与特征？
2. 定罪应遵循哪些原则与方法？
3. 行为人在法律上、事实上的认识错误存在哪些情形？它们对定罪有什么样的影响？
4. 情节在定罪中起什么样的作用？

第十五章
刑事责任概说

提　要

犯罪人要为自己的犯罪行为对国家和被害人承担一定的法律后果，其中，犯罪人对国家承担的刑事法律后果，就是刑事责任。国家有权追究犯罪人刑事责任的哲学根据，主要在于国家有义务维持社会共同体的存在，而犯罪人基于自己的主观能动性选择危害社会的行为，当然也应当承担自己的行为导致的不利后果产生的法律责任。刑事责任的法学根据则在于犯罪是有社会危害性的行为，法律规定了犯罪构成的要件，行为人具有犯罪行为。有了犯罪行为，就有刑事责任。出现了法定事由，则可能使刑事责任消灭。定罪、量刑，是实现刑事责任的基本方式。刑事责任的实现分为刑事责任的确定和刑事责任的履行两个阶段。要实现刑事责任，需要司法机关贯彻及时、不可避免、罪责自负原则。

重点问题

1. 刑事责任的概念

2. 单位刑事责任的特点
3. 刑事责任的根据
4. 刑事责任实现的方式
5. 刑事责任实现的原则
6. 刑事责任实现的阶段

第一节　刑事责任概述

一、刑事责任的概念和特征

刑事责任是刑法规定的犯罪人因其犯罪行为应当对国家承担的，由代表国家的司法机关依法对其行为进行否定评价和对其本人进行谴责的法律后果。

刑事责任的特征是：

（一）刑事责任的严厉性

法律责任包括民事责任、行政责任、刑事责任等多种形式，刑事责任是其中的一种。与其他法律责任相比，刑事责任在内容上具有严厉性的特征：犯罪人要接受国家定罪，在多数情况下还要被处刑。其结果是，犯罪人的一定的资格、财产可能受到剥夺，人身自由可能受到限制或者剥夺，甚至其生命都在可以剥夺之列。其他法律责任的内容也包括剥夺责任人的资格、财产或者自由，但总的来讲其程度不如刑事责任严厉。

（二）刑事责任的专属性

刑事责任是犯罪人（自然人或单位）对国家负有的责任，具有严格的专属性。首先，只有实施犯罪行为的人才有刑事责任，没有实施犯罪行为的人不负刑事责任。其次，刑事责任以犯罪行为为前提，没有犯罪行为也就没有刑事责任。最后，刑事责任只涉及犯罪人对国家负有的责任，不涉及犯罪人对犯罪受害人的责任。犯罪人对受害人的责任是民事责任，不属于刑事责任的范围。

（三）刑事责任的刑事性

刑事责任只能由刑事法律加以规定。有权规定刑事责任的，只能是国家最高立法机关。追究犯罪人的刑事责任，只能以刑事法律的明文规定为依据。没有法律的明文规定，就不得追究任何人的刑事责任。行政责任则可以以行政法规、地方性法规为依据。民事责任甚至可以以当事人的约定为依据。

（四）刑事责任的平等性

刑事责任的平等性，包括两个方面：一是是否应当承担刑事责任，只能以法律为依据加以判断，对同样的行为只能根据法律作出同等的是或者否的结论，不能作出此行为应当承担刑事责任、彼行为不承担刑事责任的结论；二是承担刑事责任的程度，同等行为也应当相同，不允许同等行为承担不同的刑事责任。

（五）刑事责任的应然性和实然性

有罪即有责，只要有犯罪行为，就应当承担刑事责任。但有罪并不等于必然实际承担刑事责任。刑事责任可能因为法定原因而消灭，可能因为犯罪行为没有被发现而得不到追究。在犯罪被发现的情况下，也可能因非法取证导致证据被排除，或者因办案人员处理案件不及时、办案水平低下、徇私枉法而得不到追究。

（六）刑事责任的法律性和伦理性

刑事责任在内容上既表现为国家对犯罪行为的否定评价，又表现为国家对犯罪人的谴责，是二者的有机统一。国家在刑事立法上规定某种行为构成犯罪、应当负刑事责任，表明立法者对这种行为的否定态度；司法机关把立法的规定适用于具体的犯罪行为，使这种立法上的否定成为现实。犯罪行为是犯罪人基于主观能动的选择而实施的，对犯罪行为进行否定评价，就必然对实施犯罪行为的犯罪人进行否定评价；承担刑事责任的人，也只能是实施犯罪行为的人。因此，刑事责任也是对犯罪人的谴责。这种否定评价和谴责是依法进行的，既体现了国家、社会在政治上对犯罪行为的否定评价和谴责，也体现了国家、社会在伦理上对犯罪行为的否定评价和对犯罪人的谴责，是法律性与伦理性的统一。

二、刑事责任的历史演变

刑事责任大致经历了如下演变历程：

（一）从随意性到法定性

起初，无论是从立法还是从司法的角度看，刑事责任都存在着一定的任意性。没有严格的法律对负刑事责任的行为作出系统的界定，也没有法律对承担刑事责任的方式作出系统的规定。即便有相关法律，法律也不是刚性的，可以随着主权者的意志变化，主权者甚至可以临时制定法律。随着罪刑法定原则在学说上的确立和在立法上的认可，刑事责任从随意性过渡到法定性，只有法律明文规定的行为才负刑事责任，承担刑事责任的形式也被法律确定下来。

（二）从与其他责任形式不分到专门化

在古代，诸法合体，刑民不分，专门的刑事责任无从形成。严格意义上的刑事责任的出现，是近代法律部门划分的结果。各个部门法的出现，使刑事责任从与其他责任形式不分走上了专门化的道路。

（三）从人、物承担责任到人承担责任

在古代，不但人要承担刑事责任，动物、植物、物品与自然现象也要承担刑事责任。在古代希伯来，撞死了人的牛要受到刑罚处罚；在我国明代存在着“罪树”的现象；在古代日本也有“囚雨”事件。后来，人们认识到，对动植物或者自然现象进行处罚，既收不到刑罚的报应效果，也达不到刑罚防卫社会的目的，是没有任何意义的。承担刑事责任的主体就从人、物并存过渡到只限于人。

（四）从团体责任到个人责任

刑事责任的最初形式是团体责任，即不但犯罪人本身要承担刑事责任，与犯罪人有关的某些人也要承担刑事责任。株连、缘坐制度就是团体责任的表现形式。团体责任使没有实施犯罪行为的人也要承担刑事责任，是不合理的。它受到了资产阶级启蒙思想家的批判，随着封建社会的崩溃而退出历史舞台，让位于个人责任。

（五）从客观归责到主、客观相统一

刑事责任的根据，经历了从客观归责到主、客观相统一的发展历程。最初的刑事责任是客观归责，即只要在客观方面造成了危害，不论行为人在主观方面是否具有过错，行为人都要承担刑事责任。后来，人们认识到，行为人在主观方面存在着故意或者过失，是行为人对其在客观上对社会有害的行为负刑事责任的主观基础，行为人如果没有过错，就不应当承担刑事责任。主观恶性和客观危害就成为刑事责任的基础，刑事责任从客观归责过渡到主、客观相统一的责任。

（六）从不平等到平等

在奴隶社会和封建社会，刑事责任的承担是不平等的。对于同样的行为，有的人要承担刑事责任，有的人却不承担刑事责任；即便是都要承担刑事责任，由于行为人身份、地位不同，承担的刑事责任的轻重和方式也有差别。“官当”、“礼不下庶人、刑不上大夫”典型地体现了刑事责任的承担的不平等性。随着法律面前人人平等的观念深入人心，身份、地位不再是影响刑事责任的因素，决定刑事责任的只能是行为人的主观恶性和行为的客观危害，刑事责任具有平等的特征。

（七）从残酷到人道

在古代，承担刑事责任的方式以生命刑和身体刑为主，刑罚方式极其残暴。我国秦代仅死刑就有戳、弃市、磔、腰斩、车裂、凿颠、囊扑、枭首等多种形式。到了近代，承担刑事责任的方式从残酷转向人道，身体刑被废除，死刑在不少国家被废除或者被弃而不用，刑罚的执行方式也以给被处刑人带来必要的最低限度的精神和肉体上的痛苦为限。联合国及联合国有关机构先后通过了《关于保护死刑犯权利的保障措施》(1984 年 5 月 25 日批准)、《囚犯待遇最低限度标准规则》(1985 年 5 月 25 日批准)、《保护所有遭受任何形式拘留或监禁的人的原则》(1988 年 12 月 9 日批准)、《有效防止和调查法外、任意和即决处决的原则》(1989 年 5 月 24 日通过)、《非拘禁措施最低限度标准规则》(1990 年 9 月 7 日通过)、《囚犯待遇基本原则》(1990 年 12 月 14 日通过)、《保护被剥夺自由少年规则》(1990 年 12 月 14 日批准)、《执法人员使用武力和火器的基本原则》(1990 年 12 月 14 日批准)。这些国际法律规范和有关国家的国内立法，保障了承担刑事责任的方式的人道化。

三、单位刑事责任的特征

单位的刑事责任，是指刑法规定的单位犯罪的法律后果。单位犯罪的刑事责任与自然人犯罪的刑事责任有相同之处，但也有其自身的特点，表现为：

（一）单位刑事责任的整体性

单位刑事责任的整体性，是指对于单位犯罪，承担刑事责任的是实施了犯罪行为的单位本身，而不是单位内部的全体成员，更不是单位内部的单个或部分成员。单位只能以其自有资金承担刑事责任。

（二）单位刑事责任的双重性

单位刑事责任的双重性，是指对于实行双罚制的单位犯罪，除了追究单位的刑事责任以外，还要追究那些在单位犯罪中起着重要作用的和负有重大责任的单位成员的刑事责任。实行单罚制的单位犯罪的刑事责任不具备这一特征。

单位犯罪中的自然人对单位犯罪负刑事责任的原因在于，他们是单位的罪过的肇始者和犯罪行为的实行者。离开这些人的意志和行为，单位就不可能产生罪过，也不可能实施犯罪行为。单位中的自然人在单位犯罪中实施了具有罪过的犯罪行为，是他们负刑事责任的根据。不能认为对单位犯罪实行双罚制是株连无辜。

（三）单位刑事责任的局限性

单位刑事责任的局限性，是指单位只对法律有明文规定的犯罪负刑事责任，而且只能以有限的方式承担刑事责任。

单位只是一种社会组织的拟人化，它本身不具有自然人的生物属性，不可能实施刑法规定的只能由自然人实施的犯罪。因此，刑法第 30 条规定：“公司、企业、事业单位、机关、团体实施的危害社会的行为，法律规定为单位犯罪的，应当负刑事责任。”这表明，单位负刑事责任的范围，以法律有明文规定者为限。

单位承担刑事责任的方式也是有限的。就定罪、判刑的刑事责任实现方式而言，单位没有生命，也没有自由，没有政治权利，故对单位不可能适用生命刑、自由刑和资格刑。我国刑法规定，对犯罪的单位只能判处罚金。可见，单位承担刑事责任的方式也是有限的。

第二节　刑事责任的根据

一、刑事责任的根据的概念

刑事责任的根据是指国家追究刑事责任和犯罪人承担刑事责任的依据。刑事责任包括质和量两个方面。前者是指犯罪人应否承担刑事责任，后者是指犯罪人应当承担多重的刑事责任。质是量的基础和前提。只有在确定了行为人应当承担刑事责任以后，才能确定行为人应当承担多重的刑事责任。

对刑事责任的根据，可以从不同学科角度进行探讨，我们主要从哲学根据和法学根据两个方面进行探讨。

二、刑事责任的哲学根据

刑事责任的哲学根据在于人的主观能动性和社会性。辩证唯物主义认为，人是具有意志自由的，人的意志自由决定了人具有主观能动性，可以选择是否、怎样以及实施何种行为。作为社会性的人，当然应当选择有利于社会的行为，至少不应当选择对社会有害的行为。如果行为人存在着意志自由，却选择了对社会有害的行为，使自己处于社会的对立面，那么，社会对行为人及其行为进行否定评价和谴责也就是理所当然的。国家基于维护合法权益的义务，基于维护社会共同体的需要，也有义务追究犯罪人的刑事责任。

三、刑事责任的法学根据

刑事责任的法学根据，包括实质根据、法律根据和事实根据三个层次的内容。其中，刑事责任的实质根据是犯罪行为的社会危害性和行为人的主观恶性，它是立法规定某种行为构成犯罪、确定其刑事责任轻重的基础。刑事责任的法律根据是立法机关在刑事责任的实质根据的基础上，用刑法规定的反映犯罪社会危害性和行为人主观恶性大小的犯罪构成及量刑情节。刑事责任的事实根据是符合犯罪构成的犯罪行为以及行为人在罪前、罪中、罪后的表现。

行为社会危害性的有无和大小、行为人的主观恶性程度，决定了刑事责任的有无和轻重。对于没有社会危害性的行为，或者行为有社会危害性，但行为人没有主观恶性的，或者社会危害性程度、主观恶性程度没有达到应受刑罚惩罚程度的行为，立法不得将其规定为犯罪行为，司法机关也不得追究行为人的刑事责任。国家的刑事立法还根据行为社会危害性和行为人主观恶性的程度，确定不同的刑事责任，司法机关应当按照罪刑相适应原则的要求追究行为人的刑事责任。

第三节　刑事责任的产生、实现与消灭

一、刑事责任的产生

刑事责任有着一个产生、确定、履行和终结的发展过程。有罪必有责，行为构成犯罪之

时，就是刑事责任产生之时。一般说来，刑事责任产生于实行犯罪行为之时。但如果犯罪结果是区分罪与非罪的标志，例如过失犯罪和间接故意犯罪，则犯罪结果发生时，刑事责任才产生。

刑事责任一经产生，便客观存在，可以开始追究行为人的刑事责任。但产生了刑事责任并不等于追究了刑事责任，刑事责任的客观存在也不等于刑事责任的承担成为现实。如果有关机关和个人不行使或者不及时行使求刑权，刑事责任就可能消灭。因此，司法机关应当提高破案率与破案速度，以使刑事责任及时实现。

二、刑事责任的实现

刑事责任的实现，是指代表国家的司法机关对犯罪行为作出的否定评价和对犯罪人的谴责成为现实，犯罪人实际感受到由上述否定评价和谴责所引起的在社会生活上、名誉上的不利后果。

（一）刑事责任实现的方式

刑事责任的实现，要遵循一定的方式。所谓刑事责任实现的方式，是指为实现行为人的刑事责任而采取的具体途径，即实现对犯罪行为进行否定评价和对犯罪人进行谴责的具体方式方法。由于刑事责任是国家对犯罪行为的否定和对犯罪人的谴责，某种措施能否成为刑事责任实现的方式，关键就在于它能否体现国家对犯罪行为的否定和对犯罪人的谴责。刑事责任的实现方式要能够体现这种否定与谴责，就必须是一种限制、剥夺犯罪人权益的制裁措施，能够对犯罪人的生活、名誉带来不利影响。根据罪刑法定原则的要求，刑事责任的实现方式还必须是刑事法律明文规定适用于刑事责任承担主体的方式。如果没有法律的明文规定，就不能认为是刑事责任实现的方式。

根据我国刑法的规定，刑事责任的实现方式主要有以下两种：一是定罪判刑方式，即认定行为人的行为构成犯罪并适用刑罚；二是定罪免刑方式，即认定行为人的行为构成犯罪，但免除刑罚的适用，而适用非刑处置，或者仅对行为作有罪宣告，既免除刑罚的适用，也免除非刑处置的适用。这两种方式中，定罪处刑是实现刑事责任最普遍、最基本的方式，定罪免刑是实现刑事责任非基本的、次要的方式。

（二）刑事责任实现的原则

刑事责任实现的原则，是指司法机关在追究犯罪人的刑事责任时应当遵循的原则。刑法的基本原则，如罪刑法定原则、罪刑相适应原则、适用刑法平等原则，当然是实现刑事责任时应当遵循的原则。此外，及时性原则、不可避免原则、刑责自负原则对于刑事责任的实现也具有重要的指导意义。

1. 及时性原则

刑事责任实现的及时性原则，是指在刑事责任产生以后，应当及时追究犯罪人的刑事责任，尽快地使刑事责任从应然变为实然，从可能性变成现实。

贯彻及时性原则，有利于刑事责任的实现。对犯罪的追究越及时，就越容易收集犯罪证据，易于提高办案的质量与效率。贯彻及时性原则，还有利于缩短惩罚与犯罪之间的时间距离，避免犯罪人形成犯罪恶习，使其清楚地认识到犯罪与刑事责任之间的因果关系，从而收到惩罚的最佳效果，对于实现刑罚的特殊预防目的将起到积极作用。贯彻及时性原则，对社会上的不稳定分子将产生较大的威慑作用，可以平复犯罪受害人可能产生的报复心理，对调动广大人民群众同犯罪作斗争的积极性也有重要作用，这对于预防犯罪是十分有利的。

贯彻及时性原则，不能以降低办案质量，牺牲犯罪嫌疑人、被告人的合法权益为代价，不能违背刑事诉讼的基本规律而片面地追求办案速度。刑事责任实现的及时性原则与讲究办案质量，保障犯罪嫌疑人、被告人的合法权益，遵循刑事诉讼的程序是一致的。在贯彻及时性原则不利于提高办案质量、保障人权、贯彻诉讼法制时，应当放弃对及时性的追求。

2. 不可避免原则

刑事责任的不可避免原则，是指对于应当负刑事责任的人，应当使其刑事责任成为现实，不能有不承担刑事责任的犯罪行为。

刑事责任不可避免原则与适用刑法平等原则是一致的。这一原则要求，任何人犯罪都应依法承担刑事责任，不承认任何人在刑法上享有特权。如果承认犯罪人有不负刑事责任的特权，就会破坏刑事责任的公平性和平等性，违背刑事责任的民主原则。

刑事责任不可避免原则有利于表明刑事责任的权威性、强制性，有利于预防犯罪。刑事责任不可避免，使已经犯罪的人意识到犯罪后确实要承担刑事责任，从而使他们改恶从善，重新做人。刑事责任不可避免，使社会上的不稳定分子认识到犯罪以后必然承担刑事责任，从而消除其犯罪后可能不会受到刑事追究的侥幸心理，预防其走上犯罪道路。刑事责任不可避免，还有利于增强人民群众同犯罪作斗争的积极性。

刑事责任不可避免只是一种理想。我们只能尽可能地增强刑事责任的不可避免性，但不能做到刑事责任绝对不可避免。在追究刑事责任的需要与保障人权的需要冲突的情况下，前者应当让位于后者。

刑事责任不可避免，不等于有关机关和个人不可以放弃追究刑事责任。检察机关根据法律的规定放弃对轻微犯罪的追究，可以集中精力打击更严重的犯罪。自诉权人放弃自诉，可能是出于亲情等方面的考虑，不追究犯罪人的刑事责任可能对社会更有利。但国家检察机关于法外放弃对犯罪的追究，则是失职，应当承担相应的法律责任。

3. 刑责自负原则

刑责自负原则，是指只有实施了犯罪行为的人才应当负刑事责任，司法机关也只能追究犯罪人的刑事责任。没有实施犯罪行为的人，不承担刑事责任，司法机关不能仅仅因为他们与犯罪人有某种关系而使其受到株连。

（三）刑事责任实现的阶段

刑事责任的实现，包括刑事责任的确定和刑事责任的履行两个阶段。

刑事责任的确定，以人民法院的有罪判决、裁定生效为标志。如果未经人民法院作出有罪判决、裁定，或者人民法院作出的有罪判决、裁定尚未生效，就不能强令他人承担刑事责任。

现代刑事诉讼实行不告不理原则。只有侦查机关对公诉案件进行侦查并交公诉机关提起公诉，或者自诉人对自诉案件提起自诉，或者人民检察院担当自诉后向人民法院起诉的，人民法院才能开始刑事责任的确定工作。现代刑事诉讼还实行控方承担举证责任的制度。控方如果未尽举证责任，就不能作出对被告人不利的裁判。因此，要使刑事责任得到实现，控方及时、充分地履行举证责任、提起控诉，是必备的前提。当然，审判机关正确认定案件事实和适用法律也是必不可少的。

有罪判决、裁定被交付执行时，就开始了刑事责任的履行阶段。刑事责任的履行阶段结束（即刑事责任的终结）的时间，随刑事责任的实现方式的不同而有所不同：对定罪判刑的刑事责任实现方式而言，刑罚执行完毕之时，便是刑事责任终结之时。但是，对宣告缓刑的，应当以缓刑考验期届满之时为刑事责任终结之时；对于被假释的，假释考验期满之时是刑事责任终结之时；对被判处无期徒刑的，如果未被假释或者减刑，犯罪人死亡之时方为刑事责任终结之时。对定罪免刑的刑事责任实现方式而言，如果适用了非刑罚处理方法的，非刑罚处理方法执行完毕之时即为刑事责任终结之时；对未适用非刑罚处理方法的，有罪判决、裁定生效之时即为刑事责任终结之时。

在刑事责任的履行阶段，可能出现刑事责任变更的情况，这些情况包括：(1) 刑事责任程度的变更，如减刑、假释、赦免，以及刑法第53条规定的因遭遇不能抗拒的灾祸，缴纳确实有困难而减少或者免除缴纳罚金；(2) 刑事责任履行场所的变更，如刑事诉讼法规定的保外就医制度。

三、刑事责任的消灭

刑事责任的消灭，是指因法定事由出现，司法机关尚未追究行为人的刑事责任，或者行为人尚未实际承担刑事责任，其刑事责任便不复存在，司法机关不得再追究其刑事责任或者命令其承担刑事责任。在我国，这些法定事由主要包括：(1) 犯罪已过追诉时效期限；(2) 经特赦令免除刑罚；(3) 依照刑法告诉才处理的犯罪，没有告诉或者撤回告诉；(4) 犯罪嫌疑人、被告人在被追诉前死亡的。

刑事责任的消灭不同于刑事责任的终结，二者的主要区别是：刑事责任的终结实现了刑事责任的内容。刑事责任的消灭是没有追究行为人的刑事责任，不可能实现刑事责任的内容。刑事责任终结以后，如果再犯一定之罪、符合一定条件的，可能构成累犯；刑事责任消灭以后再犯罪则不存在构成累犯的问题。

法律应用

一般说来，行为的客观危害决定了刑事责任的有无和轻重。但是，在某些情况下，对于客观危害不大的行为，主观恶性也能够对刑事责任的有无起决定性的作用。例如，刑法第264条把盗窃公私财物数额较大、多次盗窃作为构成盗窃罪的选择要件。盗窃数额着重从行为的客观危害进行评价，多次盗窃的着眼点则是行为人的主观恶性。

主观恶性对于刑事责任的轻重也有重要影响。对于客观危害相同的行为，主观恶性往往影响刑事责任的轻重。例如，甲、乙二人盗窃的金额都是5 000元，但甲系未成年人，是初犯，犯罪以后自首，并且积极退赔，而乙是累犯，将盗窃所得财物挥霍一空。对甲就可能判处较轻的刑罚甚至免除处罚，而对乙则要判处较重的刑罚。

课后复习

1. 什么是刑事责任？刑事责任与其他法律责任的区别是什么？
2. 单位的刑事责任有哪些特点？
3. 刑事责任的法学根据是什么？
4. 刑事责任实现的方式有哪些？
5. 实现刑事责任应当贯彻哪些原则？
6. 如何区别刑事责任的消灭与刑事责任的终结？

第十六章
刑罚概述

□・提　　要・□

刑罚是制裁犯罪的强制方法，它以剥夺或者限制犯罪人的一定权益为内容。刑罚的法律本质就是根据犯罪人的犯罪行为，对犯罪人进行惩罚。国家立法机关设立、修改、废除刑罚，审判机关适用刑罚，刑罚执行机关执行刑罚的权力，就被称为刑罚权。刑罚的功能除了剥夺或者限制犯罪人的权益，对犯罪人形成威慑，或者教育、改造犯罪人，预防犯罪人再次犯罪以外，还包括平息犯罪被害人的报复心理，威慑社会上的不稳定分子，防止他们走上犯罪道路，激励广大公民的守法积极性，鼓励他们同犯罪作斗争。国家行使刑罚权的根本目的，在于保护社会免受犯罪侵害，维护社会秩序；直接目的则是预防犯罪。刑罚的直接目的包括特殊预防和一般预防两个方面：前者是预防犯罪人再次犯罪，后者是预防社会成员走上犯罪的道路。这两个方面对立、统一，在不同的情况下应当有所侧重。

重点问题

1. 刑罚的概念
2. 刑罚与其他法律制裁手段的关系
3. 刑罚权的内容和根据
4. 刑罚的功能
5. 刑罚的目的
6. 特殊预防和一般预防的关系

第一节　刑罚的概念和本质

一、刑罚的概念

刑罚是国家为了预防犯罪，由最高权力机关在刑法中确立，具有“刑罚”名称，体现国家对犯罪人及其行为的否定评价和谴责，剥夺或者限制犯罪人的某种权益，由审判机关依法对犯罪人适用并由特定机构执行的法律制裁方法。刑罚的特征是：

（一）刑罚是一种制裁方法

刑罚以剥夺或者限制犯罪人的权益为内容，使犯罪人承受犯罪的不利后果，是对犯罪人的制裁。在我国，刑罚剥夺或者限制的犯罪人的权益包括自由、生命、财产、政治权利，对犯罪的外国人还可以剥夺在中国居留的权利。

（二）刑罚是刑法规定的具有刑罚名称的制裁方法

法律规定的制裁方法多种多样，判断某种制裁方法是否是刑罚，有两个标准：一是看这种制裁方法是否是刑法规定的，二是看这种制裁方法是否具有刑罚的名称。这两个标准缺一不可。并不是刑法规定的所有制裁方法都是刑罚，我国刑法规定的没收违法所得虽然也是制裁方法，但刑法并未赋予它“刑罚”的名称，故它只能是非刑罚处理方法或者非刑处置。

（三）刑罚是对犯罪人规定、适用和执行的制裁方法

刑罚是犯罪的法律后果，只有对犯罪的人才能规定、适用和执行刑罚，对没有犯罪的人不能规定、适用和执行刑罚，对动植物或者物品、自然现象，也不能规定、适用或者执行刑罚。

（四）刑罚是国家专门机关对犯罪人规定、适用和执行的制裁方法

刑罚只能由国家专门机关加以规定、适用和执行。在我国，规定刑罚的，只能是国家最高立法机关，即全国人民代表大会及其常务委员会；适用刑罚的，只能是国家审判机关，即各级人民法院和专门法院；执行刑罚的，根据刑罚种类的不同，则包括人民法院、公安机关、监狱或者其他执行机关。

（五）刑罚的目的在于预防犯罪

对犯罪人适用刑罚，犯罪人会因其享有的权利被剥夺或限制而遭受一定的痛苦。但是，惩罚虽然是刑罚的重要属性，却并非刑罚的目的。我国刑罚的目的在于预防犯罪，包括通过剥夺再犯能力预防犯罪人本人再次犯罪，也包括通过发挥刑罚的威慑功能警戒社会上的不稳定分子，使其不至于走上犯罪道路。

立法对一切犯罪都规定了刑罚，但并不是说对一切犯罪都应当适用和执行刑罚。刑法规

定，在一定情况下，可以对犯罪人免除处罚，这就排除了刑罚的适用，当然也排除了刑罚的执行。如果有不应当追究犯罪人的刑事责任的情形的，当然也不可能对其适用和执行刑罚。

二、刑罚的本质

刑罚的本质包括社会政治本质和法律本质两个方面。刑罚的社会政治本质是指刑罚的阶级本质。与法律的本质一样，刑罚的阶级本质是由国家的性质决定的，是阶级专政的工具。

刑罚的法律本质是刑罚所特有的、与其他法律制裁方法相区别的内在属性。对于刑罚的法律本质，西方学者有许多不同的见解。报应刑论认为，犯罪是一种恶行，刑罚在本质上是对这种恶行的报应。目的刑论认为，刑罚不是报应已然之罪的手段，而是防卫未然之罪的手段。折中主义则主张刑罚既是对已然之罪的报应，又是对未然之罪的预防。这些见解虽然都各有其合理性，但报应刑论否认刑罚的目的，将刑罚的本质与刑罚的目的对立，而目的刑论和折中主义将刑罚的本质与刑罚的目的混为一谈，因而都未能对刑罚的本质给予科学的说明。相对而言，报应刑论认识到刑罚是对已然之罪的报应，有其可取之处。从这一点上，我们可以把刑罚与保安处分区别开来，因为保安处分只是犯罪的预防措施；我们也能够把刑罚同其他法律制裁方法区别开来，因为刑罚是对犯罪的报应，而其他法律制裁方法是对违法行为的报应。此外，报应刑论也与近代刑法公认的“无犯罪则无刑罚”的原则是一致的。因此，我们赞成刑罚的本质是对犯罪的报应（惩罚）的观点。但是，应当指出的是：第一，不能把刑罚的本质简单地说成是报应，刑罚报应的根据只能是已然之罪，刑法也只有对已然之罪进行报应才有其正当根据。第二，讲刑罚的本质是对已然之罪的报应，不是说刑罚是摧残、折磨犯罪人的报复手段。刑罚只有与犯罪的客观危害以及与犯罪人的主观恶性相适应，在符合社会生存需要、维护道德秩序需要与维护法律秩序需要、符合刑罚的预防犯罪目的的限度内才是合理的，超出这个限度的刑罚就会丧失其正当性。第三，讲刑罚的本质是对已然之罪的报应，并不否认刑罚具有教育功能，不否认刑罚有其目的。刑罚的本质与刑罚的目的、刑罚的功能是不同的概念，不能混为一谈。第四，刑罚与其他法律制裁方法的区别，并不在于其严厉程度，而在于其对象不同。我们很难说行政拘留、司法拘留就一定比管制轻，我们也不能说罚款就一定比罚金轻。在同为剥夺或者限制自由、同为剥夺财产的情况下，即在受制裁的人被剥夺或者限制的权益的内容相同的情况下，只有根据刑法的规定适用于犯罪人的具有“刑罚”名称的制裁措施才是刑罚。理论界一般认为刑罚是最严厉的制裁方法，这是从抽象的意义上讲的，具体到个案可能并非如此。

三、刑罚与相关概念的关系

（一）刑罚与犯罪

刑罚与犯罪既相互对立，又相互统一。刑罚与犯罪的对立表现为：犯罪是破坏社会秩序的行为，而刑罚则是制裁已然之罪、预防未然之罪、维护社会秩序的手段；犯罪是使国家、社会、其他单位或者个人遭受或者可能使其遭受痛苦的行为，刑罚则是使犯罪人遭受痛苦的制裁手段。刑罚与犯罪的统一表现为：首先，二者的起源相同。犯罪和刑罚都是阶级社会特有的现象，它们在相同的条件下同时产生。其次，二者相互依存。犯罪是刑罚的前提，刑罚是犯罪的法律后果。没有犯罪，就不可能受到刑罚处罚；如果没有给予刑罚处罚的必要，立法者也不可能把行为规定为犯罪。最后，二者的结局相同。刑罚与犯罪相伴而生，也与犯罪相伴而终。随着犯罪的消亡，刑罚也必然消亡。

（二）刑罚与刑事责任

刑罚与刑事责任既有联系也有区别。二者的联系是：第一，与犯罪的关系相同。刑罚与刑事责任都以犯罪为前提。没有犯罪就没有刑事责任，也就不可能有刑罚。刑罚与刑事责任都是犯罪的法律后果和结局。第二，刑事责任决定着刑罚。只有应当负刑事责任的行为才可能受到刑罚处罚，刑事责任的程度也决定着刑罚的轻重。第三，刑罚是实现刑事责任的主要方式。在大多数情况下，刑事责任都是以判处刑罚的方式实现的。二者的区别是：第一，性质不同。刑事责任是一种法律责任，而刑罚是制裁犯罪的方法。前者是抽象的，后者是具体的。第二，内容不同。刑事责任是对犯罪行为和犯罪人的否定评价和谴责，刑罚是对犯罪人权益的限制或者剥夺。第三，与犯罪的关系不同。刑事责任是犯罪的直接法律后果，有罪必有责。刑罚只是实现刑事责任的一种方式，而不是唯一方式，有罪不一定有刑。第四，二者形成的时间不同。刑事责任产生于实行犯罪之时，有犯罪就有刑事责任；刑罚确定于判决、裁定生效之时。

（三）刑罚与其他法律制裁方法

一个国家的法律制裁方法体系，通常是由多种制裁方法构成的。这些制裁方法除了刑罚以外，还包括民事制裁方法、行政制裁方法、经济制裁方法等。这些法律制裁方法的共同之处在于：它们都是由国家法律规定的，都以使受制裁人遭受一定的不利为内容。但是，刑罚与其他法律制裁方法也存在着明显的区别，主要表现为：

1. 权力的归属不同。在我国，制刑权只能由国家最高权力机关行使，量刑权只能由国家审判机关行使，行刑权只能由特定的国家机关行使。其他法律制裁方法不但上述机关可以适用，其他国家机关也可以适用。

2. 适用的根据不同。刑罚只能由国家审判机关根据刑法和刑事诉讼法的规定对犯罪人适用；其他法律制裁方法适用的法律根据分别为民法、经济法、民事诉讼法、行政法、行政诉讼法等。

3. 适用的对象不同。刑罚仅适用于犯罪人；其他法律制裁方法主要适用于有违法行为的人，在一定情况下也可以适用于犯罪人。

第二节　刑罚权及其根据

一、刑罚权的概念

刑罚权是国家基于统治权对犯罪人实行刑罚惩罚的权力，包括制刑权、量刑权和行刑权三项权能。国家的刑罚权与犯罪人的刑罚忍受义务之间的关系，就构成刑罚法律关系。

制刑权又称为刑罚创制权，是指国家立法机关通过立法设定、修改和废除刑罚种类、刑罚目的，刑罚裁量的原则、制度和情节，刑罚执行的方法与制度、刑罚权消灭事由，设定、修改和废除具体犯罪的法定刑的权力。在我国，制刑权只能由国家最高立法机关即全国人民代表大会及其常务委员会行使，其他任何国家机关都不得行使制刑权。

量刑权又称为刑罚裁量权、科刑权，是指国家审判机关在有罪判决、裁定的基础上决定对犯罪人是否适用刑罚、适用何种刑罚、适用多重的刑罚，以及对判处的刑罚进行变更的权力。在我国，量刑权只能由人民法院依法独立行使。

量刑权的行使，要以有关机关或者个人对犯罪提起控诉为前提。这种对犯罪提起控诉的权力（权力），被称为求刑权。没有对犯罪的控诉，就没有刑罚的适用，但是，对犯罪提起控诉并不必然导致刑罚的适用。在我国，并没有实行检察官起诉独占原则，检察机关和自诉人都可以对犯罪提起控诉。因此，不能把求刑权视为国家刑罚权的一个内容。

行刑权是执行生效裁判确定的刑罚的权力。在我国，不同的刑罚种类由不同的国家机关负责执行。其中，罚金、没收财产、死刑由审判机关执行，死刑缓期2年执行、无期徒刑、有期徒刑由监狱或者其他执行机关执行，管制、拘役、剥夺政治权利、驱逐出境以及判处拘役、有期徒刑宣告缓刑的，被假释的、监外执行的，由公安机关执行（或考察）。

刑罚权有一般刑罚权和具体刑罚权之分。只要有犯罪，国家就有对犯罪人进行刑罚处罚的权力。这是从一般的、抽象的角度看待刑罚权，故被称为抽象刑罚权。具体刑罚权则是在发生具体的犯罪时，国家对具体的犯罪人进行刑罚处罚的权力。抽象的刑罚权随犯罪而存在，具体的刑罚权则有赖于国家审判机关和执行机关去实现。

二、刑罚权的根据

刑罚权的根据，是指国家创制、适用和执行刑罚的理由，即国家刑罚权存在的理由。西方学者对刑罚权的根据有不同的论述：神权论认为刑罚权是神授的。社会契约论认为人们共同订立的社会契约是刑罚权存在的根据。功利论认为刑罚权存在的根据在于社会利益或者社会需要。正义说认为刑罚权的根据在于正义的要求。社会防卫说认为刑罚权是以防卫社会免受犯罪侵犯而设立的。

我们认为：刑罚权作为国家惩罚犯罪的权力，它的根据首先就在于使合法权益免受犯罪侵害。但是，国家惩罚犯罪的权力又不是没有限度的，这种限度就是法律的明文规定，法律的明文规定又源于社会的正义观念。只有符合社会正义观念的刑罚才是正当的。因此，维护合法权益、实现社会正义，就是刑罚权存在的根据。

第三节　刑罚的功能

一、刑罚的功能的概念

刑罚的功能，是指刑罚的创制、适用和执行对社会可能产生的积极效应。它具有以下特征：

首先，刑罚的功能是刑罚对社会产生的效应。刑罚是对犯罪人适用的，它自然会对犯罪人发生作用。但刑罚作用的对象不仅限于犯罪分子，刑罚对社会成员也有作用：刑罚的创制、适用和执行，可以震慑社会上的不稳定分子，使其不至于走上犯罪的道路；也可以安抚犯罪受害人及其亲属，平息其可能产生的报复心理；还可以增强广大人民群众和犯罪作斗争的积极性。可见，我们不能把刑罚的功能仅限于对犯罪人的作用。

其次，刑罚的功能是刑法对社会的积极效应。刑罚是一把双刃剑，既有正面效应，也有负面效应，但只有刑罚的正面效应才是刑罚的功能。

再次，刑罚的功能是刑罚可能对社会产生的积极效应。刑罚具有产生积极效应的能力，但这些积极效应要借助一定的条件才能够转化为刑罚的实际效果。不能够把刑罚的功能等同于刑罚的效果。

最后，刑罚的功能贯穿刑罚的创制、适用和执行的始终，而不仅限于刑罚的适用或者执行阶段。

二、刑罚的功能的内容

根据其作用的对象，可以把刑罚的功能分为对犯罪人的功能、对被害人的功能、对社会其他成员的功能三个方面。

（一）刑罚对犯罪人的功能

刑罚对犯罪人的功能包括特殊预防功能和改造功能两个方面。

刑罚的特殊预防功能，是指刑罚预防犯罪人再次犯罪的功能。这一功能可以通过以下两个途径得到实现：一方面，通过对犯罪分子适用刑罚，剥夺其一定的权益，使其丧失再次犯罪的条件和能力，从而不能再次犯罪。刑罚的这种功能被称为剥夺功能。一切刑罚均具有剥夺功能，但不同的刑罚方法的剥夺功能大小不同：死刑具有最彻底的剥夺功能，它从肉体上消灭犯罪人，使其永远不可能再次危害社会。这种功能被称为社会淘汰功能，简称淘汰功能。剥夺自由刑（无期徒刑、有期徒刑、拘役）将犯罪人与社会隔离开来，使其丧失继续危害社会的条件。这种功能被称为隔离功能。限制自由刑（管制）、财产刑（罚金、没收财产）、资格刑（剥夺政治权利、驱逐出境）通过限制犯罪人的自由、剥夺犯罪人的财产或资格，对于限制犯罪人利用其享有的自由、拥有的财产、具备的资格犯罪，也有一定的作用。这些功能，可以被称为限制功能。应当指出的是，刑罚的剥夺功能的强度不同，并不意味着为了防止重新犯罪，就应当尽量适用剥夺功能强的刑罚。因为，如果一味强调刑罚的剥夺功能，而不注重刑罚的公正性，轻罪重罚，必然会引起犯罪人的不满和社会心理的不平衡，难以达到预期的目的。另一方面，通过对犯罪分子适用刑罚，使其遭受一定的痛苦，对其造成心理强制，使其不愿或者不敢再次犯罪。刑罚的这种功能被称为惩罚功能。

刑罚的改造功能，是指刑罚在改造犯罪人成为新人方面的积极作用。这主要是在刑罚执行过程中实现的。在行刑过程中，通过强制有劳动能力的犯罪人参加劳动，可以使罪犯养成劳动的习惯，使他们在劳动中学会一定的生产技能，掌握一定的谋生本领，为其复归社会、成为社会上有用的一员创造条件；通过对罪犯进行思想教育（含法制、道德、形势、政策、前途教育）、文化教育和职业技术教育，可以增强其遵守法律和道德的意识，认清自己的前途，掌握一定的文化知识和劳动技能，也有助于将其改造成为新人。

刑罚对犯罪人的这两种功能中，特殊预防功能是基础，改造功能是根本。我们不是为了惩罚而惩罚，惩罚的目的就在于将犯罪人改造成为新人。

（二）刑罚对被害人的功能

刑罚对被害人的功能主要体现为安抚功能，即通过对犯罪人适用和执行刑罚，平息被害人可能存在的报复心理。刑罚的这种功能又被称为报复感情平息功能，可以被纳入刑罚的一般预防功能的范畴。

（三）刑罚对社会其他成员的功能

刑罚对社会其他成员的功能包括一般预防功能和教育、鼓舞功能。

刑罚的一般预防功能，是指刑罚防止社会上有犯罪可能性的人犯罪的作用。刑罚的一般预防功能在刑罚的三个阶段都存在：在刑罚创制阶段，立法者在法律中规定什么是犯罪、犯罪要受到什么样的刑罚处罚，这就形成了刑罚的鉴别与威慑功能，有助于使打算犯罪的人认清自己行为的性质和在法律上的后果，因不愿意受到刑罚处罚而避免触犯刑法，不实行犯罪。在刑罚适用阶段，通过对犯罪人适用刑罚，形成刑罚的威慑功能，可以对有犯罪可能性的人树立反面教材，打消其犯罪意念。在刑罚执行阶段，执行刑罚给犯罪人带来的痛苦，也会对有犯罪可能性的人产生威慑作用，从而防止其犯罪。

刑罚的教育、鼓舞功能是刑罚对广大人民群众的作用。通过创制、适用与执行刑罚，可以使广大人民群众知法、守法，增强其守法自觉性，鼓励其同犯罪作斗争。

刑罚的上述功能的实现，是多种因素共同作用的结果。刑罚本身的作用是有限的。刑罚并非无能，但刑罚也并非万能。对此应当有充分的认识。

此外，应当指出的是，我们在注意到刑罚的功能的同时，也要注意刑罚的负面作用。如刑罚的执行所引起的犯罪人之间的交叉感染和深度感染，以及刑罚对犯罪人的人格、对社会心理的负面影响。我们应该尽量发挥刑罚的功能，避免刑罚的负面作用。

第四节　刑罚的目的

一、刑罚的目的的概念

刑罚的目的，是指国家创制、适用与执行刑罚所要达到的结果。它贯穿刑罚创制、适用与执行的整个过程，对刑罚的创制、适用与执行起着决定性的作用。

首先，刑罚的目的制约着刑罚的创制。刑罚目的一经确定，便要求与之相适应的刑罚体制作为其赖以实现的手段。有什么样的刑罚目的，便会有什么样的刑罚体制。在刑事立法过程中，刑罚体系的确立、刑罚适用的原则和制度与情节的规定、行刑制度的设置、具体犯罪的法定刑的规定，都无不与刑罚的目的密切相关。刑罚的目的是刑事立法的指导思想之一，是确立刑罚制度的直接根据。

其次，刑罚的目的制约着刑罚的适用。刑罚的适用是国家刑事审判活动的中心环节，在现行刑罚体制的内容尚存许多选择余地的情况下，法官对刑罚种类、刑罚轻重的选择都受制于对刑罚目的的合理理解，对同种犯罪的处理就可能出现较大的差异。比如，将惩罚作为刑罚的目的者，往往偏重于犯罪的客观危害，而对犯罪人的人身危险性考虑较少，并据此择定刑罚；把刑罚目的理解为预防犯罪者，在适用刑罚时，则会更多地考虑犯罪人的再犯可能性。

最后，刑罚的目的制约着刑罚的执行。刑罚的执行是刑事责任得以落实的重要环节，也是实现刑罚目的的关键之所在。只有行刑的方式、内容与制度都和刑罚目的相吻合，行刑才能够取得满意的效果。

二、刑罚的目的的内容

我国刑罚的目的，可以区分为根本目的与直接目的两个层次。刑罚的根本目的是刑法追求的最终目标，它从宏观上指导我国刑罚的创制、适用与执行，对刑罚的直接目的起着决定作用。刑罚的直接目的是创制、适用与执行刑罚的具体目标，它是实现刑罚根本目的的必要条件。

（一）刑罚的根本目的

我国刑罚的根本目的与刑法的目的是一致的，也可以说刑法的目的决定着刑罚的目的。根据刑法第 2 条的规定，我国刑法的目的是保护国家、社会、集体和个人的合法权益，维护社会秩序，保障社会主义建设事业的顺利进行。刑法的这一目的，就是刑罚的根本目的。

（二）刑罚的直接目的

刑罚的直接目的是预防犯罪，包括一般预防与特殊预防两个方面。

1. 特殊预防

特殊预防，是指预防已经犯罪的人重新犯罪。它包括三个方面的内容：一是剥夺犯罪分子的再犯能力，使其丧失重新犯罪的条件。例如剥夺犯罪分子的生命，使其永远不可能再犯罪；剥夺犯罪分子的自由或财产，限制其自由，剥夺其一定的资格，也可以使其在一定条件下丧失重新犯罪的能力。这是特殊预防的最低目的。二是对犯罪分子实行心理强制，使其不敢或不愿重新犯罪。对犯罪人适用刑罚，意味着犯罪人的一定权益受到限制或者剥夺，他因此必然遭受一定的痛苦，出于趋利避害的本能，犯罪人往往不敢或不愿意重新犯罪。三是改造犯罪分子成为新人。这主要是通过行刑过程中的思想教育、文化教育、职业技术教育等工作来实现的。它是特殊预防的最佳效果。

刑罚的特殊预防目的的实现，取决于多种因素，因此，不能寄希望仅凭刑罚即可实现预防重新犯罪的目的。仅就刑罚制度本身而言，在刑罚的创制阶段，应当充分贯彻罪刑相适应原则，确立科学、公正的罪、责、刑关系，实现刑罚功能的合理配置；在刑罚适用阶段，刑罚应当是及时的、公正的、不可避免的、人道的；在行刑阶段，刑罚的执行应当是人道的，应当贯彻惩罚与教育相结合、生产劳动与思想改造相结合的方针，但又要使犯罪人感受到一定的痛苦。如果犯罪人的待遇比普通公民的正常生活还要好，犯罪人感受不到犯罪给自己带来的不利后果，刑罚的特殊预防功能就不可能实现。

2. 一般预防

一般预防，是指预防社会上有犯罪可能性的人走上犯罪道路。通过刑罚的创制，发挥刑罚的鉴别功能与威慑功能，可以使欲犯罪者不愿或不敢犯罪；通过适用刑罚，既可以安抚被害人，防止他们对犯罪人进行报复，又可以警告社会上的不稳定分子，促使他们悬崖勒马；通过执行刑罚，使犯罪人遭受一定的痛苦，也会对社会上的不稳定分子起到警戒作用。适用和执行刑罚，还可以鼓励广大人民群众同犯罪作斗争，形成预防犯罪的群众基础，这是预防犯罪的依靠力量。

刑罚一般预防目的的实现，也是多种因素综合作用的结果。仅从刑罚的创制、适用与执行来说，刑罚的公正性、公开性、及时性和不可避免性是实现刑罚一般预防目的时应当考虑的主要因素。

刑罚的特殊预防与一般预防目的是对立、统一的。二者的对立体现在：有时候适用较重的刑罚方可达到特殊预防目的，而这种刑罚对一般预防来说是不必要的；有时候适用较轻的刑罚即可达到特殊预防的目的，而从一般预防的目的出发，这种刑罚是不够的。二者的统一体现在：它们都是我国刑罚直接目的不可偏废的两个方面，二者的实现都有赖于刑罚功能的充分发挥。

由于刑罚的特殊预防和一般预防目的是对立、统一的关系，根据辩证唯物主义的对立、统一规律，在对待矛盾的两个方面时，是应当有所侧重的，不能够等量齐观。这种侧重表现为：(1) 因刑事法律活动的阶段不同而侧重点不同。在刑罚创制阶段，应当偏重于一般预防；在刑罚适用阶段，应当两个预防并重；在刑罚执行阶段，应当偏重特殊预防。(2) 因犯罪人不同而侧重点不同。对累犯、惯犯等主观恶性较深、人身危险性较大的人，应当偏重特殊预防；对初犯、偶犯等再犯可能性较小的犯罪人，则侧重于一般预防。(3) 因犯罪种类而侧重点不同。对不常见的犯罪，应当侧重于特殊预防；对常见、多发犯罪，则应当偏重于一般预防。(4) 因社会治安形势不同而侧重点不同。在治安形势稳定、犯罪率较低的时候，应当偏重于特殊预防；在治安状况恶化、犯罪率较高的时候，则应当偏重于一般预防。(5) 因犯罪地区的不同而侧重点不同。对发案率较低的地区，应当侧重于特殊预防；对发案率较高的地区，应当偏重于一般预防。

法律应用

在我国的司法实践中，存在着重刑主义的倾向，过于注重刑罚的威慑功能，忽视刑罚的谦抑性。例如，在某地务工的甲（没有犯罪前科）进入同乡乙租住的房屋，以语言威胁方法抢得乙价值100元的手机一部，结果被判处10年有期徒刑，并处罚金2 000元。从表面上看，这一判决并无不当。但是，甲的抢劫行为并没有造成对乙的人身伤害，抢劫所得财物金额不大，其行为的客观危害是比较轻微的。甲没有犯罪前科，再犯可能性也不大，完全可以根据刑法第63条第2款的规定，对其减轻处罚，甚至还可以根据刑法第13条但书的规定，对其行为不以犯罪论处。司法实践中对类似的案件却往往判处了较重的刑罚，这与片面认识和对待刑罚的功能不无关系。

课后复习

1. 什么是刑罚？
2. 刑罚和其他法律制裁手段的区别与联系有哪些？
3. 刑罚权包括哪些内容？
4. 刑罚权的根据何在？
5. 刑罚有哪些功能？
6. 如何处理刑罚特殊预防与一般预防的关系？

第十七章 刑罚体系

第一节　刑罚体系概述

一、刑罚体系的概念

二、我国的刑罚体系

第二节　主刑

一、自由刑

二、死刑

第三节　附加刑

一、财产刑

二、资格刑

□·提　　要·□

刑罚体系是刑法规定的按照一定顺序排列的各种刑罚方法的有机整体。我国的刑罚体系由主刑和附加刑组成：主刑是对犯罪分子适用的主要刑罚方法，对一个犯罪行为可以不适用主刑，如果适用主刑，则只能够适用一个主刑。附加刑是补充主刑适用的刑罚方法，除了对单位犯罪只能够判处罚金、没收财产只能附加适用以外，在其他情况下，附加刑都是既可以独立适用，也可以附加于主刑适用。对一个犯罪行为可以判处两种以上的附加刑。主刑的轻重顺序依次为管制、拘役、有期徒刑、无期徒刑、死刑。其中，管制是限制犯罪分子人身自由的刑罚方法，被称为限制自由刑。拘役、有期徒刑和无期徒刑是剥夺犯罪分子人身自由的刑罚方法，被称为剥夺自由刑。死刑是剥夺犯罪分子生命的刑罚方法，是最重的主刑，故又被称为生命刑或者极刑。我国的死刑政策是保留死刑、坚持少杀、严防错杀，为此，刑法对死刑适用的犯罪类型、适用的条件、核准程序等都作了严格的限制。附加刑包括罚金、剥夺政治权利、没收财产、驱逐出境。罚金和没收财产以剥夺犯罪分子的财产为内容，被称为财产刑；剥夺政治权利、驱逐出境则是剥夺犯罪分子一定的资格，被称为资格刑。我国的刑罚体系是以自由刑为主的刑罚体系。除了刑罚以外，我国刑法还规定了判处赔偿损失、责令具结悔过、没收违法所得、没收违禁品、没收供犯罪使用的工具、强制治疗、强制戒毒等措施，作为刑罚手段的补充。

重点问题

1. 我国的刑罚体系
2. 拘役的期限及刑期折抵
3. 死刑的适用对象
4. 死刑缓期执行
5. 死刑核准
6. 罚金的数额
7. 剥夺政治权利的期限及效力

第一节　刑罚体系概述

一、刑罚体系的概念

刑罚体系，是指刑法规定的按照一定顺序排列的各种刑罚方法的有机整体。

人类社会的刑罚体系，经历了从死刑、肉刑为中心到自由刑为中心，由繁到简、由严酷到缓和的历史转变。以死刑为中心的刑罚体系，是人类社会刚进入阶级社会的典型特征。以肉刑为中心，则是中外封建刑罚体系的共同特点。及至近代，世界各国的刑罚体系在刑罚人道主义思想的指导下，发生了巨大的历史转变，形成了以自由刑为中心的刑罚体系。第二次世界大战结束以后，随着传统刑罚体系弊端的日益显露，严格限制死刑或者废除死刑已经成为世界性的潮流，以财产刑或其他措施替代短期自由刑也成为世界性的刑罚体系改革的方向。

二、我国的刑罚体系

我国的刑罚体系也是以自由刑为中心的刑罚体系。根据我国刑法的规定，我国的刑罚体系由主刑和附加刑组成。

主刑又称为本刑、基本刑、单独刑，是刑法规定的对犯罪分子适用的主要刑罚方法。主刑只能够单独适用，或者与附加刑合并适用，但不能与其他主刑合并适用。对一个犯罪行为只能判处一种主刑，不能同时判处两种以上的主刑。我国主刑的种类包括管制、拘役、有期徒刑、无期徒刑和死刑 5 种。前四者以限制或剥夺犯罪人的自由为内容，被称为自由刑。其中，管制以限制犯罪人的人身自由为内容，被称为限制自由刑；拘役、有期徒刑、无期徒刑以剥夺犯罪人的人身自由为内容，被称为剥夺自由刑。死刑以剥夺犯罪人的生命为内容，是最重的主刑，故又被称为生命刑或者极刑。

附加刑又称为从刑，是补充主刑适用的刑罚方法。在我国，除了没收财产只能附加适用、对单位犯罪只能判处罚金以外，其他情况下，附加刑可单独适用，也可附加于主刑适用。对一个犯罪行为可以只判处附加刑，也可以既判处主刑又判处附加刑。附加刑无论是单独适用还是附加于主刑适用，对一个犯罪行为都可以判处两个以上的附加刑。我国附加刑的种类包括罚金、剥夺政治权利、没收财产、驱逐出境 4 种，其中，罚金和没收财产以剥夺犯罪人的财产为内容，被称为财产刑；剥夺政治权利、驱逐出境以剥夺犯罪人的一定资格为内容，被称为资格刑。

除了主刑和附加刑以外，我国刑法还规定了判处赔偿经济损失、训诫、责令具结悔过、赔礼道歉、赔偿损失，或者由主管部门予以行政处罚或者行政处分等措施，这些措施是刑罚措施的补充，它们被称为非刑罚处理方法或者非刑处置。根据刑法第 36 条第 1 款、第 37 条的规定，犯罪行为给被害人造成经济损失的，除对犯罪分子依法判处刑罚外，还应当根据情况判处赔偿经济损失；对于犯罪情节轻微，不需要判处刑罚的，审判机关可以免除处罚，但是可以根据案件的不同情况，予以训诫或者责令具结悔过、赔礼道歉、赔偿损失，或者由主管部门予以行政处罚或者行政处分。此外，我国刑法第 64 条还规定，犯罪分子违法所得的一切财物，应当予以追缴或者责令退赔；违禁品和供犯罪所用的本人财物，应当予以没收。该条规定的追缴违法所得、没收违禁品和供犯罪所用的本人财物，不是刑罚方法，应当被认为是非刑处置。

我国刑法规定和曾经规定的类似措施主要还有：(1) 刑法第 17 条第 4 款规定的收容教养、第 18 条第 1 款规定的强制治疗。(2)《禁毒法》第 19 条规定的强制铲除非法种植的毒品原植物，第 28 条规定的收缴依法查获的毒品，吸食、注射毒品的用具，毒品违法、犯罪的非法所得及其收益，以及直接用于实施毒品违法、犯罪行为的本人所有的工具、设备、资金；第 38 条规定的强制隔离戒毒。(3)《关于惩治走私、制作、贩卖、传播淫秽物品的犯罪分子的决定》第 5 条规定的责令停业整顿或者吊销执照，第 7 条规定的没收淫秽物品和走私、制作、复制、出版、贩卖、传播淫秽物品的违法所得以及属于本人所有的犯罪工具，销毁没收的淫秽物品。(4)《关于严惩拐卖、绑架妇女、儿童的犯罪分子的决定》第 4 条第 1 款规定的追回向被拐卖、绑架的妇女、儿童及其家属或者解救人索要的收买妇女、儿童的费用和生活费用，第 6 条规定的没收拐卖、绑架妇女、儿童的非法所得。(5)《关于严禁卖淫嫖娼的决定》第 4 条规定的强制集中教育、劳动教养、强制性病检查、强制治疗，第 7 条规定的罚款、责令限期整改、停业整顿、吊销营业执照，第 10 条规定的没收组织、强迫、引诱、容留、介绍他人卖淫以及卖淫的非法所得。(6)《关于惩治偷税、抗税犯罪的补充规定》第 7 条规定的由税务机关追缴不缴、少缴、欠缴、拒缴或者骗取的税款。(7)《关于惩治破坏金融秩序犯罪的决定》第 22 条规定的追缴违法所得，责令退赔，没收供犯罪使用的财物，收缴和销毁伪造、变造的货币、伪造、变造、作废的票据、信用证、信用卡或者其他银行结算凭证。(8)《关于惩治虚开、伪造和非法出售增值税专用发票犯罪的决定》第 12 条规定的追缴非法抵扣和骗取的税款、没收其他违法所得和供犯罪使用的财物、没收供犯罪使用的发票和伪造的发票。上述措施有的是针对犯罪的人适用的，有的则是针对违法的人适用的。针对犯罪的人适用，仍然可以认为是非刑罚处理方法。针对违法的人适用，则是行政性措施，类似于西方国家的保安处分。

我国刑法第 36 条第 2 款还规定了财产刑与民事赔偿责任之间的关系：对于承担民事赔偿责任的犯罪分子，如果同时被判处罚金，其财产不足以全部支付罚金和民事赔偿金的，或者同时被判处没收财产的，应当先承担对被害人的民事赔偿责任。刑法的这一规定可以被称为民事赔偿责任优先原则，它体现了我国刑法对犯罪被害人权益的尊重和保护，是一个重大的历史进步。

第二节　主刑

一、自由刑

（一）管制

管制是在一定期限内限制犯罪分子的自由的刑罚方法。它是我国刑罚体系中最轻的主刑，是我国特有的刑罚方法，也是适用的犯罪种类最少的刑罚方法。在一般情况下，管制适用于那些犯罪较轻，不关押也不至于再危害社会，但又有必要限制其一定自由的危害国家安全的犯罪分子或者其他刑事犯罪分子。对于被判处管制的犯罪分子，在劳动中应当同工同酬。

管制限制的犯罪分子的自由包括：（1）遵守法律、行政法规，服从监督；（2）未经执行机关批准，不得行使言论、出版、集会、结社、游行、示威自由的权利；（3）按照执行机关规定报告自己的活动情况；（4）遵守执行机关关于会客的规定；（5）离开居住的市、县或者迁居，应当报执行机关批准。

根据刑法第38条的规定，人民法院在对犯罪分子判处管制时，“可以根据犯罪情况，同时禁止犯罪分子在执行期间从事特定活动，进入特定区域、场所，接触特定的人”（第2款）；违反禁止令的，“由公安机关依照《中华人民共和国治安管理处罚法》的规定处罚”（第4款）；“对判处管制的犯罪分子，依法实行社区矫正”（第3款）。

管制的刑期为3个月以上、2年以下，数罪并罚时最高不得超过3年。管制的刑期，从判决执行之日起计算；判决执行以前先行羁押的，羁押1日折抵刑期2日。这里的“判决以前先行羁押”，主要是指在判决以前犯罪嫌疑人、被告人被侦查机关、检察机关、审判机关根据刑事诉讼法的规定采取拘留、逮捕的强制措施。

管制由公安机关执行。被判处管制的犯罪分子，管制期满，执行机关应立即向本人和其所在单位或者居住地的群众宣布解除管制。

（二）拘役

拘役是短期剥夺犯罪分子自由的刑罚方法。它在主刑中比管制重、比其他主刑轻，是一种介于管制和有期徒刑之间的主刑。

拘役适用于犯罪轻微，但仍需要关押的犯罪分子。

拘役的期限为1个月以上、6个月以下，数罪并罚时最高不能超过1年。拘役的刑期，从判决执行之日起计算；判决执行以前先行羁押的，羁押1日折抵刑期1日。

拘役由公安机关就近执行。在执行期间，被判处拘役的犯罪分子每月可以回家1天至2天；参加劳动的，可以酌量发给报酬。

（三）有期徒刑

有期徒刑是剥夺犯罪分子一定期限的自由，实行强制劳动改造的刑罚方法。它是我国刑罚体系中最主要的刑罚方法，对于自然人犯罪，刑法分则都规定了有期徒刑。有期徒刑可以是唯一的主刑，也可以与其他主刑选择适用。

有期徒刑的刑期为6个月以上、15年以下；数罪并罚的，最高不得超过25年；犯罪分子在死刑缓期执行期间确有重大立功表现的，在2年期满之后，减为25年有期徒刑；被判处无期徒刑的罪犯在执行期间确有悔改表现或者有立功表现的，在服刑2年以后，可以减为18年以上、20年以下有期徒刑，有重大立功表现的，可以减为13年以上、18年以下有期徒刑。有期徒刑的刑期，从判决执行之日起计算；判决执行以前先行羁押的，羁押1日折抵1日。如果是死刑缓期执行减为有期徒刑的，有期徒刑的刑期从死刑缓期执行期满之日起计算；无期徒刑减为有期徒刑的，有期徒刑的刑期从裁定减刑之日起计算。在这两种情况下，犯罪分子在服刑以前被先行羁押的期间都不折抵有期徒刑的刑期。

有期徒刑由监狱或者其他执行场所执行。根据监狱法的规定，这里的“其他执行场所”，主要是指未成年犯管教所和看守所。其中，未成年犯由未成年犯管教所执行，未成年犯年满18周岁，剩余刑期不超过2年的，可以留在未成年犯管教所执行剩余刑期。被判处有期徒刑的罪犯，在被交付执行之前，剩余刑期在1年以下的，由看守所代为执行。被判处有期徒刑的犯罪分子，凡是有劳动能力的，都应当参加劳动，接受教育改造。

根据我国监狱法第57条、第71～73条的规定，被判处有期徒刑的罪犯，执行原判刑期1/2以上，在服刑期间一贯表现好，离开监狱不致再危害社会，有下列情形之一的，监狱可以根据情况准其离监探亲：（1）遵守监规纪律，努力学习，积极劳动，有认罪服法表现的；（2）阻止违法、犯罪活动的；(3) 超额完成生产任务的；(4) 节约原材料或者爱护公物，有成绩的；(5) 进行技术革新或者传授生产技术，有一定成效的；(6) 在防止或者消除灾害事故中作出贡献的；(7) 对国家和社会有其他贡献的。被判处有期徒刑（以及无期徒刑、死刑缓期执行）的犯罪分子有在法定节日和休息日休息的权利。对于参加劳动的罪犯（含被判处有期徒刑、无期徒刑或者死刑缓期执行的罪犯），监狱应当按照有关规定给予报酬并执行国家有关劳动保护的规定。罪犯在劳动中致伤、致残或者死亡的，由监狱参照国家劳动保险的有关规定处理。

（四）无期徒刑

无期徒刑是剥夺犯罪分子终身自由，实行强制劳动改造的刑罚方法。它是主刑中仅次于死刑的刑罚方法，是最重的剥夺自由刑。

我国刑法分则规定无期徒刑的条文主要是危害国家安全、危害公共安全、破坏社会主义市场经济秩序、侵犯公民人身权利、侵犯财产、贪污贿赂和军人违反职责方面的严重故意犯罪。无期徒刑一般与有期徒刑、死刑选择适用，对于没有死刑的犯罪，无期徒刑就是最重的主刑。

无期徒刑的执行机构与有期徒刑相同。被判处无期徒刑的罪犯，有劳动能力的，都应当参加劳动，接受教育和改造。被判处无期徒刑的罪犯在服刑期间的待遇，除不能离监探亲外，与被判处有期徒刑的罪犯相同。

我国存在减刑、假释、赦免制度，这就使被判处无期徒刑的人有改过自新、重新获得自由的机会。

二、死刑

死刑是剥夺犯罪分子的生命的刑罚方法，是最严厉的刑罚方法。

我国的死刑政策是坚持少杀、防止错杀。为此，我国在刑法总则和刑法分则中都对死刑的适用作了限制性的规定，并规定了严格的死刑核准程序和死刑缓期执行制度。我国刑事诉讼法还规定了严格的死刑执行程序。

我国刑法总则对死刑适用的限制，主要表现为：

(1) 限制死刑的适用对象范围。刑法从两个方面作了限制：一是规定死刑只适用于罪行极其严重的犯罪分子；二是规定对犯罪时不满 18 周岁的人和审判时怀孕的妇女不适用死刑，以及对审判的时候已满 75 周岁的人不适用死刑（但以特别残忍手段致人死亡的除外）。所谓“罪行极其严重”，不但指刑法分则对该犯罪行为规定了死刑，还必须考虑犯罪人的主观恶性和人身危险性。只有犯罪的客观危害极其严重，犯罪人的主观恶性和人身危险性也极其巨大，不判处死刑就难以维持社会秩序的，才可以判处死刑。对犯罪的时候不满 18 周岁的人和审判时怀孕的妇女、审判时已满 75 周岁的人不适用死刑，是指对他们不能判处死刑，包括不能判处死刑宣告缓期 2 年执行，而不是可以判处死刑但不执行，等犯罪分子年满 18 周岁或者分娩以后再执行死刑。刑法的上述规定，主要是基于人道主义的立场。对未成年人不适用死刑，还有对刑罚特殊预防功能的考虑。因为未成年人对自己的行为的认识能力和控制能力不足，可塑性较大，容易接受改造，适用死刑以外的刑罚方法即可达到刑罚特殊预防的目的。“审判时”怀孕的妇女和年满 75 周岁的人，是指该人从被立案侦查以后到判决生效以前的整个阶段的任何一个时刻是怀孕的妇女或者已满 75 周岁，妇女事后是自然分娩、人工流产、自然流产，则在所不问。1998 年 8 月 4 日最高人民法院《关于对怀孕妇女在羁押期间自然流产审判时是否可以适用死刑问题的批复》规定：“怀孕妇女因涉嫌犯罪在羁押期间自然流产后，又因同一事实被起诉、交付审判的，应当视为‘审判的时候怀孕的妇女’，依法不适用死刑。”

(2) 规定了死刑的量刑权和核准权。根据我国刑事诉讼法、刑法的规定，在我国，只有中级以上人民法院才能够判处死刑，基层人民法院不能够判处死刑。死刑除依法由最高人民法院判决的以外，都应当报请最高人民法院核准。但死刑缓期执行可以由高级人民法院判决或者核准。

（3）规定了死刑缓期执行制度，控制死刑的实际执行。根据刑法第 48 条第 1 款的规定，对于应当判处死刑的犯罪分子，如果不是必须立即执行的，可以判处死刑同时宣告缓期 2 年执行。这就是我国独创的死刑缓期执行制度，简称“死缓”。这一规定对于严格控制死刑实际执行的范围，防止错杀，挽救一切可以挽救的犯罪分子，促使罪犯改过自新，具有重要的意义。

根据刑法第 48 条第 1 款的规定，死刑缓期执行只能适用于应当判处死刑，但不是必须立即执行的犯罪分子。“应当判处死刑”，是指犯罪分子所犯罪行为死罪，即刑罚分则对其所犯罪行规定了死刑，并且犯罪的客观危害和犯罪人的主观恶性、人身危险性极其严重，判处死刑以外的刑罚不能够做到罪、责、刑相适应；“不是必须立即执行”，则是从刑罚特殊预防的角度看，判处死刑缓期 2 年执行已经能够达到刑罚特殊预防的目的，不需要对犯罪分子实际执行死刑。法律对哪些情形属于“不是必须立即执行”没有作出规定，司法实践中一般认为，犯罪分子有法定或者酌定从轻处罚情节，尚有挽救、改造可能的，如自首、立功；犯罪人是盲人或者又聋又哑的人；犯罪人是共同犯罪中的主犯但不是首恶分子的；因被害人的明显过错而犯罪的；犯罪人有悔罪表现；犯罪人有令人怜悯的情节的，或者有其他应当留有余地的情况的，就属于“不是必须立即执行”的情形，只能够判处死刑缓期执行。

死刑缓期执行的期间为 2 年，从判决确定之日起计算，即从判决或者裁定核准死刑缓期 2 年执行的法律文书宣告或送达之日起计算。如果被判处死刑缓期执行的犯罪分子在死刑缓期执行期间没有故意犯罪，在 2 年期满后，减为无期徒刑；确有重大立功表现的，2 年期满后，减为 15 年以上、25 年以下有期徒刑；如果故意犯罪，查证属实的，由最高人民法院核准，执行死刑。死刑缓期执行减为有期徒刑的期间，从死刑缓期执行期满之日起计算。从上述规定可以看出，我国的死刑缓期执行，实际上是一种附条件地不执行死刑，但同时保留执行死刑的可能性的制度，而不是把死刑推迟 2 年执行。只要在死刑缓期 2 年执行期间没有故意犯罪，在 2 年期满后，就会被减为无期徒刑或者有期徒刑；只有在死刑缓期 2 年执行期间故意犯罪的，才会被执行死刑。值得注意的是，我国刑法没有规定对被判处死刑缓期 2 年执行的人在死刑缓期 2 年执行期间内既有故意犯罪又有重大立功表现时应当如何处理，也没有规定死刑缓期 2 年执行期间故意犯罪被查证属实时执行死刑的时间。对于前一种情形，既存在对犯罪人执行死刑的可能，也存在把刑罚减为有期徒刑的可能。执行死刑，没有考虑到犯罪人的重大立功情节；减为有期徒刑，则没有考虑到犯罪人故意犯罪的情节。前者对犯罪人太严酷，后者对犯罪人太宽纵，都有不妥之处。全国人大常委会可以以刑法修正案或者立法解释的形式，规定如果出现这种情形，把犯罪人的刑罚减为无期徒刑。对于后一种情形，既然是死刑缓期 2 年执行改为立即执行，当然应当在死刑缓期 2 年执行期满之后才能实际执行死刑，不然就不是死刑缓期“2 年”执行了。

我国刑法分则对死刑适用的限制，主要表现为：

（1）限制适用死刑的犯罪的种类。刑法分则明确规定了对哪些犯罪可以适用死刑。对没有规定死刑的犯罪，不得适用死刑。

（2）规定死刑只能适用于各类犯罪的重罪。对规定了死刑的犯罪，刑法分则一般规定要对国家和人民危害特别严重，情节特别恶劣（如第 113 条），致人重伤、死亡或者使公私财产遭受重大损失（如第 115 条第 1 款），造成严重后果（如第 119 条第 1 款），情节严重（如第 125 条第 1 款），情节特别严重（如第 151 条第 1 款），数额特别巨大并且给国家和人民利益造成特别重大损失（如第 199 条）才可以判处死刑。对规定了死刑的犯罪，如果情节一般，罪行不是极其严重的，就不能判处死刑。

(3) 把死刑作为选择性的法定刑。我国刑法分则一般把死刑作为与无期徒刑或者与无期徒刑和有期徒刑选择适用的刑种，只有在极少数情况下把死刑规定为唯一的主刑，即绝对确定的死刑。刑法分则规定的绝对确定的死刑包括：1) 犯劫持航空器罪，致人重伤、死亡或者致使航空器遭受严重破坏（第121条）；2) 犯绑架罪，致使被绑架人死亡或者杀害被绑架人（第239条）；3) 犯拐卖妇女、儿童罪，情节特别严重（第240条）；4) 暴动越狱或者聚众持械劫狱的首要分子和积极参加者，情节特别严重（第317条第2款）；5) 个人贪污或者受贿数额在10万元以上并且情节特别严重的（第383条、第386条）。6) 勾结敌人造谣惑众，动摇军心，情节特别严重（第433条第2款）。应当指出的是，对于犯罪时未满18周岁的人和审判时怀孕的妇女、审判时年满75周岁的人，即便其罪行符合上述条件，又没有减轻处罚情节，也不得判处死刑，而只能减轻处罚，最多只能判处无期徒刑。

第三节 附加刑

一、财产刑

(一) 罚金

罚金是判处犯罪分子向国家交纳一定数额金钱的刑罚方法。罚金是适用于单位犯罪的唯一刑罚方法。对自然人犯罪，则主要适用于贪利性质的犯罪，如破坏社会主义经济秩序的犯罪、侵犯财产的犯罪、妨害社会管理秩序罪中具有贪利性质的犯罪。

罚金的适用，分为两种情况：一是单处罚金，二是并处罚金。单处罚金，包括两种情况：一是作为唯一的法定刑，对犯罪的单位适用；二是对犯罪的自然人选处或者单处罚金，不适用其他主刑。选处罚金，是在主刑和罚金中选择，选择了罚金就不判处主刑。例如，刑法第314条规定："隐藏、转移、变卖、故意毁损已被司法机关查封、扣押、冻结的财产，情节严重的，处三年以下有期徒刑、拘役、管制或者罚金。"该条规定的就是选处罚金制。单处罚金，也是判处了罚金就不判处主刑。例如，刑法第312条前段规定："明知是犯罪所得及其产生的收益而予以窝藏、转移、收购、代为销售或者以其他方法掩饰、隐瞒的，处三年以下有期徒刑、拘役或者管制，并处或者单处罚金……"该段规定的就是单处罚金制。我国规定的单处罚金制是与并处罚金制同时并存的，在这种情况下，罚金既可以单独适用，并排除主刑的适用，也可以附加于其他主刑适用。根据最高人民法院2000年11月15日通过的《关于适用财产刑若干问题的规定》第4条的规定，对犯罪的自然人单处罚金，不适用其他主刑，必须是犯罪情节较轻，适用单处罚金不致再危害社会，并具有下列情形之一：(1) 偶犯或者初犯；(2) 自首或者有立功表现；(3) 犯罪时不满18周岁；(4) 犯罪预备、中止或者未遂；(5) 被胁迫参加犯罪；(6) 全部退赃并且有悔罪表现；(7) 其他可以依法单处罚金的情形。并处罚金，除了与单处罚金（立法表现形式为，在规定了主刑以后，规定"并处或者单处罚金"）或者并处没收财产（立法表现形式为，在规定了主刑以后，规定"并处罚金或者没收财产"）同时规定以外，都是附加于主刑适用（立法表现形式为，在规定了主刑以后，规定"并处罚金"），并且必须附加于主刑适用。如果立法规定的是并处没收财产或者罚金，则应当根据案件具体情况及犯罪分子的财产状况，决定是适用罚金还是没收财产。

对于罚金的数额标准，我国刑法总则没有作出具体规定，而仅仅规定判处罚金，应当根据犯罪情节决定罚金数额（第52条）。刑法分则对罚金数额标准的规定，包括三种情况：一是仅规定判处罚金，没有规定具体的数额标准。二是规定了确定的数额标准，例如刑法第161条。

三是处以犯罪违法所得或者犯罪数额一定比例或者倍数的罚金，如刑法第142条第1款。后两种立法模式比较便于确定罚金的数额，具有比较强的可操作性，但也存在着一定的缺陷，刑法第142条的规定就是一例：如果犯罪人是生产劣药，没有销售，或者销售数量很小，就要么不能确定罚金数额，要么确定的罚金数额微不足道，起不到刑罚预防犯罪的作用。对于没有规定罚金数额确定办法的犯罪，根据《关于适用财产刑若干问题的规定》，应当根据犯罪情节，如违法所得数额、造成损失的大小等，并综合考虑犯罪分子缴纳罚金的能力，依法判处罚金，罚金的最低数额不能少于1 000元；对未成年人犯罪应当从轻或者减轻判处罚金，但罚金的最低数额不能少于500元。罚金的数额以人民币为计算单位。如果依法对犯罪分子所犯数罪分别判处罚金，则应当实行数罪并罚，将所判处的罚金的数额相加，执行总和数额。如果一人所犯数罪同时并处罚金和没收财产的，应当合并执行，但并处没收全部财产的，只执行没收财产刑。

罚金在判决指定的期限内一次或者分期缴纳。人民法院要在判决书中指定犯罪人缴纳罚金的期限，这一期限从判决发生法律效力第二日起最长不超过3个月。罚金由第一审人民法院执行。犯罪分子的财产在异地的，第一审人民法院可以委托财产所在地人民法院代为执行。人民法院认为依法应当判处财产刑（含罚金和没收财产）的，可以在案件审理过程中，决定扣押或者冻结被告人的财产。对于没有法定减免事由的犯罪人在判决、裁定确定的期限内未足额缴纳的，人民法院应当在期满后强制缴纳。对于隐藏、转移、变卖、损毁已被扣押、冻结财产情节严重的，依照刑法第314条的规定追究刑事责任。具有下列情形之一的，人民法院应当裁定中止执行；中止执行的原因消除后，恢复执行：(1) 执行标的物系人民法院或者仲裁机构正在审理的案件争议标的物，需等待该案件审理完毕确定权属的；(2) 案外人对执行标的物提出异议且确有理由的；(3) 其他应当中止执行的情形。被执行人没有全部缴纳罚金的，人民法院在任何时候发现被执行人有可供执行的财产，应当随时追缴。因遭遇不能抗拒的灾祸，缴纳罚金确有困难，被执行人向执行法院申请减少或者免除的，执行法院经审查认为符合法定减免条件的，应当在收到申请后1个月内依法作出裁定准予减免；认为不符合法定减免条件的，裁定驳回申请。具有下列情形之一的，人民法院应当裁定终结执行：(1) 据以执行的刑事判决、裁定被撤销；(2) 被执行人死亡或者被执行死刑，且无财产可供执行；(3) 被判处罚金的单位终止，且无财产可供执行；(4) 依照刑法第53条免除罚金；(5) 其他应当终结执行的情形。人民法院裁定终结执行后，发现被执行人有隐匿、转移财产情形的，应当追缴。财产刑全部或者部分被撤销的，已经执行的财产应当全部或者部分返还被执行人；无法返还的，应予赔偿。

执行的财产应当全部上缴国库。委托执行的，受托人民法院应当将执行情况连同上缴国库凭据送达委托人民法院；不能执行到位的，应当及时告知委托人民法院。

被判处罚金或者没收财产，同时又承担刑事附带民事诉讼赔偿责任的被执行人，应当先履行对被害人的民事赔偿责任。判处财产刑之前被执行人所负正当债务，应当偿还的，经债权人请求，先行予以偿还。执行财产刑时，案外人对被执行财产提出权属异议的，人民法院应当审查并参照民事诉讼法的有关规定处理。

（二）没收财产

没收财产，是指将犯罪分子个人所有财产的一部或者全部强制无偿收归国有的刑罚方法。它是我国刑法中唯一只能附加适用、不能独立适用的刑罚方法。

没收财产的适用对象包括两类犯罪：一是危害国家安全的犯罪。我国刑法第113条第2款规定，犯危害国家安全犯罪的，可以并处没收财产。二是贪利性的犯罪，即刑法分则第三、五、六、八章规定的以贪财图利为目的的犯罪。

刑法分则对没收财产的适用，规定了三种形式：一是在规定了主刑以后，规定可以并处没收财产；二是在规定了主刑以后，规定并处罚金或者没收财产；三是在规定了主刑以后，规定并处没收财产。在第一种情况下，是否判处没收财产，由人民法院根据案件具体情况及犯罪分子的财产状况决定。在第二种情况下，人民法院只能在判处罚金和没收财产之间作出选择，而不能任何财产刑都不适用。在第三种情况下，人民法院必须判处没收财产。

没收财产的范围，只限于犯罪分子个人所有的合法财产的一部分或者全部，不得没收属于犯罪分子家属所有或者应有的财产。犯罪分子违法所得的财物应当予以追缴，违禁品和供犯罪所用的本人财物应当予以没收，被害人的合法财产应当及时返还，这些财产都不属于没收财产的范围。没收全部财产的，应当对犯罪分子保留必要的生活费用。没收财产以前犯罪分子所负的正当债务，即犯罪分子在判决生效以前所负他人合法债务，需要以没收的财产偿还的，经债权人请求，应当偿还。

没收财产由第一审人民法院执行。没收的财产应当上缴国库，不得挪用和自行处理。

二、资格刑

（一）剥夺政治权利

剥夺政治权利，是指剥夺犯罪分子参加国家管理和政治活动权利的刑罚方法。

剥夺政治权利是指剥夺下列权利：（1）选举权和被选举权；（2）言论、出版、集会、结社、游行、示威自由的权利；（3）担任国家机关职务的权利；（4）担任国有公司、企业、事业单位和人民团体领导职务的权利。

剥夺政治权利的适用，分为附加适用和独立适用两种情况。附加适用有三种情况：一是对于危害国家安全的犯罪分子，除独立适用剥夺政治权利的以外，应当附加剥夺政治权利，期限为1年以上、5年以下，如果主刑是管制，则期限与管制相同；二是对于被判处死刑、无期徒刑的犯罪分子，应当剥夺政治权利终身，在死刑缓期执行减为有期徒刑或者无期徒刑减为有期徒刑的时候，应当把附加剥夺政治权利的期限改为3年以上、10年以下；三是对于故意杀人、强奸、放火、爆炸、投毒、抢劫、故意伤害、盗窃等严重破坏社会秩序的犯罪分子，可以附加剥夺政治权利。在第三种情况下，如果犯罪人是未成年人的，也可以不剥夺政治权利。根据最高人民法院1997年12月23日通过的《关于对故意伤害、盗窃等严重破坏社会秩序的犯罪分子能否附加剥夺政治权利问题的批复》的规定，对于故意伤害、盗窃等其他严重破坏社会秩序的犯罪，要附加剥夺政治权利，必须是犯罪分子主观恶性深、犯罪情节恶劣、罪行严重的。不过，法律和司法解释都未对何谓“严重破坏社会秩序的犯罪分子”作出规定，我们至少可以说，被判处有期徒刑以下刑罚或者短期有期徒刑的犯罪分子，不属于“严重破坏社会秩序的犯罪分子”。因此，在第三种情况下，剥夺政治权利的期限应当是1年以上、5年以下。独立适用剥夺政治权利，则以刑法分则的明文规定为限，其期限也是1年以上、5年以下。刑法分则规定独立适用剥夺政治权利的犯罪包括：（1）危害国家安全的犯罪，包括第103～105、107、109、111条规定的犯罪；（2）侵犯公民人身权利、民主权利的犯罪，包括第238、246、249、256条规定的犯罪；（3）妨害社会管理秩序的犯罪，包括第278～280、282、290、294、296～299条规定的犯罪；（4）危害国防利益的犯罪，包括第371、372、375条规定的犯罪。刑法分则是把剥夺政治权利作为与主刑选择适用的刑种规定的，如果独立适用剥夺政治权利，就不得判处主刑。危害国家安全的犯罪既可以独立适用也可以附加适用剥夺政治权利，一旦选择独立适用剥夺政治权利，就不得再判处主刑并附加剥夺政治权利。

独立适用剥夺政治权利时，剥夺政治权利的刑期从判决执行之日起计算。附加剥夺政治权利的，剥夺政治权利的刑期按照下列办法计算：（1）主刑是徒刑、拘役的，从主刑执行完毕之日或者假释之日起计算，但剥夺政治权利的效力当然施用于主刑执行期间。（2）主刑是管制的，剥夺政治权利的期限与管制相等，同时执行。(3) 主刑是无期徒刑、死刑的，剥夺政治权利终身。

剥夺政治权利由公安机关执行。被剥夺政治权利的犯罪分子，在执行期间，应当遵守法律、行政法规和国务院公安部门有关监督、管理的规定，服从监督，不得行使被剥夺的各项权利。

除剥夺政治权利终身的以外，剥夺政治权利期限届满时，应当宣布恢复政治权利。恢复政治权利后，便享有法律赋予的政治权利。但是，根据我国法院组织法、法官法、检察官法等法律的规定，被剥夺过政治权利的人，即便在恢复了政治权利之后，也不能担任法官、检察官、人民陪审员职务，被剥夺过政治权利的人也不能参加司法考试。

（二）驱逐出境

驱逐出境，是指强迫犯罪的外国人离开我国国（边）境的刑罚方法。它剥夺的是犯罪的外国人在我国居留的资格。驱逐出境的适用对象，是没有中国国籍的人，包括外国人和无国籍人。

驱逐出境既可以附加适用，也可以独立适用。独立适用的，从判决确定之日起执行。附加适用的，从主刑和其他附加刑执行完毕之日起执行。

刑法规定对犯罪的外国人可以独立适用或者附加适用驱逐出境，这意味着并不是对所有犯罪的外国人都要驱逐出境。是否适用驱逐出境，就要综合考虑犯罪的性质、情节，犯罪人的具体情况，以及我国与其所属国之间的关系。对于犯罪较轻，可以不判处其他刑罚，但不适宜继续留在我国的外国人，可以独立适用驱逐出境；对于犯罪较重的，则要根据具体情况决定是否附加适用驱逐出境。

国外的驱逐出境分为终身驱逐出境和限期驱逐出境两种。我国刑法对驱逐出境的期限没有作出规定，应当理解为永久或者终身驱逐出境。

驱逐出境由公安机关执行。

法律应用

1. 如何判断应当判处死刑，但不需要立即执行

(1) 阎某、黄某故意杀人案［载《刑事审判参考》，2000 (3)］

被告人阎某、黄某因无法忍受被害人的多次勒索、威逼，于被害人再次前来纠缠之时将其打死。两被告人非法剥夺他人生命，其行为已构成故意杀人罪。在共同犯罪中，阎某起主要作用，系主犯；黄某起次要作用，系从犯。被害人因犯强奸罪、故意伤害罪被判处有期徒刑 10 年，出狱后不思悔改，向被告人阎某及其亲属无理勒索钱财，多次拦截被告人黄某。在被告人阎某的亲属被迫交出 1 900 元钱之后，继续向被告人阎某勒索钱财 8 000 元，并扬言不给钱就杀其全家，致使被告人阎某、黄某一家终日为此提心吊胆，不敢在家居住。在被告人一家被迫躲避时，被害人闯入二被告人的临时住所，威胁二被告人的人身安全。被害人实属有极大过错，二被告人之行为属激愤杀人，又具有防卫性质，且在作案后能主动投案自首，应予从轻、减轻处罚。

(2) 徐某受贿案［载《刑事审判参考》，2006 (4)］

被告人徐某于 1992 年至 2004 年期间，利用先后担任中共江苏省盐城市委书记、中共江苏省委组织部部长、中共江苏省常委等职务便利，为他人谋取利益，非法收受他人给予的贿赂款人民币 631 万元和美元 1.1 万元，共计折合人民币 640.1 万元。被告人徐某身为国家工作人员，利用职务便利，为他人谋取利益，非法收受他人钱财人民币 631 万元、美元 1.1 万元，共计折合人民币 640.1 万元，其行为已构成受贿罪。厦门市人民检察院指控被告人徐某犯受贿

罪，事实清楚，证据确实、充分，指控罪名成立。被告人徐某身为高级领导干部，受贿犯罪时间长达12年，受贿次数多达31次，受贿数额特别巨大，所犯罪行严重损害国家机关正常的管理秩序和国家工作人员职务行为的廉洁性，且案发前还与家人、行贿人订立攻守同盟，转移赃款，干扰有关部门的调查活动，犯罪情节特别严重，论罪应当判处死刑。鉴于被告人徐某在侦查阶段后期、审查起诉阶段和法庭审理阶段能如实供述犯罪事实，认罪悔罪，且赃款已全部退缴等情节，对其判处死刑，可不立即执行。

(3) 刘某抢劫案［载《刑事审判参考》，2004 (2)］

被告人刘某多次用事先准备好的工具将车主杀死，抢走车辆，弃尸逃离。被告人刘某所犯抢劫犯罪情节特别恶劣，后果特别严重，依法应当判处死刑，但考虑到刘某有重大立功表现和坦白等应当考虑从轻处罚的情节，可不立即执行。

(4) 贾某故意杀人案［载《刑事审判参考》，2005 (5)］

贾某经常遭其丈夫殴打虐待。在其丈夫公然带其他女子回家留宿的夜晚，贾某愤怒至极，持刀将二人砍死并焚烧了尸体。一审判处其死刑。贾某以被害人存在过错为由上诉。二审认为，二被害人在本案起因上均有明显过错，对贾某判处死刑可不立即执行，遂终审改判为死刑缓期2年执行。

(5) 闫某故意杀人、盗窃案［载《刑事审判参考》，2006 (3)］

闫某多次盗窃，被公安机关抓获后主动交代公安机关未掌握的罪行，包括多次盗窃，杀人一次未遂、一次既遂。检察机关以故意杀人罪、盗窃罪提起公诉。一审机关判决罪名成立，处以死刑。闫某上诉。二审法院经审理认为，闫某的行为构成故意杀人罪、盗窃罪，且系累犯，依法应当从重处罚。但鉴于闫某在因涉嫌犯盗窃罪被羁押期间，主动供述司法机关尚未掌握的两起故意杀人犯罪事实并指认抛尸现场，系自首，其中1起故意杀人罪系未遂，故对闫某所犯故意杀人罪可判处死刑，不立即执行，改判：上诉人闫某犯故意杀人罪，判处死刑，缓期2年执行，剥夺政治权利终身；犯盗窃罪，判处有期徒刑10年，剥夺政治权利2年，并处罚金人民币1万元。决定执行死刑，缓期2年执行，剥夺政治权利终身，并处罚金人民币1万元。

2. 对外国人能否附加剥夺政治权利［载《刑事审判参考》，2001 (5)］

被告人方某（外国人）因与婆婆有矛盾而产生杀人的恶念，以婆婆为特定的侵害对象，先后4次投毒，对其投毒行为可能造成他人伤亡的后果持放任态度，致死、致伤多人。一审法院判决其构成故意杀人罪，二审维持，最高人民法院核准。最高人民法院认为：方某因与被害人简某有矛盾而多次采取向简某使用的器皿内投毒的手段杀害简某，并对其投毒行为造成他人伤亡的后果持放任态度，其行为已构成故意杀人罪，且情节特别恶劣，后果特别严重，应依法惩处。一审判决、二审裁定认定的事实清楚，证据确实、充分，定罪准确，审判程序合法。但对方某附加剥夺政治权利终身不当，应予纠正。

课后复习

1. 什么是主刑？什么是附加刑？

2. 有期徒刑的期限有哪些不同规定？

3. 各种刑罚方法分别由哪些机关执行？

4. 刑法对死刑的适用对象有哪些限制性规定？

5. 死刑缓期执行的条件有哪些？对被判处死刑缓期执行的人，根据其在死刑缓期执行期间的表现应当如何处理？

6. 罚金的数额应当如何确定？

第十八章 量　刑

第一节　量刑的基本原则

一、量刑的概念
二、量刑的特点与意义
三、量刑的基本原则

第二节　量刑的情节

一、法定情节
二、酌定量刑情节

第三节　累犯

一、累犯的概念
二、一般累犯
三、特别累犯
四、对累犯的处罚

第四节　自首

一、自首的概念
二、自首成立的条件
三、自首与坦白的区别
四、自首的处罚

第五节　立功

一、立功的概念
二、立功的表现形式
三、对有立功表现的罪犯的处罚

第六节　数罪并罚

一、数罪并罚的概念
二、数罪并罚的原则
三、适用数罪并罚的不同情况

□・提　要・□

量刑是追究犯罪人刑事责任的一个重要环节，是在定罪的基础上确定犯罪人究竟应当受到什么处罚的活动。量刑既是定罪的必然后果，也是定罪的意义所在。所谓量刑，就是指法庭基于对犯罪人的定罪，根据刑事法律对该种犯罪规定的刑罚幅度，确定应该适用于该犯罪人的具体刑罚。量刑是法律赋予人民法院专有的司法权力，防止这种权力被滥用并保证对犯罪人的量刑是公正的和符合法律规定的，是量刑的基本要求。量刑必须遵行以事实为基础、以法律为准绳的基本原则。量刑还必须分析各种法定和酌定的情节，以确定犯罪的轻重并处以与罪行轻重相适应的刑罚。对量刑还有较大影响的是专为量刑而设置的三项制度，即累犯、自首和立功：前者是加重犯罪人的刑事责任的情节，后两项是减轻犯罪人的刑事责任的情节。

□□□□

重点问题

1. 量刑的基本原则
2. 法定量刑情节
3. 酌定量刑情节
4. 累犯
5. 自首
6. 立功

第一节　量刑的基本原则

一、量刑的概念

量刑是指法院基于对犯罪人的定罪而对犯罪人选择适用法定刑中某一具体刑罚的活动。在整个追究犯罪人刑事责任的过程中，量刑是处于从定罪开始，到刑罚执行完毕的中间环节。量刑既是定罪的目的，又是定罪的必然后果；既是执行刑罚的原因，又是执行刑罚的依据。我国刑法对每一种犯罪都规定了相应的法定刑幅度，量刑的任务就是从刑法对该种犯罪规定的刑罚幅度中选择出最适合被定罪者的具体的刑罚，确定为该犯罪人所应受的刑罚处罚。量刑是国家追诉犯罪人刑事责任的一个重要环节，是刑事审判活动的一个重要方面。在正确定罪的前提下，量刑是否准确是能否正确追究犯罪人刑事责任的关键。

人民法院的刑事审判活动有两个基本环节：一是定罪，二是量刑。定罪是在查清案件事实的基础上，解决行为人的行为是否构成犯罪和构成什么罪的问题。量刑则是在定罪的基础上解决对犯罪分子是否判处刑罚、判处何种刑罚的问题。定罪与量刑有着密切的联系：定罪是量刑的前提，量刑是定罪的归宿。定罪不准，就谈不上量刑适当；有时定罪虽然准确，但量刑不当，同样会造成错案。因此，量刑是否适当，是衡量刑事审判工作质量的一个重要标准。

二、量刑的特点与意义

量刑是法院在追究犯罪人刑事责任过程中一种特殊的活动，这种活动具有专属性、依附性和非精确性的特点。专属性是指量刑是法院专有的权力，并且只能在刑事诉讼过程中依特定的程序行使这种权力。依附性是指量刑必须以定罪为前提，量刑的活动过程是依附于定罪结果的。非精确性是指对量刑的结果要求做到准确而非精确，即与所犯罪行大小相适应，而非，也不可能做到绝对相等。

量刑对于实现刑法的任务和刑罚的目的，具有十分重要的意义。只有在准确定罪的基础上适当量刑，切实做到罚当其罪、罪刑相适应，才能使刑罚起到保护人民、惩治犯罪、保卫和促进社会主义现代化建设的积极作用，才能维护社会主义法制的尊严和人民法院判决的权威。如果量刑失当，该判的不判，该重判的不重判，就会助长犯罪分子的气焰，失去刑罚应有的惩戒作用；反之，不该判的判了，盲目重判，就有失公正，增加改造犯罪人的难度，浪费刑罚资源，甚至会冤枉好人。因此，审判人员必须以极其认真、慎重的态度，精心做好量刑工作，力求避免量刑上的畸轻畸重以及其他罚不当罪的情况。

三、量刑的基本原则

为了保证对犯罪分子正确裁量刑罚，必须确立对犯罪分子裁量刑罚的基本原则。我国刑法确立的罪刑相适应的基本原则，也就是对犯罪分子裁量刑罚的基本原则。为了保证这一原则得到遵守，刑法第 61 条规定："对于犯罪分子决定刑罚的时候，应当根据犯罪的事实、犯罪的性质、情节和对于社会的危害程度，依照本法的有关规定判处。"我国刑法理论界一般认为，刑法的这一规定确立了对犯罪分子裁量刑罚的两条基本原则：量刑必须以犯罪事实为根据，量刑必须以法律为准绳。准确地说，刑法第 61 条的规定，是从立法的角度提供了保障罪刑相适应原则得以遵守的两条准则。

（一）量刑必须以事实为根据

犯罪事实是量刑的客观基础或者说是根据，没有犯罪事实，就不能成立犯罪，更谈不上量刑。人民法院只有在查清犯罪分子所犯罪行的事实以后，才能认定犯罪的性质，进而确立应予的刑罚处罚，否则，量刑就失去了赖以存在的客观基础。量刑以犯罪事实为根据，是唯物主义认识论在量刑工作中的具体体现，是避免错判的重要保证。

所谓犯罪事实，是指客观存在的犯罪诸种情况的总和，既包括犯罪构成要件的基本事实，也包括直接影响犯罪危害程度的其他事实。"以犯罪事实为根据"是一个概括的提法，其具体内容包括犯罪事实、犯罪性质、犯罪情节和犯罪对社会的危害程度等几个方面。贯彻这一原则，必须做到：

1. 查清犯罪事实。如前所述，犯罪事实是定罪量刑的基础，查清犯罪事实是准确认定犯罪性质和正确适用刑罚的前提。因此，审判机关处理刑事案件，必须实事求是地查明、核对犯罪事实，使认定的犯罪事实有充分的证据，经得起历史的检验。只有在确定行为人的行为已经构成犯罪以后，才能决定是否判刑、判多重的刑以及是否适用数罪并罚等，做到不需要处罚的不罚，轻罪轻罚，重罪重罚，罚当其罪。

2. 确定犯罪性质。所谓犯罪性质，是指行为人犯的什么罪，即应定的具体罪名。犯罪性质不同，反映出的社会危害性不同，因而法定刑的轻重也不同。我国刑法分则根据犯罪行为所侵犯的同类客体，把犯罪分为 10 类，在每一类中又规定了许多具体的罪名，并相应地规定了轻重有别的法定刑。如危害国家安全罪，性质严重，法定刑较重；渎职罪，性质较轻，法定刑也较轻。在同类犯罪中，由于具体的犯罪的性质不同，法定刑的轻重也不同。如侵犯公民人身权利、民主权利罪中杀人罪的法定刑重于侮辱罪、诽谤罪的法定刑，故意杀人罪的法定刑重于过失杀人罪的法定刑，等等。因此，划清罪与罪之间的界限，对于正确量刑具有重要意义。定性不准，必然导致量刑不当。所以，量刑必须根据犯罪的事实，分清犯罪的性质，不仅要判明犯罪分子的行为属于哪一类犯罪，而且要判明是该类罪中的哪一种具体犯罪。正确认定罪名，才能依照刑法的相应条款裁量刑罚。

3. 考察犯罪情节。所谓犯罪情节，是指犯罪构成必要要件的基本事实以外的其他能够影响社会危害程度的各种具体事实情况。同一性质的犯罪，由于犯罪的情节不同，其社会危害程度不同，因而处刑也有轻有重。例如，同是故意杀人罪，由于动机、手段和后果不同，量刑就有差别。刑法第 232 条规定故意杀人罪的量刑幅度时，分别就两种不同的情节规定了两个不同的法定刑幅度：第一个是一般情节的故意杀人罪，其法定刑是死刑、无期徒刑或者 10 年以上有期徒刑；第二个是情节较轻的故意杀人罪，其法定刑是 3 年以上、10 年以下有期徒刑。同是贪污罪，由于数额多少不等，处刑的轻重也不同。

在考察犯罪情节时，应当注意到两种情况：一是法律条文中明确规定该种犯罪应当区分为几种不同的情节，如前述的故意杀人罪分为两种情节，又如刑法第 264 条规定的盗窃罪，分为数额较大、数额巨大或者有其他严重情节、数额特别巨大或者有其他特别严重情节、盗窃金融机构数额特别巨大或者盗窃珍贵文物情节严重四种不同的情节，并分别规定了四个不同的法定量刑幅度。考察犯罪情节，首先就要求正确区分同一性质犯罪下的不同犯罪情节，以便找出应当适用的相应的法定刑幅度，确保对犯罪人适用的刑罚没有跨法定刑幅度，也没有错误选择法定刑幅度。这样就能首先保证所适用的刑罚不至于出现巨大的偏差。二是在同一法定情节中，还有轻重程度的不同。如盗窃罪中数额巨大这一法定情节中，其数额也存在几万元到几十万元的差距，不同的数额也就是不同的情节，因而也会影响到在同一法定刑幅度内选择适用不同的具体的刑罚。刑法分则条文之所以规定一定的量刑幅度，正是因为同一性质犯罪的情节往往各不相同，量刑也应有所区别，需要给审判人员留有在一定幅度内自由裁量的余地。因此，人民法院确定了犯罪性质，也就确定了一定的量刑幅度，在这个幅度之内裁量具体的刑罚时，全面分析犯罪的情节就具有重要的意义。

4. 判断犯罪的社会危害程度。犯罪的社会危害程度，是指犯罪行为对社会造成或者可能造成的损害程度。行为的社会危害性是犯罪的最本质特征，是区分罪与非罪、轻罪与重罪，从而决定是否判刑以及判刑轻重的主要依据。上述犯罪事实、犯罪性质、犯罪情节都从不同方面在不同程度上反映出犯罪的社会危害程度。要做到量刑适当，就必须全面、综合地分析犯罪的事实、性质、情节和犯罪行为对社会的危害程度，对犯罪的社会危害程度作出正确的判断。

国家的政治、经济形势特别是社会治安形势，对犯罪行为的社会危害性判断也有一定的影响。同一性质、情节的犯罪，在社会治安秩序稳定的时候，社会危害性要小一些，处刑就应当轻些；在社会治安状况不好的时候，社会危害性要大些，处刑也要相应重些。同时，犯罪的社会危害性还受到诸如政治、经济、文化、教育乃至人们的道德观念和思想意识等多方面的影响。所以，人民法院对犯罪分子适用刑罚时，应根据当时当地的多方面因素综合考虑和评价该具体犯罪的社会危害性。但是，这并不意味着可以脱离犯罪事实、性质、情节，片面强调斗争形势的需要，盲目重判或者盲目轻判，而是把某一具体案件事实放在斗争的全局来考虑和把握从宽或从严的界限，在法定的量刑幅度内，具体决定刑罚的轻重，更好地贯彻区别对待的政策，以期达到刑罚的目的。

此外，量刑还要适当考虑犯罪分子的某些个人情况和犯罪后的态度。刑法对未成年人、又聋又哑的人和盲人犯罪的处罚原则，对累犯、自首的处罚原则以及对缓刑适用条件的规定等，都说明犯罪分子个人的具体情况和悔罪的态度，对量刑的轻重也有一定的影响。

（二）量刑必须以刑事法律为准绳

查清犯罪事实并不必然导致量刑适当，要做到量刑适当还必须依照刑事法律的规定，正确适用刑罚。量刑必须以法律的明确规定为准，这是罪刑法定原则的必然要求。量刑以刑事法律为准绳，是社会主义法制原则对量刑工作的必然要求，也是正确量刑的重要保证。贯彻这一原则，必须做到：

1. 在刑法对具体犯罪规定的刑种及其适用幅度以内确定刑罚。我国刑法分则对每一种具体犯罪都规定了应处的刑罚种类及轻重不等的适用幅度，它们是具体犯罪的法定刑种和适用幅度，量刑时必须在此范围内确定刑罚。具体说来：(1) 对每一种犯罪，都必须在刑法分则有关条文规定的刑种内来选择并确定适用的刑种，不得选择其他条文规定的其他刑种；(2) 适用刑罚之轻重必须在有关条文规定的适用幅度内确定，不得在幅度外确定刑罚，并且必须对应与该犯罪所确定的具体情节相应的法定量刑幅度，不能跨幅度选择刑罚；(3) 如需要在法定刑以外判处刑罚，则犯罪人必须具备法定的减轻处罚条件，或者经最高人民法院批准，并且在任何情况下，都不得高于法定量刑幅度对犯罪人处刑；(4) 严格按照刑法关于主刑、附加刑适用的有关规定确定刑罚，即：主刑只能独立适用，不得附加适用；附加刑既可附加适用，又可单独适用；对一种犯罪只能适用一种主刑，但可以适用多种附加刑。

2. 根据刑法规定的犯罪人承担刑事责任的原则确定刑罚。刑法总则根据犯罪人在犯罪中的不同地位、作用以及自身的不同身份等情况，规定了一系列不同的犯罪人承担刑事责任的原则，如未成年人犯罪的处罚原则，又聋又哑的人犯罪的处罚原则，防卫过当或紧急避险过当构成犯罪的处罚原则，故意犯罪不同形态的处罚原则，共同犯罪中主犯、从犯、胁从犯、教唆犯的处罚原则，数罪并罚的处罚原则，累犯、自首的犯罪人的处罚原则，等等，这些原则对于量刑具有普遍的指导意义，必须严格遵守，不得违背。

3. 根据刑法所确认的各种情节确定刑罚。在每一种罪行中，都存在各种影响罪行大小，从而影响到刑罚轻重的事实情况，这就是我们通常所说的量刑情节，它包括应当或可以从轻、减轻或者免除处罚的从宽情节，也包括从重处罚的从严情节。

第二节　量刑的情节

量刑的情节，是指人民法院在对犯罪分子裁量刑罚时，据以决定刑罚轻重的各种事实情况。刑罚裁量的情节通常不影响犯罪的成立与否，但却能影响到对犯罪人裁量刑罚的轻重，甚至决定对犯罪人适用何种刑罚幅度以及是否减轻或免除刑罚处罚。在刑法理论上，通常把刑罚裁量情节分为法定情节和酌定情节两种。

一、法定情节

法定情节是指法律明文规定的，量刑时必须予以考虑的各种情节。法定情节包括规定在刑法总则中的对各种犯罪共同适用的情节和规定在刑法分则中的仅对特定犯罪适用的情节。根据法定情节对犯罪人量刑轻重影响的方向及程度，可将法定情节分为：

1. 免除处罚情节。免除处罚情节，是指审判机关对犯罪人作有罪宣告，但免除其刑罚处罚所依据的事实情况。免除处罚情节包括应当免除处罚情节和可以免除处罚情节，前者如刑法第 24 条第 2 款对没有造成损害的中止犯的规定，后者如刑法第 351 条第 3 款对非法种植毒品原植物在收获前自动铲除的犯罪行为的处罚的规定。

2. 减轻处罚情节。减轻处罚情节，是指审判机关对犯罪分子在法定刑以下判处刑罚的事实情况。根据刑法第 63 条的规定，在有数个法定量刑幅度时，减轻处罚应当在法定量刑幅度的下一个幅度内处罚。减轻处罚情节亦包括应当减轻处罚和可以减轻处罚两种情形，前者如刑法第 20 条第 2 款对防卫过当的规定，后者如刑法第 10 条对在国外犯罪，已在外国受过刑罚处罚的犯罪人的处罚的规定。

3. 从重处罚情节。从重处罚情节，是指审判机关在法定刑的限度内对犯罪人处以较重刑罚所依据的事实情况。从重处罚情节均为应当从重处罚情况。如，刑法第 29 条规定，教唆未满 18 岁的人犯罪应当从重处罚；又如刑法第 237 条第 3 款规定，猥亵儿童的，依照猥亵妇女罪从重处罚。这类规定均是法定的从重处罚情节，人民法院应当对上述犯罪分子在法定刑的限度内判处较重的刑罚。应当注意的是，从重处罚并不意味着对应当从重的犯罪人一律处以该法定量刑幅度以内最重的刑罚，也不能划一条中线，处中线以上的刑罚就是从重、处中线以下的刑罚就是从轻。从重是根据犯罪的不同情节，在基本犯罪情节的基础上选择较重的刑罚，其结果也可能是所处刑罚仍在中线以下，但只要在基本犯罪情节之上考虑了法定从重情节的因素，就是体现了依法从重。

4. 从轻处罚情节。从轻处罚情节，是指人民法院对犯罪分子在法定刑的限度内处以较轻刑罚所依据的事实情况。从轻处罚情节包括应当从轻处罚和可以从轻处罚两种情况。前者如刑法对未成年人犯罪的规定，后者如刑法对又聋又哑的人犯罪以及盲人犯罪的规定。如同对从重的理解，对从轻的理解也不能以中线为标准，而是应当在基本犯罪情节的基础之上，考虑法定的从轻情节，其结果也不排除在从轻以后所处的刑罚仍在中线以上。

尚需说明的是，刑法常将应当从轻处罚、应当减轻处罚、应当免除处罚的情节规定在同一条款中，亦常将可以从轻处罚、可以减轻处罚、可以免除处罚的情节规定在同一条款中。司法实践中，人民法院在量刑时究竟是对犯罪分子从轻处罚还是减轻处罚或者免除处罚，应综合各方面的事实情况决定。特别是当法定情节是“可以从轻处罚”、“可以减轻处罚”、“可以免除处罚”时，人民法院在具体适用法律时，是否对犯罪分子作出从轻、减轻或者免除处罚的判决，在很大程度上取决于酌定情节。

二、酌定量刑情节

酌定量刑情节，简称酌定情节，是指刑法没有明文规定的，由审判机关在司法实践中总结出来并加以适用的，对正确裁量刑罚有影响的事实情况。从我国的司法实践看，人民法院在量刑时必须考虑的酌定情节主要有以下几种：

1. 犯罪动机。犯罪动机能反映犯罪分子的主观恶性，犯罪动机不同，其主观恶性亦不同。如同是盗窃，有的是出于生活所迫，有的是贪图奢侈享受。不同的动机说明犯罪人的主观恶性不一样，也就是犯罪人的人身危险性不一样，即对社会的潜在威胁不一样，其应受的刑罚就应不一样。因此，量刑时应当考虑犯罪动机。

2. 犯罪手段。当犯罪手段不是犯罪的构成要件时，犯罪手段就成了量刑情节。一般来说，犯罪手段是否凶残、狡诈、卑鄙，与行为的社会危害程度和行为人的主观恶性密切相关。如采用硫酸伤人的手段就比一般的采用刀枪伤人的手段更为凶残。因此，量刑时应考虑犯罪手段。

3. 犯罪的时间、地点。犯罪的时间、地点与行为人的主观恶性和社会危害程度有一定联系，对量刑有一定意义。例如，趁火打劫的时间、地点因素就影响到犯罪的社会危害性大小。在抢劫罪中，刑法已经把入室抢劫规定为加重量刑情节之一，而在盗窃罪中，入室盗窃并没有被规定为法定的从重或加重量刑的情节，但根据抢劫罪中入室抢劫这一地点因素的原理，我们可以确定在盗窃罪中入室盗窃这一地点因素可以成为适当从重处罚的酌定量刑情节。

4. 犯罪对象。犯罪对象的差别也会导致行为的社会危害程度不同，量刑时应予以考虑。如盗窃抗洪救灾物资的社会危害程度大于盗窃一般公私财物的社会危害程度，伤害孕妇的社会危害性比伤害其他人的社会危害性要大。虽然为强调法律的平等性，我们在考察犯罪对象时，往往强调法律平等地保护所有的合法利益，但实际上基于人们价值观念和实际利益的不同，相同犯罪行为造成不同犯罪对象的损害，其社会危害性是不同的。如前述伤害孕妇和伤害普通人的危害性不一样，就是由文明社会里人们特有的人道主义价值观决定的。

5. 犯罪造成的危害结果。危害结果的轻重在通常的情况下能反映出行为的社会危害程度，例如经济财产性犯罪中的数额大小直接反映出犯罪的社会危害性大小，伤害罪中被害人受伤的程度也直接反映出犯罪行为的社会危害性大小，因此，危害结果是量刑时应予考虑的情节。应当注意的是，危害结果的轻重程度在有些犯罪中，可能是该犯罪成立的构成要件，如过失致人重伤罪，其危害结果的重伤程度是构成该罪的必要条件；但在另外一些犯罪中，危害结果的大小不影响犯罪的成立与否。无论危害结果是否是犯罪成立的要件，危害结果的大小都会直接影响到量刑的轻重。

6. 行为人犯罪前的一贯表现。行为人犯罪前的一贯表现不是定罪的根据，也不是量刑的重要根据，但有助于认识犯罪人的主观恶性及改造的难易程度，因此，对量刑有一定的意义。一般说来，如果行为人在犯罪前一贯表现较好，说明其主观恶性较小，也就较容易改造，量刑时可以适当从轻。如果行为人在犯罪前的一贯表现表明其人身危险性较大，例如虽未构成盗窃罪，但有较多的盗窃少量财物的行为，说明其盗窃习性较深，较难改造，量刑时可以考虑适当从重。但应当注意，犯罪前的一贯表现不能作为量刑的重要依据，即这一因素对量刑的影响不能过大，而且，也不是在所有犯罪中都能对量刑产生影响。

7. 犯罪后的态度。行为人犯罪后的态度与其主观恶性和改造的难易程度有密切联系。有的犯罪人被抓获以后，能如实交代所犯罪行，并有真诚悔罪的表示；而有的犯罪人则顽抗到底，拒不交代所犯罪行，也无悔罪的表示，表明其人身危险性较大。因此，量刑时应予考虑犯罪后的态度。犯罪后的态度对量刑的影响作用是有限的，因为影响过大会有碍罪刑相适应原则的贯彻，而在量刑时适当予以考虑，则有利于国家的刑事追诉。

8. 特殊情况。刑法第 63 条第 2 款规定："犯罪分子虽然不具有本法规定的减轻处罚情节，但是根据案件的特殊情况，经最高人民法院核准，也可以在法定刑以下判处刑罚。"这里所说的特殊情况，应根据国家的政治、经济形势和外交、宗教、民族等事务具体判断。这种特殊情况也是由法庭在量刑时予以酌情考虑的。

承认酌定情节对量刑的影响，并不违背罪刑法定原则，因为酌定情节只能在法定量刑情节的范围内影响量刑结果。但是，我们也必须防止审判人员任意利用酌定情节超越法定量刑标准的情形出现。

第三节　累犯

一、累犯的概念

累犯，是指因故意犯罪受过一定的刑罚处罚，在刑罚执行完毕或赦免以后，于法定期限内又故意犯一定之罪的罪犯。累犯既指符合法定条件的犯罪人，又指犯罪人符合法定条件而应当从重处罚的犯罪情节，通常用来表示一种特定的再次犯罪的事实情况。应当明确，累犯也是对符合法定条件的犯罪人予以从重处罚的一种量刑制度。根据刑法第 65 条和第 66 条的规定，累犯分为一般累犯和特别累犯。

二、一般累犯

一般累犯，又称为普通累犯，是指前罪和后罪都是或者其中一罪是普通犯罪（危害国家安全罪以外的所有犯罪）的累犯。刑法第 65 条第 1 款规定："被判处有期徒刑以上刑罚的犯罪分子，刑罚执行完毕或者赦免以后，在五年以内再犯应当判处有期徒刑以上刑罚之罪的，是累犯，应当从重处罚，但是过失犯罪和不满十八周岁的人犯罪的除外。"根据这一规定，一般累犯的构成条件是：

1. 犯罪人必须年满 18 周岁。依据刑法第 65 条的规定，不满 18 周岁的人犯罪不作为累犯处理，这体现了我国对未成年人教育、感化、挽救的刑事政策和刑事立法方针，突出强调了对未成年人的保护。

2. 前罪与后罪都必须是故意犯罪。设立累犯制度的目的在于遏制犯罪的人再次犯罪，由于过失犯罪的主观恶性远小于故意犯罪，且不存在再犯罪的动机问题，因此，没有必要对过失犯罪设立累犯制度。

3. 前罪被判处有期徒刑以上刑罚，后罪应当被判处有期徒刑以上刑罚。前罪被判处有期徒刑以上刑罚，是指人民法院最后确定的宣告刑是有期徒刑以上刑罚；后罪应当判处有期徒刑以上刑罚，是指根据犯罪事实和刑事法律的规定，应当判处有期徒刑以上刑罚，而不是指后罪的法定刑为有期徒刑以上刑罚。这里的前罪与后罪，是指法庭在认定犯罪人的犯罪是否构成累犯时，所考虑的犯罪人先前曾被判处过刑罚的犯罪和现在已被定罪、正在考虑适用何种刑罚的犯罪。

4. 后罪发生在前罪的刑罚执行完毕或者赦免以后 5 年之内。刑罚执行完毕是指主刑执行完毕，不包括附加刑在内，附加刑是否执行完毕不影响累犯的成立。5 年期限从前罪的刑罚执行完毕或赦免之日起计算。如果后罪发生在前罪刑罚执行期间，或者发生在假释考验期内，则不构成累犯。被判处有期徒刑缓刑的犯罪分子在考验期满后 5 年内再犯应当判处有期徒刑以上刑罚之罪的，也不构成累犯，因为其原判刑罚并未执行，而累犯的构成条件是原判刑罚执行完毕，被判缓刑的犯罪分子并不具备这一条件。对于被假释的犯罪分子，5 年期限从假释考验期满之日起计算。

三、特别累犯

我国刑法中的特别累犯，是指前罪和后罪都是危害国家安全的犯罪、恐怖活动犯罪、黑社会性质的组织犯罪而构成的累犯。刑法第 66 条规定："危害国家安全犯罪、恐怖活动犯罪、黑社会性质的组织犯罪的犯罪分子，在刑罚执行完毕或者赦免以后，在任何时候再犯上述任一类罪的，都以累犯论处。"根据这一规定，特别累犯的构成条件是：

1. 前罪和后罪都必须是危害国家安全犯罪、恐怖活动犯罪或黑社会性质的组织犯罪，前罪和后罪所判处的刑罚的种类及轻重不影响特别累犯的成立。

2. 在前罪的刑罚执行完毕或赦免之后，任何时候再犯国家安全犯罪、恐怖活动犯罪、黑社会性质的组织犯罪中的任一类罪，都构成特别累犯，不受"五年以内"的期限限制。由于免予刑罚处罚不存在刑罚执行完毕和赦免的问题，因此，如果前罪是免予刑罚处罚的，则不成立特别累犯。

四、对累犯的处罚

根据刑法第 65 条第 1 款的规定，对累犯应当从重处罚。犯罪分子在刑罚执行完毕或者赦免以后，再次犯较严重的罪行，表明其并未真正认罪服法，其人身危险性依然很大，再次改造起来比较困难。为了有效地对累犯进行教育和改造，同时，也为了对可能实施的可构成累犯的犯罪的威慑，达到预防犯罪的目的，就必须对累犯予以从重处罚。

第四节　自首

一、自首的概念

根据刑法第 67 条第 1 款的规定，自首是指犯罪人在犯罪以后自动投案，如实供述自己的罪行的行为。自首是我国刑法规定的一项重要的量刑制度，是惩办与宽大相结合的刑事政策在量刑活动中的具体体现。贯彻执行这一制度，对于争取、挽救、改造犯罪分子中的多数，孤立、打击少数，分化、瓦解犯罪分子，迅速查清案情，节省司法资源，正确、及时地处理刑事案件，有效地打击犯罪有着重要的意义。

二、自首成立的条件

根据刑法第 67 条的规定，自首应具备以下条件：

1. 犯罪后自动投案

自动投案，是指犯罪分子犯罪以后，主动向司法机关投案的行为。自动投案的实质是犯罪人在犯罪后，主动把自己的人身交给司法机关处理，从而表现为犯罪分子主动为司法机关提供追诉犯罪的前提条件——犯罪人在案。犯罪人的行为要符合自动投案这一条件，必须具备以下一些要求：

（1）自动投案的时间限制。自动投案必须在犯罪发生以后、犯罪人被司法机关抓获以前。具体包括三种情况：第一，犯罪事实和犯罪人均未被发觉时的自动投案；第二，犯罪事实已被发觉，但犯罪人尚未被发觉时的自动投案；第三，犯罪事实和犯罪人均已被发觉，但犯罪人尚未被司法机关抓获归案时的自动投案。上述三种情况中，第一种情况犯罪人的投案主动性最大，第二种情况次之，第三种情况主动性较差，但仍不失为自动投案。把自动投案的时间限制放宽到犯罪事实和犯罪人均已被发觉时，是一种刑事政策的选择，有利于鼓励犯罪人向国家司法机关低头，合理地扩大自首的范围，充分发挥自首制度的作用。这里所说的被发觉，是指被司法机关发觉。

（2）犯罪人投案的场所。犯罪人可向公安机关、检察机关、法院三机关中任意一家投案，如果接受投案的机关不是法定的受理机关，则可按法定的程序移送到法定的受理机关。虽法院不直接负责任何案件的侦查，但也可接受任何犯罪人的自首，再依管辖权的划分，分别移送公安机关或检察机关。根据我国司法实践中的惯例，犯罪分子向所在单位、城乡基层组织或者其他有关负责人投案的，也可以自动投案论，但犯罪人必须不能有反对所投案的机关或有关人员向司法机关移送案件的行为。

此外，我国司法实践为鼓励更多的犯罪人投案自首，对下列情况也认定为自动投案：（1）犯罪分子因病、因伤，或者为了减轻犯罪后果，而委托他人先代为投案，或者先以电、信投案，随后再亲自到司法机关投案的；（2）犯罪分子正在投案的途中，被司法机关捕获的；（3）犯罪分子的罪行尚未被司法机关发觉，仅因受到怀疑而被有关部门调查，经教育后投案的；（4）犯罪分子在犯罪后潜逃在外，在被通缉、追捕的过程中，自动投案的；（5）被纪检、监察部门调查而被责令交代问题后主动交代犯罪事实的。

自动投案的条件要求犯罪人在投案后不得逃跑，因为自动投案这一自首的构成要件的本质是犯罪人自己主动提供犯罪人在案这一追诉犯罪的前提条件，犯罪人的逃跑行为的结果是其自己否定了所提供的追诉犯罪的前提条件，当然也就不具备这一条件了。

2. 如实供述自己的罪行

犯罪分子自动投案后，如实交代自己所犯的全部罪行。自首成立的这一条件包含如下内容：（1）犯罪人投案后所供述的必须是犯罪事实，而不是违反道德的行为或一般的违法行为的事实；（2）犯罪人自动投案后所供述的犯罪事实，是其所犯的主要犯罪事实，而非其所犯罪行的全部细节，只要犯罪人供述了构成犯罪的主要事实，司法机关就可以据以查清全部案情，从而对其正确定罪、量刑，一些细节是否供述或准确供述无关大局；（3）犯罪人投案后所供述的犯罪事实，必须是其自己所犯的罪行，如果供述的是别人的犯罪事实，则属于检举、揭发的立功表现，而不是自首；（4）犯罪人投案后所供述的犯罪事实必须如实，如有任何编造，则不能视为如实供述，但因记忆有误而作了错误陈述的，不视为不如实供述。如实供述自己的罪行这一条件的实质，是要求犯罪人主动提供追诉其所犯罪行的事实根据。

如实供述自己的罪行这一条件要求犯罪人不能翻供。因为这一条件的本质是犯罪人主动为司法机关追诉其所犯罪行提供事实依据，犯罪人的翻供意味着其撤回了自己所提供的追诉所犯罪行的事实依据，等于没有提供这种事实依据，因而也就不具备自首的构成条件。

具备了上述两项条件，自首就得以成立。

此外，刑法还规定了一种特殊的自首形式。刑法第 67 条规定："被采取强制措施的犯罪嫌疑人、被告人和正在服刑的罪犯，如实供述司法机关还未掌握的本人其他罪行的，以自首论。"这是一种特殊的自首形式，其特殊性就在于投案的方式和场所与通常的自首不同，但仍具备自首的基本条件。刑法理论界通常称这种形式的自首为自首余罪，其成立条件是：（1）行为人是已被采取强制措施的犯罪嫌疑人、被告人和正在服刑的罪犯；（2）行为人如实供述了司法机关尚未掌握的本人其他罪行。所谓的"其他罪行"，又称"余罪"，是指犯罪嫌疑人、被告人和正在服刑的罪犯被指控、处理的罪行以外的罪行，而且，必须是尚未被司法机关发觉的罪行。

三、自首与坦白的区别

根据刑法第 67 条第 3 款的规定，坦白是指犯罪嫌疑人虽不具有第 67 条前两款规定的一般自首和特别自首的情节，但是如实供述自己犯罪事实的行为。

依照上述规定，坦白应具备以下条件：（1）犯罪嫌疑人犯罪后，由国家司法机关或者人民群众将其交付给国家追诉，属被动归案。（2）犯罪嫌疑人被动归案后，如实交代已被司法机关发觉的罪行。

一般自首与坦白最本质的区别在于前者是自动投案，后者是被动归案。特殊形式的自首与坦白的区别在于前者是如实供述尚未被司机机关发觉的其他罪行，而坦白则是供述已被司法机关发觉的罪行。

自首与坦白的处罚规定也存在差异：对于自首的犯罪分子，可以从轻或者减轻处罚，其中，犯罪较轻的，可以免除处罚；对于坦白的犯罪嫌疑人可以从轻处罚，因其如实供述自己罪行，避免特别严重后果发生的，可以减轻处罚。

自首与坦白的区分也不是绝对的。首先，广义的坦白概念中是包括自首的，如"坦白从宽，抗拒从严”的政策；其次，自首与坦白的区分界限是根据需要而人为划定的，如我们为充分利用自首制度的积极作用，通常把司法机关仅有所怀疑而询问时即交代了犯罪事实的情形也视为自首，这就是人为地扩大自首的范围；最后，有时候坦白中也包含了自首的性质，如被动归案的盗窃犯罪人，又主动交代了少量的未被发觉的盗窃行为，其所交代的盗窃数额并不大，不会对量刑结果产生重大影响时，虽然交代未被发觉的犯罪事实具有自首的性质，但在这种情况下，其所作的交代仍会被作为坦白对待。

四、自首的处罚

根据刑法第 67 条第 1 款的规定，对于自首的犯罪分子，可以从轻或者减轻处罚。其中，犯罪较轻的，可以免除处罚。具体说来，自首的处罚包括三种情况：

1. “对于自首的犯罪分子，可以从轻或者减轻处罚。”犯罪以后自首的，“可以”从宽处罚，表明我国刑法对于自首采取的是相对从宽处罚原则。在刑法中，“可以”和“应当”的适用是有严格区别的：“可以”表明具有自由选择的一定余地，而“应当”表明只能无条件地遵照执行，无任何灵活性。因此，犯罪以后自首的“可以”从宽处罚，就是说，并非对自首的犯罪人一律从宽处罚，而是既可以从宽处罚，也可以不予从宽处罚。对自首的犯罪人是否从宽处罚，由审判人员根据全案的情况决定。在自首处罚上采取相对从宽原则，可以防止犯罪分子钻法律的空子，更有利于同犯罪作斗争。应当指出，并不能因为刑罚规定的是“可以”从轻，就任意对自首的犯罪人不予从轻，而是在一般情况下都要从轻处罚。通常只是在确有不应从轻的理由时，如所犯罪行特别严重等，才可以不予从轻。这是“坦白从宽，抗拒从严”政策的必然要求。

2. “犯罪较轻的”，可以免除处罚。也就是说，犯罪人犯较轻之罪而自首的，不仅可以从轻或者减轻处罚，而且可以得到免除处罚的法律后果。犯罪较轻是可以免除处罚的提前。关于如何划分犯罪的轻重，通常认为，以 3 年有期徒刑作为区分较轻之罪和较重之罪的标准为宜，即应当判处的刑罚为 3 年以上有期徒刑的犯罪可视为较重之罪，应当判处的刑罚为不满 3 年有期徒刑的可视为较轻之罪。因为从我国刑法规定来看，中国公民在国外犯罪和外国公民在我国领域外对我们国家或者公民实施了犯罪是否适用我国刑法追究刑事责任，都是以 3 年有期徒刑为限的；适用缓刑的对象也是以判处 3 年以下有期徒刑为限的，这些都表明在我国立法者来看，3 年以上有期徒刑的犯罪，其社会危害性已达到了相当的程度，在所有的犯罪当中已属较严重之列。这里要注意的是，根据这一规定，对犯罪较轻而自首的，既可以适用从轻、减轻处罚，也可以适用免除处罚，人民法院在对自首犯判处刑罚时，究竟适用哪种方式，则应根据具体的犯罪情节，结合多方面因素加以确定。对于行为人犯数罪，且只对其中部分罪行自首的，从宽处罚的规定只适用于其中所自首的犯罪。

第五节　立功

一、立功的概念

根据刑法第 68 条的规定，立功是指犯罪分子有揭发他人犯罪行为，查证属实的，或者提供重要线索，从而得以侦破其他案件的行为。犯罪分子的其他有利于国家和社会的行为，也是立功的表现。长期以来，立功表现是我国对犯罪人量刑从轻的一项重要政策，现行刑法把立功正式确立为一项量刑制度，从而使立功制度在我国刑法中发挥更大的作用。

二、立功的表现形式

贯彻立功制度的关键是如何理解立功。我国刑法中明确规定立功的表现形式是刑法第 78 条作为减刑条件的立功。此外，《中华人民共和国监狱法》第 57 条也作了大致相似的规定，其内容如下："罪犯有下列情形之一的，监狱可以给以表扬、物质奖励或者记功：（一）遵守监狱纪律，努力学习，积极劳动，有认罪服法表现的；（二）阻止违法犯罪活动的；（三）超额完成生产任务的；（四）节约原材料或者爱护公物，有成绩的；（五）进行技术革新或者传授生产技术，有一定成效的；（六）在防止或者消除灾害事故中作出贡献的；（七）对国家和社会有其他贡献的。"

上述各项均可以作为立功表现。我国刑法中虽然规定了立功主要是揭发他人的犯罪行为及提供重要线索，使司法机关得以侦破其他案件，但在这一规定后面，也加上了"等"的字样，表明立法者考虑到了除了上述立功表现外，还有可能出现其他的立功表现。因此，我们也就没有必要对立功表现加以限制。当然，犯罪人在自首后，除协助司法机关以外的其他立功表现并不多见，但也并非绝对没有。总之，把立功表现的范围理解得广一些，对国家和人民是有利的。

根据刑法第 68 条、第 78 条（减刑条件）和监狱法中规定的立功表现及司法实践经验的总结，立功表现归纳起来大致有四类：

1. 揭发、检举其他犯罪分子的罪行。很多犯罪分子，由于共属于某个犯罪团伙，或相互交流犯罪"经验"，或者向对方夸耀自己的"战绩"，彼此之间常常会知道对方的一些犯罪事实。这种犯罪人如能出于真心悔过或争取从宽处罚的动机，交代自己所知的其他犯罪人的犯罪事实，对于司法机关侦破其他犯罪案件是很有好处的，因而应视为犯罪分子的立功表现。犯罪分子所交代的其他犯罪人的犯罪事实，必须是未被司法机关发觉的犯罪事实。如果交代的是已被司法机关发觉的犯罪事实，则不能视为立功表现，即使犯罪分子主观上认为交代的是未被司法机关发现的犯罪事实，也是如此。因为这里的立功表现，是要求犯罪分子确实为司法机关侦破案件提供了帮助，是从较为客观的后果来考虑的。如果犯罪分子想立功，但事实上其行为没有任何功劳，则不能视为立功表现。

2. 向司法机关提供犯罪线索，使司法机关得以侦破其他犯罪案件。犯罪分子之间，由于臭味相投，尽管有时并不确定地知道其他犯罪分子实施了哪些犯罪行为，但凭着对其他犯罪分子的熟悉和犯罪分子圈内的一些信息，亦能提供某些犯罪案件的一些线索，如某一案件的特征与其犯罪分子的一贯作案方式和手段相同或相似，有什么渠道可以销赃，什么地方能得到某类犯罪工具等。如果犯罪分子向司法机关提供这些线索，使得司法机关根据其提供的线索破获了某些其他犯罪案件，就应当视为犯罪人有立功表现。

3. 协助司法机关捕获其他犯罪分子。由于与前两类情况相同的原因，当其他犯罪分子隐匿在逃时，别的犯罪分子有可能知道其隐匿场所或逃跑路线等线索。犯罪分子向司法机关提供此类线索，使司法机关得以捕获该犯罪分子的，应视为立功表现。

4. 其他有利于社会和人民的行为。犯罪人的立功表现较多的是有利于司法机关侦破案件和捕获犯罪人方面的行为，但有时也可能有其他方面的对社会和人民有利的行为，如遇有自然灾害、意外事故时能奋不顾身排除危险，从而避免了重大人身伤亡和财产损失，或救他人于危难之中等。只要其行为对社会和人民有益处，均可视为立功表现，而不限于其行为属于哪一方面。

三、对有立功表现的罪犯的处罚

根据刑法第 68 条的规定，犯罪分子有立功表现的，可以从轻或者减轻处罚；有重大立功表现的，可以减轻或者免除处罚。

第六节　数罪并罚

一、数罪并罚的概念

数罪并罚是指人民法院对一人所犯数罪分别定罪、量刑以后，依照法定的原则决定应当执行的刑罚的制度。简而言之，数罪并罚就是对一人所犯数罪的合并处罚制度。根据刑法第69条、第70条和第71条的规定，数罪并罚具有以下特点：

1. 一人犯有数罪。一人犯数罪是适用数罪并罚的前提。对于数人共同犯数罪的，由于判处刑罚时应根据各人所犯之罪分别量刑，因此，对每一个行为人来说，均是一人犯数罪，适用数罪并罚。

2. 数罪发生于法定的期间之内。根据刑法规定，只有在判决宣告以前或刑罚执行完毕以前或在缓刑、假释中发现行为人犯数罪的，才适用数罪并罚。能适用数罪并罚的数罪包括以下三种情况：(1) 判决宣告前一人犯数罪的；(2) 判决宣告以后、刑罚执行完毕以前，发现被判刑的犯罪人还有漏罪没有判决的；(3) 判决宣告以后、刑罚执行完毕以前，被判刑的犯罪人又犯新罪的。

3. 对数罪分别定罪、量刑后，依照法定的原则决定应当执行的刑罚。数罪并罚，作为一种量刑制度，其意义主要在于：(1) 便于审判人员对犯罪分子判处适当的刑罚；(2) 保证适用法律的准确性；(3) 有利于二审法院或上级法院对原审法院或下级法院的审判监督；(4) 有利于劳改机关对犯罪人执行刑罚和适用减刑或假释。

二、数罪并罚的原则

(一) 数罪并罚原则概述

数罪并罚原则，是指对一人所犯数罪合并处罚所依据的规则。综观世界各国，数罪并罚原则主要有以下几种：

1. 并科原则。亦称相加原则，是指在对数罪分别定罪、量刑后，将数罪分别判处的刑罚加在一起全部执行。该原则在一定程度上体现了罪刑相适应原则的要求，具有一定的合理性。但是，当数罪中最重刑罚是无期徒刑或者死刑时，全部刑罚相加实际上便没有什么意义了。此外，如果判决后有期徒刑相加的结果是期限过长，甚至超过了正常人的寿命，则有期徒刑便与无期徒刑没有实质区别了。此外，有期徒刑与管制、拘役亦不便于相加。因此，该原则在实际运用中有一定局限性。

2. 吸收原则。吸收原则是以重罪吸收轻罪的合并处罚规则，其内容是将数罪分别定罪、量刑后，选择最重的刑罚作为执行的刑罚，其余较轻的刑罚被最重的刑罚吸收而不再执行。当最重的刑罚是无期徒刑或死刑时，或者当其他刑罚显著地轻于重刑罚时，吸收原则有其合理性。但当其最重刑罚与较轻刑罚都是差别很小的有期徒刑时，该原则就明显地背离了罪刑相适应原则。

3. 限制加重原则，亦称限制并科原则，是指以数罪中的最重刑罚为基础，再在一定限度内对其予以加重，作为执行刑罚的合并处罚规则。该原则克服了并科原则及吸收原则的弊端，但是仍具有一定的局限性，对于最重刑罚是无期徒刑或者死刑时，该原则便不适用。

4. 折中原则，亦称混合原则，是指根据不同的刑种，兼采并科原则、吸收原则和限制加重原则的合并处罚规则。该原则克服了前述三项原则的弊端。

（二）我国刑法采用的数罪并罚原则

刑法第69条规定："判决宣告以前一人犯数罪的，除判处死刑和无期徒刑的以外，应当在总和刑期以下、数刑中最高刑期以上，酌情决定执行的刑期，但是管制最高不能超过三年，拘役最高不能超过一年，有期徒刑总和刑期不满三十五年的，最高不能超过二十年，总和刑期在三十五年以上的，最高不能超过二十五年。数罪中有判处附加刑的，附加刑仍须执行，其中附加刑种类相同的，合并执行，种类不同的，分别执行。"这一规定，表明了我国刑法对数罪并罚采用了以限制加重原则为主，兼采其他原则中的合理因素的折中原则。根据这一规定，对不同的刑种，应当分别采用以下不同的并罚原则：

1. 吸收原则。根据该原则，若数罪中最重刑罚是死刑或无期徒刑的，只执行死刑或无期徒刑，其他较轻的主刑被吸收而不再执行。如果有两个或两个以上的罪被判死刑，当然只执行一个死刑；有两罪或两罪以上被判无期徒刑，亦只执行无期徒刑，不能几个无期徒刑相加变为死刑。

2. 限制加重原则。限制加重原则，适用于数罪均为有期徒刑、拘役或者管制的情形。根据刑法第69条的规定，其具体内容如下：（1）数个主刑均为有期徒刑的，应当在总和刑期以下。数刑中最高刑期以上，酌情决定执行的刑期，但是有期徒刑总和刑期不满35年的，最高不能超过20年，总和刑期在35年以上的，最高不能超过25年。（2）数个主刑均为拘役时，应当在总和刑期以下、数刑中最高刑期以上，酌情决定执行的刑期，但是最高不能超过1年。（3）数个主刑均为管制的，应当在总和刑期以下、数刑中最高刑期以上，酌情决定执行的刑期，但最高不能超过3年。

至于数罪分别被处有期徒刑、拘役和管制的情形怎样合并处罚，一般主张采取折算说，即，拘役1日折算有期徒刑1日，管制2日折算有期徒刑1日，在已折合成的同种有期自由刑的基础之上，再按照限制加重原则决定应执行的刑罚。这样既体现了对数罪的从重处罚，又符合对同一犯罪人一次只能决定执行一种主刑的一般原则。

3. 并科原则。根据该原则，数罪中，有判处附加刑的，附加刑仍须执行。判处数个性质相同的附加刑的，若其中一个附加刑是剥夺政治权利终身或没收全部财产，则对附加刑采用吸收原则，有期限的剥夺政治权利或没收部分财产就不再执行；若附加刑为有期限的剥夺政治权利或有数额的罚金附加刑，则对附加刑采用限制加重原则予以执行。如果数个附加刑为异种附加刑，对附加刑的执行原则上采用并科原则，亦可兼采吸收原则，如某人的附加刑由剥夺政治权利、没收财产、罚金构成，如果是没收全部财产，则可以不执行罚金，而对其他附加刑合并执行。如是没收部分财产和罚金刑，则可实行并科原则，先执行罚金，再执行没收部分财产。

三、适用数罪并罚的不同情况

根据刑法第69条、第70条与第71条的规定，适用数罪并罚的情况有以下三种：

（一）判决宣告以前一人犯数罪的并罚

判决宣告以前一人犯数罪，并且数罪均已被发现，在数罪为异种数罪的前提之下，若对数罪所判处的刑罚均为死刑，则执行死刑；若均为无期徒刑，则执行无期徒刑；若均为有期徒刑或者均为拘役或者均为管制，则根据限制加重则合并处罚。若对数罪所判处的刑种不同，原则上采用吸收原则予以并罚，其中，最重刑为死刑的，应执行死刑；最重刑为无期徒刑的，应执行无期徒刑。数刑为不同种的有期自由刑时，将其折算成同种刑种后，按限制加重原则决定应执行的刑罚。当所犯数罪为同种数罪时，原则上应以一罪从重处罚，但法律并没有禁止对同种数罪并罚，因此，当某种犯罪的法定刑过轻以至于在法定量刑幅度内从重仍不能体现罪刑相适应原则的要求时，就应适用并罚的方法。对上述处罚，有附加刑的，仍须执行。

（二）判决宣告以后、刑罚执行完毕以前发现漏罪的并罚

刑法第70条规定："判决宣告以后，刑罚执行完毕以前，发现被判刑的犯罪分子在判决宣告以前还有其他罪没有判决的，应当对新发现的罪作出判决，把前后两个判决所判处的刑罚，依照本法第六十九条的规定，决定执行的刑罚。已执行的刑期，应当计算在新判决决定的刑期以内。"这种数罪并罚的特点是：(1) 所犯数罪发生在判决宣告以前。(2) 原判决只对其中的部分犯罪作了判决，而另一部分犯罪没有判决，即存在漏罪。(3) 不论漏罪与原判决的罪是否为性质相同的罪，均应实行并罚。(4) 对新发现的漏罪定罪、量刑，依照刑法第69条规定的原则与原判决的刑罚实行并罚。(5) 已执行的刑期计算在新判决决定的刑期以内。这种计算方法称为"先并后减"。

（三）判决宣告以后、刑罚执行完毕以前又犯新罪的并罚

刑法第71条规定："判决宣告以后，刑罚执行完毕以前，被判刑的犯罪分子又犯罪的，应当对新犯的罪作出判决，把前罪没有执行的刑罚和后罪所判处的刑罚，依照本法第六十九条的规定，决定执行的刑罚。"这种数罪并罚的特点是：(1) 犯罪分子在原判决宣告以后、刑罚执行完毕以前又犯新罪。(2) 不论新罪与原判决的罪的性质是否相同，均应并罚。(3) 对新罪定罪、量刑。(4) 将新罪所判处的刑罚与前罪没有执行完的刑罚，依照刑法第69条的规定进行并罚。(5) 已执行的刑期不得计算在新判决决定的刑期以内。这种方法称为"先减后并"。例如，某罪犯因犯某罪被判处有期徒刑15年，执行10年后又犯新罪，对新罪判处有期徒刑10年。若实行"先减后并"的方法，应将没有执行的5年有期徒刑与新罪被判处的10年实行并罚，即在10年以上、15年以下决定执行的刑期，如果决定执行13年，则该犯还须服刑13年。若实行"先并后减"，那么根据刑法的规定，最多只能判20年有期徒刑，减去已执行的10年刑期，只需再执行10年。显然，"先减后并"的结果要重于"先并后减"。犯新罪表明行为人的主观恶性大，因此应实行"先减后并"，使其受到更重的处罚。

法律应用

1. 关于量刑的一般要求。量刑是人民法院审判活动的一个重要环节，量刑的准确与否，直接关系到刑事审判的质量，也是法律能否得到正确适用的体现。量刑是难度较大的一种司法活动，需要司法工作人员较高的法律专业水平，有较为丰富的经验，并且善于对经验进行总结，以保证量刑的结果既符合法律的规定，又是最公正、最有利于犯罪人的改造。审判人员在量刑时，往往需要考虑多种因素。而且犯罪人往往有多个法定量刑情节，既有从轻情节，又有减轻情节，甚至还可能同时有从重情节。这就需要审判人员在量刑时综合全案情节，通盘考虑，不能顾此失彼、漏掉应当考虑的情节。审判人员在量刑时，切忌用估计的方法，而必须以基本犯罪情节为基础，对各种可能影响量刑的情节逐一考虑，其量刑结果应当有充足的依据，而不是概略估计出来的。法律对量刑的具体操作方式并没有明确的规定，这就使得不同的法院甚至不同的审判人员在量刑时的具体操作方法可能不完全相同，如有的先考虑从重，再考虑从轻；有的先考虑从轻，再考虑从重，只要遵循了量刑的各项规定与原则，都是允许的。

2. 对自首成立条件的把握。最高人民法院《关于处理自首和立功具体应用法律若干问题的解释》规定："犯罪嫌疑人向其所在单位、城乡基层组织或者其他有关负责人员投案的；犯罪嫌疑人因病、伤或者为了减轻犯罪后果，委托他人先代为投案，或者先以信电投案的；罪行尚未被司法机关发觉，仅因形迹可疑被有关组织或司法机关盘问、教育后，主动交代自己的罪

行的；犯罪后逃跑，在被通缉追捕过程中，主动投案的；经查实确已准备去投案，或者正在投案途中，被公安机关捕获的，应当视为自动投案。”“并非出于犯罪嫌疑人主动，而是经亲友规劝、陪同投案的；公安机关通知犯罪嫌疑人的亲友，或者亲友主动投案后，将犯罪嫌疑人送去投案的，也应当视为自动投案。”“犯罪嫌疑人自动投案后又逃跑的，不能认定为自首。”这些都是形式上不标准的自首，但在实质上方便了司法机关对犯罪的追诉，所以应当认定为自首。还应注意，自首成立，并不必然等于从轻，对于确实罪行特别重大，或有犯罪前预谋，犯罪后自首等情节的，可以不予从轻。

3. 数罪并罚的适用。适用数罪并罚，一定要遵循分别定罪、量刑的原则，切忌把数罪加到一起量总刑。在限制加重的并罚中，应当在总和刑期以下、数刑中最高刑期以上的幅度内确定应当执行的刑期，如果这个幅度的跨度较大，一般可选择中间偏上的刑期；如果罪行较重，也可选择最高刑期。

对于同种数罪一般都可以不并罚，但最高人民法院《关于判决宣告后又发现被判刑的犯罪分子的同种漏罪是否实行数罪并罚问题的批复》规定：“人民法院的判决宣告并已发生法律效力以后，刑罚还没有执行完毕以前，发现被判刑的犯罪分子在判决宣告以前还有其他罪没有判决的，不论新发现的罪与原判决的罪是否属于同种罪，都应当依照刑法第六十五条的规定实行数罪并罚。”

课后复习

1. 什么是量刑的基本原则？它是如何指导量刑的？
2. 如何理解量刑的情节？
3. 如何把握累犯的构成条件？
4. 自首成立的条件是什么？如何对自首犯适用刑罚？
5. 我国刑法中规定对一人犯数罪的应当怎样适用刑罚？

第十九章 刑罚的执行

□·提　要·□

刑罚确定以后，就要将其付诸执行，以确保追究犯罪人的刑事责任。为了保证刑罚的执行最具效力并最符合刑罚目的的需要，刑法中专门设置了若干刑罚执行制度，这些制度主要有缓刑、减刑和假释：缓刑是对所判刑罚附条件地暂不执行，减刑是因正在服刑中的犯罪分子有较好的表现而作出的减轻其原判刑罚的奖励制度，假释是对正在服刑中的犯罪人因其较好的表现而作出附条件地提前释放裁定的制度。这三项制度以不同的方式鼓励犯罪人悔过自新、积极改造，是我国刑法专门规定的与刑罚的执行相关的制度。这些制度的设置既要考虑到能有效激励犯罪人努力改造成新人，以利于刑罚目的的实现，又要考虑到保持原判刑罚的严肃性以及防止犯罪人再度危害社会。过分偏重任何一方面而忽略另一方面，都会有损于刑罚的顺利执行及刑罚目的的实现。

重点问题

1. 缓刑的概念、条件、法律后果
2. 减刑的概念、条件、法律后果
3. 假释的概念、条件、法律后果

第一节 刑罚执行概述

一、刑罚执行的概念

刑罚执行，是指由刑罚执行机关将已经发生法律效力的判决所确定的刑罚予以实施的活动。通常也将刑罚执行简称为行刑。刑罚执行是追究犯罪人刑事责任的最终环节和最后体现，定罪和量刑的意义最终都要靠行刑来体现，因此，行刑与定罪、量刑一样，是追究犯罪人刑事责任过程中必不可少的一个重要环节。

刑罚执行是国家专有的权力，它是由国家法律规定的专门执行机构以已生效的刑事判决为依据，按照法定的程序，将生效判决所确定的刑罚施加于犯罪人身上。由于国家独享刑罚权的特性，刑罚的执行应当由法定的专门国家机关来进行，不可能，也不应当由其他任何机关、企事业单位、社会团体和个人来实施。在我国，根据现行法律的有关规定，死刑、没收财产、罚金的执行机关是法院；拘役、管制、剥夺政治权利的执行机关是公安机关，社区负责对缓刑、假释犯罪分子的矫正；有期徒刑、无期徒刑的执行机关是监狱，监狱也负责死刑缓期 2 年执行的考察。

刑罚执行的对象是被有效判决确定有罪的人。只能对有罪的人执行刑罚，是罪刑法定原则的必然要求，是防止国家滥用刑罚权的必要限制，也是确保普通公民不枉受刑罚实施的基本保障。

刑罚执行必须依法进行。这里的依法进行，既指刑罚执行必须以生效判决为依据，其执行的限度和内容都只能限制在判决确定的范围内，又是指执行的程序和方法也必须符合法律的规定，如死刑只能用枪决或注射的方法执行，有期徒刑和无期徒刑均以劳动改造的方式进行。在刑罚执行过程中，各种犯罪人的待遇及对犯罪人采取的各种措施，都必须依法进行。

二、刑罚执行的原则

刑罚执行是国家刑罚权的实现方式，同时，也是关系到受刑人乃至普通公民人身、财产、荣誉的重要问题。如何保证刑罚执行的正确与合理，始终是刑法理论界及司法实践部门所关心的一个重要问题。为了保障刑罚的正确执行，人们在理论上提出了若干刑罚执行的原则，以期指导刑罚的执行。这些理论上概括的原则，主要有教育性原则、个别化原则、社会化原则、合法性原则、人道主义原则等。

教育原则是指刑罚执行应体现惩罚与教育改造相结合的精神，应注重对受刑人，特别是有期徒刑、无期徒刑的受刑人的各种教育，包括思想政治教育、文化教育、生产技能教育等。通过教育达到受刑人改过自新，树立遵纪守法观念，重新做守法公民的目的。

个别化原则是指根据各个受刑人不同的具体情况，采取不同的措施，使各种刑罚措施能在受刑人身上发挥出最大的作用。刑罚执行机关，特别是监狱，要根据在押人的性别、年龄、犯罪类别、身体状况、心理特点、性格特征等诸多不同特点，采取相应的有效措施，促成其最有效地达到改造成新人的目的。

社会化原则是指对受刑人（除死刑者外），应以其最终回归社会为目的。为此，监狱在执行刑罚的过程中，应采取多方面的措施，对犯罪人进行思想政治的，技术文化、心理性格乃至身体状况的准备，各种措施都以犯罪人有足够的能力重回社会做一名正常、守法的公民为目标，以保证刑罚具有最大的效益。

合法性原则是指刑罚执行必须依法进行，包括执行的依据、执行的程序、执行的方法等都必须依法；还指在执行过程中对受刑人的各种处置、受刑人各种基本权利的保障，必须以现有法律为根据，完全在法律规定的范围内进行，所有执行方面的问题不能有任何超越法律界限之处。

人道主义原则是指在刑罚执行过程中，对受刑人所采取的各种执行措施，包括限制人身自由或其他措施，都应符合人道主义精神。如死刑的执行方法，对监禁人犯最低生活待遇的保障，对女犯、老年犯、患病的犯人、怀孕的女犯、哺乳的女犯等有特殊情况的受刑人给予特殊的待遇，在财产刑的执行中适当考虑受刑人的基本生活需要等，都是行刑中的人道主义原则所要求的。

刑罚执行的原则并不是法律的明文规定，而是理论上对法律精神的概括，虽然理论界对这些原则的表述有不尽一致的地方，但其主要内容与精神已得到大家的公认，通过这些原则所形成的法律理念与精神，已在事实上指导司法实践中的刑罚执行。

三、刑罚执行的内容与专门制度

刑罚执行的内容，主要包括刑罚执行的对象、各刑种执行的具体方法（含实践中操作的惯例）、刑罚执行的程序保障、对受刑人的特殊处置制度等问题。这些内容前面多有叙述，这里只重点介绍特殊处置制度。

这里所说的特殊处置制度是指针对徒刑受刑人中的特殊情况而改变法定的劳动改造方式的刑罚执行方法。其特殊性就在于，我国法律规定对被判有期徒刑和无期徒刑的犯罪人，除特殊情况外，应一律实行强制劳动改造的方式，需要改用其他方式的，必须要有法律明确规定的特殊情形。我们把针对特殊情况改用非劳动改造方式执行刑罚的称为特殊处置，主要包括保外就医和监外执行两种。

保外就医是指被判有期徒刑和无期徒刑的犯罪人因身患较重的疾病，其身体无法适应劳动改造的方式，并且需要较长时间的治疗才可能恢复健康，而将其放到监外进行治疗的一种处置方式。保外就医一般可由法院或刑罚执行机关来决定。如法院在判决时发现犯罪人患有严重疾病，其身体状况不适应劳动改造的，可直接决定对其实施保外就医措施。犯罪人在监狱中服刑时患严重疾病且在狱内短期无法治愈的，可由监狱决定保外就医。被保外就医的犯罪人需由其家人办理取保手续，并受当地公安机关的监督。当保外就医事由消失而刑期未满时，应当重新收监执行。犯罪人在保外就医的期间，应计入应当执行刑罚的期间。

监外执行是指被判处有期徒刑或拘役的犯罪人有法律规定的特殊情况时，将其放到监狱外，而不在监狱内执行刑罚的一种刑罚执行中的特殊处置方式。广义的监外执行包括了保外就医。除保外就医的情况外，监外执行还包括以下一些情况：怀孕或者正在哺乳自己婴儿的妇女，其他生活不能自理、适用暂予监外执行不致再危害社会的犯罪人。刑事诉讼法特别规定，对于自伤、自残的犯罪人不得予以监外执行，以杜绝犯罪人通过自伤、自残获得监外执行的待遇。被予以监外执行的犯罪人应由其所在地的公安机关对其进行监督，一旦监外执行的事由消除且所判刑期未满，应当收监继续执行。监外执行的期间应当计算在所判刑期以内。

刑罚执行的专门制度是指缓刑、减刑和假释，这三项制度都是专门为刑罚执行问题而设置的，其共同之处在于都是对犯罪人已判刑如何执行而设置的，都是基于改造犯罪人为遵纪守法的新人的刑罚目的而设置的，其结果都涉及对原判刑作实体性处置，不像保外就医和监外执行，后两种特殊处置方法应该说只是监禁刑罚的变通执行；其主要区别体现在法律性质与法律后果上。

刑罚执行的三项制度，是在刑罚目的的指导下，专为促进犯罪人改造而设置的具有实体性质的制度，它们在刑罚执行过程中发挥着重要的作用，也充分体现出刑法的人道主义精神和改造犯罪人的理性目的。以下分专节论述各项制度。

第二节 缓刑

一、缓刑的概念和意义

缓刑是指法院在具备法定条件的情况下对已被定罪的犯罪人判处一定的刑罚，在一定的考验期限内附条件地暂不执行所判刑罚的一项制度。缓刑是附条件地暂不执行原判刑罚，它所解决的是刑罚是否执行和如何执行的问题，从其实质上看应属于刑罚执行的制度。缓刑的特点表现为既判处了刑罚，又附条件地不执行所判刑罚，同时还保留了执行所判刑罚的可能性。缓刑的这些特点把它与其他一些有着或多或少相似之处的制度区别开来。

(1) 缓刑不同于免除刑罚。免除刑罚，即免予刑事处分，是指法院对已被定罪的犯罪人根据案件的具体情况，认为犯罪情节比较轻，可以不适用刑罚而宣告免除其应受的刑罚。在免除处罚的情况下，犯罪人只是被宣告有罪，并没有判处任何刑罚。而缓刑是对被宣告有罪的人判处一种确定的刑罚，只是暂不执行所判处的刑罚，而保留执行刑罚的可能性。

(2) 缓刑也不同于监外执行。监外执行并非一种刑法实体上的裁量制度，而是刑罚执行过程中一种具体的执行措施，它是根据刑事诉讼法和监狱法的有关规定，对正在被监禁中的犯罪人，因其有法律规定的某种特殊情况，如患某种严重疾病，无法在监内治疗等，而需要将犯罪人放到社会上，一旦特殊情况消失后，需将犯罪人重新收监，继续执行原判刑罚，其在监狱外的期间通常都被计入所应执行的刑罚期间。监外执行实质上是因犯罪人有特殊情况而变更执行场所的一种措施，而缓刑是附条件地不执行所判刑罚的一项制度，两者的法律后果是完全不一样的。

(3) 缓刑也与死缓制度不同。死缓是指对判处死刑的犯罪人缓期 2 年执行，其虽然也是暂缓执行原判刑罚的一项制度，但它是专属死刑制度中的一项制度，不适用于其他刑种。而缓刑适用于被判 3 年以下有期徒刑和拘役的犯罪人，其所附的条件和法律后果均与死缓制度有着重大的区别。

还要注意到，缓刑只是一种刑罚执行制度，并不能成为一个单独的刑种。在司法实践中，要尽量避免把缓刑当作一种较轻的刑种来单独适用。

缓刑是根据我国刑罚预防犯罪的总目标而设立的一项行之有效的制度，也是世界各国刑法通用的一项制度。它在实现预防犯罪目的方面的作用是十分显著的，其积极意义主要表现在：最大限度提高了犯罪人改过自新的积极性，减少了监狱的在押人数，避免了短期自由刑难以避免的“污染”犯罪人的副作用，并充分利用了全社会的有效资源来对犯罪人实施教育改造。

我国的缓刑制度，是惩办与宽大相结合、惩罚与教育改造相结合的政策的重要表现，也是依靠专门机关与人民群众相结合同犯罪作斗争的方针在刑罚具体适用中的体现。正确地适用缓刑，有利于教育改造犯罪分子，有利于贯彻少捕少押的政策，有利于社会安定团结。

二、缓刑的适用条件

根据刑法第72条和第74条的规定，适用缓刑必须具备以下条件：

1. 适用对象为被判处拘役、3年以下有期徒刑的犯罪分子。缓刑只能适用于罪行较轻的犯罪人，这是缓刑适用的一项基本原则。一般说来，被判处拘役或3年以下有期徒刑的犯罪人，其人身危险性较小，放到社会上监督改造，其对社会造成危害的可能性相对较小，因此适用缓刑不至于有太大的危害。而被判处管制的犯罪人，因其原本就未剥夺人身自由，不需适用缓刑。被判处3年有期徒刑以上刑罚的犯罪人，因其罪行严重，人身危险性大，而不能放到社会上，以防给社会造成更大的危害。所以，将缓刑适用的条件定为被判处拘役、3年以下有期徒刑的犯罪分子，是非常正确的。

2. 适用缓刑还需要同时满足以下四个方面的条件：（1）犯罪情节较轻；（2）有悔罪表现；（3）没有再犯罪的危险；（4）宣告缓刑对所居住社区没有重大不良影响。

因为缓刑是对犯罪人附条件地暂不执行刑罚的一种制度，因而对判处缓刑的犯罪人都会不予关押，所以，在确定是否适用缓刑时，要非常慎重地综合考虑犯罪人的犯罪情节、悔罪的表现、人身危险性等因素，以确保犯罪人即使不关押也不致再危害社会，不会对承担其矫正责任的社区造成不良的影响。

3. 适用缓刑的犯罪分子不是累犯和犯罪集团的首要分子。这是适用缓刑的排除性条件。累犯屡教不改，主观恶性较大，适用缓刑难以防止其再犯新罪，故累犯不能适用缓刑；对犯罪集团的首要分子禁止适用缓刑，也主要是出于对其主观恶性及人身危险性的考虑。

对同时满足以上三个方面条件的犯罪分子，可以宣告缓刑；对其中不满18周岁的人、怀孕的妇女和已满75周岁的人，应当宣告缓刑。

三、缓刑的考验期

缓刑的考验期，是指对宣告缓刑的犯罪分子进行考察的一定期限。缓刑的考验期，是缓刑制度的重要组成部分。人民法院在对犯罪分子判处刑罚并宣告缓期执行的同时，应根据法律规定，并结合案件的具体情况，确定适当的考验期限。

刑法第73条对缓刑考验期作了规定，其内容是：（1）拘役的缓刑考验期为原判刑期以上、1年以下，但是不能少于2个月。（2）有期徒刑的缓刑考验期为原判刑期以上、5年以下，但是不能少于1年。

在确定考验期时应注意：（1）缓刑考验期的长短应参照原判刑期的长短确定，可以等于或适当长于原判刑期，但不宜超过原判刑期的1倍，也不能短于原判刑期；（2）在确定具体的缓刑考验期时，应根据犯罪情节和犯罪分子个人的具体情况依法确定；（3）缓刑考验期从判决发生法律效力之日起计算，判决前先行羁押的日期，不予折抵缓刑考验期，因为缓刑考验期不是刑期，不发生折抵问题。

四、缓刑的考察

（一）考察机关

刑法第 76 条规定："对宣告缓刑的犯罪分子，在缓刑考验期限内，依法实行社区矫正"。据此，缓刑的考察机关为承担矫正责任的社区。被判缓刑的犯罪人一般送往其户籍所在地或居住地的社区进行考察，社区所属的司法局对社区的考察措施和行为，进行监督和检查。

（二）考察对象应遵守的规定

根据刑法第 75 条的规定，被宣告缓刑的犯罪分子，应遵守下列规定：（1）遵守法律、行政法规，服从监督；（2）按照考察机关的规定报告自己的活动情况；（3）遵守考察机关关于会客的规定；（4）离开所居住的市、县或者迁居，应当报经考察机关批准。

另外，根据刑法第 72 条第 2 款的规定，人民法院可以在判决中根据被宣告缓刑的犯罪分子的犯罪情况，同时禁止其在缓刑考验期限内从事特定活动，进入特定区域、场所，接触特定的人。

（三）考察的内容

根据刑法第 75 条和第 77 条的规定，缓刑考察的内容是：（1）犯罪分子是否再犯新罪；（2）犯罪分子是否还有漏罪；（3）犯罪分子是否有违反法律、行政法规或者国务院有关部门关于缓刑的监督管理规定的情节严重的行为；（4）犯罪分子是否有违反人民法院判决中的禁止令的情节严重的行为。

五、缓刑的法律后果

根据刑法第 76 条、第 77 条的规定，缓刑的法律后果有以下三种：

1. 不再执行原判刑罚。其条件是：（1）在缓刑考验期内，犯罪分子未再犯新罪；（2）在缓刑考验期内，未发现判决宣告前还有其他未判决的罪；（3）在缓刑考验期内，犯罪分子没有违反法律、行政法规或者国务院有关部门关于缓刑的监督管理规定的情节严重的行为；（4）犯罪分子没有违反人民法院判决中的禁止令的情节严重的行为。犯罪分子符合上述四项条件的，将不再执行原判刑罚，该犯罪人将被视为未执行过刑罚的人，以后如再犯罪，也不构成累犯。

2. 执行原判刑罚。如果被宣告缓刑的犯罪分子在缓刑考验期间，违反法律、行政法规或国务院有关部门有关缓刑的监督管理规定或者违反人民法院判决中的禁止令，情节严重，应当撤销缓刑，执行原判刑罚。

3. 数罪并罚。被宣告缓刑的犯罪分子，在缓刑考验期限内犯新罪或者发现判决宣告以前还有其他罪没有判决的，应当撤销缓刑，对新犯的罪或者新发现的罪作出判决，把前罪和后罪所判处的刑罚，依照刑法第 69 条的规定合并处罚。

第三节　减刑

一、减刑的概念

减刑是对被判处自由刑的犯罪人，在刑罚执行过程中，因其悔改表现或者立功表现而适当减轻其原判刑罚的一项刑罚执行制度。

减刑是一项刑罚执行制度，它并不改变原判刑罚，而是从执行的角度使原判刑罚实际上被减少执行，因而给被判自由刑的犯罪人带来了在刑罚确定以后还有减少实际执行期间的希望，成为鼓励犯罪人积极改造自新、争取立功表现的重要手段，在达到刑罚目的方面起着重大的作用。

减刑不同于减轻处罚：后者是在审判过程中对具备法定减轻处罚情节者，或依法应当减轻处罚者，在法定刑以下判处刑罚。减轻处罚是一种判处刑罚的方法，其决定的依据是犯罪人的犯罪情节；减刑是一种刑罚执行制度，其决定的依据是犯罪人服刑中的表现。

减刑不同于改判：后者是指对已生效的判决，因其认定事实或适用法律确有错误而通过再审程序予以纠正，其实质是纠正原判决的错误。而减刑是肯定原判决的正确性并以其为依据，根据犯罪人的情况来改变实际执行的刑罚期间，其实质是奖励犯罪人的悔改或立功表现。此外，减刑还要受到原判决确定的刑罚制约。

二、减刑适用的条件

减刑的实质后果是对犯罪人减少了原判刑罚的期间，涉及原判决的严肃性及犯罪人所受的实际处罚是否与所犯罪行相当的问题，自然应限定严格的条件，以防止滥用减刑而影响到原判刑罚的严肃性。适用减刑必须符合以下条件：

1. 减刑只适用于管制、拘役、有期徒刑、无期徒刑，即适用于所有被判处自由刑的犯罪人。这说明减刑的范围是自由刑的期间，不受所犯罪行类别和罪行轻重的限制，也不适用于非自由刑的执行期间的量的减少。减刑制度的这种设置方式，适合了刑罚目的的要求，即使是被判处长期或无期徒刑的犯罪人，也可通过自身的表现来争取减刑的后果，使所有被改造中的犯罪人都可以受到该项制度的积极影响。这是减刑的前提条件。

2. 犯罪人在刑罚执行过程中，确有悔改表现或者立功表现。确有悔改表现是指犯罪人在刑罚执行过程中，认真遵守监规，积极进行改造，对自己所犯罪行有真诚的追悔心理，并通过积极参加生产劳动等方式表示出改正犯罪习性的决心。立功表现是指一切对国家、社会有所贡献的行为。

最高人民法院 1991 年 10 月 10 日发布了《关于办理减刑、假释案件具体应用法律若干问题的规定》，根据该规定，具备以下四个方面情形的，应当认为确有悔改表现：(1) 认罪服法；(2) 一贯遵守罪犯改造行为规范；(3) 积极参加政治、文化、技术学习；(4) 积极参加劳动，爱护公物，完成劳动任务。有下列情形之一的，应当认为确有立功表现：(1) 揭发、检举监内外犯罪分子的犯罪活动，经查证属实；(2) 制止其他犯人逃跑、行凶、破坏等犯罪活动；(3) 在生产、科研中有重大发明创造、技术革新；(4) 在日常生产、生活中舍己救人；(5) 在抢险救灾中有突出表现；(6) 有其他利于国家和人民利益的突出事迹。

这是减刑适用的实质性条件。在具备前提条件的犯罪人中，是否实际上要适用减刑，就是由实质性条件决定的。减刑是对悔改或立功表现的一种奖励，不能把减刑看作是每个犯罪人都会有的“待遇”。

根据刑法第 78 条的规定减刑分为可以减刑和应当减刑两种。前述的实质性条件是可以减刑的条件。应当减刑的条件是刑法第 78 条规定的重大立功表现：(1) 阻止他人重大犯罪活动；(2) 检举监狱内外重大犯罪活动，经查证属实；(3) 有发明创造或者重大技术革新；(4) 在日常生产、生活中舍己救人；(5) 在抗御自然灾害或者重大事故中，有突出表现；(6) 对国家和社会有其他重大贡献。

刑法设立应当减刑的条件的目的，是促进犯罪人更多地争取为国家多作贡献。

三、减刑的适用

减刑是一种重要的刑罚执行制度，适用减刑，应严格按照法律的规定进行。根据刑法的规定，在适用减刑时应当注意三个问题：

（一）减刑的限制

减刑并不是对原判决的否定，只是对符合法定条件的犯罪人的一种奖励，这种奖励的后果是实际上改变了原判决确定的自由刑的期限。这就产生了如何维护原判决的严肃性问题。正是基于这种考虑，刑法第78条第2款规定："减刑以后实际执行的刑期不能少于下列期限：（一）判处管制、拘役、有期徒刑的，不能少于原判刑期的二分之一；（二）判处无期徒刑的，不能少于十三年；（三）人民法院依照本法第五十条第二款规定限制减刑的死刑缓期执行的犯罪分子，缓期执行期满后依法减为无期徒刑的，不能少于二十五年，缓期执行期满后依法减为二十五年有期徒刑的，不能少于二十年。"这一规定是对减刑适用作的一种限制，即将有期自由刑的减刑限制为原判刑期的一半以内，无期徒刑减为有期徒刑后其实际执行的期限至少为13年；另外，依照刑法第50条第2款的规定，对被判处死刑缓期执行的累犯以及因故意杀人、强奸、抢劫、绑架、放火、爆炸、投放危险物质或者有组织的暴力性犯罪被判处死刑缓期执行的犯罪分子，人民法院根据犯罪情节等情况可以同时决定对其限制减刑：对属于上述情况的犯罪分子，缓期执行期满后依法减为无期徒刑的，实际执行的期限不能少于25年，缓期执行期满后依法减为25年有期徒刑的，实际执行的期限不能少于20年。对减刑设置这种限制的目的，便是维护原判决的严肃性，同时使刑罚本身保持应有的威慑力。

减刑在这一限制中进行，还存在一个减多少的问题。根据最高人民法院的司法解释，对确有悔改或立功表现的无期徒刑犯，在服刑2年后一般可减为18年以上、20年以下有期徒刑，对确有悔改并有立功表现的，可以减为13年以上、18年以下有期徒刑；对确有悔改或立功表现的有期徒刑犯，一般一次可减1年以下有期徒刑，如果确有悔改并有立功表现的，一般一次可以减2年以下有期徒刑；被判处10年以上的有期徒刑犯，如果悔改表现突出或者有立功表现的，一次最长可以减2年有期徒刑，如果悔改表现突出并有立功表现的，一次最长可以减3年有期徒刑。对未成年犯罪人的减刑幅度可以适当放宽；对于犯罪集团首要分子、主犯、累犯的减刑，应当特别慎重，严格掌握。

（二）减刑的程序

刑法第79条规定："对于犯罪分子的减刑，由执行机关向中级以上人民法院提出减刑建议书。人民法院应当组成合议庭进行审理，对确有悔改或者立功事实的，裁定予以减刑。非经法定程序不得减刑。"由于减刑是对原判刑罚作实体性改变，因而应当慎重进行。刑法规定较为严格的程序，也是意在防止滥用减刑，以维护原判决的严肃性。由人民法院裁定是否给予减刑，既是对所判刑罚作实体变更的需要，也是法院对监狱监管工作的一种制约。在法院内部由合议庭而不是单个法官裁定，可以有效地防止徇私舞弊。法院以合议庭的形式，对监狱报送的减刑建议书及相关材料进行全面审查，审查的内容包括减刑建议的内容是否合法，材料是否充足及真实、可靠，报送程序是否正当，有无不应减刑的情形等内容。

（三）减刑后刑期的计算

被判处管制、拘役、有期徒刑的罪犯，其减刑后的刑期为原判刑期减掉减刑期间，已执行的刑期应计入减刑后的应服刑期内。无期徒刑减为有期徒刑的，从减刑裁定之日计算应服刑期，已服刑期不应计算在应服刑期之内，无期徒刑减为有期徒刑后又再次减刑的，按有期徒刑减刑计算方法计算。

第四节　假释

一、假释的概念

假释是指对被判处有期徒刑和无期徒刑的罪犯，在一定条件下附条件地提前释放的制度。假释是一项刑罚执行制度，它适用于正在服刑中的犯罪人，并且只对被判有期徒刑和无期徒刑的罪犯适用。假释是世界各国刑事立法中普遍采用的一种刑罚执行制度，是对服刑中表现好的犯罪人的一种奖励措施，对于鼓励犯罪人积极改造，重新做人，争取早日回归社会有着十分积极的意义。

假释与监外执行不同。虽然两者都是把正在服刑的犯罪人放到监狱外，但假释是涉及实体处理的一种刑罚执行制度，而监外执行只是监禁刑罚的一种变通执行方法，二者在适用条件和适用方式及法律后果上有明显区别：从适用条件来看，监外执行适用于因身体原因如患有严重疾病需保外就医等的服刑人；而假释适用于服刑表现好的犯罪人。从适用方式来看，被监外执行的犯罪人需提供某种保证，在监外执行期间，一般不由专门机关进行监督；而假释是附条件地提前释放，所附的条件即是在释放后的一定期间内需对其进行监督考察。从法律后果来看，监外执行的犯罪人在监外执行的期间要计入应服刑期间，一旦监外执行事由消除而应服刑期间未满，应收监继续执行；而假释的犯罪人在假释考验期间内达到法律规定的条件，即认为其原判刑罚已经执行完毕。

假释也不同于缓刑。虽然两者都是附条件地不执行一定的刑罚，但适用的对象及法律后果均不同。从适用对象来看，缓刑适用于被判 3 年以下有期徒刑和拘役的犯罪人，而假释适用于被判有期徒刑和无期徒刑且正在服刑的犯罪人。从法律后果来看，缓刑是在判处刑罚时随即确定，而假释是在服刑过程中确定，被判缓刑后犯罪人并未开始实际服刑，缓刑考验期满符合法定条件的，原判刑罚就不再执行；假释是在原判刑罚服刑一半以上（无期徒刑服刑 13 年以上）的时候确定，假释考验期满符合法定条件的，视为原判刑罚已经执行完毕。

假释也不同于减刑。两者都是刑罚执行制度，都是实际执行刑期比原判刑罚要少，但两者是各不相同的两种刑罚执行制度，在适用对象、条件、法律后果方都不相同。从适用对象来看，减刑适用于正在服刑的被判无期徒刑、有期徒刑、拘役、管制的犯罪人，而假释适用于被判有期徒刑和无期徒刑且已服刑一定期限的犯罪人。从适用的条件来看，减刑适用的条件是有立功表现或悔改表现，假释适用的条件是有悔改表现。从法律后果来看，减刑是不附任何条件地直接减少原判刑罚的期间，而假释是附条件地减少原判刑罚的实际执行期间；减刑不可逆转，而假释可以逆转，即减刑不可撤销，而假释可以撤销。

二、假释的条件

刑法第 81 条规定：“被判处有期徒刑的犯罪分子，执行原判刑期二分之一以上，被判处无期徒刑的犯罪分子，实际执行十三年以上，如果认真遵守监规，接受教育改造，确有悔改表现，没有再犯罪的危险的，可以假释。如果有特殊情况，经最高人民法院核准，可以不受上述执行刑期的限制。”

根据该条的规定，假释有以下条件：

（一）前提条件

前提条件中包括假释适用的对象和对象的状态。假释适用的对象是被判处有期徒刑和无期徒刑的犯罪人。对象的状态是指这种犯罪人正在服刑且被判有期徒刑的已服刑期一半以上，被判无期徒刑的已服刑达13年以上。假释是对正在服刑的犯罪人因其表现好而给予的一种奖励，假释制度中设置有关前提条件，是为了确保对正在服刑的犯罪人有足够的时间进行考察，以便准确判断犯罪人是否确有悔改表现；同时，也是为了使被假释的犯罪人实际服刑期间不至于离原判决太远，以维护原判决的严肃性。

根据刑法的规定，在特殊情况下，不受上述已执行期间的限制。这是前提条件中的一种例外。所谓特殊情况是指国家有重大利益的需要，如政治、经济、军事、科技、外交等事项的需要。

（二）实质条件

实质条件是对具备前提条件的犯罪人是否适用假释的主要依据。假释并不必然适用于所有具备前提条件的犯罪人，而只有当具备前提条件的犯罪人符合这种实质条件，即认真遵守监规，接受教育改造，确有悔改表现并且没有再犯罪危险的，才能对其适用假释。

（三）排除条件

为了确保适用假释不会给社会造成新的危害，刑法规定了对累犯以及因故意杀人、强奸、抢劫、绑架、放火、爆炸、投放危险物质或者有组织的暴力性犯罪被判处10年以上有期徒刑、无期徒刑的犯罪人不得适用假释。累犯因其主观上的犯罪恶性较深，难以保证其假释后不再犯罪；而被判10年以上有期徒刑、无期徒刑的犯罪人，则因其先前的暴力性或危险性犯罪给社会造成的严重威胁而不放心适用假释，因此，刑法用禁止的方式排除了对这几类犯罪人适用假释的可能性，其用意在于确保不因假释而增添社会受犯罪侵害的可能性。另外，考虑到被假释的犯罪人，要回到其住所地的社区生活，并由该社区进行矫正，刑法第81条第3款规定，对犯罪分子决定假释时，还应当考虑其假释后对其所居住社区的影响。如果犯罪分子假释后对其所居住社区会造成不良的影响，则不适宜对该犯罪分子适用假释。

三、假释的决定程序

刑法明文规定，假释的决定程序依照减刑的程序进行，即应当由监狱执行机关报送假释建议书和相关材料，由中级以上人民法院组成合议庭对材料进行审查，并作出是否准许假释的裁定。非经法定程序不得对犯罪人进行假释。作这种严格的程序规定同样是为了防止滥用假释，以保证原判决执行的严肃性和社会不因滥用假释而受到新的危害。

四、假释的考验期

假释不是刑罚执行的终结，而是将犯罪人放到社会上去，看其是否会遵守法律的规定而继续保持其在监狱内的良好表现，并保留因其表现不好而继续执行剩余刑期（指有期徒刑）或原判刑期（指无期徒刑）的可能性。为了便于对被假释者的监督，同时也使被假释者不是终身受监督，就必须对被假释者设立假释考验期间。根据刑法的规定，被判处有期徒刑的假释犯的考验期间为其原判刑罚的剩余期间，被判处无期徒刑的假释犯的考验期间为10年。假释考验期限，从假释之日起计算。

五、假释的考验

假释的考验是假释制度中最为重要的一个环节，也是假释制度能否真正达到预期目的的关键。

目前我国尚未建立专门的假释机构，所以刑法规定对被假释的犯罪人，依法实行社区矫正。在假释考验期内，被假释的犯罪人应当遵守以下规定：遵守法律、行政法规，服从监督；按照监督机关的规定报告自己的活动情况；遵守监督机关关于会客的规定；离开所居住的市、县或者迁居，应当报经监督机关批准。

六、假释的撤销

假释具有可逆转性，即假释依法定情形可以撤销，是假释制度的一大特点，也是假释制度的内在要义。根据刑法第 86 条的规定，假释可据以撤销的事由是：（1）考验期内又犯新罪；（2）考验期内发现有漏判的罪行；（3）有违反法律、行政法规或国务院有关部门关于假释的监督管理规定的行为。

被假释的犯罪分子，在假释考验期限内犯新罪，应当撤销假释，依照刑法第 71 条的规定实行数罪并罚；在假释考验期限内，发现被假释的犯罪分子在判决宣告以前还有其他罪没有判决的，应当撤销假释，依照刑法第 70 条的规定实行数罪并罚；被假释的犯罪分子，在假释考验期限内，有违反法律、行政法规或者国务院有关部门关于假释的监督管理规定的行为，尚未构成新的犯罪的，应当依照法定程序撤销假释，收监执行未执行完毕的刑罚。

法律应用

1. 刑罚执行涉及执行的方法、内容、程序等很多问题，本章只重点介绍了专为刑罚执行而设置的三项制度。这三项制度都是在刑罚确定以后对执行的方式或内容作特殊处理，其目的都是更有效地取得预防犯罪的效果。

2. 缓刑常被错误地理解为一种刑种，并经常被认为轻纵了犯罪人。应当纠正这种认识上的偏差，把缓刑作为短期自由刑的替代方法，应从是否更为有效地预防犯罪的角度去考虑其适用的价值。缓刑被各国广泛适用并被证明是有效预防犯罪的手段。对于那些非习惯性的、罪行较轻的犯罪，如过失犯罪、未成年人犯罪、激情犯罪等，可以适当地多适用缓刑；同时，也应防止因适用缓刑过多而减弱刑罚威慑力的情况出现。在缓刑制度的运用中，建立更为有效的监督考察机制是一个非常重要的问题。

3. 减刑和假释都是对正在服刑的犯罪人的一种奖励，这种奖励用得恰当，就可以很好地起到鼓励犯罪人积极改造的作用；用得不恰当，则不能起到应有的积极作用，甚至诱发犯罪人投机取巧，通过非正当方式获取这种奖励，所以对这两种奖励的实质性条件的严格把握和决定与执行分离的严格程序都是必需的。

对于减刑条件中的“确有悔改表现”应如何掌握的问题，《全国法院减刑、假释工作座谈会纪要》（1989 年 2 月 14 日公布）明确指出：“确有悔改表现，主要是指罪犯认罪服法；一贯遵守监规纪律；积极参加政治、文化、技术学习；积极参加劳动，爱护公物，完成劳动任务。以上四个方面同时具备的，应认为是确有悔改表现。”

对于假释条件中的“不致再危害社会”和“特殊情节”应如何掌握的问题，《全国法院减刑、假释工作座谈会纪要》（1989 年 2 月 14 日公布）明确指出：“不致再危害社会，是指罪犯确已悔罪，劳改期间一贯表现好，不致再重新犯罪；老弱病残丧失作案能力的。特殊情节一般是指：原工作单位因生产、重大科研的特殊需要，请求保释的；或者有其他特殊情况的。”

课后复习

1. 缓刑适用的条件是什么？
2. 减刑适用的条件是什么？
3. 假释适用的条件的什么？
4. 如何对缓刑和假释的犯罪人进行监督考察？

第二十章
时效与赦免

第一节　时效

一、时效的概念和意义

（一）时效的概念

刑事时效制度，是指经过一定的期限，对刑事犯罪不得追诉或者对所判刑罚不得执行的一项法律制度。时效分为追诉时效和行刑时效两种。追诉时效，是指法律规定追究犯罪人刑事责任的有效期限，超过法律规定的期限，就不得再对犯罪人提起诉讼。行刑时效，又称刑罚执行时效，是指法律规定对已判处刑罚的犯罪人执行刑罚的有效期限。判决确定后，超过法定期限没有执行刑罚，则不得再执行刑罚。

关于刑事时效制度，世界各国的刑事立法中一般都有明确、具体的规定。对于刑事时效制度在性质上究竟属于实体法上的问题还是属于程序法上的问题，理论上颇有争议，各国立法例亦不尽一致：有在刑法中加以规定的，认为追诉时效和行刑时效属于刑罚消灭的实体原因，如德国、意大利、瑞士等国家的规定；有在刑事诉讼法中加以规定的，认为追诉权为裁判的发动机，行刑权为裁判的执行，二者均为程序问题，如埃及等国家的规定；有分别在刑法和刑事诉讼法中加以规定的，认为行刑时效属实体法上的问题，规定在刑法中，而追诉时效属程序法上的问题，规定在刑事诉讼法中，如日本、法国、比利时等国家的规定。我国刑法理论一直把刑事时效看成是实体法问题，认为不管是追诉时效还是行刑时效，都是对刑法上罪刑科处的一种限制，超过时效规定期限，其结果是导致刑罚的消灭。但我国刑法中只有追诉时效的规定，而无行刑时效的规定。关于不规定行刑时效的理由，一般认为是：新中国成立以来经我国审判机关判处刑罚而未予执行的现象未曾发生过，规定行刑时效没有现实意义；不规定行刑时效，任何时候都有权将未被执行刑罚的犯罪人缉拿归案，更有利于同犯罪作斗争。近年来有不少的学者呼吁立法机关增加行刑时效的规定，并论证了规定行刑时效在当前具有一定的重要意义。

（二）时效的意义

为什么要规定刑事时效制度？国外刑法理论有不同学说，其中颇具代表性的有刑罚同一说、证据毁灭说、改过自新说、社会遗忘说等。这些学说/观点，均有一定道理，但各执一词，难免有片面之弊。我国刑法的追诉时效是基于以下几个方面的考虑而规定的：

1. 符合我国刑罚预防犯罪的目的。对犯罪分子适用刑罚的目的在于预防犯罪，如果犯罪分子在犯罪后的相当长时间内没有再犯罪，说明他已经改恶从善，从特殊预防的角度来看，已无必要再对他进行追诉。从一般预防的角度来看，对犯罪惩办越快，警戒社会上不稳定分子的作用越大。如果在犯罪行为社会危害性已经消失的情况下，再对犯罪分子进行追诉，就难以收到适用刑罚的效果。

2. 有利于司法机关集中精力打击现行犯罪。犯罪后而未受到追诉的案件，一般都是比较疑难的案件，而且时间经过得越久，各种证据的收集也更加困难，甚至有的可能因为证人死亡、罪迹已经毁灭、证据已经消失等原因而根本无法收集到。如果无限期地追诉，就会使司法机关受到“无头案”的困扰，使侦查、起诉、审判工作难以进行。有了追诉时效的规定，司法机关就可以摆脱一些难于查清、现实意义不大的陈年老案的拖累，集中力量打击现行犯罪。

3. 有利于社会安定团结。在刑事案件中，有一部分是人民群众之间发生的轻微犯罪案件，其社会危害性较轻，而且，经过相当长时间没有提起诉讼，表明被害人和犯罪人之间已经摒弃旧嫌，积怨已消，重归于好。规定追诉时效，就可以稳定这种社会关系，否则，就可能使人民群众已经稳定的和睦关系再度陷入紧张，不利于社会的安定团结。

二、追诉时效期限

关于追诉时效的期限，各国多采等级制，但如何划分等级，各国规定的标准不一：有的以罪为标准，即按犯罪的性质，如重罪、轻罪及违警罪，分别规定不同的追诉时效期限（如法国）；有的以刑为标准，即依照刑的轻重来确定追诉时效期限的长短（如德国）；有的以罪、刑为标准，即确定追诉时效期限，不但考虑刑的轻重，也考虑罪的性质（如朝鲜）。目前多数国家以刑为标准来划分追诉时效期限的等级，我国也是如此，根据刑法第 87 条的规定，追诉时效期限划分为四个档次：（1）法定最高刑为不满 5 年有期徒刑的，其追诉时效期限为 5 年。（2）法定最高刑为 5 年以上、不满 10 年有期徒刑的，其追诉时效期限为 10 年。（3）法定最高刑为 10 年以上有期徒刑的，其追诉时效期限为 15 年。（4）法定最高刑为无期徒刑、死刑的，其追诉时效期限为 20 年，如果 20 年以后认为必须追诉的，须报请最高人民检察院核准。

这一规定表明，我国的追诉时效期限最低为 5 年，最高一般为 20 年。然而这些时效期限的规定是以自然人犯罪所适用的法定刑为标准的，没有考虑对单位犯罪如何计算追诉期限进行规定。在没有新的规定与解释以前，我们认为对单位犯罪追诉时效的计算可参照单位中的责任人员所应适用的法定刑来计算。

如何理解上述规定的“法定最高刑”？在所犯之罪的刑罚由同一个条文的一个量刑幅度规定时不会产生不同认识，即按该条文最高刑确定追诉时效期限即可。当所犯之罪的刑罚分别由几条、几款规定时，或者同一条文规定了几个量刑幅度时，则有不同的理解。一种意见是按条计算，即以该罪的法定最高刑为准，因为案件尚未审判，难以准确认定罪行轻重或情节严重程度，从而也就难以确定应适用哪一条款或哪一个量刑幅度。另一种意见是按相应的条款或相应的量刑幅度的法定最高刑来计算，因为罪行轻重不同，适用的条款或量刑幅度不同，追诉期限的长短也应不同，只有这样来理解“法定最高刑”，才符合我国刑法关于追诉时效期限的立法精神，收到时效制度的积极效果。最高人民法院于1985年8月21日的司法解释①中，肯定了第二种意见，明确指出：“如果所犯罪行的刑罚，分别规定有几条或几款时，即按其罪行应当适用的条或款的法定最高刑计算。”同时还指出：“虽然案件尚未开庭审判，但是，经过认真审查案卷材料和必要的核实案情，在基本事实查清的情况下，已可估量刑期，计算追诉期限。”

根据最高人民法院的司法解释，追诉时效期限的确定有以下三种情况：

一是所犯之罪的刑罚，分别由几条或几款规定时，按照罪行应当适用的条或款所规定的最高刑确定追诉时效期限。例如，逃离部队罪的刑罚分别由刑法第435条第1款和第2款规定。刑法第435条第1款规定：违反兵役法规，逃离部队，情节严重的，处3年以下有期徒刑或者拘役。第2款规定：战时犯前款罪的，处3年以上、7年以下有期徒刑。如果具体案件中犯罪的情况属于平时逃离部队，则按刑法第435条第1款法定最高刑3年确定其追诉时效期限，即追诉期为5年；如果具体案件的犯罪情况属于战时逃离部队，则按刑法第435条第2款法定最高刑7年确定其追诉时效期限，即追诉期为10年。

二是所犯之罪同一条文规定了几个量刑幅度时，按照罪行应当适用的量刑幅度的最高刑确定追诉时效期限，例如刑法第232条为故意杀人罪规定了两个量刑幅度，即：不属于情节较轻的，处死刑、无期徒刑或者10年以上有期徒刑；情节较轻的，处3年以上、10年以下有期徒刑。如所犯故意杀人罪不是情节较轻的，则按第一个量刑幅度的最高刑死刑确定追诉时效期限；如所犯故意杀人罪情节较轻，则按第二个量刑幅度的最高刑10年确定追诉时效期限。

三是所犯之罪的刑罚只有一个量刑幅度时，按该量刑幅度的最高刑确定追诉时效期限。例如，刑法第133条之一规定的危险驾驶罪的刑罚只有一个量刑幅度，即拘役，并处罚金。凡犯强迫职工劳动罪的，均按上述量刑幅度的最高刑3年确定追诉时效期限。

关于去台人员过去在大陆所犯罪行是否追诉的问题，最高人民法院、最高人民检察院于1988年9月7日发布公告，明确指出：(1) 对去台人员在中华人民共和国成立前，或者在中华人民共和国成立后、犯罪地地方人民政权建立前所犯罪行，不再追诉。(2) 去台人员在中华人民共和国成立后、犯罪地地方人民政权建立前犯有罪行，并连续或继续到当地人民政权建立后的，追诉期限从犯罪行为终了之日起计算。凡符合（1979年）刑法第76条（1997年刑法第87条）规定的，不再追诉，其中法定最高刑为无期徒刑、死刑的，经过20年，也不再追诉；如果认为必须追诉的，由最高人民检察院核准。(3) 对于去台湾以外其他地区和国家的人员在中华人民共和国成立前，或者在中华人民共和国成立后、犯罪地地方人民政权建立前所犯的罪行，分别按上述规定办理。

三、追诉期限的起算

追诉期限从何时起计算？根据我国刑法第89条的规定，分为两种情况：一是即成犯追诉期限的起算，二是连续犯和继续犯追诉期限的起算。

关于即成犯追诉期限的起算，刑法第89条第1款规定“从犯罪之日起计算”。所谓“犯罪之日”，应理解为犯罪成立日。由于法律对各种形态的犯罪构成要件规定不同，因而其“犯罪成立之日”认定的标准也不相同。例如，行为犯，其犯罪成立之日为犯罪行为实施之日，其追诉期限应从犯罪行为实施之日起计算；结果犯之犯罪成立之日为犯罪结果发生之日，其追诉期

① 该解释是指1985年8月21日最高人民法院发布的《关于人民法院审判严重刑事犯罪案件中具体应用法律的若干问题的答复（三）》。本书引用的是该解释第39条。

限应从犯罪结果发生之日起计算。同样，对预备犯、未遂犯、中止犯，其追诉期限应从犯罪预备、犯罪未遂、犯罪中止成立之日起计算；对共同犯罪，其追诉期限应从共同犯罪行为得以实施之日起计算。

关于连续犯和继续犯追诉期限的起算，刑法第89条第1款也作了规定，即“从犯罪行为终了之日起计算”。由于连续犯和继续犯具体特征不同，因而各自的“犯罪行为终了之日”也不相同。连续犯是以连续实施数个行为且每个行为都可以单独构成犯罪为特征的，因此，连续犯的“犯罪行为终了之日”是指最后一个犯罪行为成立犯罪之日。继续犯是以一个犯罪行为处于持续状态为特征的，因此，继续犯的“犯罪行为终了之日”就是持续状态结束之日。

四、追诉时效的中断和延长

追诉时效中断，是指在追诉期限内，因发生法律规定的事由而使以前经过的时效期间归于无效，必须重新计算追诉期限的制度。各国刑事立法大都有关于追诉时效中断的规定，但对中断事由的规定不尽一致。有的国家对时效中断规定了较严格的条件，以追诉时效进行期间犯同类的罪或更重的罪为时效中断的条件（如朝鲜）；有的国家则放得较宽，只要在追诉时效期间犯了新罪，时效即行中断（如西班牙）。我国刑法对时效中断事由规定较宽，于第89条第2款规定：“在追诉期限以内又犯罪的，前罪追诉的期限从犯后罪之日起计算。”意即只要犯罪分子在追诉期限内又犯罪，不论新罪的性质和罪过形式如何、处罚轻重如何，前罪所经过的时效期间均归无效。这就是说，前罪的时效中断，其追诉期限从犯后罪之日起重新计算。

追诉时效延长，是指在追诉期限内，因发生法律规定的事由，致使追诉期限延伸的制度。根据我国刑法第88条的规定，时效延长有两种情况：一是在人民检察院、公安机关、国家安全机关对于接受的报案、控告、举报、自首作为刑事诉讼案件予以受理并进行侦查以后，或者人民法院对于人民检察院提起公诉、公民自诉的案件进行审查并决定立案审理以后，犯罪分子逃避侦查或者审判，无论逃避多久，不受追诉期限的限制。二是被害人在追诉期限内提出控告，人民法院、人民检察院、公安机关接到上述控告后，应当立案而不予立案，无论这种状态持续多久，都不影响对犯罪分子的追诉。

第二节 赦免

一、赦免制度

赦免，是指国家对于犯罪分子宣告免予追诉或者免除执行刑罚的全部或者一部分的法律制度。赦免通常由宪法加以规定，赦免的具体时间和对象则由国家元首或最高权力机关以命令形式颁布，并由最高法院执行。[①] 赦免分为大赦和特赦两种：大赦一般是指国家对某一时期犯有一定罪行的不特定多数的犯罪分子免予追诉或免除其刑罚执行的制度。特赦一般是指国家对特定的犯罪分子免除其刑罚的全部或部分的执行。关于大赦与特赦的具体内容各国法律规定不尽

① 在现代刑法制度中，美国的死刑赦免制度颇有特色：死刑赦免是死刑救济程序中的一环。一般认为，美国的死刑赦免包括三方面的内容：缓期执行（reprieve）、减刑（commutation）、完全赦免（pardon），或者是三者的结合。此外，美国的死刑赦免是刑事司法制度之外的行政制度，一般的死刑赦免权由行政长官掌握：联邦总统对联邦司法系统的死刑犯享有完全的赦免权；而各州州长也完全或者在赦免委员会的建议下，对各州辖区内的死刑犯享有行政赦免权。死刑赦免的原因可能有罪犯是无辜的，对罪犯执行死刑明显不适宜，等等。参见赵秉志：《当代中国刑罚制度改革论纲》，载《中国法学》，2008（3），186页。

一致，其主要区别有如下几点：

（一）赦免对象不同

大赦的对象是不特定的多数犯罪分子，也可能是整个国家某一事件的全体犯罪分子；特赦只限于特定的犯罪分子。大赦适用对象广，一般不公布被赦免人名单；特赦适用对象可能是多人，也可能只有一人，一般要公布被赦免人的姓名。

（二）赦免效力不同

大赦既可以免除刑罚的执行，也可以免除刑事责任的追究，即既可以消灭刑，也可以消灭罪，大赦后再犯罪的，不构成累犯；而特赦只免除刑罚的执行，即只消灭刑，不消灭罪，特赦后再犯罪的，若符合累犯条件，仍可构成累犯。

（三）赦免程序不同

大赦通常要经过立法程序，制定成法律；特赦一般无须经过这样严格的程序，往往是经一定的机关、团体或个人提出申请，由有特赦权的国家元首、最高行政机关或政府首脑决定即可实行。

赦免制度对国家政治、经济形势和刑罚本身都可起一定的调节作用，但它对法律的稳定性、严肃性有一定的削弱作用。许多国家的法律虽然有大赦的规定，但很少适用，对特赦的适用，也较为慎重。我国1954年宪法规定有大赦、特赦制度，但在实践中，从没有实行大赦；1975年、1978年、1982年宪法取消了大赦的规定，只保留了特赦。现行刑法第65条提及的赦免仅指特赦。

二、我国的特赦及特点

自1959年以来，我国先后实行了7次特赦：第一次是1959年9月17日，在新中国成立十周年大庆前夕，对确实改恶从善的蒋介石集团和伪满洲国的战争罪犯、反革命罪犯和普通刑事罪犯实行特赦。这是特赦面最广的一次。第二次、第三次特赦分别于1960年1月19日和1961年12月16日实施，对确实改恶从善的蒋介石集团和伪满洲国战争罪犯实行特赦。第四次、第五次、第六次特赦分别于1963年3月30日、1964年12月12日、1966年3月29日实施，对确实改恶从善的蒋介石集团、伪满洲国和自治政府的战争罪犯，实行特赦。最后一次是1975年3月17日对经过较长期间关押和改造的全部战争罪犯，实行特赦。这次特赦的战争罪犯共293名。

从我国实行的7次特赦中，可以看出，我国的特赦与其他国家的特赦相比，有自己的特点，主要表现在：(1) 特赦的对象不是个别罪犯，而是以一类或几类罪犯，而且主要是战争罪犯。这表明我国的特赦，首先着眼于国家政治形势发展的需要，着眼于最广泛的民主统一战线的建立。(2) 实行特赦除须经过一定时间的关押和改造外，关键是罪犯在狱中的表现，只有对确实已经改恶从善的罪犯，才能予以特赦。这既体现了惩办与宽大、惩罚与改造相结合的刑事政策，又体现了特赦与刑罚目的的统一。(3) 根据被特赦的罪犯的罪行轻重和刑期的长短，实行区别对待。有的予以释放，有的予以减刑，有利于对罪犯的改造和维护法律的严肃性。(4) 实行特赦的程序比较严格。每次特赦，都是由全国人大常委会根据中共中央或者国务院的建议通过决定，并由最高人民法院和高级人民法院负责执行；在设有国家主席期间，均由国家主席颁发特赦令。

法律应用

人民检察院、公安机关、国家安全机关对于接受的控告、举报、自首等案件立案侦查或者人民法院受理案件以后，以逃避侦查或者审判为条件的时效延长，必须以公安机关、人民检察院、人民法院确实立案为前提。在犯罪人被抓获以后再补充的立案手续，不能作为追诉时效延长的理由。

课后复习

1. 刑法规定时效有何意义？
2. 如何确定追诉时效的期限？
3. 如何理解我国刑法规定的时效中断与时效延长？
4. 大赦与特赦有何不同？

图书在版编目（CIP）数据

刑法（总论）/陈忠林主编．4版．—北京：中国人民大学出版社，2011.7
21世纪中国高校法学系列教材
ISBN 978-7-300-13982-1

Ⅰ.①刑… Ⅱ.①陈… Ⅲ.①刑法-法学-中国-高等学校-教材 Ⅳ.①D924.01

中国版本图书馆CIP数据核字（2011）第124981号

21世纪中国高校法学系列教材
司法部全国法学教材与法学优秀科研成果奖
刑法（总论）（第四版）
主　编　陈忠林
Xingfa (Zonglun)

出版发行	中国人民大学出版社		
社　　址	北京中关村大街31号	**邮政编码**	100080
电　　话	010－62511242（总编室）		010－62511398（质管部）
	010－82501766（邮购部）		010－62514148（门市部）
	010－62515195（发行公司）		010－62515275（盗版举报）
网　　址	http：//www.crup.com.cn		
	http：//www.ttrnet.com（人大教研网）		
经　　销	新华书店		
印　　刷	北京民族印务有限责任公司	**版　　次**	2003年10月第1版
规　　格	185 mm×260 mm　16开本		2011年7月第4版
印　　张	17 插页1	**印　　次**	2015年2月第3次印刷
字　　数	449 000	**定　　价**	32.00元
